# 동아시아 역사 속의 여행 I

경계, 정보, 교류

이 책은 한국학술진흥재단 기초학문 육성지원사업(KRF-2004-074-AM0005)의 연구지원을 받았습니다.

# 동아시아 역사 속의 여행 I

경계, 정보, 교류

김유철 외 지음

산처럼

| **일러두기** |

1. 외래어 표기는 한글맞춤법 통일안의 외래어 표기법을 따랐다. 단, 중국 지명의 경우 전근대 시기의 것은 편의상 한글 발음으로 표기하고, 몽골어의 경우도 원음을 고려해서 일부 수정 표기를 했다.
    (예) 四川→사천(전근대)/쓰촨(근현대), 칭기즈칸→칭기스칸
2. 논저명 가운데 원음 표기보다 한자의 뜻이 가독성이 있다고 판단될 경우에 한글 발음으로 표기했다.
    (예) 『旅行月刊』→『여행월간(旅行月刊)』
3. 주는 가독성을 고려해 미주를 원칙으로 하되, 본문에 인용될 때에는 경우에 따라 인용문 말미에 출전을 밝힌 경우가 있다.

| 책을 내면서 |

 흔히들 인생을 여행에 비유하곤 한다. 한 인간이 나서 자라고 늙어가는 희로애락의 과정route, 그리고 설령 원망願望에 그친다 할지라도 엄존하는 고향root 회귀의 지향이 구불구불한 여로 위에 펼쳐지는 부메랑과도 같은 여정tour과 사뭇 닮아 있는 탓일 게다. 그런 연유에서인지 대개의 성장소설들은 여행을 중요한 모티프로 삼아왔고 우리는 이런 문학작품들과 접하면서 '비유로서의 여행'에 꽤나 익숙해져 있다.
 하지만 여기서 다루려는 것은 '비유로서의 여행'이 아니라 '실태로서의 여행'이다. 우리의 감성을 풍요롭게 만드는 문학적 대리체험의 세계와는 달리 이 책이 다룰 여행은 조금은 딱딱하게 이성을 작동시켜야 하는 역사적 직접체험의 세계이다. 고대 중국 사마천의 남방여행부터 근대 일본인의 만주관광에 이르기까지 동아시아 세계를 무대로 펼쳐졌던 다양한 여행들의 실태를 당대의 문맥에서 재구성해보려는 것이다.
 마르코 폴로나 이븐 바투타의 사례에서처럼 동서고금을 막론하고 여행기는 중요한 문학 장르이자 정보 원천으로서 한 사회의 타자인식을 변모시키는 결정적 매체가 되곤 했다. 그러나 기존 역사학에서 여행기 분석 등을 통해 여행의 실태에 접근하려는 시도는 상대적으로 미미했다. 그것은 '진보'라는 화두에 골몰해온 근대 역사학이 시간성을 중시한 나머지 인간과 물자의 이동에 깃든 공간성의 문제를 경시해온 결과로 보인다.

역사란 모름지기 시간과 공간을 통합적으로 파악해야 그 전체상이 그려질 수 있음에도 불구하고 종래의 역사학은 공간의 측면을 지리학이나 지역학의 손에 넘겨준 감이 있다. 예컨대 여행기를 고찰할 때에도 여행 주체의 내적 욕구나 동기에 비해 여행의 외적 여건이나 환경은 경시되는 경우가 많았다. 공간이동의 인프라로서 교통, 운수, 무역, 관리체계, 지리 정보, 통번역 등에 관한 이해가 관건일 텐데도 말이다.

최근 들어 기존 역사서술의 이러한 공간 경시 편향을 반성하는 기운이 일고 있다. 환경사, 지역사, 도시사 등에 대한 관심이 높아지고 이주, 이민, 여행과 같은 테마가 새삼 부상하고 있는 것이 그 증거일 것이다. 그것은 시간과 공간을, 이념과 일상을 통합한 역사서술 본연의 모습에 접근하려는 방법론적 모색이기도 하다. 이 책 역시 그런 지향성을 공유하는 가운데 '실태로서의 여행'을 조명하고 이를 디딤돌 삼아 '방법으로서의 여행'에 다가서려는 자그마한 시도이다.

이 책은 한국학술진흥재단 기초학문 육성지원사업의 일환으로 2004년부터 2년간 연세대 국학연구원 동아시아 연구실이 추진한 프로젝트 '동아시아의 공간체험과 타자인식—여행, 정보, 네트워크의 문화사'의 최종 결과물이다. 동아시아 연구실의 구성원이 주로 중국사와 일본사 전공자였던 관계로 우리 연구팀의 작업은 중국, 일본의 역사적 여행에 집중됐다. '동아시아'를 '동북아'라는 좁은 범주로 설정한다고 해도 한국 등의 경험이 빠져버린 셈이다. 우리 연구팀은 그 부분을 이번에 두 권으로 발간되는 이 책의 제3권에 담기로 하고 현재 편집작업을 진행중임을 밝혀둔다.

그동안 우리 연구팀은 2005년과 2006년 두 차례의 심포지엄과 워크샵을 개최해 개별 연구성과들을 중간 평가하고 자체 점검할 기회를 마련했다. 회의장에 직접 왕림해서 고견을 피력해주셨던 전임 국학연구원장 전인초 선생님께 감사드린다. 기꺼이 사회를 맡아주신 강은경, 최윤오, 유용태 선생님, 그리고 번거로운 토론을 맡아 꼼꼼하고 날카로운 지적을 통해 연구의 얼개와 세부까지 일일이 맹점을 짚어주셨던 윤정분, 윤병남, 정병준, 전인갑 선생님께도 깊은 감사를 드린다.

연구팀 안에서 번거로운 회계 업무를 도맡아 처리해준 박경석, 김성수, 문정희 님께 감사를 드려야겠다. 그리고 심포지엄 등을 준비하고 종종 참석해 날카로운 질문을 던지기도 했던 연세대 사학과 석·박사과정의 학생들에게도 고마움을 전한다.

이분들의 도움이 없었더라면 우리 연구팀의 성과물들이 지금과 같은 연구수준을 확보하기 어려웠을 것이다. 타자와의 만남을 통해 자기정체성을 재구성하는 것이 여행의 알맹이라면, 이런 학술적 만남들이야말로 자기전공의 박제화된 폐쇄성을 뛰어넘어 인문학의 보편적 문법을 서로 고민하게 만드는 지적인 여행 그 자체라 할 것이다. 턱없이 미진하긴 하지만 이 책이 그처럼 풍요로웠던 담론의 성찬을 독자들에게 현장감 있게 전해줄 수만 있다면 더 바랄 나위가 없겠다.

연구를 시작하면서 우리 연구팀은 성과물을 먼저 관련 학술지에 발표해서 학술적으로 검증받은 뒤에 이를 토대로 각자 논문을 수정하여 별도의 단행본을 출간하기로 했다. 학술지와 달리 일반 독자를 상대로 한 글쓰기를 시도하려 했던 것인데, 막상 모아놓고 보니 독자들의 구미에 맞을지 솔직히 자신은 없다. 역시나 전공의 벽을 허무는 작업이 그리 만만한 일은 아니다. 하지만 이번 작업을 계기로 좀더 많은 독자들과 만날 채비를 시작할 수 있게 된 것은 우리 연구팀의 소중한 자산이 되지 않았을까 내심 위로를 해본다.

여행은 탐험과 관광 사이에 있다고들 한다. 탐험이 미지의 세계를 향한 불안한 여정, 관광이 기지旣知의 세계로 가는 편안한 여정이라면, 여행은 그 중간쯤에 자리잡고 있다는 뜻일 게다. 동아시아 역사 속의 여행을 조감해본 우리의 연구 여정도 불안과 기대가 뒤섞인 여행 그 자체가 아니었나 싶다. 이 책의 출간 역시 우리에게는 불안 반 기대 반의 또 다른 여행이 될 것이다. 독자들에게도 이 책과의 대면이 의미 있는 여행의 시발점이 됐으면 한다. 그렇게 길은 끝없이 이어지고 만들어져가는 것이리라.

끝으로 어려운 출판계 상황에도 아랑곳없이 우리 프로젝트 성과물의 출간을 선뜻 맡아주신 도서출판 산처럼의 윤양미 사장께 깊이 감사드린다. 아울러 우리 연구팀이 2년간 연구에 전념할 수 있도록 물심양면으로 지원해주신 한국학술진흥재단 관계자 여러분들께도 진심으로 감사의 뜻을 전한다.

2008년 8월 15일

임성모

차례

책을 내면서  5
총설 동아시아사에서의 경계넘기와 정보·교류 __ 김유철  12

# 제1부 경계넘기

## 현장의 구법여행과 당대唐代 정치 __ 김선민  41
  1. 당초唐初의 사상계 동향  41
  2. 불법 출국과 17년 후의 귀국  47
  3. 당 태종의 불교인식  53
  4. 『유가사지론』과 태종  60

## 당대唐代 문인여행의 의미와 경계인식 __ 김종섭  73
  1. 당대 여행의 제반 여건  75
  2. 당대 문인여행의 의미  81
  3. 당대 문인의 특별한 여행, 서역여행  91
  4. 서역여행을 통한 경계인식  97

## 에도 시대의 여행환경 __ 이계황  104
  ● 이세참궁과 관련하여
  1. 오시  107
  2. 이세코와 이세참궁 경로  115
  3. 검문소와 숙박소  122
  4. 이세참궁과 이문화異文化 체험  132

20세기 전반기 중국인의 홍콩여행과 근대 체험 ＿ 백영서  139
- 또 하나의 경계를 넘어서
  1. 홍콩의 풍광  141
     문화실천으로서의 자연환경
  2. 근대의 표상으로서의 홍콩  143
  3. 식민지 피해자로서의 홍콩  147
  4. 중국적 정체성과 홍콩  151

근대 중국의 여행인프라와 이식된 근대 여행 ＿ 박경석  157
  1. 근대적 여행인프라의 구축  160
     '이식'된 근대
  2. 중국여행사의 설립과 활동  171

팽창하는 경계와 제국의 시선 ＿ 임성모  190
- 근대 일본의 만주여행
  1. 만한滿韓관광과 제국의식의 확대  192
  2. 국민적 위령공간, 만주의 탄생  199
  3. '왕도낙토'와 제국의식의 균열  211


## 제2부 정보・교류

고대 중국의 출행의식과 여행금기 ＿ 문정희  221
- '우보禹步'의 신화적 메타포
  1. 시간에 대한 권력통제와 우보로 본 공통의 문화적 네트워크  221
  2. 『일서』로 본 출행의식과 여행금기  223
  3. 진한 시대 출행의식과 조도祖道  235
  4. 행신과 우보의 신화적 메타포  241

**송대의 여행과 사대부의 교유** _ 김영진 243
- 『입촉기』와 『오선록』을 중심으로
  1. 장강 선행船行의 여러 양상  247
  2. 장강 연안 주민의 풍경 소묘  259
  3. 장강여행에 보이는 사대부의 교유  266

**몽골제국 시기 유라시아의 광역 교통망 잠치** _ 김성수 282
  1. 몽골의 출현과 교통망의 정비  286
     전치에서 잠치로
  2. 유라시아 동서교통과 몽골  297
     제국의 심장으로 가는 여정
  3. 몽골제국의 분봉제와 동서교통  307
  4. 몽골제국의 분열, 잠치는 중단됐는가  314

**명청 교체기의 북경여행** _ 차혜원 318
- 유기遊記 『북유록』의 교유와 여정
  1. 여행의 시대와 유기  318
  2. 유기로서의 『북유록』  323
  3. 북경의 두 얼굴  333

**메이지 관료의 유럽 '지식순례'** _ 방광석 341
  1. 새로운 지식공간을 찾아서  343
     '슈타인 참예'
  2. '지식순례'와 정치자산  352
     구로다 기요타카의 세계일주여행

미주  365
수록논문 중 발표된 글의 출처  420
지은이 약력  421
찾아보기  424

총설
# 동아시아사에서의 경계넘기와 정보 · 교류

김유철

1

　인간의 역사에서 공간이동의 문제는 시간의 유전과 함께 인간의 삶에 다양성과 역동성을 제공하는 가장 원초적인 요소였다. 시간과 공간의 이전에 따라 그 '다름'을 인식하고 그것을 의미있게 의식함으로써, 삶의 방식에 변화를 가져오고 사유의 논리와 가치의 체계에 변환을 가져오는 경우가 많기 때문이다. 따라서 공간과 시간은 논리적 관점에서는 서로 분리된 문제로 보이지만, 실제 역사의 진행에 있어서는 인간의 공간이동, 확장과 축소, 그리고 공간을 매개로 한 인식의 차이는 시간에 따른 변화상의 요인이 되기도 하고, 또 그 결과로 나타나기도 한다.
　한편 시간에 따른 변화상은 대체로 가치 · 이념 · 체제 등 장기적이고 구조적인 현상으로 나타나는 데 반하여, 공간의 이동 문제는 감정 · 관념 · 삶 등 현상에 대한 즉자적이고 순간적인 대응의 측면이 강하다. 따라서 인간의 삶에 있어서 다양성과 역동성이라는 측면에서 보면 공간의 문제가 더욱 직접적이고 강력한 의미를 갖는다. 다만 축적이라는 관점에서 공간성의 문제는 결국 시간성에 포괄되어버리기 때문에, 공간성의 문제는 그 자체로 독자적인 의미를 갖는 주제로 정착되지 못하는 경우가 많다. 더 넓은 지역과 세계를 경험한다는 것은 더 오랜 삶을 살아온 사람으로, 다양한 집단이나 문명과 접하면서 교류하고 경험했다는 것은 결국 긴 역사를 가진 사회로 파악되어버린다. 결국 개인이든 사회든 인간의 삶에 있어서 공간성은 결국 시간적인 구분에서 한 시대의 특성으로 수렴되어버린다.

물론 이것은 역사학이라는 방법론이 강조하는 관점임에 틀림없다. 특히 시간을 기준으로 인간의 진보성을 대전제로 설정했던 근대 역사학에서는 공간의 문제가 간과되어버린 측면이 강했다. 이에 대한 반성으로 최근 인간의 삶에 있어서 공간의 의미를 강조하고, 그에 따라 지역사회, 이주, 여행 등의 주제가 새롭게 조명되기도 했다. 이는 이념보다 인간의 구체적인 삶이란 관점이 강조된 것으로, 공간이동, 공간인식, 공간환경 등의 관점에서 개인의 삶의 방식, 사회적 가치나 체제의 변화와 차이를 설명하고자 했다. 시간을 기준으로 하는 시대성에 새로운 시각을 제공하는 공간성의 의미를 확인했다는 점에서 이런 접근방식은 역사학에 새로운 관점을 제공하는 의미를 지닌다.

여행을 주제로 하는 우리들의 연구 역시 이러한 문제의식에서 출발했다. 봉건사회와 근대사회, 사회주의와 자본주의, 민족주의와 제국주의, 그리고 자유와 민주 등 주로 사회적 이념과 그에 따라 나타나는 개인적 가치 관념을 중심으로 축적되어왔던 동아시아사 이해에 공간성의 의미를 부여해보고자 하는 의도에서 기획된 것이다. 역사학에서 공간성의 문제를 주목할 경우 대체로 영역과 경계, 이주, 여행 등이 주요한 테마가 될 수 있는데, 일단 여행이라는 한정된 범위로 그 주제를 좁혔다. 여행이 시간성의 의미가 잘 드러나기 때문에 각 연구자들의 기왕의 연구들과 연관성 있게 진행될 수 있을 것으로 판단했기 때문이다. 여행의 양상과 변화상을 고찰하여 여행을 통한 공간체험이 갖는 역사적 의미를 문화사·비교사적으로 검토하는 것이 이 연구를 기획한 목적이었다.

여행이라는 것은 단순한 공간이동이라는 행동과는 구분되는 것으로, 그 자체로 목적과 의미가 있는 일련의 행동들로 일관성 있게 체계화된 행위라고 규정할 수 있다. 이동했지만 결과적으로 본래의 의도가 어떻든 다시 귀환했다는 점에서 여행은 이주와 다르다. 또 공간이동이라고는 하더라도 단순한 일상생활을 위한 이동 범위가 아니라, 일정한 경계境界 관념을 기준으로 타인 혹은 타지역이라는 타자인식이 전제되어야 한다. 이 타자로 인해 새로운 체험을 경험했을 때 구체적인 의미로서 여행이라고 할 수 있다.

인류역사에서 타자인식과 새로운 체험 그 자체를 목적으로 하는 행위를 하나의 독립된 행위 관념으로 인식하고, 이를 의식적으로 삶의 한 부분으로 수용하기 시작한 것은 대체로 근대부터라고 이해되고 있다. 즉 근대에 와서 여행은 설명적인 용어가 아니라 그 자체가 목적적인 행위로 설정됐다는 것이다. 그렇기 때문에 엄밀한 개념을 설정할 경우, 전근대 사회에서 여행의 범주를 추려내는 것은 상당히 어렵게 된다. 그러나 근대적 관념과는 달리 목적성은 약하고 다른 행위의 수단적 활동에서 진행된 행위라고 하더라도, 결과적으로 근대적 여행이 지향하는 목적과 유사한 의미를 갖는 활동은 적지 않게 발견할 수 있다. 따라서 전근대 사회에서는 그 목적성이나 의지, 혹은 그러한 행위 관념과 직접적으로 연관되지 않더라도, 생활공간에서의 이동 범위를 넘어서 타자를 인식하고 새로운 체험을 경험하는 범주를 광의의 여행 개념으로 확대할 수 있을 것이다. 우리 연구에서는 목적성과는 무관하게 타자인식과 새로운 체험을 수반하는 공간경험을 모두 여행의 범위에 포함시켰다.

한편 여행은 원래부터 가지고 있던 목적으로서든 또는 단순한 여행의 결과로서든 몇 단계로 확산되는 과정을 겪게 된다. 즉 경계넘기와 새로운 체험은 이미 정보교류의 단계를 내포하게 되는데, 긍정적이든 부정적이든 새로운 체험은 체험된 내용 그 자체가 유의미함을 전제로 하기 때문이다. 정보교류가 이루어지지 않았다는 것은 타자에 대한 인식이 없었거나 새로운 체험으로 받아들여지지 않았다는 것을 의미한다. 아울러 정보교류는 의도적이든 아니든 결과적으로 인적 교류와 정보유통의 루트를 중심으로 하는 네트워크를 형성시키는데, 네트워크의 단위에 따라 각각의 정체성이 드러나게 된다. 물론 이것은 한 방향으로만 진행되는 것은 아니다. 기왕의 네트워크와 정체성을 기준으로 새로운 타자인식과 정보교류가 나타나기도 한다.

우리의 연구는 전체적으로 새로운 공간체험으로 타자인식이 나타나는 여행을 경계넘기, 정보와 교류, 네트워크, 정체성이라는 네 가지 관점에서 접근했다. 물론 여행은 이 가운데 하나의 성격을 갖는다기보다는 네 가지 특징을 모두 가지고 있는 것이 일반적이다. 다만 여행이 이루어지는 배경과 역사성에 근거하여 가장 특징적인 부분이 강조될 수 있을 따름이다. 이에 따라 경계넘기, 정보와 교류의 특징이 드러나는 여행을 1권으로, 네트워크와 정체성이 강조되는 여행을 2권으로 나누어 편집했다.

2

　동아시아 고대에서 현대적 개념의 여행과 유사한 관념은 7세기 당 고조高祖의 명에 따라 문장가로 알려진 구양순歐陽詢이 편찬한 『예문유취藝文類聚』에서 나타난다. 문학 창작에 이용할 목적으로 당시 주요한 관념들과 관련된 이전 시대의 문장을 모은 책인데, 인부人部에 '행려行旅'와 '유람遊覽'의 항목이 분류 책정되어 있다. '행려'는 주로 군사 원정에 관한 사항이 수집되어 있고, '유람'은 산수자연에 대한 감상의 글들이 모아져 있다. 경계넘기를 여행의 중요한 속성으로 할 경우 군사적 원정을 의미하는 행려가 여행의 본의에 더 가까워 보이기도 하지만, 폐쇄적 정체성을 강조하여 경계넘어 존재하는 타자를 일방적으로 부정하여 상호작용이 없다는 한계를 보이고 있다. 그에 비해 유람은 산수자연이라는 물적 존재에 대한 문학적 감정에 한정되어 경계를 넘어간다는 의식이 존재하는 것은 아니었다. 이러한 관념체계는 여행이라는 행위에 대한 구체적인 관념이 형성되지 않았음을 보여주지만, 한편으로는 이동이라는 행위를 별도의 독자적 관념체계로 분류했다는 점에서 의미를 찾을 수 있다. 10세기를 전후하여 나타나기 시작하는 여행에 대한 새로운 관념 형성의 초기적 인식이라고 할 수 있을 것이다.
　동아시아의 고대에서 현대적 개념의 여행과 유사한 행위 실체를 추적할 경우 가장 먼저 주목되는 것은 춘추전국 시대 유행한 사士, 즉 지식인들에 의한 천하유세天下遊說와 여불위呂不韋로 대표되는 원거리 상인들의 활동을 들 수 있다. 원거리 상인들의 활동은 비단 중국에서만 나타나는 특수한 것은 아니다. 로마나 페르시아, 몽골 등의 고대제국은 물론 우리나라나 일본 등 고대국가의 형성과정에서도 예외 없이 무장한 원거리 상인들의 존재가 확인된다. 이들은 상업적 재력과 무장조직을 기반으로 국가권력의 통치와 심지어는 국가 간의 전쟁에까지 간여하기도 했다. 고대의 국가권력이 갖는 현실적인 한계의 틈새에서 그 존립기반을 갖고 있었기 때문에 이들의 원거리 여행은 그 자체가 자신들의 생활기반이었다. 따라서 다양한 정보와 지식이 교류되고 있었다 하더라도 그들에게 타자에 대한 분명한 인식은 나타나기 어려웠다. 분명 광의의 여행에는 포함이 되겠지만, 그들의 여행은 자신들의 경계를 넘어선 것은 아니었다.

천하유세로 상징되는 전국戰國 시대 지식인들은 학문습득과 구직求職을 목표로 하여 천하를 주유하면서 자신의 활동무대로 삼았다. 따라서 이들은 천하라는 관념을 지향했다는 점에서, 공간적 측면에서 강한 타자인식을 전제로 하는 것은 아니었다. 다만 이들의 행위를 '유세遊說'라고 하는 데에서 알 수 있듯이, 기왕의 제후국 중심의 경계를 넘어서 다른 지역과 사회에서 새로운 세계를 경험하고 추구했다는 점에서는 여행의 범주에 들어간다고 볼 수 있다. 또 이러한 여행의 결과 천하라는 새로운 경계가 창출됐다는 점에서 여행이 갖는 역사적 의미를 잘 보여준다.

이러한 유세활동이 전개됨에 따라 당시 이미 '행行'이라는 개념이 여행의 원초적 관념으로 정착되어가고 있었다. 여행에 대한 신화적 은유가 창출되고, 그 활동에 대한 관념적 규범이 사회적 통념으로 정착되는데, 전설적인 조상인 우禹가 '행신行神'으로 신격화되면서 여행을 위한 출행의식과 금기가 일반 민民에게까지 확산됐다. 다만 이때의 '행'은 인식과 관념의 문제가 아니라 단순히 이동한다는 물리적 개념에 한정되어 있었다.

문정희의 「고대 중국의 출행의식과 여행금기—'우보禹步'의 신화적 메타포」가 이 문제를 분석 정리했다. 문정희는 전국 시대의 출토 자료로서 현재 택일서의 원형이라고 할 수 있는『수호지진간일서睡虎地秦簡日書』를 분석하여, 당시 여행 또는 도로를 지배하고 있는 행신行神이라는 여행신 신앙의 실체, 여행의 택일, 출행의식, 금기 등을 규명했다.

그는 천하의 치수를 위해 일생을 끊임없이 밖으로 돌아다녔다는 우禹가 전국 시대 '여행신旅行神'으로 신격화되면서 출행의식과 길제사에서 사용됐던 일종의 통행서인 '우부禹符'와 여행에서 방해물을 제거하는 주술의 한 단계로 행해졌던 '우보禹步'와 '조도祖道', 여행의 택일법의 하나인 '우수유禹須臾' 등의 여행규범이 나타나고 있다고 하면서 그 실상을 밝히고 있다. 양한兩漢 시기의 화상석과 이후 신화적 관념으로 그려진 회화에 많이 나타나는「거마행렬도車馬行列圖」에서 보듯, 여행과 관련된 신화적 상징은 바로 이 시기에 형성됐다는 것인데, 특히 당시 여러 가지 관념들이 여행의 문제와 결합되어 공통의 문화적 코드로서 작동했다고 설명한다. 또『일서』에 보이는 금기사항을 분석하여 당시 1년 중 출행가능한 날은 165일이라는 것을 밝혀, 당시 여행에 대한 공포와 함께 그 의미가 얼마나 강조되고 있었는가를 밝혔다. 또 이러한 금기원리에 12신을 설정하여 해당되는 날짜의 길흉을 따지는 건제법建除法과 이십팔숙의 별자리로 길흉을 점치는 총진법叢辰法, 그리고『주역』의 괘 원리가 통용되고 있는 것을 확인하여, 여행에 모든 사유와 문화적 관념이 연관되고 있음을 설명했다.

이 연구는 전국 시대 유행했던 여행의 실상을 밝히는 것은 아니다. 그렇지만 고대의 신화적 관념이 여행이라는 극히 현실적 행위와 어떻게 연계됐는가, 그리고 그것이 여행에 대한 인식으로서 어떻게 정착되고 또 변화됐는가를 설명해준다. 『산해경山海經』이나 『수신기搜神記』 등에 나타나는 것처럼 고대 중국인들은 인간을 포함한 모든 자연에 정령이 있다고 믿었고, 이들은 정해진 시간과 공간에만 존재했다고 믿었다. 인간의 여행은 이러한 자연질서에서 그 위치를 이동하는 것으로, 당연히 이를 방해하는 그 무엇이 존재하게 마련이었다. 옥기玉器를 비롯한 고대의 여러 가지 기물은 이러한 재앙을 제거하는 기능을 가진 신물神物로서, 여행과정에서 필수적인 패용물이었다.[1] 전국 시대 여행에 관한 금기와 출행의식이 나타난 것은 이러한 자연의 정령으로부터 자신을 보호하려는 의지 때문으로, 전국 시대 여행이 확대되면서 나타난 보호장치였다고 할 수 있다.

전국 시대에 확대되기 시작한 여행은 진한秦漢의 통일제국이 들어서면서 새로운 변화가 나타난다. 전국 시대 말부터 부국강병의 선두에 섰던 진秦을 중심으로, 변법變法을 기반으로 백성에 대한 통제와 결집을 통하여 국력을 극대화하는 정책이 일반화된다. 제민지배濟民支配원리로 이루어지는 진한의 통일제국에서는 일원적인 제민濟民의 육성이 제국의 안정성을 유지하는 근간이라 보고, 민에 대한 다양한 통제장치가 더욱 확대됐다. 율령에 근거한 형법체계를 수단으로, 거주·납세·요역 등이 개별인신적 원리에 의해 규정되면서, 민의 이동은 철저하게 통제됐다. 균수·평준·전매제도 등 국가 중심의 상업체계를 확립하여 민간에 의한 상업활동은 철저하게 붕괴됐다. 이 과정에서 민의 개인적인 여행이나 이주는 기본적으로 부정됐다.

그렇지만 거대한 통일제국을 유지 관리하기 위해서는 민에 대한 토지결박과 함께 이를 통제하기 위한 관리들의 역내외의 이동은 더욱 확대된다. 관료들의 출사出仕와 출장을 위한 원거리 여행과 요역이나 군역을 국가적 목적으로 결집하기 위한 민의 이동, 그리고 대규모 원정 등이 그것이다. 최근 출토된 윤만한간尹灣漢簡에서는 서주徐州의 지방관이 멀리 돈황敦煌 지역에까지 출장을 다녀온 것을 확인할 수 있는데, 진한 시대 관료들의 공식적인 여행의 실상을 잘 보여준다.[2] 이에 반해 진승陳勝의 기병 동기에서 보거나 거연居延, 돈황敦煌 등지의 수졸戍卒 상당수가 관동關東 지역에서 왔으며, 멀리는 어양漁陽(현 북경 순이順義)이나 단양丹陽(안휘성 선성宣城) 출신자도 많았던 것처럼,[3] 현실적으로 민 역시 통일제국 아래에서 요역과 군역을 부담하는 과정에서 과거와는 비교할 수 없을 정도로 장거리 여행을 경험할 수 있었다.

이처럼 국가권력의 목적을 위한 관료와 민의 이동이 가능하도록 하는 여러 가지 시설은 국가권력에 의해 개설되고 유지됐다. 진대부터 전국에 걸쳐 변방에 이르는 도로가 개설됐고, '전사傳舍'·'우 郵'·'정亭' 등 여행을 위한 편의시설이 변방의 오지까지 설치됐다.[4] 전한 시기 전국적으로 이러한 여행자를 위한 숙소가 5만에 달한다는 추정이 제시되기도 했다.[5]

이러한 구조 아래에서 나타나는 대표적인 여행으로 진의 시황제나 한 무제에 의한 대규모의 순행, 그리고 사마천으로 대표되는 관료들의 공무활동 등을 들 수 있다. 2권에 편재된 김선민의 「제국 경략에 미친 고대 순행의 유산—황제·관료·군대의 대규모 집단여행」과 김유철의 「사마천의 남방여행과 천하인식」은 당시 여행의 대표적인 두 유형을 분석한 글이다. 특히 사마천은 비교적 사적 자율성이 어느 정도 보장된 여행을 통하여 얻어지는 정보가 『사기』의 저술에 쓰이기도 했다. 그렇지만 이들 여행은 역시 경계를 넘어서는 타자인식의 형태로서 의미를 갖기보다는 관념적 타자인식에 입각하여 내적 정체성을 강조한다는 특성을 보이고 있는 것이다.

대규모의 대외 원정이 극히 제한된 조직 내부의 강제적인 활동을 벗어나지 못함으로써, 전장戰場이라는 것도 경계를 넘는 내적 교류가 이루어지는 장은 되지 못했지만, 그것은 분명히 강한 타자인식에 근거하여 새로운 공간으로 경계를 넘어서는 활동이었다. 대외 원정은 전혀 새로운 세계에 대한 경험으로서, 어느 정도 자율성이 보장된 집단에 의해 경계를 넘어서 정보와 지식이 교류되는 기능을 하기도 했던 것이다. 사마상여司馬相如에 의해서 파투무巴渝舞가 궁중에 소개된 것이라든가, 한 무제의 서역 원정이 천마신앙, 곤륜산崑崙山 서왕모西王母신앙의 계기가 됐던 점,[6] 또 장건張騫의 서역사행西域使行으로 서역 현지에서의 정보를 근거로 현재의 윈난雲南을 통해 인도에 이르는 새로운 교역로를 확보하려는 새로운 원정이 추진됐던 것은 이러한 여행이 갖는 의미 있는 결과라고 할 수 있다.

국가권력에 의해 특수한 목적을 가지고 통제되는 이러한 여행은 사실 본질적인 의미에서의 여행과는 약간 거리가 있었다. 여행이 여행으로서 의미를 갖는 것은 자유로운 마음 상태에서 기후, 풍토, 문화가 다른 지역에 임해서 얻어지는 새로운 정보나 독특한 성서 때문이라고 할 수 있다. 그렇기 때문에 기후, 풍토, 문화의 차이가 크면 클수록 그 의미는 더 커진다. 여기서 전제가 되어야 하는 것은 새로운 지역에 임하는 상황에서 다른 외적 요소가 최소화된 '심리적 자유'라고 할 수 있다. 그러나 관료든 민이든 국가권력에 의해서 강제되고 통제된 진한 시대의 여행은 그 자체로 개인의 의지와 감정이 배제된 국가권력의 강압에 의한 고역적인 노동일 뿐이었다. 따라서 기후, 풍토, 문화의 차이가 크면 클수록 그 고역은 확대되는 특징을 갖는다. 이러한 이유 때문에 진한 시대에 실제로 그렇게 많은 이동과 여행이 있었으면서도, 여행의 관념이 이 시대에 크게 부각되지도 않았고 문화와 예술 그리고 의식구조상에서 여행이 갖는 의미가 크게 두드러지지도 않았다.

다만 장건張騫의 서역 원정은 그 자체로서도 여행으로서의 의미가 컸지만, 이후 서역과의 교류가 활발하게 진행되는 계기가 되어 새로운 경계넘기의 환경이 제공됐다는 점에서 큰 의미를 갖는다. 이 루트를 통하여 불교를 비롯한 중앙아시아의 여러 종교와 문화, 그리고 물산들이 전래되고, 그와 함께 대규모의 전교傳敎집단과 상인들이 건너와 중국 안의 문화가 세계적 융합성을 갖는 계기가 됐다. 따라서 당연히 중국인들에 의한 여행의 동기와 배경은 충분히 갖추어졌다고 할 수 있는데, 중국인들의 외지로의 여행은 상대인 서역인이나 한국, 일본에 비해 많지 않았다.

그렇지만 3세기 후한 왕조가 붕괴된 이후 중국을 중심으로 하는 동아시아에는 여행이 확대되는 여러 가지 환경이 나타나게 된다. 제일 먼저 들 수 있는 것은 자유로운 여행을 방해하는 통일된 국가권력이 약화됐다는 점이다. 북방민족이 화북 지방으로 남하하고 한인들이 강남 지방으로 이주한 결과 남북으로 분열된 왕조가 출현함으로써 남북 상호간의 전쟁과 교류가 교차하는 가운데, 여행에 대한 제한은 훨씬 약화됐다. 이와 함께 서역으로부터 불교가 유입되어 중국인에게 강한 영향력을 발휘하면서, 법력이 높은 스승을 찾아서 혹은 석가모니의 본국을 향하여 떠나는 구법求法여행이 국내외로 크게 확대된다.

이들은 극히 개인의 종교적 심성에 근거하여 새로움을 찾아 떠난 여행이기 때문에 여행 목적지에 대한 감상이 남다를 수밖에 없었다. 이에 따라 법현法顯의 『불국기佛國記』나 현장玄奘의 『대당서역기大唐

西域記』로 대표되듯, 그들의 구법여행을 자세히 기록하면서 자신의 활동과 현지의 상황을 기록으로 남기게 된다. 당시 구법여행은 중국을 통하여 다시 불교가 전파된 한국이나 일본에서도 유행하게 되는데, 역시 동일한 이유에서 혜초慧超의 『왕오천축국전往五天竺國傳』, 엔닌圓仁의 『입당구법순례행기入唐求法巡禮行記』가 출현했다.

종교적 구법여행은 당시 종교인들에게 상당히 유행했던 것으로, 불교의 영향을 받아 체제를 갖추기 시작하는 도교道敎의 인사들에게서도 자주 나타났다. 이들은 대체로 국내여행에 멈추고 있지만, 갈홍葛洪의 광주廣州여행이나 도홍경陶弘景의 남방여행에서 보듯, 낯선 타지로의 여행 그 자체가 구법활동의 한 형태로서 인식됐다.

한편 엔닌의 여행이 신라의 장보고를 비롯한 당시 상업세력의 도움을 받아 진행됐던 것에서 보듯, 이들 종교인의 여행은 현실적으로 원거리 상인들에 의해 확대됐던 대외교역이 주요한 방편이 됐다. 따라서 교역이익을 추구한다는 현실적인 목적이 있기는 하지만, 당시 상인들의 교역활동도 여행의 한 형태로 크게 확대됐다. 당시 『수경주水經注』가 저술되고 여러 가지 지방지地方志나 풍토기風土記가 출간됐던 것은 바로 상인을 중심으로 하는 여행이 발달함에 따라서 지역 간의 차이가 의식되고 이를 의미 있는 것으로 파악하는 분위기가 확대됐음을 잘 보여준다.

김선민의 「현장의 구법여행과 당대唐代 정치」는 당시 구법여행의 특수한 의미를 분석한 글이다. 출국 때 세 차례나 여행허가증인 과소過所 발급에 실패하여 몰래 국외로 빠져나간 현장이, 17년 만에 귀국한 후에는 당 태종의 엄청난 후원을 받아 역경사업을 진행했다. 그 배경을, 필자는 현장이 중국불교에 새로이 소개한 유식학唯識學이 승려를 사회와 분리시키고 군주인 자신의 지위를 정당화하는 데 유용했기 때문이라고 규명했다. 인도로의 구법여행이 단순히 새로운 문화와 사상을 대면한다는 의미를 넘어서 중국 현실사회의 문제점을 해결하는 대안을 제시한다는 점에서, 당대 구법여행은 이미 단순한 새로움이나 미지에 대한 추구를 떠나 사회적 요구에 부응하는 의미를 가지고 있었음을 보여주고 있다.

당대까지 종교적 구법여행이 이처럼 부분적으로 사회적 요구에 부응하는 의미를 가졌다고 하더라도, 당시 구법여행은 승려와 도사라는 매우 한정된 집단에 의해 특수한 목적을 가지고 진행되는 활동이었다. 그러나 9세기 당 후반기가 되면서 여행의 형태는 훨씬 다양해진다. 승려와 도사 외에 일반 학인擧人들과 평민들에 의해서도 새로운 형태의 여행이 크게 확대된다. 학인들이 학습과 출사 혹은 관인으로서 출장을 위해 떠난 여행이 이전에도 없었던 것은 아니었다. 그러나 당 말기에는 이러한 현실적인 목적과는 달리 산수를 감상하거나 명승고적을 찾아 일부러 시간을 내서 여행하는 경우가 늘어난다는 점이 과거와는 다른 현상이었다.

김종섭의 「당대唐代 문인여행의 의미와 경계의식」은 바로 이러한 학인들이 출사와 출장을 위한 환유宦游적 여행에서 새로이 만유漫遊적 여행이 유행하고 있음을 밝히고 있다.7 당시에도 여행을 위해서는, 공적인 활동을 위해 여행하는 관리들은 부권符券이나 체첩遞牒 등이 있어야 하고 민간인은 과소過所라는 허가증이 있어야 했다. 이는 일정한 자격을 갖추면 발급받을 수 있기 때문에 자유로운 여행을 막지는 못했다고 한다. 이에 따라 당말 문인들 사이에는 새로운 세계로서 서역에 대한 여행이 유행하게 되고, 이를 통해서 당과 이역異域을 구분짓는 경계의식을 갖게 됐음을 밝히고 있다.

이에 비해 김영진의 「송대의 여행과 사대부의 교유」는 육유陸游의

『입촉기入蜀記』와 범성대范成大의 『오선록吳船錄』이라는 여행기를 분석하여, 송대 사대부들이 여행 특히 촉蜀과 오吳 지역에 대한 여행을 즐기면서 자신의 체험과 관찰을 기록으로 남기고 있는 실상을 설명했다. 이들 여행기에 나타나는 중요한 특징은 단순한 산수 외에 현지 민간인들의 생활실태와 민간신앙에 대한 내용을 포함하고 있고 심지어는 현지의 진사, 촌인 등을 만나 지방의 역사와 산천, 풍속, 일화 등을 전해들었다는 사실이다. 이는 송대 사대부들에게 여행이 특별한 의미를 가지고 있었음을 뜻하는데, 그 특징은 여행이 구체적인 목적뿐만 아니라 천하의 현지 실상을 파악하고 이해하려고 노력하는 송대 사대부들의 의식구조를 반영하고 있었다는 점이다. 특히 육유와 범성대는 여행과정에서 의도적으로 많은 사람들을 만나고 교우를 지속적으로 유지하려고 활동했음을 확인할 수 있는데, 이 역시 당시 여행의 주요한 특징이라고 설명했다.

 송대 사대부들의 이러한 여행은 당말 문인들 여행의 연장선상에 있으면서 보다 더 적극적으로 발전한 것이라고 할 수 있다. 단순한 관료로서의 한정된 활동이 중심이었던 당 이전의 여행과는 달리 천하의 산수와 현지 주민들의 특수한 생활과 의식, 그에 따라 파악되는 지방성, 그리고 현지 사대부들과의 교우 등이 송대 사대부들의 여행에서 나타나는 주요한 관심사항이었던 것이다. 국가권력의 관료 외에 천하를 책임지는 사대부들의 자율적인 천하관, 자연관이 여행에서도 드러남으로써 여행 그 자체에 의미가 부여되고 있음을 보여준다.[8] 아울러 천하에 대한 책임의식을 강조하는 송대 사대부들에게 자연과 인문 현상에서 천하의 다양한 면모에 대한 확인은 그 자체로 자신의 지역과 천하에 대한 책임의식을 계발하는 의미를 갖는다고 할 수 있다.

당송 시대를 거치면서 사대부들의 여행에 나타나는 이러한 변화는 일반적으로 승려와 도사들의 구법과 구도여행에서 영향을 받은 것으로 이해되고 있는데,[9] 이 시기 민간인들에게 오대산五臺山 등의 순례가 유행했던 것도 같은 맥락에서 이해해볼 수 있다.[10] 2권에 편재된 김종섭의 글 「송대 여행인프라와 문화체험—조진成尋의 『참천태오대산기』를 중심으로」은 바로 송대 민간 차원에서 이루어진 종교적 순례활동이 향촌 사회의 경계를 넘어서는 여행으로 확산되고 있는 모습을 잘 보여준다. 물론 민간 서민들에 의한 종교적 의미를 갖는 여행이 고대부터 없었던 것은 아니었다. 특히 위 · 진 · 남북조나 당대의 경우 향촌 사회 인근을 범위로 하는 불교도들의 순례여행이 진행됐던 것을 확인할 수 있다. 다만 중국에서는 10세기 서민문화의 발달에 따라 원거리 순례여행으로 조직화되면서 다양한 새로운 문화로 발전한다는 점에서 이전과는 구분되는 문화현상이었다.

여행에 대한 중국 전통시대사의 이러한 흐름은 한국사나 일본사에서도 유사한 과정으로 발전했는데, 이계황의 「에도 시대의 여행환경—이세참궁과 관련하여」는 동아시아에서 국가권력의 통제 속에서도 민간인에 의한 순례여행이 어떻게 발전됐는가를 전형적으로 잘 보여준다. 도쿠가와德川 시대 막부에서는 촌민村民들이 촌의 범위를 벗어나 이동하는 것을 엄격하게 제한했는데, 세키쇼關所나 구치도메반쇼口留番所 등의 관문과 숙박소 등에서 통과자들의 신분과 소지한 화물을 엄격히 규정하고, 여행허가서를 가진 자만이 시설을 이용할 수 있도록 했다. 신궁에는 오시御師라고 하는, 신과 인간의 중간에서 기원자의 원망을 신에게 기도하는 집단이 존재했는데, 이들이 참배를 주선하여 여행의 허가를 받도록 했다. 이에 서민들은 고講라고 하는 임시 조직을 결성하여 여행경비를 관리하고 여행을 진행시켰다.

이러한 참배활동은 17세기 중·후반부터였는데, 주목되는 것은 이것이 단순한 참배만을 목적으로 하는 것이 아니라, 여행과정에서 여관과 차점에서 유흥활동과 도시와 연극 구경, 쇼핑 등 유락시설 이용 등이 이루어졌다는 점이다. 즉 참배활동은 현실생활로부터 벗어나 일시적 해방감을 느끼는 관광유람의 속성을 띠고 있었다. 이러한 유람을 통하여 동일한 기억과 경험을 가진 촌내의 응집력이 형성되고, 또 도시와 구별되는 농촌의 정체성을 강화했다. 이는 과거 무사나 승려 등에 의해서 전쟁과 구법을 목적으로 진행됐던 것에서 더 발전하여 오락과 관광의 성격을 가진 서민여행이 출현했다는 점에서 큰 의미를 갖는다.

한편 점차 개인적 의미가 강조된 여행을 통해 그 의미를 재발견한 사대부들은 자신의 여행에 대해 자세한 기록을 남겨 여행의 의의를 더욱 강조하곤 했다. 송대부터 유기遊記문학이 활발해진 것은 바로 여행이 사대부들의 수신修身과 학습에서 하나의 과정으로 인식됐기 때문이었다. 일반적으로 산수자연에 대한 문학적 글쓰기는 위·진·남북조 시대 귀족들의 여가활동으로 이루어진 주위의 산천에 대한 감상에서부터 출발한다고 설명되고 있지만, 송대부터 유기문학이 본격적으로 발전하면서 인간을 중심으로 철학을 논하는 풍조가 나타나는 것이 특징이었다.[11]

이러한 여행기는 16세기가 되면서 크게 번성했는데, 이는 주로 여행을 통하여 세계를 인식하고 자신을 발견하는 사대부 중심의 여행에서 각계각층의 사람들이 여행에 나서면서 일부에서는 관광과 레저 성격을 띤 오락성여행까지 등장하기도 했던 변화와 관련되어 나타난 현상이었다. 따라서 여행기의 성격도 변화가 나타나는데, 차혜원의 「명청 교체기의 북경여행—유기遊記『북유록』의 교유와 여정」

은 이러한 변화과정에서의 한 특징을 규명하고 있다.

차혜원의 글은 17세기 명청 교체기를 살아간 담천談遷의 북경 지역에 대한 여행기인 『북유록』을 분석한 것으로, 이 시기를 기점으로 하는 여행기의 변화상을 잘 보여주고 있다. 담천은 여행과정에서 명대의 역사사실이 담긴 많은 진본 등을 열람하고 이를 상세히 기록하고 있는데, 이는 여행의 목적 중에 명대의 역사를 편찬하기 위한 사료수집의 측면이 있었기 때문이었다. 실제 『북유록』에는 2년 4개월간의 여정과 각지의 풍속과 함께, 북경 체제 때 수집했던 인물들의 언행, 제도, 고적 및 시장, 민간종교 등 민간인들의 생활상황 등의 정보들과 자신의 교우관계가 자세히 기록되어 있다. 특히 아담 샬 Adam Schall과 마테오 리치Matteo Ricci를 통한 천주교에 대한 정보, 그리고 새로이 들어선 청 왕조의 실상과 평가 등까지 자세히 기록하고 있었다.

결국 명말청초부터 여행에 참여하는 계층이 확대되면서, 여행을 통하여 현실사회를 정확히 판단하는 정보와 지식을 획득하려고 하는 것이 새로이 나타난 특징이었다. 차혜원은 이를 비슷한 시기 고염무顧炎武가 '북유'에 나서 중원 각지를 여행하여 『천하군국이병서 天下郡國利病書』를 완성한 것과 비견했다. 즉 여행의 결과를 정리한 유기는 단순한 '사장지학詞章之學'으로서 문학적 의미에 머물지 않고 '여지지학輿地之學' 즉 지리서의 성격을 갖는다는 것이다. 여행이 산수를 읊는다든가 혹은 현지의 풍속을 통하여, 인간에 대한 이해를 깊게 하고 교우관계를 확대하는 데에 그치지 않고, 천하의 경영을 위한 구체적인 정보의 획득이라는 보다 현실적인 목적에 다가가고 있었던 것이다. 이는 여행이 당시 활발해지기 시작하는 '경세지학經世之學'을 위한 조건으로서 의미가 있었음을 밝히고 있다.

한편 여행이라는 행위 자체가 특별한 의미를 가질 수밖에 없는 농경 정착민들과는 달리, 북방 유목민들에게 이동은 그 자체가 하나의 일상적인 생산활동의 연장이었다. 따라서 유목민족 사회에서 여행은 특별한 의미를 부여하기 어려운 측면이 있다. 그러나 유라시아대륙을 장악한 몽골제국의 경우 넓은 국가를 통치하기 위해서는 공적이든 사적이든 이동을 위한 기반시설이 불가피했다. 김성수의 「몽골제국 시기 유라시아의 광역 교통망 잠치」는 바로 이 문제에 착안하여 정리된 글이다.

몽골의 잠치는 중국의 전통적인 역참제도를 계승하면서, 몽골의 전통적인 교통체제가 포함되어 만들어진 제도였다. 주로 사신의 통행을 돕기 위해 설치된 홉초르, 군사활동의 후방 혹은 보급지역으로 옥록, 그리고 군사기밀의 전달을 위한 나린 등이 그것인데, 현지에 분봉된 역참을 관리하는 사람과 역마를 운용하는 집단으로 체제가 유지됐다. '패자牌子'라 불리는 여행허가에 근거하여 통과 여부를 관리하면서, 여행에 필요한 물품을 공급하기도 했다. 이러한 시설들은 기본적으로 관료와 사신의 공무 왕래와 군인들의 이동을 위해 설치됐는데, 주로 상업에 종사하는 민간인들도 여행 때 이 잠치를 이용할 수 있었다. 마르코 폴로, 이븐 바투타 등은 동서를 관통하여 여행하면서 잠치를 이용했고 그 효용성을 자신들의 여행기에서 극찬했다.

전체적으로 전근대 동아시아에서는 강력한 국가권력에 의해 사람들의 이동이 철저하게 제한되고 통제됐다. 아울러 국가권력의 유지를 위한 장치로서 공적인 여행을 위한 도로, 교통 및 숙박시설이 설치되고 국가권력에 의해 유지됐는데, 본질적으로 공무수행을 위한 목적에서 시행된 정책이었지만, 국가권력의 승인을 받은 제한된 범위의 사람들은 이러한 시설을 이용하여 개인적 목적과 의도에 따른 여행이 가능했다.

초기에는 주로 국가적 목적을 수행하기 위한 복역服役, 출사出仕, 출장, 정벌征伐전쟁, 사신활동 등 주로 공적 활동의 일환으로 여행이 이루어졌다. 그러다가 초기부터 나타난 예비관료들에 의한 구학求學여행 이외에도 불교의 유행과 도교의 성장에 따른 승려나 도사 중심의 국내외 구법여행, 산수와 명승지에 대한 문학적 감상과 교우를 위한 문벌귀족들의 여행, 외부 지방의 독특한 지방과 풍속을 파악하면서 천하를 확인하려는 사대부들의 경세經世여행 등 주로 사회적 지도층을 중심으로 하는 민간여행이 진행됐다. 그러나 10세기를 전후하여 종교적 성지에 대한 순례여행, 서역이나 동아시아 내부에서의 교역을 위한 원거리 상업활동 등 일반 서민들의 여행이 확대되어 갔다. 이러한 서민들의 여행에서는 16세기를 전후한 시기부터 관광성 유락활동을 위한 여행이 나타나기 시작했다.

이러한 여행들은 그 형태가 어떠하든 국가 범주 혹은 지방과 향촌 사회 범위에서 이루어지는 경계넘기를 통하여 새로운 세계와 문화를 접할 수 있었다는 특징을 공통적으로 지니고 있다. 또 국가적 목적과 그 권위에 근거한 여행은 횟수가 잦고 시간도 길며 먼 거리를 넘어서는 데 비해서, 민간을 중심으로 하는 사적 여행은 지역과 향촌을 중심으로 하는 좁은 범위에서의 경계를 넘는다는 차이를 갖고 있다. 그러나 경계를 넘어 새로운 세계를 경험하고 새로운 정보를 접한다는 측면에서는 오히려 민간의 사적 여행이 더 강렬한 의미를 가졌다. 이에 따라 여행은 다른 목적을 위한 수단으로서가 아니라 그 행위 자체로서 의미를 갖는 것으로 인식되어갔다. 여행을 통해 맞이하게 되는 경계의 건너편은 초기 부정의 대상에서 점점 오히려 그 건너편을 지향하는 경향으로 발전했다.

3

　19세기 서구와의 접촉 확대로 시작된 동아시아 근대에서는 여행에 대한 인식과 환경이 크게 변화한다. 가장 큰 영향을 준 것은 교통수단의 발전으로 인해 이동이 그만큼 쉬워졌다는 외적 환경인데, 아울러 국민국가의 형성에 따라 여행에 대한 국가권력의 통제가 사실상 사라진 것이 가장 큰 요인이었다. 여행은 이제 인간의 삶에 있어 그 자체를 목적으로 하는 행위로 정착됐다. 1899년 일본과 조선을 거쳐, 중국 동북부, 시베리아, 네덜란드에서 이탈리아까지 여행하여 『계묘여행기癸卯旅行記』라는 기행문을 남겼던 단사리單士厘의 경우에서 보듯, 이제는 여성들도 독립적으로 해외여행을 떠나기도 했다.[12]
　이러한 현상은 몇몇 서민에 의한 사적 목적의 관광성 여행이 나타나기는 했지만, 종교와 축제, 절일節日에 의존하여 제한된 범위에서 진행됐던 전근대와는 여행의 본질이 다르다는 점에서 의미가 크다. 즉 근대에 들어 경제적 여건이 용인되는 한 서민들에게도 여행은 자유로운 일이었고, 여행 그 자체를 목적으로 하는 관광의 개념이 정착된 것이다.
　박경석의 「근대 중국의 여행인프라와 이식된 근대 여행」은 20세기 중국에서 여행의 외적 조건이 어떻게 변화했는가를 정리했다. 당시 여행은 교통수단의 발전과 도로망의 확장 등 외적 조건 외에도, '여행하는 중산층'이 생겨났을 만큼 여행에 대한 인식에 커다란 변화가 나타난 것이 주요한 특징이었다. 이에 따라 여행안내서와 여행사가 등장하여 일반 서민의 여행을 방조하고 촉진시키는 역할을 하게 된 것도 새로운 현상이었다. 그러나 근대 여행의 확대과정에서 보면 서구인에 의해서 개발된 중국 안의 관광지와 휴양지를 중국인들이 이용하기 시작하고, 여행사는 이를 중심으로 여행을 확대했다. 따라서 여행 그 자체에 대한 인식에 있어서 서구인을 모방하고 수용한다는 측면이 강했는데, 박경석은 이를 '이식된 근대성'의 일면으로 파악했다.

이와 함께 비자, 여권 등 출입국 관리에 대한 체제가 확립되면서, 국외여행이 성장하게 됐다는 점도 새로운 특징이었다. 전근대와는 달리 이제는 서구라는 새로운 경계 관념이 정착되어 이 경계를 넘으려는 욕망이 생겨나고, 더욱이 정보와 교류를 위한 신문명 혹은 선진문화로서 모범이 되는 지역에 대한 여행에 더욱 집착하게 된다. 초기에는 특히 정치체제, 경제구조 및 자유, 평등, 사상 등 새로운 지식순례의 차원에서 국가권력에 의해 추진됐다.

방광석의 「메이지 관료의 유럽 '지식순례」는 일본의 경우를 예로 하여 동아시아 근대에서 서구를 학습하려고 했던 여행의 특성을 분석하고 있다. 일본에서는 19세기 말부터 국가권력과 지식인을 중심으로 새로운 일본의 국가와 사회 건설을 위한 견학과 학습의 방편으로 서구에 대한 여행이 추진됐다. 특히 1873년 주로 관료들로 이루어진 이와쿠라岩倉사절단 이후 정부관료는 물론 자유민권운동 지도자, 군인, 학자, 실업가 등이 공사를 불문하고 유럽을 찾는 여행이 크게 확대된다.

방광석은 이러한 여행의 특징으로 1882년 이토 히로부미伊藤博文가 입헌제도를 조사하기 위해 오스트리아 빈의 로렌츠 슈타인Lorenz von Stein을 찾은 이후 대부분의 유럽 방문자들이 그를 찾는 이른바 '슈타인 참예參詣'라는 현상이 나타나고 있는 것을 주목했다. 이는 당시 유럽 여행자 대부분이 입헌정치 아래의 내각, 지방, 궁중, 대학 등의 제도에 관심을 가지고 있어서 나타난 현상으로, 모두가 새로운 지식의 공간을 찾아가는 목적 때문에 유사한 형태의 여행이 이루어지고, 이것이 결국 동일한 이념의 형성으로 이어지는 과정에 있음을 설명했다. 이와 함께 이토와 정치적 경쟁관계에 있던 구로다 기요타카黑田淸隆가 정치적으로 위기에 처했을 때, 유럽의 지식순례를 통하여 다시 정치적 재기의 기반을 마련하고 있음을 밝혔다.

주로 관료와 사회 지도층 인사에 의해 진행된 유럽 지식순례의 여행이 갖는 정치·사회적 의미는 시기의 선후는 있을지라도 동아시아 전체에서 나타나는 특징이었다. 새롭게 인식되는 새로운 경계를 넘어서 새로운 정보와 지식을 수용한다는 것이 동아시아 근대에서 정치적·사회적 권위의 중요한 기반이 됐다. 경계를 넘는 여행의 의미가 유난히 크게 나타난 시기라고 할 수 있다.

이러한 원망은 관료나 사회지도층 이외에 일반 민간인들 사이에서도 차이는 없었다. 다만 민간인 신분으로 여행을 떠났던 구로다가 중간에 정부의 공식적인 활동으로 지위를 변경했던 예에서 보듯이, 일반 서민의 입장에서 경제적 여건이 이를 뒷받침해주기는 어려웠다. 이러한 상황에서 차선으로 선택된 것이 서구와 유사한 지역으로의 여행이라고 할 수 있는데, 20세기 한국과 중국에서 일본으로의 여행에서 그러한 성격이 강하게 나타났다. 중국인들의 홍콩여행은 부분적으로 국내여행이라는 성격도 띠고 있어 당시 여행이 갖는 의미를 잘 드러내준다.

백영서의 「20세기 전반기 중국인의 홍콩여행과 근대체험—또 하나의 경계를 넘어서」는 바로 이러한 측면을 분석하고 있다. 그는 20세기 초 중국인에게 홍콩은 국토를 제국주의 국가에 빼앗겼다는 차원에서 '국치國恥의 상징'이면서, 동시에 서양문명의 한 본보기로서 '근대의 상징'이라는 서로 대립되는 이미지가 중첩되어 있다는 관점에서 홍콩여행의 성격을 정리하고 있다. 당시 많은 개혁가·혁명가·문인·지식인들이 홍콩여행을 경험했는데, 여행의 동기에서부터 반제反帝 부국강병의 당위성을 강조하기 위해, 혹은 아름다운 건물, 깨끗한 거리, 엄밀한 치안유지 등 서양문명을 느껴보기 위한 두 가지 요인이 동시에 존재했다.

어떻든 당시 중국의 여행자들에게 홍콩은 서구의 대체 지역으로서 의미를 가지고 있어 이곳으로의 여행이 특수한 경험이었는데, 경계 안에서 경계의 밖을 느낀다는 점에서 여행지로서 홍콩만의 독특한 매력이 있었다. 특히 당시 여행자들이 홍콩 안의 한인漢人에 대한 관심이 컸던 것은 중국인 자신들의 앞날을 가늠해볼 수 있다는 전제에서였다. 홍콩 사회의 양인洋人과 한인漢人, 한인 중에서도 홍콩의 영국인 사회에 깊숙이 침투되어 있는 이른바 고등한인高等漢人과 저변을 이루는 한인과의 차이 등, 사회와 문화의 내적 모순과 구조에 많은 관심을 보인 것이 특징이었다. 그 결과 홍콩 안의 독자적인 문화와 학문이 성장하지 못하고, 할양 이전의 중국문화를 답습하는 보수적인 문화가 보편화되어 있다는 것이 당시 많은 여행자들의 감상이었음을 백영서는 지적하고 있다. 결국 경계를 넘어서려는 목적이 강한 홍콩여행이었지만, 결국 경계 안의 문제로 귀결되어버리는 것이 당시 홍콩여행의 특징이라고 할 수 있다.

중국의 경우와는 달리 20세기 전반 일본에서는 또 다른 의미에서 경계선으로의 여행이 유행했다. 임성모의 「팽창하는 경계와 제국의 시선─근대 일본의 만주여행」은 20세기 전반 일본에서 유행했던 만주여행을 제국의 확장이란 차원에서 분석했다. 일본에서는 러일전쟁의 승리를 계기로 만주 지역에 대한 여행이 붐을 이루는데, 주로 민간 신문사가 기획하는 민간인 단체관광과 문부성과 육군성이 공동주최하는 학생들의 수학여행이 새롭게 나타난 여행방식이었다. 신문사의 관광에 대해서도 육군성이 승선허가, 숙박 등의 편의를 봐주었고, 수학여행은 신문사가 선전해주었기 때문에 이들은 서로 동일한 흐름에서 이루어진 활동이었다.

1906년 시작된 이러한 단체여행은 전승국 국민으로서의 호쾌한 거동을 강조하며 시작했고 군대식으로 운영됐으며 애국심을 고취하기 위한 전적지 중심으로 진행됐다. 이는 초기에는 전승국민으로서의 우월감과 제국의식의 배양을 위한 순례로서의 성격이 강했다. 즉 만주라는 땅은 제국의 위령공간으로서의 의미를 가졌던 것이다. 그러나 임성모는 동일한 형식의 여행이 진행됐다고 하더라도 만주사변을 전후한 시기부터는 만주 지역의 실질적 지배자인 만철滿鐵을 중심으로 제국 일본을 리드할 근대화의 중심지로서 의미가 변화하는 만큼, 국가주의적 제국의식에 무조건 포섭되지 않는 흐름이 부분적으로 나타나기도 했다고 지적하고 있다.

여기서 동아시아에서는 유일하게 근대화와 제국화에 성공했다고 자부하는 일본에서 나타나는 특수한 여행의 일면을 확인할 수 있었다. 한국이나 중국의 외국여행에서 여전히 중심축을 차지하고 있던 학습과 지식획득이라는 목적보다 향유라는 측면이 강조되고 있었다는 점에서 일본의 만주여행은 근대적 여행의 성격을 띠고 있었다. 그러나 여전히 국가주의적 감정을 단체로 향유한다는 점에서, 국가와 민족 중심의 목적성이 강한 20세기 전반 동아시아의 여행의 특성에서 크게 벗어나지 못한다고 결론을 내리고 있다.

4

낯선 곳으로의 여행과 사람들과의 만남, 이 과정에서 나타나는 경계넘기, 정보교류, 그리고 정체성 인식, 네트워크 형성 등의 현상은 사실상 인간의 원초적인 행위로서, 시대에 따라 본질적인 차이가 나타난다고 하기는 어렵다. 다만 향촌과 국가권력에 의한 사회구조적 배경이나 자연과 타인에 대한 개인적인 세계관에 의해, 여행을 추동하는 힘이라든가 또는 여행으로 얻어지는 지식과 감상의 내용과 파장에 차이가 나타날 수밖에 없을 것이다. 이 때문에 여행의 형태와 그 의미가 시대에 따라 다르게 나타날 수밖에 없다.

아마 동아시아 역사상 구체적인 지식과 정보가 거의 전무한 상황에서 원거리 지역을 최대의 규모로 여행한 것은 명대 정화鄭和의 남해 원정이라고 할 수 있을 것이다. 군사나 상업 등 구체적인 목적이 뚜렷하지 않았다는 점에서 미지를 찾아가는 여행의 본질에 가장 잘 어울리는 여행이었다고 할 수도 있다. 그러나 그러한 여행을 필요로 하는 어떠한 사회적 욕구가 있었는가 혹은 그 여행으로 얻어진 정보와 지식이 명대 사회에 어떠한 영향을 끼쳤는가 하는 문제에 부딪히면 긍정적인 답을 찾기는 쉽지 않다. 다만 그 여행은 명 황실의 특수한 권력구조상에서 가능했을 뿐, 그것이 명대 사회의 시대적 특징을 반영한다고 보기는 어렵다.

이는 여행 이후 군사적 목적과 대외 교류의 활성화를 위해 여러 가지 조치가 취해졌던 장건張騫의 서역사행이나, 비록 국법을 어기며 진행됐지만 귀국 후 당 조정의 정치이념을 구현하기 위해 그가 가져온 정보와 지식을 적극 이용하고 확산시키는 조치가 이어졌던 현장의 구법여행 등과는 큰 차이를 보인다. 즉 여행은 외적 규모나 거리 등과는 달리 시대적 상황에 따라 수용되는 의미가 달라진다는 것을 의미한다. 한대漢代 사마천이 제노齊魯 지방의 여행에서는 적극적으로 현지에서의 지식과 정보를 확보하기 위해 노력했지만, 북방과 남방의 여행에서는 그곳에 갔다는 것만을 중시하고 현지의 실상에 대한 언급이 전혀 없었던 것도, 사마천의 개인적인 의지와 취향이기도 하겠지만 당시 여행의 시대성과 관련된다. 또 서역이나 남방의 경계에까지 여행하면서 그 여정과 여행과정에서의 자신의 감정적 소회를 중심으로 여행기를 서술했던 당말송초의 사대부와는 달리, 변경 지역을 여행한 명청 시대의 지식인들은 현지의 문화와 지리 사정을 지방지에 가까운 수준으로 자세히 정리하고 있었던 것 역시 시대적 차이를 잘 보여준다.

에도江戶를 여행했던 도쿠가와 촌민들이 여정 가운데 촌을 벗어나 화려하고 신기한 도시의 여러 면모에 감흥을 일으킨 것은 당연한 일이겠지만, 20세기 초반 일본의 서민들이 황량하고 낙후한 만주 지역에서 고생스러운 여행을 즐겁게 향유하는 것과는 여행의 성격에 있어서 차이가 컸다. 또 20세기 초 중국인들에게 홍콩은 정말 그대로 아름답고 매혹적인 도시였을까, 아니면 서구와 근대라는 환상이 만들어낸 선입견이었을까. 그런 도시적인 풍경은 상하이上海와 어떠한 차이가 있었을까.

여행은 흔히 아는 만큼 보인다, 혹은 원하는 만큼 보인다고 한다. 이는 여행이 거리나 기간 등 그 규모와는 무관하게 시대적 환경과 개인적 욕구와 의지에 따라 그 의미가 크게 달라진다는 것을 의미한다. 그렇기 때문에 여행 역시 역사적 시각에서 다시 분석될 수 있는 것으로서, 단순한 여행의 역사가 아니라 여행으로 본 역사도 역사학의 또 다른 방법론으로 가능할 것이다.

# 제1부
# 경계넘기

# 현장의 구법여행과 당대唐代 정치

김선민

## 1. 당초唐初의 사상계 동향

당 태종 정관貞觀 초, 현장玄奘(602~664)은 인도를 가기 위해 세 차례나 당국에 여행허가증의 발급을 요청했지만 허락을 얻지 못하고 결국 불법으로 몰래 관關을 넘어 출국했다. 일개 승려의 구법求法 여행을 굳이 막은 이유는 무엇일까. 우선 집권 직후의 심리적 불안정으로 인한 과도한 여행제한 조치를 주된 이유로 들 수 있을 것이다. 그러나 다른 한편으로, 현장이 불경 수집을 목적으로 간다고 한 이상 그가 돌아온 뒤 기존 사상계에 일으킬 파장이나 민간 사회에 끼칠 영향력을 우려하는 집단들의 의혹과 불안감이 현장의 출국을 막았을 가능성을 배제할 수 없다. 당시 불교와 경쟁관계에 있었던 도교계, 그리고 기득권을 가지고 있던 기존 불교계 세력 모두 현장의 여행을 달가워하지 않았을 것이고, 노자老子의 위광을 배경으로 집권체제를 강화하고자 했던 당조 역시 구법을 위한 출국을 그리 탐

탐탁히 여기지 않았을 것이다. 일개 승려의 경계넘기가 이처럼 통제와 주시의 대상이 될 수밖에 없었던 이유는, 그 경계의 건너편에 있는 가치체계가 자국의 고유한 가치체계와 맞설 정도로, 혹은 그를 능가할 정도로 대단한 지적 매력을 지닌 우수한 체계라는 사실을 이편에서도 잘 알고 있었기 때문이었다.

한편, 상황은 역전되어 현장은 귀국 후 태종의 극진한 우대를 받게 된다. 불교에 대해 그다지 호의적이지 않았던 태종이 불법의 여행을 마치고 돌아온 현장을 그토록 환영한 이유는 무엇이었을까. 더욱이 현장이 전한 유식학唯識學은 당시 불교의 중국화 방향과는 역행하는 교리 내용을 담고 있었다. 중국화 방향이란 교리 혹은 실천면에서 인도불교에 보이지 않는 중국불교 독자의 내용 전개를 말하는데, 7세기 전반기의 중국불교는 사람은 누구나 불성을 갖고 깨달음에 이를 수 있다고 하는 '불성론佛性論'과 '일체성불一切成佛'을 주요 사상적 특징으로 하고 있었다. 그러나 현장이 도입한 유식학의 교리는 이의 특징과는 상반되는 경향을 띠고 있었다. 이 때문에 현장의 유식학이 정관말 이래 일세를 풍미한 사실을 두고 혹자는 중국불교 600년의 사상사적 발전의 필연성이 유식종 혹은 법상종法相宗의 출현에 의해 중단되어버렸다고 보기도 한다. 그에 따르면 문화적 바탕이 전혀 다른 인도불교를 중국에 이식하는 데서 발생하는 여러 가지 모순을 해결하는 과정에서 필연적으로 인도불교를 이탈하는 중국적 불교가 새롭게 형성될 수밖에 없는데, 현장의 우연한 등장으로 중국불교가 다시 인도불교로 복귀하는 이른바 '중국불교사상 발전사상의 일대 모순' 현상이 일어났다는 것이다.[1] 그 같은 모순을 초래한 주범은 말할 것도 없이 정치적 필요에 의해 현장의 유식종 번역사업을 적극 후원했던 태종이었다. 권력자의 관점에서 현장은 어떤 정치적 효용가치를 지니고 있었던 것일까.

먼저 그의 소중한 경험과 외국에 대한 정보는 제국 경영에 적지 않은 도움이 됐을 것이다.² 그러나 '서역 정보'만이 현장이 지닌 가치의 전부는 아니었다. 그는 17년 동안이나 현지에서 당대의 인도불교를 두루 섭렵한 당시 중국불교계에서는 전례가 없는 거의 독보적인 존재였다. 세계국가로서의 면모를 갖추어가고 있던 당이 국제적 지위를 제고하기 위한 수단으로 현장 같은 명망 있는 인물을 활용하는 것은 국가적 견지에서도 득책이 아닐 수 없다.³ 현장으로 하여금 『노자도덕경』을 범어梵語로 번역하게 한 것⁴도 600여 년간 인도의 불경을 수입하기만 했던 중국이 자국의 고유 사상을 인도에 수출함으로써 중국의 우수성을 과시하려는 정치적 의도에서였고, 그 과업 수행의 적임자로서 저명한 학승 현장이 선택됐다고 볼 수 있다. 요컨대 현장은 서역정보 제공을 통한 국정자문에서뿐만 아니라 당의 국제적 위상 제고라는 측면에서도 충분히 활용가치가 있었다. 현장이 인도에서 가져온 유식학 경론의 번역사업을 태종이 적극 지원한 것은 이와 같은 현장의 외국 경험을 얻어내기 위한 일종의 정치적 투자였다고 보는 것이 지금까지의 대체적인 연구경향이다.

현장에 대한 태종의 관심을 바라보는 시각은 이처럼 대개가 '서역' 또는 '제국의 팽창'과 같은 현상적 해석에 머물러왔던 감이 없지 않다.⁵ 반중국적 불교 유식학이 수십 년간 성행한 이유 또한 특별한 경험을 소유한 고승의 역경譯經을 통한 구도求道 열망과 그에 대한 정치적 투자로서의 태종의 번역사업 후원이 서로 맞물린 결과였다는 설명이 지배적이었다. 그러나 달리 생각하면, 어떻게 중국불교의 '필연적인' 발전 방향을 벗어난 유식학이 태종과 고종 2대에 걸쳐 계속 번역사업을 지원받고 수십 년간이나 중국불교계를 풍미할 수 있었는지 의문이 아닐 수 없다. 더욱이 불교가 들어온 지 600여 년이 넘은 초당 시대에도 여전히 조정 일각에서는 불교를 '이적夷狄의 종교'로서 배척할 것을 집요하게 주장하는 자들이 있었다. 굳이 공간적 경계를 넘지 않더라도 중국이라는 공간 안에서 불교는 '우리 것'이 아닌 '이적의 것', '다른 민족의 것'으로 타자시他者視되거나 배척당했고 그러한 분위기는 현장이 귀국한 태종 시기에도 크게 다를 바가 없었다. 이러한 '이적'에게서 새로 수입한 경전, 그것도 중국불교의 사상발전의 궤도를 벗어난 새로운 교리의 대규모 번역을 아낌없이 후원할 정도로 현장이 지닌 서역 정보의 가치는 절대적이었는가. 국가경영에 필요한 서역 정보라면 오히려 세상 물정에 밝고 수시로 서역을 왕래하는 내외 무역 상인들로부터 더 생생한 정보를 얻어낼 수 있지 않았을까.

한편 태종이 통치하는 제국의 연원을 거슬러 올라가면 두 차례에 걸친 폐불廢佛사태를 감안하더라도 남북조 시대 대부분의 국가들이 불교를 보호 육성해왔고, 바로 전 왕조인 수隋의 문제文帝는 불교를 통치정책에 이용하는 불교치국정책을 취하기도 했다.[6] 당대에 와서도 불교는 공간적으로나 정신적으로나 가장 광범위한 영역을 차지한 종교이자 일종의 정치세력이었다. 당의 왕공귀족과 관료들 중에는 불교를 신봉하고 승려들과 교유하는 많은 신도들이 있었고, 이들은 불교정책이 나올 때마다 여론의 압력을 가하는 등 불교 잠재세력으로서 상당한 영향력을 발휘하고 있었다.[7] 군주라면 당연히 불교계의 동향을 교단과 교리 방면 모두에 걸쳐 신속하고 정확하게 파악하고 있어야 했다. 물론 정치인인 태종이 불교철학의 심연까지 이해했다고는 보기 어렵고 또 그럴 필요도 없겠지만, 적어도 제국의 통치자로서 불교의 기본 사상이나 당시대에 활동한 주요 종파들의 중심

교리 정도는 파악하고 있었을 것이다. 그런데 어느 날 불쑥 등장한 현장이 어떤 경향의 사상을 가진 승려인지, 그가 가져온 새로운 경론이 어떤 교의를 담고 있는지 사전 검토도 없이 번역을 흔쾌히 허락하고 후원했다는 것이 가능했던 것일까.

물론 불교경론 번역이 수백 년간 별다른 제한 없이 자유롭게 이루어졌던 것을 보면 적어도 불교의 교리는 이른바 '출가出家'와 같은 반윤리적 문제점에도 불구하고 국가권력과 크게 모순되지는 않는다고 보는 인식이 보편적이었던 것 같다. 또한 불교란 객관적 물질세계를 부정함으로써 대중들로 하여금 현실의 고통에 굴복하게 만드는 종교라고 볼 경우, 통치자 입장에서 대중의 사상적 지배를 강화하기 위해 불교 경론의 번역을 후원할 수도 있는 일이다.[8] 설령 그렇다 하더라도 왜 하필 현장의 유식학 경론이어야 하는가. 현장이 귀국하기 전에도 학덕 높은 승려들이 없지 않았고 번역할 경론이 없는 것도 아니었다. 더욱이 태종은 불교를 믿지 않으면서도 정치적 이유로 조사造寺나 도승度僧과 같은 친불교정책을 행한 바도 적지 않은데, 그럼에도 그때까지 경론의 번역을 적극 추진했다거나 후원했던 적은 없었다. 17년을 인도에서 유학한 고명한 학승이라는 이유만으로 유식학이 선택됐다고 보기는 어렵다. 적어도 칙명에 의해 공식 지원하는 번역사업이라면 통치자 입장에서는 경론의 내용과 성향에 대한 사전 파악은 물론 그것의 번역이 정치 혹은 사상계에 미칠 영향과 파급효과에 대해 미리 검토하지 않았을 리가 없다. 번쇄하기로 이름난 유식학 사상을 태종이 파악하고 있었을까 하는 의문이 일지만, 현장은 태종으로부터 안정된 번역사업 프로젝트를 따내기 위해 아마도 통치자의 흥미를 유발할 수 있는 교리에 중점을 두어 극히 간명하고 쉬운 언어로 논리 정연하고도 친절하게 유식학을 소개했을 것이고 이것은 태종에게 깊은 인상을 주었을 것이다. 지금까지 상식 수준에 불과했던 태종의 불교관에 새로운 인식의 지평을 열어주었을지도 모를 일이다. 태종의 유식학 번역지원 결정이 유식학 자체와는 전혀 무관하게 다른 외부적 요인들에 의해서만 이루어졌다고는 보기 어렵다.

현장과 인연을 맺은 지 3년, 정관 22년(648)에 태종은 현장이 심혈을 기울여 번역한 유식학의 대표적 논부인 『유가사지론瑜伽師地論』에 대한 설명을 듣고 감탄한 나머지 이를 베껴 전국 9주에 유포하도록 칙을 내렸다.[9] 그가 불교 경론을 전국 행정기관에 널리 유포케 한 행위는 결코 통치자의 입장과 무관하지 않았을 것인데, 그렇다면 태종은 이 『유가사지론』으로부터 어떤 정치적 시사를 받은 것일까. 현장을 통해 심화된 태종의 불교 이해가 그의 통치에 어떤 식으로 반영됐는지는 사료상 확인하기 어렵다. 그러나 태종의 사후에도 현장의 유식학이 수십 년간 번영을 구가했다는 사실은 결국 유식학의 교리가 제국 통치 이데올로기에 부합되는 면이 있을 뿐만 아니라 사상적으로도 당시 중국불교계의 시대적 요구에 부응하는 면이 있었다는 것을 말해준다.

요약하면 태종의 번역사업 지원의 이유를 설명하는 데 있어서 가장 기본적인 사실 두 가지를 간과해서는 안 될 것이다. 즉 현장은 불교승려이고, 그가 인도로부터 유식학 계통의 새로운 경론을 가져왔다는 사실이다. 태종의 번역지원은 어쨌든지 유식학 사상과 결코 무관하지 않을 것으로 보는데, 그렇다면 유식학 사상의 어떤 면이 태종의 지원 결정을 이끈 유인誘因으로 작용했을까. 이 글은 이와 같은 관점에서 태종의 정치에서 현장의 유식학이 가지는 의미를 새롭게 조명해보고자 한다. 먼저 불교에 대한 태종의 기본 인식과 일련의 정책을 살펴보고, 유식학의 사상적 특징을 개관한 다음, 군주인 태종의 입장에서 유식학이 지닌 정치적 의미에 대해 생각해보고자 한다.

## 2. 불법 출국과 17년 후의 귀국

불교가 중국에 들어온 지 대략 600여 년, 그동안 많은 인도 출신 승려들이 중국에 와서 불교를 전하고 경론을 번역했지만, 중국인으로 구법을 위해 직접 인도에 건너간 사람은 동진東晉의 법현法顯을 제외하면 별로 알려진 바가 없다. 그러나 당대에 오면 사정은 달라진다. 671(고종 함형咸亨 2)년 37세의 나이로 중국을 떠나 약 15년간을 인도에서 보내고 약 10년간 남아시아 일대에 체류한 후 25년 만인 695년에 귀국한 승려 의정義淨이 있기 때문이다. 현장이 인도에서 여행한 곳을 낱낱이 기록한 『대당서역기大唐西域記』를 저술한 것과는 달리 의정은 인도에서의 여행기는 남기지 않았다. 그러나 그는 구법을 위해 인도로 건너갔던 7세기 중국 승려와 신라 승려에 대해 자신이 직접 보았거나 전해들은 바에 의거하여 40년간에 걸친 57명의 활동을 기록한 귀중한 전기집을 남겼는데『대당서역구법고승전大唐西域求法高僧傳』이 바로 그것이다.

당대唐代는 인도 구법여행의 전성기였다. 그 배경으로는 우선 400년간의 분열기를 종식시킨 수·당 통일제국의 출현과 사회경제 발전에 따른 무역활동의 증가를 들 수 있다. 학문적 배경을 보면 그 시기에 인도는 대승불교철학이 절정의 단계에 올랐고, 중국 쪽에서도 수백 년간의 불교경험의 축적을 바탕으로 불교철학에 대한 욕구가 그 어느 때보다도 왕성했다. 중국에서는 남북조 시대 폐불이란 극단적 조치가 취해지기는 했지만 대체로 통치자들은 불교의 정치적 가치를 충분히 알고 있었으므로 승려의 구법여행을 굳이 반대할 이유도 없었다. 당대에 인도 구법여행이 성황을 이룰 수 있었던 것은 바로 이상과 같은 여건에서였다. 그러나 당시의 교통발달 단계에서 인도여행은 목숨을 걸고 떠나야 했으므로 쉽게 계획할 수 있는 것은 아니었다. 그런 가운데 용기 있는 승려들이 함께 어울려 혹은 단독으로 원행遠行을 결행했고, 그중 많은 사람이 도중에 죽거나 인도에 도착했더라도 끝내 돌아오지 못했다.[10] 619(정관 3)년에 장안을 떠나 17년간의 인도유학을 무사히 마치고 돌아온 현장이나, 그로부터 40여 년 후에 인도로 출발하여 25년 만에 귀국한 의정은 구법승 가운데서도 매우 운이 좋은 편이었다고 하겠다.

이들의 여행경로는 대체로 육로와 해로로 나누어졌다. 장안에서 출발하여 감숙甘肅, 신강新彊, 중앙아시아를 거쳐 인도로 들어가는 육로는 한대부터 주된 교통로였고 현장도 이 육로를 이용했다. 그런데 『대당서역구법고승전』을 보면 당초에 새로 개통된 서장西藏을 지나는 도로와, 남아시아를 거쳐가는 해상 교통로가 상세하게 기술되어 있고, 갈수록 육로보다는 해로 이용자가 증가하고 있다.[11] 해로여행은 주로 광주廣州나 교지交阯 · 점파占波에서 출발했고 구법승들은 대체로 중국 혹은 인도나 아라비아의 무역선박을 이용했다. 출국을 위한 행정절차는 육로보다는 해로의 경우가 더 수월했을 것이다. 왜냐하면 육로는 가는 도중에 여러 개의 관關을 통과해야 하고 그때마다 당국으로부터 받은 통행허가증—이를 과소過所 혹은 공험公驗이라 한다—을 제시해야 했는데, 해로에는 관 같은 것은 없으므로 일단 승선하여 항구를 떠나기만 하면 그만이었다. 물론 출국을 위해서는 당국으로부터 허가증을 받아야 했지만, 일이 여의치 않을 때는 수많은 국적의 외국선박과 외국 상인이 왕래하는 국제항구에서 밀거래를 통해 몰래 승선할 수도 있었다. 그러나 현장은 해로가 아닌 육로를 통해 갔기 때문에 통행허가증이 반드시 필요했다.

현장은 모두 세 차례에 걸쳐 당국에 공험 발급을 신청했으나 뜻을 이루지 못했다. 공험 발급절차는 신청인이 본인의 인적 사항, 그리고 여행의 목적과 목적지, 통과하는 관의 명칭과 수, 수행원, 노비와 우마를 비롯한 휴대물품 등을 적은 신청서를 소속 현에 올리면 경성인의 경우 형부의 사문司門에, 주현의 경우 해당 주에 신청서가 최종적으로 접수되어 심사를 거치게 된다.[12] 여행 목적의 타당성과 적법성, 규모, 방법, 안전성 등을 철저히 검토한 뒤 여행의 가부가 최종 결정되면 1부를 신청인에게 발급하여 여행증명서로 삼도록 하고 1부는 안권案卷으로 만들어 관부에 보관했다. 현장은 당시 장안에 있었으므로 그의 신청서는 형부의 사문에 최종 접수됐을 것으로 추정된다. 그러나 현장은 승려 신분이었고 더구나 국경을 통과하는 해외여행허가증을 발급받는 일이었으므로 승니와 사원의 감독기관인 숭현서崇玄署에도 당연히 여행허가를 칭하는 청원서를 올렸을 것으로 보인다.[13] 경우에 따라서는 숭현서의 허락을 받았더라도 사문에서의 심사단계에서 공험 발급이 거부됐을 수도 있다. 왜냐하면 해외여행의 허가는 국내는 물론 주변국의 정치적 상황 및 치안과 직접적인 관련이 있기 때문에 비록 여행 목적과 방법이 타당하다 해도 외부 요인으로 인해 공험발급은 언제든지 지연되거나 거부될 수 있었던 것이다.[14] 현재 현장의 공험신청이 과연 어느 기관 어느 단계에서, 누구에 의해, 어떤 이유로 거부됐는지는 확인되지 않지만, 세 번이나 여행허가가 거부됐다는 것은 홍려시의 숭현서든 형부 사문이든 아니면 제3의 인물 혹은 세력이든 그의 구법여행을 탐탁히 여기지 않는 분위기가 배후에 있었던 것 같다. 만약 당국에서 국외여행의 안전성을 염려했다든가 다른 선의의 이유로 여행 불허를 반복했다면 『대자은사삼장법사전大慈恩寺三藏法師傳』을 비롯한 불교 쪽 전기에 그 사실을 반드시 기록해두었을 터인데 구체적 언급이 없는 것을 보면 직접 표현하기 어려운 복잡한 사정이 있었던 것 같다. 나중에 현장은 귀국 후 태종을 알현하는 자리에서 "왜 떠날 때 알리지 않았느냐"라는 태종의 물음에 "두세 번 표를 올렸으나 성원誠願이 미천하여 윤허를 받지 못했습니다"[15]라고 대답했다. 귀국 후 첫 알현인데다 아직 불법 출국의 죄를 사면받지 못한 처지에서 감히 출국 청원의 표문이 상달되지 않은 책임을 언급할 상황이 아니라고 보았던 것 같다.

 세 차례나 공험 발급에 실패한 현장은 공험 없는 위험한 여행을 결단하기에 이른다. 마침 정관 3년 흉년이 들어 도道·속俗에게 작황이 좋은 곳으로 자유로운 이동을 허락하는 취식령就食令이 내려졌고[16] 현장은 이를 기회로 경사京師를 떠나 숙주肅州·감주甘州를 거쳐 양주涼州에 무사히 도착했다. 그러나 양주 이후부터의 여정은 순탄치가 않았다. 정관 3년은 아직 정권 초창기인데다 북방의 돌궐 또한 경계를 소홀히 할 수 없는 위험세력이었으므로 백성들의 국경 출입이 엄중히 통제되고 있었다. 당시 양주도독 이대량李大亮은 무단 출국을 도모하는 현장을 수배하여 장안으로 돌아가도록 강제귀환 조치를 내렸다. 현장은 불교도 관리들의 도움을 받아 과주瓜州에 잠입한 후 서역으로 가는 관문인 옥문관玉門關을 몰래 빠져나갔고, 서북쪽으로 다시 5개의 봉烽을 가까스로 지나 마침내 당의 공권력이 미치지 않는 서역땅에 발을 들이게 된다.[17]

인도 대승불교의 마지막 전성기를 직접 체험하고 당대를 대표하는 대학자들과 정신적 교감을 나눈 현장은 당초의 여행 목적을 달성했다는 자족감에서 귀국을 준비한다. 그렇게 오랫동안 인도 각지에 머물렀음에도 불구하고 기록에 의하는 한 현장은 자국에서 파견된 사신이나 다른 유학승들을 한번도 만나지 못했던 것으로 보인다. 아니면 그들을 의도적으로 피했거나, 만났더라도 기록에 남기지 않았을 가능성도 있다. 어쨌든 그는 불법으로 출국한 범법자 신분이었기 때문에 어떻게든 귀국 후를 위한 모종의 대비책을 마련하지 않을 수 없었다. 서주西州(고창高昌) 서남쪽의 우전국于闐國에 도착한 현장은 입국에 앞서 미리 표를 올렸다. 표에서 그는 부득이 "국법을 함부로 어기고 사사로이 천축天竺(인도)으로 간" 죄를 비는 동시에, 국외의 풍속이 천차만별이고 간난과 위험이 뒤따랐지만 "천위天威에 의지하여 이르는 곳마다 막힘이 없었다"[18]는 황제에 대한 충순忠順의 수사修辭도 빠뜨리지 않았다. 자국인의 신변보호를 요청하는 당국의 공문서도 추천서도 없이 생경한 외국땅에서 십수 년을 버텨온 현장의 외교감각에서 나온 글이었다.

귀국 후 현장은 태종이 세심한 배려 속에 인도에서 가져온 경론의 번역에 매진할 수 있었다. 현장에 대한 태종의 우대는 그의 귀중한 서역경험을 십분 활용하고자 하는 군주로서의 입장이 반영된 것임을 부인할 수 없다. 현장은 동시대인으로서는 유례없는 해외유학승의 한 사람이었다. 그는 인도에서 무려 17년간을 보냈을 뿐만 아니라 그간에도 난해한 불교철학을 주제로 인도 학자들과 논쟁을 벌일 정도로 인도 언어를 자유자재로 구사할 수 있는 매우 드문 언어능력의 소유자였다[19] 불교 원전을 직접 섭렵하고 인도의 불교 대가들과 논쟁을 벌일 만큼 지적 언어를 구사할 수 있는 최고 수준의 지식인,

서역에 관한 정보가 아니더라도 현장의 가치는 그것만으로도 충분했다. 태종은 현장을 가까이에 두고 수시로 정치에 대한 자문을 구할 수 있도록 그의 환속을 요구했지만 현장의 신념과 의지는 확고했다. 태종의 바람은 무위로 돌아갔으나 오히려 이러한 현장의 태도가 높은 평가를 받았던 것은 아닌지 모르겠다. 현장은 정치적 감각도 뛰어났다.[20] 군주에게 올린 표문은 언제나 그 권위에 충성하는 외교적인 수사를 빠뜨리지 않았다. 정치 불간섭 태도의 견지, 충순한 언사, 이 모든 것이 태종의 마음에 들었던 것 같다.

또한 현장의 학문적 경지와 권위는 누구도 부정할 수 없었다. 불교교의에 관한 한 누구와 논쟁을 벌이더라도 원전을 자유자재로 읽고 해석하는 데에는 굴복당할 수밖에 없었다. 불교가 인도로부터 전래되고 그 교의가 범어로 씌어 있는 이상 불교교리를 온전히 알기 위해서는 불교의 본고장으로 건너가 범어로 된 원전을 읽고 인도 불교학자들과 직접 대면하며 학문적 교감을 하는 것이 최상의 방법일 것이다. 현장이 끝내 국내의 불교해석에 만족하지 못하고 원행을 결심한 것도 국내에 원전이 없고 설사 있다 하더라도 그 정확한 어의와 문맥을 이해하는 데 많은 한계가 있었기 때문이었을 것이다.[21]

태종은 이러한 현장의 학문적 권위가 기존의 불교계와 그 주변의 귀족세력을 제압하는 데 일정 정도 유용할 수도 있다는 생각을 했을지 모른다. 현장은 군주의 권위를 빌려 자신의 학문과 번역의 우위를 보장받으려 했고, 태종은 해외유학승의 학문적 권위에 기대어 기존 교계와 귀족관료들의 기세를 제압하고자 했을 것이다. 현장이 불교계에 구역舊譯의 사용을 금지하고 자신이 번역한 신역만을 쓰도록 한 것은[22] 국내 기반이 허약한 그의 입지를 고려할 때 군주라는 강력한 후원자가 없다면 감히 생각할 수 없는 일이었다. 현장은 자신의 학문적 성취를 위해 기꺼이 태종에게 충성했고 태종 또한 자신의 정치적 목적을 고려해 현장의 번역사업을 후원했다고 볼 수 있다.

## 3. 당 태종의 불교인식

태종은 재위 기간 동안 여러 차례 조사造寺, 도승度僧 등 숭불적 행위를 보여주었지만, 그럼에도 불구하고 불교보호란 말은 태종에게 어울리지 않았다. 그는 본심으로 불교를 좋아하지는 않았던 것으로 알려져 있다. 그의 숭불행위는 대개 신앙심에서 우러나온 것이기보다 국가의 안정된 통합을 위한 다분히 의도적인 연출이거나, 혹은 당조 정권 수립에 협력한 승려에게 보은하는 뜻에서, 아니면 사사로운 기질祈疾과 추복追福을 위한 것일 뿐이라고 한다. 태종은 불교보다는 도교 쪽에 더 마음이 끌렸던 듯하다. 물론 군주권에 대한 도전이나 권위 훼손의 기미가 약간이라도 보일 경우 불교나 도교를 막론하고 그에 상응하는 조치가 취해졌다. 태종의 불교인식은 어떠했는지 다음에 세 가지 측면을 들어보고자 한다.[23]

첫째, 당조는 군주권의 신성성과 정통성 확보를 위해 도교의 최고신 노자를 시조로 받들어왔으므로[24] 당연히 불교보다 도교를 우위에 두는 공식적 입장을 표방해왔다. 637(정관 11)년 태종은 종실 이씨의 본계本系는 노자 이담李聃으로부터 나왔으므로 지금부터 공식 행사 때 도사道士·여관女冠을 승니의 앞에 서도록 하는 '도선불후道先佛後'의 조칙을 내렸다. '도선불후' 조칙을 선포했을 때 불교계가 받은 충격은 매우 컸고 그에 대한 항의가 잇따랐지만 태종은 단호했다. 태종은 승려들이 복종하지 않으면 장형杖刑에 처할 것임을 경고했고, 그럼에도 끝까지 저항했던 승려 지실智實은 실제로 장형에 처해진 뒤 환속됐다.²⁵

다음해인 639(정관 13)년 9월, 매우 주목할 만한 사건이 발생했다. 승려 법림法琳의 『변정론辯正論』은 황실을 비방하기 위해 집필한 것이라고 하는 서화관西華觀 도사 진세영秦世英의 고발로 법림이 체포된 것이었다. 지방에서 심문을 받고 재차 궁중에 불려온 법림에게 태종은 "짐의 본계가 노담이고 말엽이 농서隴西에서 일어났다는 걸 알면서 왜 『변정론』을 지어 노담의 도교를 비판했는가"라고 엄히 물었다. 법림은 이에 탁발달도拓跋達闍가 당의 이씨이고 폐하는 그 말예일 뿐 농서 이씨인 노담과는 전혀 관계가 없다고 답했다. 법림은 겨우 면사免死되어 검남劍南으로 추방되어가는 도중 병사했다.²⁶

위의 사건은 여러 가지로 시사하는 바가 크다. 감히 황제의 가계를 부인한 행위는 태종의 격노를 사기에 충분하지만, 법림의 대답은 단순히 제실帝室의 본계를 부인했다는 것 이상의 심각한 문제를 내포하고 있었다. 즉 제실의 본계를 부정한 법림의 대답은 실은 노자가 담보하고 있던 제실의 신성성과 정통성까지도 전면 부인하는 결과가 될 수 있었던 것이다. 그것이 법림의 본의였든 아니든 문제는 심각했다. 만약 당 황제가 노자의 후예가 아니라면 지금까지 사람들을 '현혹'시켜온 태상노군太上老君의 후광이 일순간에 사라지고 당 황제는 그저 무력으로 성공한 선비족 탁발씨 출신의 창업자에 불과한 존재로 전락하고 말 것이기 때문이었다. 태종은 긴장하지 않을 수 없었고, 이런 사태의 재발 방지를 위해서라도 노자와의 유대를 더욱 공고히 할 필요가 있었다. 642(정관 16)년 홍복사弘福寺에 행차한 태종이 '도선불후'의 이유로 재차 노자와의 조손祖孫관계를 거론한[27] 것도 같은 맥락에 둘 수 있다.

법림 사건 즉시 태종은 「불유교경시행칙佛遺敎經施行敕」[28]을 공포했다. 이 조칙의 요지는 한마디로 추후 승니의 행업行業은 부처가 열반에 들기 직전에 남긴 『유교경遺敎經』 경문의 내용을 그대로 준수해야 한다는 것이었다. 『유교경』에는 수행자가 지켜야 할 계율로서 재물에 대한 탐욕을 버릴 것은 물론이요, 운수길흉을 점치거나 선약仙藥을 제조하거나 귀족과 교제하거나 이를 자랑하는 등의 모든 세속사에서 완전히 벗어날 것을 요구하고 있다. 만약 이를 어길 경우, 조칙에는 비록 '공사권면公私勸勉'이란 완곡한 표현을 쓰고 있지만 환속과 폐사 조치까지도 포함하는 강력한 제재를 가하겠다는 뜻이 역력했다. 동시에 태종은 이 『유교경』을 필사하여 경관 5품 이상 및 각 주에 보내 전국의 행정기관으로 하여금 승니의 행업이 경문의 내용과 일치하는지 철저히 감시할 것을 명했다. 승니의 본분인 수행과 계율을 일탈하는 어떤 행위도 허용하지 않겠다는 것은, 결국 속세사에 대한 불교도의 일체의 관여, 예를 들면 '도선불후'와 같은 황제의 조칙에 감히 항의한다든지 황제의 '본계' 여부를 시비한다든지 하는 황제의 권위를 손상시키는 어떤 정치적 행위도 절대 용납하지 않겠다는 의지를 표명한 것이었다.

불교계에 대한 불교 본연의 영역에서 벗어나지 말라고 하는 이와 같은 정치권의 경고는 639년의 「불유교경시행칙」이 처음은 아니었다. 『불조역대통재佛祖歷代通載』 권 11은 그 이전 635(정관 9)년 11월에도 승니의 계율에 관한 유사한 내용의 조칙이 공포됐던 사실을 보여준다.[29] 이로부터 알 수 있듯이 국가권력의 입장에서 보면 불교는 국가와 왕실의 안녕을 기원하는 기복신앙으로서 혹은 권선징악적 실천교의가 대중의 교화와 지배에 기여하는 측면에서의 효용가치에도 불구하고 이면으로는 귀족과의 교유와 결탁을 통한 조정의 비방이나 군주권의 훼손과 같은 역기능 또한 잠재되어 있는 존재였다. 국가 재정의 관점에서도 불교는 별로 이로울 것이 없었다. 어쨌든지 불교적 가치체계가 사회 전 계층과 전 분야에 깊숙이 침투해 있는 상황에서 통치자가 취할 수 있는 방법은 관寬·맹猛을 적절히 사용하여 불교계를 관리하고 통제하는 길밖에는 없었다. 관·맹의 구체적 방법에는 조사造寺, 설재設齋, 도승度僧, 환속, 폐사 등 여러 가지가 있겠지만, 특히 정관 13년 『유교경』을 전국에 유포하여 승니의 계율 준수를 강제했던 예는 말하자면 불교교리를 가지고 불교세력을 통제한다는 새로운 양상을 보여준 것이다.

둘째, 정치적 관점에서 볼 때 불교교리는 황제지배체제를 침해하는 요소를 내포하고 있었다. 당초 배불론[30]으로 유명한 부혁傅奕(554~639)은 반불反佛의 이유로 유교적 윤리, 이하론夷夏論, 국가재정 등 현상적인 여러 가지 문제를 든 다음 또 한 가지 본질적인 문제를 제기하고 있는데, 그것은 불교교리 자체가 황제의 '작복작위作福作威' 권한을 부정한다는 내용이었다. 고조 때 올린 폐불 상소에서 그는 "생사와 요수夭壽는 자연으로 타고 나며 형덕刑德과 위복威福은 군주에게 달린 것입니다. 그러나 불교에서는 빈부와 귀천은 공업功業을 닦은 결과라 하며, 더욱이 어리석은 승려는 거짓으로 속여 빈부귀천이 모두 부처로 말미암는다고 말합니다. 군주의 권세를 몰래 훔치고 조화造化의 힘을 제멋대로 하니 그것이 정사에 끼치는 해로움은 실로 슬퍼할 정도입니다. 『상서』에 이르기를 '오직 군주만이 복을 내리고 위세威勢를 쓸 수 있으며 오직 군주만이 진귀한 음식을 받을 수 있는 것입니다'라고 했습니다" 하며 역설했다.[31] 황제지배체제 아래에서 황제의 권위는 모든 명분에 우선하며 따라서 이와 반대되거나 모순되는 그 어떤 언행도 정당화될 수 없다는 논리로 자신의 배불排佛 주장을 관철시키고자 하고 있다.

부혁도 지적했듯이 불교의 응보설에서는 인간이 현세에서 누리는 복록과 부귀영화, 빈천과 형벌재앙 등 모든 것이 자신이 과거세와 현세에서 지은 행위의 결과라고 보았다.[32] 그 점에서 응보설은 황제의 독점적 '작복작위'권을 이념적 기초로 하는 당시의 유가·법가적 군주권력에 배치되는 일면이 없지 않았다. 그뿐만 아니라 응보에서 더 나아가 인간의 모든 복록은 부처로부터 주어진 것이라 믿고 다투어 불전에 복을 비는 신앙에 이르게 되면, 관작과 봉록을 수여하고 생사여탈권을 쥔 지고무상한 존재로서의 황제상像이 들어설 여지는 축소될 수밖에 없다.[33] 만약 관료들이 자신에게 주어진 복록과 형벌을 모두 업보業報나 불력佛力으로 돌리고 그 현실적 원인을 인정하지 않는다면 이는 곧 복록과 형벌을 규정한 국가 공법公法을 인정하지 않는다는 말과 같으며, 공법을 인정하지 않는다는 것은 곧 법 제정자인 황제의 존재와 황제권 자체를 부정하는 것이나 다름없었다.

물론 대다수 불교도들이 이런 심각한 문제를 의식하면서까지 사원을 찾는 것은 아니었다. 또 당시 군주들은 대체로 불교의 응보설을 받아들였고, 불교와 관련된 조칙에는 자신을 '불멸佛滅 후 불법의 수호를 부촉받은 국왕'[34]으로 자임하기도 했는데, 이는 제국통치의 책임자로서 교화적 가치가 큰 영향력 있는 종교들을 편파적으로 대우하는 것이 바람직하지 못하다는 정책적 고려에서였다. 그러나 다른 한편으로, 유일절대의 군주권을 추구하는 군주의 입장에서 보면 자신 외의 또 다른 '작복작위'의 구심력이 존재한다는 것, 군주로부터 관작을 수여받아 영화를 누리는 조정 관료들이 군주의 '작복' 사실을 잊고 불전에만 공功을 돌린다는 것은 그리 유쾌한 일은 아니었다. 그러나 그냥 지나칠 수도 있는 문제를 확대하여 공론화시킨 자는 다름 아닌 부혁과 같은 국수주의 도교도였고 그 배경에는 군주를 둘러싼 도·불 간의 세력경쟁이 있었다.

셋째, 태종은 대체로 불교의 인과응보설을 긍정하면서도 내심 그에 대한 의혹을 떨치지 못했던 것으로 보인다. 불교와 관련된 공식 조칙이나 언행에서 공공연히 응보설을 부정한 적은 없으나,[35] 한번은 불교에 대한 자신의 감정을 노골적으로 드러낸 사건이 있었다. 정관 20년 양 무제의 후손으로 독실한 불교도였던 재상 소우蕭瑀가 고구려 원정에서 귀환한 태종에게 출가를 간청하여 허락을 얻은 후 뜻을 번복하자 태종은 그를 조정에서 추방해버렸다. 수조手詔에서 태종은 불교는 자신이 따르고자 하는 바가 아니며, 불교는 그를 믿는 자에게 장래 복을 가져다주지 못한다고 했다. 저 유명한 숭불 황제인 남조 양의 무제와 간 문제簡文帝의 말로가 결국 망국으로 끝난 것을 보면 불교에서 말하는 인과응보는 믿을 바가 못된다는 것이었다.[36] 변덕스런 불교도 소우에 대한 질책이 불교교리 자체를 부인하는 것으로 확대된 데는 사건의 시점이 고구려 원정에 실패하고 돌아온 직후라는 점도 중요한 요인으로 작용했을 것이다. 심기 불편한 태종에게 소우의 행위는 분노 발산의 표적이 됐을 것이다. 어쩌면 태종은 이제껏 자신이 행한 많은 숭불행위에도 불구하고 결국 돌아온 것은 태자 폐립과 고구려 원정 실패와 같은 일밖에 없지 않느냐라는 불교에 대한 배신감을 소우를 통해 표출한 것인지도 모른다. 그러나 불교에 불만을 갖고 의심하더라도 단순히 사석에서 비난하는 것과 공식 조서에 공공연히 문자화하는 것 사이에는 큰 차이가 있다. 지금 소우를 폄출하는 조서에 태종은 양 무제의 역사적 실례를 들어 불교교리 자체에 대한 공식적인 의문을 제기하고 있는 것이다. 전적으로 믿을 수도 믿지 않을 수도 없는 상반된 감정의 교차, 이것이 불교에 대한 그의 진심이었을지도 모른다. 요약하면 태종의 의심의 초점은 인과응보가 잘 들어맞지 않는다는 것인데, 불교에서는 이를 과거·현재·미래의 삼세응보설로 설명하고 있다. 물론 유가에도 선인선과善因善果의 관념이 있고 또 불교신앙이 보편화된 당대에 대부분 사람들이 막연히 업보의 관념을 가지고 있었겠지만, 그렇다 해도 눈에 보이지도 않는 과거세의 업보가 현재의 결과를 가져왔다고 하는 사유방식에 대해서는 통치상의 이해利害 여부를 따지기 전에 우선 심정적으로 받아들이기가 힘들었을 것이다. 윤회의 문화 속에 사는 인도인에게 세世를 거듭한 응보는 지극히 자연스러운 논리이겠으나, 시간관념이 다르고 특히 현세를 중시하는 중국인에게 그것은 천성적으로 익숙하지 않은 관념이었다. 태종의 불교인식에는 이와 같은 불교교리에 대한 본질적인 의심이 자리하고 있었던 것으로 보인다.

태종이 취한 불교 관련 조치들은 이상의 불교인식을 바탕으로 하여 각 사건 당시의 정치세력 또는 종교세력 간 권력관계의 작용이 조합되어나온 결과라고 볼 수 있다. '도선불후'의 발표, 지실의 결장決杖, 법림의 체포와 유배, '유교경 조칙' 발포, 소우의 폄출 등 모두 같은 맥락에서 이해할 수 있다. 이것들은 궁극적으로 당조와 군주권의 정당성 및 정통성 확보와 관련된 사안이라고 보아도 좋을 것이다. 마찬가지로, 불교에 그다지 호의적이지 않은 태종이 어느 날 등장한 현장에게 각별한 관심을 보였다면 이 또한 군주라는 그의 정치적 입장을 떠나서는 이해하기 어려울 것이다. 제국팽창을 위한 서역 경험의 활용이 정치적인 배려를 베푼 이유의 전부가 아니라는 것은 이미 밝혔다. 다시 말하면 현장의 서역 지식을 얻어내기 위한 방편으로서만 태종이 그의 번역사업을 후원한 것이라고는 볼 수 없다. 다음에서는 정치적 배려의 이유로서 유식학의 사상 내용 자체에 주목해보고자 한다. 유식학 교리 속에 태종의 관심을 끌 만한 요소가 있는지, 그 가능성을 몇 가지 제시해보고자 한다.

### 4. 『유가사지론』과 태종

인도의 불교는 기존 우파니샤드의 '범아일여梵我一如' 사상에 대하여 '아我'를 부정하는 '제법무아諸法無我'를 근본교리로 표방했다. 대승불교가 등장한 후 인도불교계의 사상계통은 대체로 중관계中觀系와 유가계瑜伽系로 분립됐는데, 그중에 중관파에 속하는 공종空宗은 현상세계의 가유假有를 주장하는 공空사상을 전개하여 '제법무아'의 근본사상에 충실하고자 했다. 그러나 불교는 또한 윤회설이라는 인도 고유의 토양 속에서 형성된 종교이다. 그런데 만약 '무아無我' 즉 '아我'의 존재를 인정하지 않는다면 무엇이 세世를 거듭하며 윤회를 한다는 말인가. 이와 같은 '제법무아'와 윤회의 주체 사이의 모순으로 말미암아 불교는 일대 난관에 봉착하게 됐고, 이 문제의 해결을 위해 불교교리는 '제법무아'의 근본교리에 배치되지 않는 의미에서의 '아我'를 자연 인정하게 됐다. 이것이 유식학설이 출현하게 된 배경이다.[37]

유식학의 소의경론所依經論은 모두 6경 11론으로 그중에서도 『해심밀경解深密經』과 4세기 초의 저술로 추정되는 『유가사지론』이 가장 대표적인 경론이며 나머지 10론도 모두 『유가사지론』의 사상을 일부분씩 해석한 것들이다. 유식의 핵심이론인 8식설이 완성된 것은 바로 이『유가사지론』에서였다. 다시 말해『유가사지론』은 유식학의 사상적 특질 전체를 드러내는 유가계의 일대 거작이라 할 수 있다. 중국에서는 일찍이 남북조 시대 진陳의 진체眞諦가 이를 번역했으나 전체 100권 중 앞부분 5권만을 번역한 것으로 완역이 아니었다. 현장이 인도에 간 동기는 바로 그 완본을 구하기 위해서였고[38] 정관 22년 그는『유가사지론』100권의 한역을 완성했다.『유가사지론』은 모두 5분分 17지地 100권으로 구성되어 있는데, 5분 중 제1분인 본사분本事分(1~50권)에서는 17지의 뜻을 해설했고 두 번째 섭결택분攝決擇分에서는 17지 중에서 심은深隱한 부분의 뜻을 더욱 분명하게 풀어놓았다.『유가사지론』번역의 대장정을 마친 정관 22년에 그것이 어떤 책이냐고 태종이 물었을 때 현장은 '17지를 밝혀놓은 책'이라고 하면서 17지의 조목조목을 들어 그 강요綱要를 설명해준 적이 있다.[39]

    현장은『유가사지론』외에도 유식학 계통의 많은 경론을 번역했는데,[40] 그의 유식제론 신역은 기존의 구역과 비교할 때 상이한 점이 있다. 당시 현장의 번역에 참여했던 영윤靈潤은 현장의 '새로운' 번역과 진체가 번역한 '구역'을 비교해 서로 다른 점을 14군데나 지적하면서 현장에 의해 도입된 새로운 사상에 대하여 날카롭게 비판하는 글을 쓴 바 있다.[41] 신·구역을 비교해보면 현장의 신역은 일체잡염법一切雜染法의 근본으로서의 아뢰야식阿賴耶識을 천명하는 데 치중한 반면, 구역은 공통적으로 아뢰야식 이외에 자성청정심自性淸淨心 즉 아마라식阿摩羅識을 밝히기에 주력하고 있다. 아뢰야식으로 말하면 일체중생은 각 개체의 생명체인 동시에 객관계 일체의 제법諸法을 변현變現해내는 근원이었다. 그러나 인간 각자의 일심一心은 자신의 현실과 객관세계를 변현하는 근원으로서의 아뢰야식도 있지만, 각자의 자성심自性心 즉 자연 그대로의 심도 있다. 그것은 원래 청정하므로 이를 '자성청정심'이라고도 하며 '여래장如來藏'이라고도 한다. 요컨대 인간 각자의 일심은 잡염雜染의 현상 면과 청정淸淨의 본질 면과의 양면이 있다는 것이『유가사지론』을 지은 미륵의 본의이지만, 그러나 현장의 신역은 그중에서 중생심의 현상 면만을 중시했고, 구역은 현상 면도 인정하는 동시에 항상 그 본질 면을 잊지 않았다는 차이가 있다.[42] 이와 같은 번역상의 차이는 철학 개념에 대한 이해가 달랐을 가능성을 감안하더라도, 근본적으로 구역자와 신역자가 처한 시대와 그들이 골몰했던 철학적 문제가 서로 달랐던 데 기인했을 것이다.

현장의 신역이 각 개체의 아뢰야식에 관심을 집중하고 있다는 것은, 불성佛性의 보편성을 강조한 구역과는 달리 신역은 현실적인 차별성에 더욱 관심을 갖고 고민했다는 것을 말해준다. 지금 여기서『유가사지론』의 전체 이론체계를 상술하는 것은 필자의 능력 밖이고 이 글의 범위를 벗어나는 일이기도 하다. 다만 그중에서도 현장의 문제의식인 현실적 차별성을 보다 잘 드러내는 것으로 생각되는 이론을 들어보고자 한다. 먼저『유가사지론』본사분(50권) 17지는 내용에 따라 다음과 같이 구분될 수 있다. 처음 1~2번째인 오식신상응지五識身相應地와 의지意地는 유식학의 종지인 8식을 상술했고, 3~12번째인 유심유사지有尋有伺地부터 수소성지修所成地까지는 세계론과 수행의 교법을, 다음 13~15번째인 성문지聲聞地와 독각지獨覺地, 그리고 보살지菩薩地는 수행하여 깨달음에 이를 수 있는 기근機根의 종류를 나누어놓았고, 마지막 16~17번째인 유여의지有餘依地와 무여의지無餘依地는 각각 유여열반과 무여열반을 해석해놓았다.[43] 이 가운데 각 개체의 차별성을 비교적 잘 보여주는 부분으로 첫째

1~2지의 아뢰야식론과, 둘째 13~15지의 오성종성설五性種姓說을 들고 싶다. 아뢰야식 이론은 대승불교의 최대 난제였던 윤회의 주체 문제에 대한 조직적인 해답을 제시하고 있다는 점에서, 그리고 오종성설五種性(姓)說은 대승불교의 특징인 일승一乘사상과는 달리 현실적으로 존재하는 개개인의 성불 능력 차이를 반영한 이론이라는 점에서 모두 기존의 대승불교 교리와는 구별되는 새로운 사상이었다. 이 두 가지는 모두 불성이란 보편성보다는 개체의 차별성을 밝히는 데 역점을 두고 있다.

648년 현장이 태종에게 17지론의 요지를 강의할 절호의 기회를 얻었을 때 그는 한정된 짧은 시간 안에 17지를 어떻게 배분하여 얘기할 것인지 잠시 전체적인 구상을 했을 것이다. 구체적인 것은 알 수 없지만, 아마도 그는 유식학의 특색을 내포한 위의 두 가지 이론에 역점을 두어 설명했을 것이다. 현장의 강의에 대한 태종의 반응이 그러한 추론을 뒷받침한다. 불교의 기본을 모를 리 없는 태종이 17지에 관한 현장의 강의를 들은 후 피력한 소감은 "지금까지 들어보지 못한 내용"[44]이었다는 것이다. 물론 그 이전에도 유식학과 『유가사지론』에 관해 현장에게서 수차 설명을 들은 바 있었겠지만 그때의 강의는 태종의 마음에 새롭게 다가왔고, 그 새로운 내용이란 유식학에 독특한 아뢰야식과 종자설, 오종성성설이 가장 유력하다고 할 수 있다. 불교의 새로운 사조에 대하여 군주로서의 태종이 어느 정도로 진지한 관심을 보였는지는 알 수 없지만, 그러나 설사 관심을 갖는다 해도 유식학과 같은 복잡하고 난해한 교리를 그 짧은 시간 안에 깊이 이해한다는 것은 사실상 불가능한 일이다. 하지만 현장은 불교철학의 대가답게 간명하고도 논리 정연하게, 태종의 이해 수준에 맞추어 유식학의 대강을 설명해주었을 것이다. 현장의 명쾌

하고도 친절한 설명에 태종이 감동을 받았으리라는 것은 짐작하기 어렵지 않다. 태종이 17지의 오의奧義에 감탄했다는 말은 결코 과장이나 교만은 아닐 것이다.

이상에서 살펴보았듯이 태종의 유식학 이해는 아뢰야식과 오종성설을 비롯하여 그밖에 오랜 시간에 걸친 종교적 수행을 마친 뒤에야 성불할 수 있다는 이론 등 유식학을 특색짓는 교리를 중심으로 구축됐다는 것이 필자의 생각이다. 또 태종이 유식학에 흥미를 보인 이유는 단순히 종교적 호기심 때문이었을 것으로 본다. 648년 6월 옥화궁에서 태종은 현장을 통해 처음으로 『유가사지론』 17지에 관한 이야기를 들었다. 그리고는 곧 경사로 사람을 보내어 번역된 『유가사지론』을 가져오게 했고, 자세히 읽고 난 뒤에 매우 흡족해하며 지금까지 들어보지 못한 교의라고 하면서 그 심원광대한 뜻에 찬탄을 아끼지 않았다. 아울러 이것을 9부 필사하여 옹雍·낙洛·병幷·연兗·상相·형荊·양楊·량凉·익益 등 9주에 내려보내 전국에 유통케 하여 모든 사람이 함께 이 새로운 교의를 배우도록 할 것을 명했다.[45] 만약 개인적인 종교적 관심에서 17지론에 흥미를 느꼈다면 굳이 100권에 이르는 이 방대한 논부論部를 필사하여 전국 행정기관에 유포하게 할 이유가 있을까. 전술했듯이 태종은 그보다 9년 전인 639(정관 13)년에 이미 한 차례 『유교경』이란 불경을 베껴 경관 5품 및 전국 각 주에 유포하게 한 적이 있다. 『유교경』을 베껴 보낸 것은 교계의 정화라는 명분을 빌려 불교교단이 정치와 황제 권위에 시비하지 못하도록 하려는 태종의 명백한 의도였다. 이러한 전례를 보더라도 정관 22년 『유가사지론』의 전국 유포행위가 단순한 개인적인 신앙심에서 도출됐다고는 보기 어렵다. 그렇다면 『유가사지론』의 전국 유포는 또 어떤 정치적 의미를 갖고 있는가. 태종은 '17지'에 대한 현장의 강의를 들으면서 어떤 점에 매료됐기에 당장에 경사로 가서 번역본을 가져오게 한 것일까. 또 번역본 『유가사지론』을 직접 읽으면서 무슨 생각을 한 것일까. 왜 이것을 베껴 전국 각 주현에 내려보낸 것일까.[46]

『유교경』 유포의 경우 법림 사건의 후속 조치로 취해졌지만 『유가사지론』 유포에 즈음해서는 특기할 만한 불교 관련 사건이 없었다. 『유가사지론』 유포의 의미를 좀더 큰 틀 속에서 생각해보자. 불교경론의 전국 유포가 정치적 행위라면 그 경론 안에는 분명 정치적 담론이 내포되어 있을 것이다. 그것은 태종이 처한 7세기라는 시대조류와 무관할 수 없다. 구체적으로는 7세기 중국이 안고 있는 사상적 과제, 혹은 당시의 정치 이데올로기적인 과제와도 무관한 것일 수가 없다. 태종은 그러한 과제에 대한 해답을 17지론에서 발견한 것은 아닐까. 마찬가지로 현장이 처한 경계는 비록 세속 정치인 태종과 다르지만, 이들이 모두 7세기를 살고 있는 중국인인 이상 자신의 시대가 안고 있는 사상적 과제에 대한 공통 인식을 갖고 있었을 수 있고, 어쩌면 해결 방향에 관해 서로 비슷한 생각을 하고 있었을지도 모른나. 7세기의 사상석 과제가 무엇이고, '17지'에는 어떤 답안이 제시되어 있는지 좀더 구체적으로 살펴보기로 한다.

전술했듯이 중국불교사상 발전의 대세는 천태종의 교의가 대변하듯 모든 만상은 마음이 지어낸 허환虛幻일 뿐이라는 것, 그러나 인간은 가장 타락한 일천제一闡提까지도 포함하여 누구나 열반에 이를 수 있는 가능성 즉 불성을 지니고 있다는 것, 그 성불의 기간은 아주 짧은 시간에도 가능하다는 것을 인정하는 방향으로 흘러가고 있었다. 하지만 이 세상이 모두 허환에 불과할 뿐이라고 보는 공종空宗의 교리는, 열반하기 위해 수행을 업으로 삼는 승려에게나 선행을 통한 현세의 복락과 극락왕생을 기원하는 일반인에게 모두 허망감을 안겨줄 뿐이었다. 왜냐하면 세상이 연기緣起에 의한 가합假合이고 아무것도 영속하는 것이 없다면 현재 내가 행하는 노력 또한 하나의 정체성을 가진 업業으로 보존·연속되지 못하기 때문이다. 이것은 결국 현생에서의 나의 노력이 아무런 의미를 가지지 못한다는 말과 같다. 인과응보와 윤회설은 불교의 중심 교리 중 하나이지만, 중국의 일반 신도들에게 이것은 불교 전체를 의미할 수도 있었다. 불교가 중국에서 놀라운 흡인력을 발휘할 수 있었던 것도 중국에 원래 없는 삼세응보와 윤회설 때문이었다. 천태종이 '일체중생실유불성一切衆生悉有佛性'을 주장함으로써 사상적으로 새로운 지평을 개척한 것은 높이 평가할 만하지만, 당시 중국사상계의 가장 절실한 문제는 개체의 업의 연속과 윤회의 주체에 대한 명확한 언명이었고 이러한 시대적 요구에 부응하지 못하는 사상은 퇴조할 수밖에 없었다. 복잡하고 번쇄하다고 비난받는 유식학이 7세기를 풍미할 수 있었던 것은 아뢰야식과 종자설種子說 등 개체의 업의 보존과 연속에 관해 가장 조직적이고 치밀한 이론을 제공함으로써 그 시대가 필요로 하는 역할에 충실했기 때문일 것이다.

  다음으로 들고 싶은 것은 유식학의 독특한 오종성설이다. 중국 남북조 시대 불교연구의 주류는 불성과 열반의 문제였다고 해도 과언은 아닌데, 당시의 대승불교에서는 소승의 삼승三乘에 대하여 일승一乘을 주장했다. 일승의 개념은 모든 사람이 불성을 갖고 있으며 따라서 지속遲速의 차이는 있을지라도 누구나 성불이 가능하다고 보는 사상이었다. 이와는 반대로 유식학에서는 삼승이 진실이며 일승은 방편일 뿐임을 주장했는데, 오종성설은 말하자면 삼승을 확대한 것이라고 보면 된다. 이에 따르면 사람은 무루종자無漏種子의 유무와 우열에 따라 다음의 다섯 가지 그룹으로 분류된다. 첫째 성문聲聞의 무루종자만을 소유한 자를 성문종성聲聞種姓이라 하고, 둘째 연각緣覺의 무루종자만을 소유한 자를 연각종성緣覺種姓이라 하며, 셋째 불승佛乘의 무루종자만을 소유한 자를 보살종성이라 하고, 넷째 불승의 종자와 성문·연각 2승 종자의 둘 다 또는 그 하나만을 소유한 자를 부정종성不定種姓이라 하며, 다섯째 무루종자를 전혀 갖지 못한 자가 있다. 이상 5성씨姓로 나누어진다는 뜻에서 이를 오성각별설五姓各別說이라고도 한다.

위의 5종성 가운데서 성문종성과 연각종성, 그리고 보살종성은 수도를 통해 도달할 수 있는 지위가 이미 정해져 있다는 뜻에서 이를 정성定性이라 한다. 성문종성은 수도하면 반드시 아라한阿羅漢에 이를 수 있고, 연각종성은 반드시 벽지불辟支佛에 이를 수 있으며, 보살종성에 속하는 사람은 반드시 열반할 수 있다. 한편 네 번째의 부정종성은 반드시 성문과 연각의 2승을 우회해서 마침내는 불승으로 돌아가므로 '부정不定'으로 불리는 것이다. 마지막 무無종성의 인간은 이도 저도 아닌 영원히 윤회를 벗어날 수 없는 부류이다. 이렇게 보면 5성 가운데서 불과佛果에 이를 자는 불승의 종자를 소유한 세네 번째인 보살종성과 부정종성뿐이고, 나머지 하열의 종자를 소유한 1, 2종성과 아예 무루종자가 없는 다섯 번째 종성은 영원히 불과에 이르지 못한다고 한다.

오종성설은 불성의 본유를 부정하지는 않는다. 그러나 인간의 현실에 입각하여 본다면 모든 사람이 평등하다는 것은 아니다. 현실상으로 보면 예컨대 성문종성의 경우 이들은 원래 하열한 종성들이기 때문에 그 어떤 방편을 베푼다 해도 열반에 이르지 못한다. 즉 보살종성을 소유하고 있지 않으므로 아무리 노력해도 성불은 하지 못한다고 한다. 『열반경』을 비롯한 대개의 대승경전에서는 일체중생이 모두 불성을 지니고 있다고 보았으며 이러한 전제에서 누구나 성불이 가능하다는 결론이 자연스럽게 도출된다. 이에 대해 유식학의 오성각별설은 인간성의 현실적인 차별성에 입각하여 논의한 것으로서, 개체마다 인간성 즉 종자에 차별이 있음을 전제로 하여 그들이 도달하는 경지 역시 다를 수밖에 없다는 결론에 이르고 있다. 이 또한 불성이라는 보편성보다는 개체 간의 차별성을 중시했다는 점에서 전술한 아뢰야식 이론과 같은 맥락 위에 있다.

유식학에서 오성각별설은 확고부동한 이론이었다. 현장은 불교의 여러 사상유파를 섭렵했지만 특히 유식학에 대한 강한 애착은 확고한 신념이었다. 현장이 있던 대자은사大慈恩寺로 왔던 인도승려 나제那提는 공종空宗을 믿었는데 이는 유식학 이론과 맞지 않았기 때문에 그가 인도에서 가져온 범본梵本 경전을 번역할 기회조차 갖지 못했다고 한다.[47] 또 유식학에서 주장하는 오성각별설은 현장의 제자와 경전 번역 참가자의 비판까지 받았다고 한다.[48] 이러한 사실들은 유식학이 결국 이론상의 중대한 결함에도 불구하고 현장의 정치적 로비 덕분에 일세를 풍미할 수 있었다고 하는 통설의 유력한 증거가 되고 있다. 그러나 유식학뿐 아니라 어떤 교리나 종파라도 외부는 물론 내부의 비판이 따르게 마련인데 유식학에 대한 비판은 일천제 문제에 한해 극히 일부만이 거론되고 있을 뿐이다.[49] 이것은 유식학의 철학체계가 그만큼 치밀하고 논리적이어서 근본적인 의문제기가 불가능하다는 것을 반증하는지도 모른다.

이상으로 유식학의 특색을 이루는 주요 이론에 관해 살펴보았다. 그렇다면 이것이 정치권력자에게 시사하는 바는 무엇인지 다음과 같이 추론해볼 수 있다. 전술했듯이 현장이 서역에 있는 동안 태종은 군주의 권위를 훼손하는 불교계 동향에 대해서는 가차 없는 조치를 취했는데, 639년의 법림 사건이 그 대표적인 예였다. 그에 후속된 '유교경칙'은 불교계는 현실 정치에 개입하지 말고 불교 본연의 영역을 지킬 것을 요구한 정치권의 경고였다. 법림 사건은 제실의 본계와 같은 민감한 사안과 결부되어 세상에 널리 알려지게 됐지만, 이러한 정치권의 요구는 이전부터 잠재해왔던 것이다. 정치권에서 요구하는 이러한 계율의 엄수는 길고도 고난한 수행과정을 요구하는 현장의 유식학에서도 강조되는 바였다. 천태종의 소의경전인 『법화경』과는 달리 유식학에서는 깨달음에 이르기 위해서 오랜 기간 동안의 어려운 수행과정을 거쳐야만 한다는 전통적인 소승불교적 입장을 견지했다. 현장은 누세에 걸친 공덕을 쌓은 이후에 겨우 성불할 수 있다는 이러한 소승의 원칙에서 다소 물러나 현세에서의 성불 가능성을 인정하고는 있지만, 수행과정의 지난함을 견지한 점은 당시의 중국불교 전반의 흐름과는 상반되는 것이었다. 군주의 권위에 맞서는 당대 최고의 지식인집단을 통제하기 위한 수단으로 태종은 『유교경』과 함께 유식학을 발견했던 듯하다. 태종은 승려들을 철저한 계율생활과 평생 동안의 수행과정에 묶어둘 수 있는 묘책을 현장의 유식학에서 찾은 것이다. 더불어 유식학에서는 현실적 차별에 입각하여 사람을 열반에 이를 수 있는 능력에 따라 5종성으로 나누고 있는데, 이것은 황제를 정점으로 하여 당으로부터 받은 관작의 고하 정도에 따라 가문의 서열을 매긴 『씨족지氏族志』 편찬의 취지와도 상통하는 면이 있는 듯하다. 양자를 서로 대응시켜본다면 제실의 씨족은 5종성 중에서도 반드시 성불하도록 미리 정해져 있는 보살종성에 해당할 것이다. 태종이 『유가사지론』에서 어떤 매력을 발견했다면, 바로 이러한 점에서 정치적 시사를 받았을 가능성이 없지 않다.

한편 좀더 내면적인 문제로 들어가보자. 태종의 불교관은 일반인과 크게 다를 바 없지만, 전술했듯이 신앙적 측면에서 그가 불교에 품고 있는 가장 큰 의혹은 이른바 인과응보가 잘 맞지 않는다는 것으로, 양 무제의 열성적 숭불에도 불구하고 말로가 비참했다는 사례를 들고 있다. 『유가사지론』에 의하면 인간은 태어날 때 또 사후에도 업의 결과인 아뢰야식이 영원불멸 계속된다고 한다. 그렇다면 양 무제의 의혹도 아뢰야식 이론으로 풀리게 된다. 양 무제 개인의 아뢰야식은 이미 과거세의 오랜 기간을 거치며 이루어진 것이다. 그가 과거세에 많은 악업을 지었다면 현세에 아무리 숭불을 하더라도 그 영향은 미미할 뿐이고 따라서 그의 비참한 최후도 피할 수 없는 운명이 될 것이다.

거꾸로 『유가사지론』은 태종의 지위와 권력도 정당화시킨다. 수명受命과 당의 건국, 황제 등극, 수성守成의 성공, 군주로서의 권력과 권위 등이 태종 자신의 아뢰야식에서 결과되어나온 것이다. 다시 말해 현재의 상태는 모두 과거세와 현세를 합하여 개인의 능력과 행위의 축적으로부터 결과된 것이며 따라서 현재의 상태는 일체 개인에게 책임이 있다는 말이다. 이는 비단 태종에게만 적용되는 것은 아니었다. 제국 안의 그 누구도 자신의 행위와 그 행위의 결과로 주어진 것은 모두가 그 자신의 축적된 업력의 결과이다. 이것은 정치적 관점에서 주목을 요한다. 정치란 인간의 본질과 속성을 정확히 파악하여 인간을 권력에 복종시키고 사회통합을 이루는 것이라 볼 수 있는데, 인간 행위의 본질을 조직적으로 설명하고 있다는 점에서 『유가사지론』은 통치자 태종에게 중요한 시사를 준 것 같다.

이상에서 정관 시기 정치에서 현장의 구법여행이 갖는 의미에 대해 살펴보았다. 인도로 가기 위한 세 차례의 과소발급 신청이 모두 실패한 후 몰래 국외로 빠져나간 현장은 17년간을 인도에서 체류한 뒤 귀국하여 태종의 적극적인 후원 아래 경론번역에 몰두했다. 태종이 해외유학승에 각별한 관심을 보이는 이유로 필자는 서역에 대한 귀중한 정보를 갖고 있다는 점 외에 다음의 두 가지 가능성을 제시했다.

첫째, 그가 들여온 새로운 불교사조인 유식학의 정치적인 효용가치를 발견했기 때문이었다. 유식학의 핵심사상인 『유가사지론』의 '17지론'은 성불을 향한 수행이 몹시 길고도 어려운 과정을 거쳐야 한다는 것과, 사람마다 그 수행능력에 근본적인 차이가 있다는 것을 말했다. 끊임없이 정치에 관여하고 시비하려는 승려들을 현실로부터 격리시키는 방법은 그들로 하여금 불교 본연의 자아 득도와 수행에 전념하도록 하는 것이었다. 유식학은 이러한 태종의 정치적 목표에 부합하는 면이 있었다.

둘째, 『유가사지론』의 중심교리인 아뢰야식 등 8식론은 불성이란 보편성보다는 개인의 현실적 차별성에 역점을 두고 있다. 개체 간의 차별성에 대한 강조는 '무아無我'의 근본사상과 윤회의 주체 문제 사이의 모순으로 난관에 봉착한 불교사상계에 새로운 대안을 제시했는데, 이것은 7세기 중국사상계의 과제일 뿐만 아니라 정치적 관점에서도 주의를 끈다. 정치가 인간을 권력에 복종시키는 것이라면 이를 위해서는 인간의 본질과 속성을 정확히 파악할 필요가 있는데, 개인의 일체 행위가 각자 저마다 다른 아뢰야식으로부터 빚어진다고 한다면 그 행위로 인한 결과 역시 모두 개인의 책임일 수밖에 없다. 이것은 결국 일체의 현실을 정당화하는 논리이다. 당조와 군주 태종의 지위를 정당화하는 것은 물론, 태종이 평소 품었던 인과응보에 대한 의문까지도 풀어주는 논리인 것이다. 아울러 개인의 현실적 성불능력 차이를 인정하는 오성각별설은 제실을 필두로 당조의 관작 수여를 기준으로 가문을 서열화한 태종의 『씨족지』 편찬과도 맥락을 같이 한다. 이상이 현장이 도입한 유식학 중에서도 가장 중요한 경론의 하나인 『유가사지론』에 태종이 관심을 보인 이유이며, 그가 이것을 전국 행정기관에 사본을 유포한 이유가 아닌가 한다.

# 당대唐代 문인여행의 의미와 경계인식

김종섭

　당대唐代 여행을 의미하는 일반적인 표현에는 만유漫游, 환유宦游, 박유薄游, 객유客游, 춘유春游, 낭유浪游, 주유周游, 외유外游, 출유出游, 교유交游, 운유雲游, 원유遠游, 근유近游 등이 있다. 대부분의 단어에 들어 있는 '유'의 의미는 현대적 의미의 여행보다 훨씬 포괄적으로 사용됐다.[1] 이외에도 여유旅游[2], 여행旅行[3]이라는 표현이 있다. 우리는 여기서 당대 여행을 분석할 때 오늘날 여행의 의미[4]와 근접한 개념으로 축소시켜 살펴볼 것인가, 아니면 '유'의 다양한 의미를 여행의 범주에 넣어 포괄적으로 살펴볼 것인가를 결정해야 한다. 이 글은 당대 여행의 전모를 살필 수 있는 후자를 선택하고자 한다.

　당대에는 여행할 때 반드시 지켜야 할 법규가 있었다. "모든 행인의 왕래에는 공문이 있어야 한다. 역사驛使는 부권符券을 검사하고, 전송傳送은 체첩遞牒에 근거해야 한다. 군방軍防과 정부丁夫는 총력總曆(명부)으로 하고, 나머지 사람들은 각각 과소過所를 청해서 (관關을) 넘어야 한다. 만약 공문 없이 사사로이 관문關門을 넘으면 도형

徒刑 1년에 처한다"⁵라고 했다. 이 규정은 당대 사람들이 여행을 자유롭게 할 수 없었을 것 같은 인상을 준다. 그런데 과소를 발급받을 수 없는 대상이 '불응관도자不應關度者'⁶로 되어 있을 뿐 그외에 다른 규정이 없으므로 일정한 형식을 갖춘 사람이라면 여행이 가능했을 것으로 보인다. 당대 여행객을 보면 상인⁷뿐만 아니라 문인, 구법승, 구도자, 농민⁸ 등 다양했으며 여행 목적 또한 다양했다. 이 글에서는 당대 여행객 중 '문인'⁹에 한정해서 살펴보고자 한다.

문인의 여행은 목적 및 성격에 따라 크게 두 부류로 나눌 수 있다. 첫째, 관료의 신분으로 임지에 취임하러가거나 좌천되어 지방으로 가는 경우와 관직을 지니지 못한 채 과거 응거應擧나 구직을 위해서 가는 경우이다. 환유, 박유, 객유 등이 여기에 해당한다. 둘째, 여러 곳을 유람하는 경우이다. 봄나들이인 춘유, 교외로 나가 즐기는 교유와 외유, 여러 곳을 돌아다니는 만유, 천하를 정처 없이 떠돌아다니는 낭유, 천하의 명승지를 둘러보는 주유, 멀리 떠나는 원유 등이 있다. 이 글에서는 논의의 편의를 위해 첫째 부류를 '환유'적 성격의 여행이라 하고, 둘째 부류를 '만유'적 성격의 여행이라 표현하기로 한다.

그동안 당대 여행은 연구자들에게 별 관심을 받지 못했다. 당대 여행과 관련된 기존의 연구는 대체로 여행의 기원과 유형화에 집중됐다.¹⁰ 그리고 사회생활사 전반을 다루면서 당대 여행은 조정의 창도와 문무백관의 유락의 성풍, 사대부의 대자연에 대한 탐닉 등에 의해서 촉진됐다고 한 것¹¹, 여행의 어려움과 여행경비에 대해서 언급한 것¹² 등이 주목할 만하다. 또한 여행의 작용과 관련해서, 인도를 다녀온 현장玄奘의 현지 소식에 대한 태종의 태도를 연구한 논문이 관심을 끈다.¹³ 문학사적 측면에서는 류종원柳宗元을 중심으로 한 당대 유기문학游記文學¹⁴에 대한 연구가 활발히 진행됐다. 선행 연구를 바탕으로 앞으로 당대 여행에 대한 연구는 당대 사람들의 여행에 대한 인식이나 여행을 통해서 얻어진 내용 및 여행이 갖는 의미, 그리고 여행의 사회적 작용과 역할이 무엇인지에 대한 해답을 제공해야 할 것이다. 이 글은 먼저 당대 여행의 제반 여건을 살펴본 뒤, 당대 문인들에게 여행은 어떤 의미가 있었는지에 대해 살펴보고 특히 당대 문인들의 특별한 여행이었던 서북 변경 지역의 여행을 통해서 얻어진 이역문화에 대한 생각과 경계인식을 살펴보고자 한다.

## 1. 당대 여행의 제반 여건

808(헌종 원화元和 3)년 우승유牛僧孺가 이궐현위伊闕縣尉를 역임할 때 동락東洛의 객 장생張生이 있었다. 그는 과거에 응시하기 위해서 길을 떠났다가 도중에 폭우와 우박을 만났는데 해는 저물고 점店은 멀리 있었다. 하는 수 없이 나무 아래에서 휴식을 취하다가 괴물을 가장한 도적들에게 당나귀를 빼앗기고 노복은 죽임을 당했다.[15] 위행규韋行規는 어렸을 때 경사京師 서쪽으로 놀러가서 해가 저물자 점에 잠시 들렀다가 다시 출발하려 했다. 점주가 밤에는 도적이 많으니 떠나지 말라고 했다.[16] 섬주陝州는 장안과 낙양 중간에 위치한 곳으로 섬괵관찰사陝虢觀察使의 치소治所가 있었지만 이 섬주의 동쪽 30리 안에 여사旅舍가 없어서 이곳을 지나는 사람 가운데 종종 죽는 이가 있었다고 한다.[17] 이렇듯 여행 길에는 곳곳에 많은 위험이 도사리고 있었다.

또 고종연간 전중시어사殿中侍御史를 제수받았던 객보원格輔元이 사직에 충임되어 용문龍門(현 섬서성 한성현 북쪽 30리)으로 가던 도중

도적을 만나 물품을 모두 강탈당하기도 했고,[18] 현종玄宗 천보天寶 말 여요군참군餘姚郡參軍의 임기를 마치고 오릉吳綾 수백 필을 구입해서 경사로 돌아오던 이유연李惟燕은 상우강上虞江 태당파塘破에 이르러 도적을 만날까봐 노심초사했다.[19] 이렇듯 관료마저도 노상에서 도적을 만나는 일이 허다했다. 그리하여 여행에서 가장 중요한 문제는 바로 생명의 안전이므로 여행객이 길을 떠날 때 이것을 도모해줄 시설이 무엇보다도 필요했다. 옛날부터 먼 길을 가는 행객의 안전과 편의를 제공해주던 시설이 있었다. 당 덕종 때 좌습유左拾遺를 역임했던 독고급獨孤及은 "옛날 국야國野의 길은 10리마다 려廬가 있었는데, 려에는 음식이 있었다. 30리마다 숙宿이 있었는데, 숙에는 객사가 있었다"[20]라고 했다.

그렇다면 당대 여행객의 안전을 보장해주는 시설은 어떤 것이 있었을까. 간접적이긴 하지만 역의 존재를 빼놓을 수 없다. 당대 규정에 따르면 역은 30리마다 설치됐으며, 모두 1,639개소가 있었다. 역을 설치할 수 없는 요로에는 관마를, 수역에는 배를 두었다.[21] 역의 업무[22] 중 정보의 전달 업무가 가장 중요했으므로 역은 어김없이 조밀하게 설치됐다. 청나라 사람 고염무顧炎武의 기록이 이를 증명한다.

안록산이 범양范陽에서 난을 일으키자 상(현종)이 행재에서 이 소식을 들었다. 상은 그때 화청궁華淸宮에 있었는데, 6일 만에 이 소식이 도달했다. 757(숙종 지덕至德 2)년 9월 계묘일에 광평왕廣平王이 서경(장안)을 수복했는데, 갑신일에 첩서가 행재에 도착했다. 당시 숙종은 봉상부鳳翔府에 있었는데 하루 만에 도달했다. 당제에 (보면) 사서赦書는 하루에 500리를 가야 한다.[23]

안록산이 반란을 일으킨 범양은 현재 천진시 계현 부근인데, 『원화군현도지元和郡縣圖志』[24]에서 확인할 수 있는 계현과 가장 가까운 지역은 유주幽州로 장안에서 2,555리 떨어져 있다. 2,555리를 6일 만에 달리기 위해서는 적어도 하루에 425리 이상을 가야만 했다. 현재 기차를 이용해서 북경에서 서안까지 가는 데 꼬박 하루가 걸리는 점을 감안하면 매우 빠른 속도였음을 알 수 있다. 또한 봉상부는 장안에서 310리 떨어진 곳에 있는데 이 거리는 위의 사례를 통해서 보면 하루 만에 달리는 거리였다. 이처럼 역은 정보의 신속한 전달이 매우 중요했던 만큼 "하나의 역을 지나면 또 하나의 역이요, 역기驛騎는 유성같이 빠르구나"[25]라고 했듯이 역의 설치가 조밀했다. 지역에 따라서는 20리마다 체포遞鋪를 두기도 했으며[26] 신개척지에도 역은 신속하게 설치됐다. 657(고종 현경顯慶 2)년 소정방이 금아산金牙山에서 돌궐가한 아사나하로阿史那賀魯(?~659)를 격파한 후 곧 도로를 만들고 별도로 관역을 설치했다.[27]

그리고 역은 관료의 숙박시설로도 이용됐다. 그러나 관료라도 공적 업무가 아닌 경우에 이용하려면 일정한 조건을 갖추어야 했다.[28] 만일 자격이 없는 자를 역에 머물게 하면 태笞 40대에 처했다. 그렇지만 이런 엄격한 규정에도 불구하고, 전수재前秀才 이곡李鵠이 영천潁川으로 가다가 밤이 되어 역에 이르러 투숙한 것을[29] 보면 때에 따라서는 일반인도 숙박했음을 알 수 있다. 또 관이 있어 저주滁州를 여행하던 최도崔韜는 인의관仁義館에 머물고자 관리館吏와 대화를 나누었다.[30]

여행객에게 역과 관은 국가 공권력 그 자체였다. 국가 공권력이 미치는 역과 관은 다른 곳에 비해 덜 위험하다는 심리적 안정을 주었다. 역에는 감찰어사가 관역사館驛使가 되어 양경의 역을 관리하고 있었고,³¹ 번진藩鎭의 관할 아래 있는 각 역에는 관역순관館驛巡官이 있어 오가는 문서를 관리했다.³² 관 역시 최도의 예를 보면 관을 관장하는 관리가 상주했음을 알 수 있다. 역과 관의 업무가 여행객의 신변을 위험으로부터 직접 보호해주지 못했다고 할지라도, 감찰어사 · 관역순관 · 관리 등이 상주하고 있어 이들의 존재 자체만으로도 위로가 됐을 것이다. 그래서 류종원이 "관역제도는 천리千里 안에서 특히 중요하다"³³라고 지적한 것은 단순히 정보의 신속한 전달만을 강조한 것이 아님을 알 수 있다.

역과 관은 일반민이 이용하기가 어려웠다. 그래서 생겨난 것이 바로 사설 숙박시설인 점店이다. 당대 성안에는 시점市店이, 성 밖의 방坊이나 촌에는 이점里店이 활발하게 생겨났다. 또한 인적이 드문 곳에는 촌점 · 산점山店 · 야점野店 · 도점道店 등도 생겨났다.³⁴ 당대의 국제적 성격을 보여주기라도 하듯 호인이 운영하는 호점胡店도 있었다.³⁵ 점을 이용하는 사람들이 복주福州 복당현福唐縣 횡산점橫山店³⁶처럼 구체적인 지명을 표기한 것을 보면 꽤 많이 보급됐던 것으로 보인다. 두우杜佑가 "동으로는 변주汴州, 서로는 기주岐州까지 길가에 점사店肆가 늘어서서 객을 접대했다.……(중략)……멀리 수천 리를 가더라도 아주 작은 칼도 지니지 않았다"³⁷라고 할 정도로 점이 촘촘히 설치되어 여행객의 안전을 도왔다.

당대에는 점이 약 50리마다 설치되어 여행하는 사람들에게 안정적 휴식처를 제공했다. 주동朱同의 고사에 매 50리마다 점이 나오며³⁸ 강주江州 남쪽 50리에 칠리점七里店이 있었다³⁹고 한 것처럼 50리를 가자 점이 나왔다는 기록이 종종 보인다. 물론 과거보러가던 하동河東 사람 우생牛生이 화주華州에 이르렀는데, 30리를 가서 촌점에 숙박한 것을⁴⁰ 보면 어떤 곳에는 50리 이내에도 점이 있었다. 이렇게 평균적으로 50리마다 점이 있었던 것은 아마도 사람이 하루에 걸을 수 있는 거리를 대략 50리로 규정한 것[41]과 밀접한 관련이 있는 것이다.

점을 이용하는 사람들을 보면 상인뿐만 아니라 매우 다양했다. 양언백楊彦伯처럼 동자과에 합격한 후 중앙의 전선에 참가하려 했던 이,[42] 마상馬湘처럼 도술을 익혀 천하를 주유하던 이,[43] 양숙梁肅처럼 고향을 떠나 다른 곳으로 여행을 하던 이,[44] 위고韋固처럼 장가들기 위해서 혼처를 찾아가던 이,[45] 장순경蔣舜卿처럼 병을 치유하기 위해서 길을 떠난 이,[46] 여성의 몸으로 도력을 쌓아 명산을 돌아다니던 이,[47] 위선옹(韋仙翁. 대종연간 감찰어사 역임)처럼 관료이면서도 관이나 역을 이용하지 않고 점을 이용하는 이도 있었다.[48] 이처럼 다양한 여행객이 점을 이용한 것을 보아 당대 점이 얼마나 활성화됐는지 알 수 있다.

이렇듯 30리마다 역이 있고 약 50리마다 점이 있으며 또 곳곳에 관도 있었으니 당대 여행객의 안전은 어느 정도 보장받을 수 있었다. 그 이외에도 진장鎮將이었던 장무張武처럼 위험에 노출된 여행객을 돕는 데 힘쓴 무장이 있었다. 이들 역시 여행객의 신변 안전에 도움을 주는[49] 귀중한 존재였다.

그러면 여행할 때 어떤 교통수단을 이용했을까. "관사의 말과 소는 사용되는 곳이 중하다. 소는 농가의 근본이 되며, 말은 멀리 군에 공급된다. 그러므로 말과 소를 죽인 자는 도형 1년 반에 처한다"[50]라는 규정이 눈에 띈다. 이로 보아 소나 말은 이 시기 보편화된 교통수단이 될 수 없었다. 그러면 말과 소를 대신한 교통수단은 무엇이었을까. 두우가 "매 점마다 당나귀를 두고, 객에게 빌려주어 타도록 했다"[51]라고 한 것을 보면 가장 보편적인 교통수단은 당나귀였던 것 같다.

당나귀 가격은 당률을 통해서 살펴볼 수 있는데, "용庸과 임賃이 비록 많더라도 각각 그 본래의 가격을 넘어서는 안 된다"라고 규정하고, "당나귀를 백일간 빌리면 견 7필 2장이 된다. 당나귀의 가격이 5필을 넘지 않으므로 이것은(당나귀 사는 값보다 빌리는 값이) 많은 것이 된다. (임대비용이) 5필을 넘으면 죄가 된다"[52]라고 했다. 789(덕종 건중建中 1)년 견 1필은 4천 전으로,[53] 이를 근거로 환산하면 당나귀 한 마리는 약 20관이 된다.

또 당률에 "관의 말·소·낙타·나귀·노새를 탈 때에는 개인 물건을 10근 이상 실을 수 없다"는 규정과 "수레를 타는 자는 30근 이상을 실을 수 없다"[54]는 규정이 있다. 여행객도 이 규정의 한도 안에서 짐을 실을 수 있었을 것이다. 오대에 가면[55] 당나귀 임대비용과 관련된 규정이 나온다. 958(후주 세종 현덕顯德 5)년에 나귀 한 마리에 100근을 싣고 100리를 가면 100문을 받도록 하고, 만일 나귀가 부족한 곳에는 150문, 나귀가 부족하지 않은 지역은 80문 이상을 받도록 했다.[56]

서북변의 경우 사막 횡단에 유리한 낙타가 종종 이용됐던 것으로 보이는데, 「고종함형4년(673)강국강조파연매타계高宗咸亨四年康國康鳥破延賣駝契」에 따르면 낙타 한 마리는 흰 명주 14필이었다.[57] 또한 낙타 임대비용과 관련해서 931(후당後唐 명종 천성天成 2)년 것으로 추정되는 「신묘년돈황동선통등고타계辛卯年敦煌董善通等雇駝契」를 근거해 살펴보면, 오대 시기에는 낙타 한 마리를 생견 6필에 임대했다. 당시 생견은 맥 27석이 되는데, 서주西州에서 장안으로 오는 데는 대략 3~4개월이 걸리므로 하루 맥 1~2석이었다.[58] 소나 말에 비해 당나귀와 낙타가 보편화되기는 했어도 사거나 임대하는 비용은 만만치 않았던 것 같다. 부유한 집안 출신이 아닌 경우에는 여행

경비가 큰 부담이었으며, 특히 오랫동안 구직여행을 해야 하는 경우
는 더욱 그러했다. 그래서 거자擧子 모을某乙처럼 우연히 지어 바친
시가 명성을 얻어 지방 장관에게 수개월 동안 후대를 받는 것은 행
운이었으며,[59] 숙장叔將처럼 장안에서 지내기 위해서 부지런히 왕공
이나 재상의 문을 드나들어야만 했다.[60] 현종 개원開元연간(713~
741)의 모씨는 강회江淮 지역으로 여행을 떠나 지기에게 의지하려
했으나 뜻을 이루지 못하고 오랫동안 양주揚州를 배회했다고[61] 전하
는 것을 보면 여비 마련이 쉬운 일은 아니었다.

## 2. 당대 문인여행의 의미

먼저, 만유적 성격의 여행에 대한 왕조의 생각을 보자. 현종은 730
(개원 18)년, 731(개원 19)년, 732(개원 20)년, 737(개원 25)년, 749(천
보 8)년, 751(천보 10)년, 755(천보 14)년 등 여러 차례 조를 내린다.[62]
730(개원 18)년에는 모든 관료에게 10일마다 돌아오는 휴식일旬休에
명승지를 택해서 즐기도록 명하고, 이를 지원하기 위해서 재상에서
원외랑(종6품상)에 이르는 관료들에게 각각 5천 민緡을 하사했다.[63]
732(개원 20)년에는 관료의 유락을 돕기 위해서 검교심승사檢校尋勝
使를 두었으며, 751(천보 10)년에는 관서의 일이 없을 경우에는 유락
을 즐겨도 된다고 하고, 755(천보 14)년에는 상참관을 번갈아 입조
하도록 조처했다.[64]

덕종은 785(정원 1)년에 조관들이 휴가 때 베푼 잔치에 대해 경조
부에 보고할 필요가 없다[65]고 조처했으며, 788(정원 4)년 9월에는 세
절일(정월 그믐, 3월 3일, 9월 9일)이 되면 문무백관에게 명승지를 선

택하여 즐기고 노는 것을 낙으로 삼도록 명하고, 매 절일마다 재상 및 참상관에게 500관, 한림학사에게 100관, 좌우신위신책용무등삼군左右神威神策龍武等三軍에게 100관, 금오영무위원金吾英武威遠 및 제위장군諸衛將軍에게 200관, 각성제도주사관各省諸道奏事官에게 100관을 지급했다. 이때 지급하는 돈은 탁지에 위임하고, 매 절일 5일 전에 이 돈을 지급하도록 했다.[66]

헌종은, 백관과 사서들이 벗과 유락을 즐기거나 공사 연회에 참석할 때 매번 관서에 보고해야 했는데 이를 번거롭다고 하자 807(원화 2)년에 보고하지 않아도 된다고 조를 내렸다.[67] 관료들이 감사를 표하자 헌종은 지금은 소강을 이루었으니 백성들은 즐기라고 답했다.[68]

현종, 덕종과 헌종 조처의 공통점은 명승지를 선택해서 즐기라는 것과 이런 일을 일일이 관서에 보고하지 않아도 된다고 한 점이다. 그런데 휴가 횟수에서 차이가 있었다. 현종은 한 달에 3번, 덕종은 1년에 3번, 헌종은 특별히 휴가를 정해놓지 않았다. 또한 현종은 휴가비 명목으로 5천 민을, 덕종은 1,500관을[69] 지급했지만 헌종은 돈을 지급하지 않았다. 이것은 아마도 각 천자의 재위 시기 상황과 밀접한 관련이 있어 보인다. 현종 시기는 당의 최전성기로 모든 것이 안정적이고 풍요로웠으나 덕종 때는 안록산과 사사명의 난으로 인한 혼란이 막 진정된 시기였고, 헌종 초기는 각 번진의 발호가 심했던 시기였다. 휴가 횟수나 휴가비는 큰 차이가 있으나 당조는 짧은 휴가여행을 지원하고, 편리를 봐주었다. 이것은 태평성대의 안정을 구가하고 있다는 상징적 의미를 가지고 있을 뿐만 아니라 관료 개개인의 사기를 북돋아주는 역할을 했을 것으로 보인다.

그렇지만 장기간 멀리 떠나는 여행과 관련해서는 조처가 없는 것으로 보아 이런 류의 여행은 국가의 장려가 없었던 것으로 보인다.

다음으로 환유적 성격의 여행에 대한 왕조의 인식을 보면, 덕종 때 재상 육지陸贄가 우공이于公異를 탄핵한 사건에서 잘 나타난다.

> 우공이는 어릴 때 어머니가 허락하지 않았음에도 스스로 출사하기 위해서 돌아다니고, 명성을 얻었음에도 향리로 돌아가지 않았다. (덕종) 정원연간 재상이 된 육지는 우공이가 본디 행실이 좋지 못하다는 이유로 그를 쫓아낼 것을 주청했다.[70]

육지가 우공이를 탄핵한 내용은 어머니의 허락 없이 관직을 구하고자 여행을 떠난 것과 명성을 얻고도 향리로 돌아가 어머니를 봉양하지 않았다는 점이다. 덕종은 육지의 주청을 받아들여 "먼 곳으로 유학을 떠나 부모를 모시는 일을 망각했다"라며 우공이를 파면시켰다. 당조의 이런 태도는 고종 때 온주장사溫州長史 이고李皐의 고사에서도 잘 나타난다.[71] 이고가 관할 현을 지나갈 때 한 부인을 만났는데, 그 부인이 울면서 "나는 이씨 부인인데 두 아들이 있습니다. 균鈞과 악鍔은 환유를 떠난 지 20년 동안 고향으로 돌아오지 않습니다. (저는 지금) 자급할 수 없을 정도로 빈궁합니다"라고 말했다. 당시 이균은 전중시어사殿中侍御史, 이악은 경조부법조참군京兆府法曹參軍을 역임하고 있었는데 모두 문예로 등과하여 이름을 얻고 있었다. 이고는 "'집에 들어가면 부모님께 효도하고, 밖으로 나오면 (다른 사람을) 공경하고, 그러고도 남음이 있으면 학문을 배워라' 했는데, 어찌 이와 같은 자들이 작위에 있을 수 있겠는가"라며 이들을 탄핵하자, 조정은 이들을 파면했다.

이로 보아 당조는 출사나 구직을 위해 떠나는 것을 현실적으로 규제하기가 불가능했다. 그렇지만 사회 기강을 바로 잡기 위해서 무조건적 허용도 불가능했다. 그래서 사회 윤리의 가장 기본이 되는 '효'를 중시하고 만약 효에 지나치게 위배될 경우 벼슬의 고하나 업무의 중요성을 막론하고 제재를 가했던 것으로 보인다. 712(태극 1)년 예종은 관인의 자제 가운데 하는 일 없이 이곳저곳을 돌아다니는 이들을 강제로 본관으로 귀향시키고, 만일 10일을 넘긴다면 장형 100대에 처하도록 명한 것[72]도 바로 이런 면을 강조한 것이라 할 수 있다.

그런데 문인들은 여러 가지 이유로 여행을 떠날 수밖에 없어 왕조와 문인 사이에 입장차가 있었다. 그러면 당대 문인에게 여행은 어떤 의미였는지 여행 목적에 따라 나누어 살펴보자. 먼저, 자신이 머무는 곳이나 가까운 곳의 산수를 감상하는 것과 명승고적을 찾아 멀리 떠나는 경우가 있었다. 전자는 앞에서 살펴본 휴가여행이 대표적이다. 위응물韋應物(733?~793)은 "관료가 된 이후, 아침저녁으로 상사上司를 알현하네"[73], "9일간 분주하다 하루를 쉬네"[74]라고 했듯이 일하다가 나라에서 정한 휴일에 쉬거나 여행을 가는 것은 당시 관료의 특권이었다. 벗이나 친지들과 함께 가까운 산수를 찾아 아름다운 자연경관을 구경하면서 휴가를 즐겼을 것이다. 이런 유의 여행은 관료로서의 바쁜 일상으로부터 잠시 벗어나 자연을 즐기며 노는 향락적인 성격이 강했다. 또 어떤 관료들은 이에 만족하지 않고 여러 날 휴가를 즐기고 싶어하는 경우도 있었다. 그런데 당시 관료가 공사가 아닌 일로 관할 지역을 벗어나면 처벌을 받았기 때문에[75] 분명한 사유가 있어야 했다. 그리하여 더러 여러 가지 핑계를 만들어 여행을 했다. "제주부 및 현관들은 임지에 도착한 후 다수는 먼 곳으로 떠나는 휴가를 청하는데, 혹은 친척이 병이 났다고 하고, 혹은 친척이 혼인을 한다고 했다"⁷⁶라고 한 데에서 엿볼 수 있다.

그래서 문인 중에는 긴 여행을 떠나기 위해 일정 정도의 시간을 할애하는 경우도 있었다. 유지기劉知幾나⁷⁷ 최도기崔道紀처럼⁷⁸ 과거에 합격한 후 곧바로 전선에 참여하여 출사하지 않고 몇 년간 여행을 떠났다. 또 일부 관료는 임기가 만료된 후 곧바로 다음 관직을 얻기 위해 전선에 참여하지 않고 여행을 하는 경우가 더러 있었다. 서주徐州 기현령鄿縣令 권유방權有方은 임기가 만료되자 경사로 가지 않고 남쪽으로 여행을 떠났으며,⁷⁹ 악주사창참군鄂州司倉參軍을 지낸 양모楊某는 임기가 끝났지만 그곳의 풍경이 좋아 한동안 머물러 지내다가 전선에 참가했다.⁸⁰ 물론 여기에는 관직을 얻기 위한 대선待選 기간의 영향도 있었겠지만 사회인으로서의 모든 일을 잠시 접고 여행을 선택한 것은 개인의 자발적 의지로 볼 수 있다. 이렇듯 당시 문인들 중에는 기회가 있으면 일부러 시간을 내서라도 장기간 여행을 떠나고자 한 이들도 있었다.

한유韓愈는 우부원외랑虞部員外郎 장모張某의 제문에서 "각자 문을 팔 때 다행히 모두 어렸습니다. 함께 여행하면서 놀며 잤는데, 그 즐거움이 컸습니다."⁸¹ 또 희종(874~888)연간 범로范攄처럼 "나는 어려서 진秦·오吳·초楚·송宋 지역을 돌아다녔으며, 이름난 산수가 있다면 가마로 달려감에 주저한 바가 없었으며, 원유遠游를 떠나곤 했습니다"⁸²라고 했듯이 명승지를 찾아서 멀리 떠나는 경우도 있었다. 원유의 경우 단순히 유흥·오락적 여행의 연장인 적도 있었지만 또 다른 의미를 두고 떠날 때가 많았다.

이백은 "사나이가 태어나면 뽕나무로 만든 화살과 쑥줄기로 만든 화살을 사방으로 쏘았다. 이로 대장부는 반드시 천하를 경영하거나 나라를 안정시키려는 원대한 뜻을 가져야 함을 알게 했다. 그래서 칼을 움켜쥐고 고향을 떠나기로 마음먹고, 부모님과 이별하여 원유를 떠나 남으로는 창오蒼梧에, 동으로는 명해溟海에 이르렀다"[83]라고 했다. 즉 원유를 통해 천하를 경영할 웅지를 얻고자 한 것이다. 또 현종 천보 말년에 도거道擧에 합격하고 화음위華陰尉를 거쳐 예부원외랑·상주자사常州刺史를 역임했던 독고급獨孤及은 "나는 천지 사방이 낮고 좁음이 이와 같은 줄 미처 몰랐네. 누가 나와 원유를 할 것인가"[84]라고 하여 세상을 보는 보다 넓은 안목을 기르기 위해 여행을 선택했음을 알 수 있다. 그래서 사방에 뜻을 품었다면 풍진에 꺾이지 않고 여러 곳을 여행하면서 이루어내는 것[85]이 문인들에게는 아주 중요한 일이었다. 또한 여행을 하지 않고는 얻을 수 없는 중요한 것이 천하 인사들과의 교류였다. 왕발王勃이 "천하를 돌아다니지 않는 자, 어찌 사해의 교류를 알겠는가"[86]라고 지적했듯이 곳곳에 있는 인사들을 찾아가는 것이 여행이 지닌 큰 의미였다. 백거이白居易는 14~15세 때에 소주와 항주를 다녀왔는데, 당시 자신은 어려서 소주목蘇州牧이었던 위응물과 항주목杭州牧이었던 방유복房孺復과 어울리지 못했음을 아쉬워했다.[87]

류종원이 이위李渭를 송별하면서 "(그는) 오랫동안 연燕·위魏·조趙·대代 사이를 돌아다녔는데, 인정을 알게 되고 지리를 알게 됐으며 왜 그런가를 말할 수 있게 됐다. 그래서 경사에 가서 승상이 되면 국사에 도움이 된다"[88]라고 했다. 이렇듯 장기간 먼 여행을 떠나는 경우는 여행 기간 동안 명승고적을 다니며 그 아름다움을 감상하기도 하지만 여정 동안 겪는 다양한 경험 또한 큰 의미가 있었다. 다른 지역의 인정, 풍물, 자연 등을 경험하면서 세상을 바라보는 시각을 넓혔으며 명인들을 찾아가 교류하면서 정보도 교환하고 서로 배우기도 했다. 그리고 이런 경험이 관료가 되어 국사를 경영하는 데 큰 힘이 된다는 사실을 잘 알고 있었다.

둘째, 환유적 성격의 여행으로, 관료들의 취임과 이임 때 떠나는 여행이 있다. 이 여행은 자발적 여행이기보다 이동의 성격을[89] 강하게 띤다. 당대 지방관은 대략 16,185명으로[90] 약 3년마다 한 번씩 인사이동이 있었다. 임지로 가는 여행은 기한이 엄격하게 정해져 있어서 정한 날짜에 하루 늦으면 태형 10대의 처벌을 받았다.[91] "부임하는 관료는 반드시 정한 기일 안에 도착해야 한다"[92]는 사실을 민간의 부녀조차도 잘 알고 있듯 반드시 지켜야 하는 일이었다. 이처럼 시간적으로는 여유가 없었지만 임지로 가는 여행이니만큼 심리적으로 느긋했던 것으로 보인다. 좌천되어가는 경우 역시 하루에 10역 이상을 가야만 했으므로[93] 여정이 매우 급박했다. 그러므로 관료들의 인사이동 및 좌천은 여러 곳을 여행할 수 있는 기회를 주었지만 도착지까지 시간을 엄격히 지켜야 하므로 시간에 쫓기는 바쁜 일정의 여행이었다.

특히 좌천되어가는 길은 그 심정이 복잡했을 것이다. 유장경劉長卿은 759(숙종 건원乾元 2)년 남파南巴로 좌천되어갈 때 장사長沙를 지나면서 한나라 때 인물 가의賈誼의 옛집을 보며 "삼년 귀양살이 이곳에서 하릴없이 지내니, 만고에 남은 것은 시인의 슬픈 노래뿐이구나"[94]라고 하여 답답한 자기 심정을 빗대어 표현했다. 한유는 819(헌종 원화 14)년 조주자사潮州刺史로 좌천되어갈 때 남관藍關(남전현藍田縣)에 이르러 조카 아들 한상韓湘에게 "강변의 병든 내 뼈를 잘 수습해주기 바라네"[95]라며 멀리 떠나는 안타까운 심정을 표했다. 또 유우석劉禹錫은 연주連州로 좌천되어가면서 "하룻밤 객이 될까 한스럽네, 아침의 새소리를 들을까 근심하나니"[96]라고 하여 급박하게 가야만 하는 데 대한 아쉬움을 표현했다. 류종원은 영주사마永州司馬로 좌천됐을 때 상강湘江의 상류 우계愚溪에 거주하면서 "오고 가도 만나는 사람이 없으니, 긴 노랫소리 하늘은 푸르도다"[97]라고 고독한 심정을 표했다. 앞의 유흥 오락적인 여행이나 새로운 것을 보고 듣고 느끼는 여행은 외물을 통해 내적 만족이나 성장을 기대하지만 이와 같은 여행은 외물이 내적 감정에 따라 이입되므로 여행을 통해 내면적 서정의 극대화를 가져오는 결과를 낳았다. 즉 만유적 성격의 여행은 외적 세계를 향해 나아가는 반면 좌천으로 인한 여행은 외적 세계조차도 내적 세계의 주관적 인식에 따라 안으로 침잠되는 현상을 보였다.

다음으로, 아직 관료가 되지 못한 문인들이 과거 응시를 위해 떠나는 경우가 있었다. 기존 연구에 따르면 성시省試 응거생은 대략 2천~3천 명으로 추산되고,[98] 진사과에 매번 25명 내외가 선발되므로 합격률이 낮아 낙제하고 귀향하는 이들이 많았다. 이에 조광趙匡은 과거와 전선에 대해서 "매년 모임에 사람과 가축이 대략 수만인데, 뜻을 이루지 못하고 돌아가는 자가 열에 칠팔이었다"[99]라고 지적했다. 또한 성시가 현시縣試→주州·부시府試→성시의 단계를 거쳐 치르는 시험[100]이므로 지방의 과거까지 포함하면 매우 많은 인원이 과거시험을 치르기 위해 여행을 해야만 했다.[101] 이 여행은 '과거'라는 대과제가 있었기 때문에 시험 정보를 서로 교류하는 장이 됐다. "진사에 응거한 사람 가운데 다수는 친구와 어울려 노는 데 열중했다"[102]라고 했듯이 이 여행은 과거 응시자들이 서로 만나서 어울릴 수 있는 장을 제공해주었다. 792(덕종 정원貞元 8)년 진사에 합격했던 한유·이원빈李元賓·이강李絳·최군崔羣 등은 이전부터 오랫동안 교류한 사이라는 것을 봐도[103] 과거를 위한 여행은 문인 교류의 중요한 매개 역할을 했다.

대부분 낙제를 하면 바로 고향으로 되돌아갔다. 그런데 바로 고향으로 돌아가지 않고 다른 지역으로 여행하는 사례가 종종 있었다. 또 과거에 응시하기 전 여러 곳을 유람하거나 명인과 교류를 갖기 위해 떠나는 경우도 있었다. 이런 현상은 당 후기로 접어들수록 빈번했는데 이런 유의 여행은 과거 합격에 큰 도움을 얻고자 하는 의도가 강하게 보인다.[104] 허혼許渾은 목종 초 경사로 과거를 보러갔다가 낙제하고 822(장경長慶 2)년부터 약 2년간 강남을 여행했다.[105] 또 801(덕종 정원 17)년 22세였던 우승유牛僧孺는 과거에 보다 유리한 위치를 차지하기 위해서 회남절도사淮南節度使 우적于頔을 찾아갔으며 장안으로 돌아와 당시 문호로 유명했던 한유를 찾아갔다.[106] 이처럼 과거시험 전이나 낙제 후에 떠나는 여행은 합격을 위한 노력의 과정이지만, 더러 앞서 논의한 멀리 떠나는 만유적 성격의 여행과 유사한 형태를 띤다. 왜냐하면 더 넓은 안목과 더 많은 정보를 갖는 것은 분명 과거에 유리하게 작용했기 때문이다. 의종懿宗연간 함통십철咸通十哲 가운데 한 명인 정곡鄭谷은 18세 되던 865년, 동남 지역으로 유람을 떠나면서 명승지와 풍정을 감상하고 그곳의 저명 시인들과 교류했으며, 20세에 장안에 이르러 과거에 응시하기 위해서 행권行卷을 준비했다.[107] 이렇듯 과거는 문인들의 여행을 유발하는 요소였다.

문인들은 구직을 위해 떠나기도 했다. 과거나 문음을 통하지 않고 관료가 되는 방법에는 지방관 혹은 중앙관의 천거를 받아 지방관이 되는 경우와 번진의 벽소辟召를 받아 막직관幕職官이 되는 방법이 있었다. 전자의 예로 안진경顔眞卿의 주청으로 무강위武康尉가 된 왕소王紹가 있으며,[108] 후자는 대종 대력大曆연간(766~779) 수주자사壽州刺史 장일張鎰의 벽소를 받아 관료가 된 제항齊抗 등이 있다.[109]

지방관 천거와 막직관 벽소는 문인들이 구직여행을 떠나는 계기가 됐다. 이면李勉이 현종 천보天寶연간(742~755) 송주宋州를 여행하면서 점店에 머물게 됐는데, 같은 점에 머물렀던 서생이 병이 났다. 그는 이면에게 "모가의 집은 홍주洪州인데, 북도北都로 가서 관을 구할 예정이었다"110라고 말했다. 또 이관李觀은 "장안에서 객유한 지 5년, 문예로 환심을 사려고 했습니다"111라고 했고, 목종연간 과거에 낙제했던 원방元方이 농우도隴右道로 가서 식객이 되고자 했다.112 그렇지만 헌종연간의 시인 이하李賀가 「객유」라는 시에서 고향을 떠나온 지 3년, 고향으로 돌아가고 싶어도 돌아가지 못하는 마음을 읊었듯이113 구직의 길은 쉬운 것이 아니었다. 그래서 노헌경盧獻卿처럼 과거에 누차 낙제하고 자신의 역량보다 대우가 박한 박유薄游를 떠났다가 뜻을 이루지 못하고 생을 마감하는 경우도 종종 있었다.114 당말 위장韋莊이 "왕래 천릿길은 그대로인데, 오고간 사람들은 십년 전과 다르네"115라고 했듯이 문인들의 구직여행이 적지 않았음을 보여준다. 구직여행은 힘겹고 고단했지만 많은 문인들이 직을 찾아떠났던 것으로 보인다.

문인의 출사·구직을 위한 여행에 가장 큰 걸림돌은 "부모님이 살아 계실 때에는 멀리 길을 떠나지 않아야 하고, 길을 나서면 반드시 가는 곳을 알려야 한다"116라는 가르침이었을 것이다. 그래서 친구와 장안으로 가고자 했으나 눈물을 흘리는 어머니를 차마 두고 떠나지 못한 서간徐侃의 예처럼117 유학을 배워 자신의 이름을 드날리고 싶은 마음이 어머니의 눈물에 묻혀 평생 이룰 수 없는 꿈이 된 경우도 있었다. 그렇지만 왕발이 "여행을 하지 않으면 어찌 양명의 업을 이룰 수 있겠는가!"118라고 했듯이 문인들은 '입신양명'을 위해서는 여행이 불가피하다고 생각했다. 그리하여 여행과 효가 상충되면서 문인은 이 둘 사이에서 고뇌했다. 그런데 그들 대다수는 양명을 이루는 것 자체가 효도라고 생각하고 여행을 떠났던 것으로 보인다. 앞에서 보았듯이 육지가 정치적 잘못도 없는 우공이를 어머니의 허락 없이 출사를 위해 떠난 것을 빌미로 탄핵한 것을 두고, 당대의 일부 문인들은 육지가 속이 좁다고 비판했다.[119] 물론 도의적인 책임을 회피한 우공이를 옹호하지는 않지만 당대 현실을 도외시한 육지의 행위를 비난했다. 이로 보아 당대 문인들은 양명을 위해 길을 떠나는 사람을 불효라 비난하지 않았던 것으로 보이며, 당조 역시 부모 봉양을 이유로 여행을 막지 못했다. 이렇게 보면 당대 문인들은 비록 효도라는 걸림돌이 있었지만 여행은 비교적 자유로웠던 것 같다.

당대 문인들에게 여행은 다음과 같은 의미가 있었다. 대체적으로, 국가의 장려가 있는 근거리 여행은 일상으로부터 벗어나 즐기는 유희적인 성격이 강한 데 비해, 대부분의 장거리 여행은 문인들에게 더 나은 자아를 형성할 수 있는 계기를 마련해주었다고 볼 수 있다. 즉 여행은 관직을 얻지 못한 자에게 입신양명을 이루고자 하는 꿈의 길이었다. 더 나아가 천하를 경영할 웅지를 키워주며, 지리·풍습 등 새로운 다양한 정보를 식섭 보고 느끼며 명사를 만나 교류도 하여, 정사에 실질적 도움이 되는 중요한 경험을 제공했다. 그러므로 당대 문인들은 여행을 통해 더 능력을 갖춘 지식인으로 거듭날 수 있는 계기가 되므로 여행에 대한 인식이 긍정적이었다.

### 3. 당대 문인의 특별한 여행, 서역여행

당대 문인들의 여행 가운데 특별한 여행이 있었는데 바로 변경 지역으로 가는 것, 특히 서역여행이었다. 문인들의 서역여행은 서역 변경 지역의 변화에 큰 영향을 받았다. 그리고 문인들의 이런 행보는 변경 지역에서의 경험과 감상을 담은 변새시邊塞詩를 낳게 됐다. 661(고종 용삭龍朔 1)년[120] 우전국于闐國 서쪽 지역에 서역십육도독주부西域十六都督州府를 두어 기미통치를 했고, 현종이 733(개원 21)년 구자국龜玆國에 안서절도사安西節度使의 치소를 두어 구자龜玆·언기焉耆·우전于闐·소륵疏勒[121] 등을 안무하도록 했다. 그런데 고선지의 탈라스전투 패전과 안사의 난은 서북 변경에 큰 변화를 미쳤다. 764(대종 광덕廣德 2)년 빈녕邠寧, 부방鄜坊, 경원涇原, 봉상鳳翔에 절도사를 두어 토번을 방어하게 하면서[122] 당은 더이상 현종 때의 영역을 회복하지 못했다.

서북변으로 간 사람들은 군인, 상인, 구법승, 관료 등이며, 이들 외에도 유배 간 사람[123]과 그 후손들이 있었다. 그래서 642(태종 정관 16)년에 곽효각郭孝恪이 옛 고창국高昌國의 안서도호서주자사安西都護西州刺史로 부임했을 때 그곳에는 사류士流와 유배형을 받은 사람들과 진병鎭兵이 잡거하고 있었다[124]고 말했다.

문인들이 서북변으로 여행을 간 동기는 무엇일까. 현종이 변경 지역을 방어하기 위해서 설치했던 번진은 변경 수비의 핵을 이루고 있었으며, 번진 사부使府에는 절도사를 보좌하는 문직 요좌인 막직관이 있었다. 이 문직에는 원래 현임 관료 가운데 절도사의 벽소를 받은 사람이 임용됐으나 점차 이 규정이 문란하게 되어 출신 자격을 얻고도 관직을 제수받지 못한 사람들이나 아예 출신 자격이 없었던 사람들도 절도사의 벽소를 받아 임용됐다. 특히 서쪽 변경 지역이 확장되면서 더욱 많은 문인들이 벽소를 받았고 벽소를 받기 위해 서역으로 떠났다. 이처럼 서북변의 번진은 구직을 위한 중요한 거점이 되어 문인들을 서북변으로 끌어들였다. 그래서 앞서 언급했던 원방元方이 낙제한 후 농우도로 가서 식객이 되고자 했으며,[125] 727(현종 개원 15)년 진사로 서북변을 종군했던 왕창령王昌齡이[126] "황량한 사막의 수많은 싸움에서 갑옷은 헐었으나, 누란樓蘭을 쳐부수지 않으면 끝내 돌아가지 않으리"[127]라고 호기롭게 말했다.

노조린盧照鄰과 함께 초당 사걸로 알려진 낙빈왕駱賓王(635~684(실종))[128]은 32세에 비로소 과거에 급제하고 동대상정학사東臺詳正學士가 됐으나 36세 되던 해인 670(고종 함형 1)년에 죄를 얻어 파직당하고, 그해 이부시랑 배행검裵行儉에게 시를 바쳐 종군하게 해달라고 청했다.[129] 그는 이 시에서 "서른두어 살 때 관직에서 물러나니, 귀밑 털은 반악潘岳처럼 희어지네"라고 하여 파직된 괴로운 심정을 토로한 한편 한대 주매신朱買臣이 나이 오십에 귀하게 된 고사를 인용하면서 자신은 그 나이까지 기다릴 수 없다고 했다. 즉 종군하여 전공을 세워 실추된 이미지를 회복하고 관직을 빨리 되찾고자 했던 것이다. 그래서 "변새에서 목숨을 구하지 않고, 죽음으로 보군하리"[130]라며 결연한 의지도 보였다. 마침내 설인귀薛仁貴 휘하에 토번을 토벌하러갔으나 대비천大非川에서 패배했다. 이는 말로 다할 수 없는 실망을 가져왔으며, 이때의 심정을 "풍진은 흰머리를 나부끼고, 세월은 홍안을 데려갔구나"[131]라며 괴로워했다. 아무런 성과도 얻지 못하고 671(고종 함형 2)년 말 장안으로 돌아왔다. 그는 678(고종 의봉儀鳳 3)년 시어사가 됐으나 장죄를 지어 하옥됐으며, 이해 대사를 통해서 풀려난 후 11월 정양도대총관定襄道大總管 배행검을 따라 돌궐 토벌에 참여했다. 그의 두 번째 서북변행도 역시 실추된 이미지와 지위를 만회하기 위한 것이었다.

낙빈왕 이후 변경 지역으로 가서 전공을 세워 이름을 날리겠다는 의지를 보인 문인들이 많이 나타났다. 즉 출사를 위해, 관직 회복을 위해, 혹은 빠른 승진을 위해서 서북변으로 가는 일이 더러 있었다. 왕유王維(701~761)는 721(현종 개원 9)년 과거에 급제하고 대락승大樂丞에 제수된 후 곧 제주사창참군濟州司倉參軍으로 좌천되어 순조롭지 않은 길을 걸었다. 그는 737(개원 25)년 37세의 나이로 하서절도사 최희일崔希逸의 벽소를 받아 하서절도판관河西節度判官이 되어 종군했다. 왕유는 관직의 승진에 열중하지 않고 현실을 도피하려는 사상을 지니고 있었다는[132] 지적과 달리 입신양명을 위해서 매우 적극적이었으며 그가 선택한 곳이 바로 서북변이었다. 왕유의 이런 태도는 "어찌 서생 무리를 본받아, 창가에 앉아 아이들이나 가르치겠는가"[133]라고 한데서 잘 나타난다.

고적高適(702~765)은 730(현종 개원 18)년 거란이 남하하자 다음해 28세의 나이로 계현薊縣으로 가서 신안왕信安王 이위李禕의 막부에서 전공을 올리고자 했다. 그는 한나라 명장 이광의 업적을 기리면서 "항상 감격스러운 마음을 품고, 종횡무진하는 계책을 본받고 싶었네"[134]라고 하여 능력을 발휘하여 전공을 세우고자 하는 뜻이 있었다. 그는 46세에 도과에 합격하여 변주 봉구위封丘尉에 제수됐으나 이에 만족하지 못하여 752(현종 천보 11)년 49세에 관직을 사직했다. 그는 하서 지역에서 객유하다가 같은 해에 하서절도사 가서한 哥舒翰의 벽소를 받아 장서기가 됐다.[135] 이때 그는 "예로부터 나를 알아주니 감복스럽네"[136]라며 종군에 대한 기쁨을 나타냈다. "만리 이역에서 목숨을 아끼지 않았더니, 하루아침에 공명을 얻었네. 기린각에 초상화가 걸리고, 명광궁明光宮에 입조하네. 문사를 향해 크게 웃으니, 경서는 배워 어디에 쓸고"[137]라고 했다. 그는 경서를 익혀 출사하고자 하는 고정관념을 버리고 과감하게 종군한 것이 훨씬 낫다는 것을 당당하게 표하고 있다. 즉 경서文를 버리고 종군武을 택한 결과 경서를 익혔으나 쓸 곳 없는 문사들보다 빨리 공명을 얻은 것에 대해 강한 자부심이 있었다.

잠삼岑參(715~770)은 744(현종 천보 3)년에 29세의 나이로 진사에 급제하고 우내율부병조참군右內率府兵曹參軍을 제수받았다. 749(천보 8)년 34세에 안서사진절도사安西四鎭節度使 고선지의 벽소를 받아 장서기가 되어 안서로 가게 됐다. 그때 "뉘 집 아들인지 서西에서 왔구나. 공을 세워 새로 벼슬을 얻었다 하네"138라고 하면서 부러움을 표함과 동시에 자신도 전공을 세워 승진하고자 하는 마음을 드러냈다. 또 부임지인 안서에 도착한 후에는 "장부 나이 서른, 부귀를 이루지 못했네, 어찌 종일 붓과 벼루를 지키리"139라고 하여 30대인 자신이 붓과 벼루만으로는 부귀공명을 이룰 수 없는 현실을 직시하고 있다. 그렇지만 고선지는 751년 탈라스에서 패배하고, 잠삼은 그해 6월 장안으로 돌아왔다. 그는 고선지의 패배로 급히 장안으로 돌아왔으므로 승진하지 못했다. 754(현종 천보 13)년 안서에서 같이 생활을 했던 봉상청封常淸이 안서절도사겸북정도호安西節度使兼北庭都護가 되어 그를 벽소하자 흔쾌히 허락하고 안서북정절도판관安西北庭節度判官으로 다시 종군했다. 재차 종군하는 그의 모습은 전공을 세워 양명하고자 하는 그의 열의가 식지 않았음을 보여준다.

그런데 당시 문인 사회가 이런 마음을 표출한 사람들을 배척하거나 비난한 것이 아니라 오히려 공감대를 형성했다는 점이 주목할 만하다. 변새시를 지은 시인 가운데 다수는 실제 변경 지역을 다녀온 경험이 없었다. 예로, 당 초기 여러 수의 변새시를 남겼던 양형楊炯(650~693)은 변경 지역을 간 적이 없었다. 그는 659(고종 현경 4)년 10세의 나이로 동자과에 급제하고, 대제홍문관待制弘文館이 됐다.

670(고종 함형 1)년 21세 때 여전히 대제홍문관이었는데, 이때 「종군행」을 지어 "차라리 백부장(하급 무사)이 되리니, 어찌 서생을 낫다고 하리"140라고 했다. 이미 과거에 급제한 지 10여 년이 지나도록 변변한 관직 하나 얻지 못하고 있던 처지에서 보면 하급 무사가 되어 종군하는 것이 훨씬 더 낫다고 생각했음직하다. 즉 현실에 불만을 느낀 문인들 사이에 서역행은 현실적 한계를 극복할 수 있는 돌파구로 인식된 듯하다. 변새 시인의 이런 생각은 현종 때 마수馬燧가 "천하에 장차 일이 생긴다면 장부는 마땅히 세상에 공을 세워서 사해를 구해야 하는데, 어찌 고달프게 한낱 유생이 되리"141라고 했듯이 아마도 문文만을 고집하지 않았던 당대 문인들의 생각을 대변한다 하겠다. 이후 가도賈島(779~843)도 「대변장代邊將」에서 "보국은 귀함에 구애받지 않고, 분연히 서쪽 오랑캐를 평정하리"142라고 표현했듯이 문을 버리고 무를 택할 수 있다는 생각이 이어지고 있었다.

  위에서 든 사람들은 모두 정치적·사회적 배경이 없던 인물로 출사한 후에도 승진이 순조롭지 못했다. 그래서 이들은 전쟁이 빈번한 변경 지역, 그중에서도 서북변에 주목했다. 이들의 서북변행은 당초기 국력확장으로 인한 애국심의 발로로도 볼 수 있지만 사실은 승진을 통한 입신양명에 더욱 큰 관심을 가지고 있었음을 부정할 수 없다. 그러나 이들 대부분은 정치적 배경이 없었기 때문에 승진을 하거나 현관이 되기 어려웠다. 그래서 이들은 뜻을 이루기 위해 문을 버리고 무를 선택한 것이다. 그러나 이들의 행보에서 알 수 있듯이 전공戰功을 세우기란 결코 쉽지 않았으며, 오히려 그 희망은 절망으로 바뀌어 장안으로 돌아와 실의에 빠지는 경우가 허다했다. 안사의 난 이후 서북변으로 향하는 문인들의 수는 줄어들고, 변새시에서도 서북변은 점차 사라졌다. 특히 764(대종 광덕 2)년 빈녕·부방

경원·봉상절도사를 두면서 당의 국경이 옥문관 이내로 되자 더이상 당대인은 서역으로 자유롭게 여행할 수 없었다.

## 4. 서역여행을 통한 경계인식

서역에 대한 당대 문인들의 인식은 어떠했을까. 어떤 문인보다도 많은 경험을 한 잠삼의 서역에 대한 느낌을 살펴보자. 그는 구자로 가기 위해서 사막을 건너야만 했는데,「적중작磧中作」은 아마도 이때의 심정을 읊은 것으로 보인다. "서쪽으로 말을 달려 하늘 끝에 닿은 듯, 집을 떠난 후로 보름달을 두 번째 보는구나. 오늘밤은 또 어디서 자야 하나, 망망한 사막에 인적이 끊겼구나"[143]라고 했다. 장안을 출발한 지 두 달이 넘도록 임지에 도착하지 못하고 끝없이 펼쳐진 사막을 가고 있었다. 또 구자에 도착한 후 보고 느낀 것을「윤대즉사輪臺卽事」에 "윤대의 풍물은 다르고, 땅은 옛 선우의 것이었네, 3월에는 풀조차 없고, 천가는 백유성白楡星 같구나. 번서蕃書의 문자는 다르고, 오랑캐의 풍습과 말도 다르네, 시름에 차 사막의 북을 보니, 하늘은 서쪽으로 바다와 닿아 있네"[144]라고 표현했다. 땅, 풍물, 말, 문자 모든 것이 당과 너무 다른 이곳은 단지 당의 영역일 뿐 당이 아니었다.

서역을 경험한 이들에게 사막은 인상적이었다. 물론 『서경』에서 "서쪽으로는 유사流沙에 미친다"[145]라고 하여 매우 오래 전부터 서역을 알고 있었지만 문인들이 보다 손쉽게 가보게 된 것은 당대였다. 그래서 당시 갔다온 사람들로부터 서쪽 사막에 대한 이미지가 많이 전해져 교비喬備는 비록 서역을 가보지 않았지만 그의 머릿속에는

'모래밭 3만 리'¹⁴⁶가 끝없이 펼쳐졌다. 대종 대력연간 진사에 급제한 유상劉商은 "오랑캐 땅 천만 리를 가도 오직 흰 구름처럼 일어나는 황사만 보이네"¹⁴⁷라고 했듯이 서역을 경험해보지 못한 사람들에게도 서쪽 사막의 이미지가 굳어져 있었다.

우세남虞世南(558~638)이 "눈은 천산의 길을 가리고, 얼음은 교하의 원류를 막았네"¹⁴⁸라고 했듯이 당 초기부터 서역은 아주 추운 지역으로 인식됐다. 이후 변새시에도 서역하면 추위를 연상하는 내용이 많다. 진우陳羽(733?~?)는 「종군행」에서 천산 지역에 대해 "호숫가에 바람이 불어와 얼어붙은 땅을 갈라지게 하고, 오동나무 잎은 이미 떨어지고 가지마저 꺾였네"¹⁴⁹라고 하여 강풍이 몰아치는 강한 추위를 묘사했다. 유가劉駕(823~?)는 「출새」에서 "호풍은 꽃도 피지 못하게 하고, 사철 내내 눈만 잔뜩 내리네. 북인도 얼어 죽거늘, 하물며 남월 사람이랴"¹⁵⁰라고 했다. 이처럼 서역은 당대인에게 매우 추운 곳으로 각인됐다.

이렇게 보면 실제 서역을 경험한 사람들로부터 전해진 서역의 이미지는 자연, 풍물, 문화 등 모든 것이 중국과 전혀 다르며 모래밭과 강추위로 대변됐다. 그리하여 "농외籠外, 위수渭水(서부 지역)의 유객은 사막과 추위의 황택을 좇아 전원의 고향을 버렸다"¹⁵¹라고 하여 서역을 황택, 당을 전원에 비유하여 서역을 당과 전혀 다른 이질적인 세계로 인식했다. 이러한 이미지를 통해 당대인의 인식 속의 중국 끝, 즉 경계 지역은 어디였을까. 이백은 "옥문관은 더욱 돌아오기 어렵거늘, 젊은 아낙들 길게 탄식하지 말게"¹⁵²라고 했다. 옥문관 밖은 여러 위험이 도사리고 있는 지역으로 안전을 보장받을 수 없는 곳이었다. 영호초令狐楚, 766~837)는 "가련한 반초여, 살아서 옥문관으로 돌아오소서"¹⁵³라고 했으며, 호증胡曾¹⁵⁴은 "한밤중 막중에 가만히 서서 촛불을 보니 오직 살아서 옥문관으로 들어갈 생각뿐이네"[155]라고 했다. 옥문관은 서쪽의 이역으로 나아가는 출발점이자 중국으로 들어오는 관문이었다. 옥문관에 들어서면 그곳은 생명을 보장받을 수 있는 낯익은 지역이어서 서역에서 기약 없이 떠돌던 당나라 사람들이 비로소 안도의 숨을 돌릴 수 있는 곳이었다. 그러나 또 한편 낯선 이역으로 출발하는 두려움이 상존하는 지역이었다. 이렇듯 옥문관은 당을 떠나는 두려움과 돌아오는 안식이 공존했다. 이런 옥문관은 주변의 민족들로부터 지속적으로 공격을 받았다. 이에 이기李頎는 "듣자 하니 옥문관을 등지고 결사 항전하다니 응당 목숨을 걸고 경거장군輕車將軍을 따를 것이냐"[156]라고 했다. 이기는, 한 무제가 옥문관을 버리자는 이광의 청을 물리치고 모두 목숨 걸고 지키라고 명한 고사를 빌려서 옥문관은 반드시 지켜야 하는 것으로 생각했다. 이처럼 옥문관이 주변 민족들에 의해서 함락당하거나 포위당한다면 목숨을 걸고라도 곧바로 수복을 해야 했다.

양관陽關 역시 중국을 들고나는 주요 관문으로 인식했다. 왕유는 "절역인 양관의 길에는 호사胡沙와 찬 먼지뿐이네"[157], "당신에게 다시 한 잔 술을 권하고, 서쪽 양관을 나서니 아는 이 하나 없네"[158]라고 했다. 양관 너머에는 절역의 땅이자 오랑캐의 흔적이 물씬 풍기는 지역이었다. 양관에서는 서로 마주앉아 한 잔 술을 즐길 벗이라도 있었지만 양관을 벗어난 서쪽에는 아는 이 한 명 없는 고독한 지역이었다. 잠삼 역시 양관 서쪽 풍경에 대해 하루 종일 달려도 바람과 눈밖에 없으며, 하늘과 사막이 붙어 있다고 했다.[159] 안서사진절도사가 이미 없어진 지 오래되어 871(의종 함통 12)년에 진사가 된 허당許棠은 "안서의 길은 비록 있지만 양관을 다시 나간다는 것은 어렵다"[160]고 했다. 또 북쪽 끝은 왕창령의 「출새」를 통해 알 수 있다. "밝은 달은 진나라 때처럼 빛나고, 관은 한나라 때와 같은데, 만리 멀리 원정 나간 병사는 아직 돌아오지 않네. 오직 용성龍城의 비장군 같은 이가 있다면 오랑캐 말이 음산산맥을 넘어오지 않게 했을 텐데"[161]라고 했다. 여기서 음산산맥은 중국과 북방의 유목민족을 가르는 중요한 경계였다. 그리하여 서북변에는 옥문관·양관·음산산맥으로 이어지는 심리적 경계가 형성됐다.

그렇다면 한때 당의 영역이었던 서역이 당대 사람들에게 어떻게 받아들여졌을까. 이 부분과 관련해서 우선 눈에 띄는 것은 저수량褚遂良의 방책이다. 그는 태종이 고창을 멸한 후 지속적으로 병사를 보내어 수비하게 하자 차라리 고창국을 다시 세워 당의 번한藩翰으로 삼는 것만 못하다고 주청했다.[162] 또 측천무후 때의 재상 적인걸이 696(만세통천萬歲通天 1)년에[163] 백성들이 사진四鎭을 지키는 것은 폐단이 많다고 생각하고 이를 만류하는 상소를 올리면서 "동으로는 창해가, 서로는 유사가 가로막고 있으며, 북으로는 대막이, 남으로 오령이 가로막고 있다"고 지적했다. 이것은 바로 『서경』에서 언급한 중국의 영역이다. 당 초기에도 이 범주를 크게 벗어나지 않았다. 그래서 당대인들은 서역을 두고 당대 병사나 백성이 꼭 지켜내야 할 땅이 아니라 당을 보호하는 번병의 역할을 하도록 해야 된다고 인식했다.

변새시 가운데는 '출새'란 제목의 시들이 눈에 띈다. 그중 현종연간 진사에 급제했던 황보염皇甫冉은 "호각을 부니 새문을 나서고, 앞에 보이는 것은 호지胡地이네"[164]라고 했다. 또한 잠삼은 양주涼州의 윤대사尹臺寺에 올라가 "호지 삼월 보름, 배꽃은 지금 꽃이 피기 시작하네"[165]라고 했다. 현종대는 서역이 이미 당에 편입된 시기인데 시 속에는 호지로 되어 있는 것으로 보아 황보염이나 잠삼은 이곳을 당나라의 땅으로 여기고 있지 않다. 이렇듯 당의 지배 아래에 있음에도 이곳을 낯선 오랑캐땅으로 인식하고 있는 것을 보아 대종 이후 이곳을 상실한 뒤에도 이곳은 반드시 되찾아야만 될 곳으로 여기지 않았을 것으로 보인다. 즉 당대인의 인식에는 서역이 비록 당의 영역인 시기에도 여전히 이역이었던 것이다.

이렇듯 당나라 사람들에게 옥문관과 양관은 당을 나서는 중요한 관문이자 이질적인 세계로 진입하는 상징적 의미를 가지고 있었다. 비록 일시적으로 옥문관과 양관 밖을 점령했더라도 심리적으로는 당이라고 생각하지 않았으며, 이곳을 상실했더라도 반드시 회복하자는 강렬한 열망은 표출되지 않았다. 이와 같은 인식 아래 쓸데없는 서역 정복에 무고한 백성들만 전쟁터에서 죽어가는 현실을 비판하기도 했다. 현종 개원연간에 진사 출신인 이기는 "끝없는 전쟁으로 황외에 묻은 전사자는 얼마인가, 쓸데없는 포도만 한가漢家로 들어오네"¹⁶⁶라고 했다. 이기는 앞서 언급한 것처럼 옥문관은 목숨을 걸고서라도 반드시 지켜야 하는 곳이지만 그 너머 서역땅을 차지하기 위한 대외전쟁에는 반대했다. 즉 천자의 개인적 욕심을 채우기 위해서 많은 생명을 희생하는 것에 대한 부당함을 고발했다. 또 두보는 현종이 교하를 공략하려는 것을 두고 "황제는 이미 부유한 토지를 가졌거늘, 어찌하여 더 많은 땅을 가지려 하는가"¹⁶⁷라고 비판했다. 목숨을 내걸고서라도 가져야 하는 소중한 땅도 아닌데 굳이 피를 흘려가며 교하를 차지할 이유가 없음을 지적했다. 이런 인식의 기저에는 서역에 대한 이역인식이 깔려 있었다.

당대에는 관이나 진을 넘나들 수 없었던 일부 몇몇을 제외하고는 큰 제한 없이 여행을 할 수 있었다. 당대 사람들이 여행을 하는 데 필요한 숙박시설에는 관료가 이용하는 역이나 관, 백성이 이용하는 점店이 있었다. 역은 비교적 조밀하게 설치됐으며, 점은 대략 50리마다 설치되어 여행객의 안전을 도왔다.

당대 문인여행에 대한 당조의 입장은 비교적 명확하다. 당조는 가까운 지역이나 가벼운 유람을 즐기는 여행의 경우에 한해 장려했다. 그러나 문인의 경우 다양한 이유로 긴긴 여행을 떠날 수밖에 없었다. 특히 출사라는 현실적인 문제로 인하여 여행을 떠날 경우, 이때는 항상 '효'라는 걸림돌을 넘어야만 했다. 대다수 문인들은 '효'라는 대명제 앞에 고민하지만 먼 길을 떠날 수밖에 없는 현실을 받아들였다.

당대 문인들은 만유적 여행을 통해서 즐거움을 누렸을 뿐만 아니라 산천 지리에 대한 이해, 다양한 사람들과의 교류, 천하를 다스릴 웅지를 키우는 등 자기계발에 필요한 요소들을 제공받았다. 또한 환유적인 여행을 통해서 출사를 하여 양명을 이루고자 했다. 관료가 된 이후에는 관직의 이동에 따라 여러 곳을 여행할 수 있었으며, 때로는 바쁜 관료생활에 지친 문인들이 임기가 끝나도 곧바로 전선에 참여하지 않고 잠시 머물러 있기도 하고 다른 지역으로 유람을 떠나기도 했다. 그래서 당대 문인들은 여행을 통해 더 능력을 갖춘 지식인으로 거듭날 수 있는 계기가 됐으므로 여행에 대한 인식이 긍정적이었음을 알 수 있다.

당대 문인들의 서역여행은 매우 특별한 의미를 지니고 있었다. 물론 당 이전에도 변경 지역을 다녀온 문인들이 있었지만 당대에는 서역을 일시적이나마 점령하고 문인이 일할 수 있는 관직도 설치됐다. 그래서 이 시기에는 문인들이 서역을 다녀올 수 있는 기회가 더 많이 주어졌다. 당대 문인들의 서역행은 전공을 통한 빠른 승진을 도

모하거나 구직을 위한 것이었지만 이들의 경험은 후세에 큰 영향을 끼쳤다.

 당대 문인의 서역경험은 당과 이역을 구분짓는 경계인식을 낳게 됐다. 서역은 당과 완전히 다른 풍습과 문화를 가졌으며 혹독한 추위와 황량한 사막으로 인식됐다. 이러한 경계를 나누는 상징적인 곳, 바로 옥문관과 양관은 당과 서역을 나누는 경계이면서 당을 지키는 심리적 보루였다. 그래서 당대 문인들은 서역을 당으로 인식하지 않았을 뿐만 아니라 서역을 상실하더라도 반드시 회복하고자 하는 열망이 없었다.

# 에도 시대의 여행환경

## 이세참궁과 관련하여

이계황

일본 중앙에 위치한 이세진구伊勢神宮는 천황가의 조상신祖神인 아마테라스오미카미天照大御神를 모신 고타이진구皇大神宮와 농업의 신이자 음식물을 관장하는 도유케오미카미豊受大御神를 모신 도요유케다이진구豊受大神宮, 즉 내궁內宮과 외궁外宮으로 이루어져 있다. 이세진구에 봉폐奉幣하는 행위는 고대에는 황실과 그 일족에게만 허용됐으나, 헤이안平安 시대 말기 이후에 귀족과 무가武家의 봉폐가 허용됐고, 무로마치室町 시대에 이르러서야 부유한 상인과 무사들의 봉폐와 참궁參宮이 가능해졌다. 일반 서민의 이세참궁이 일반화되는 것은 에도江戶 시대에 들어서부터이다. 에도 시대 중기 이후에는 연인원 40여 만 명이 이세참궁, 즉 '이세마이리伊勢參り'를 하기에 이르른다.

이러한 이세참궁에 대해서 1830년에 간행된 민속 관계 백과사전인『기유쇼란嬉遊笑覽』은 "오늘날 많은 사람들이 가시마鹿島 참배를 하고 나서 대개 교토京·오사카大坂·야마토大和(나라奈良 일대) 참배를 다녀온다. 신불神佛에 참배하러간다고 하고는 유락을 주된 일로 삼는다"[1]라고 기술하고 있다. 이렇듯 서민의 사사社寺참배는 종교적 신앙심에 근거한 것이라기보다 유락적 '여행'의 요소를 내포하고 있었다. 이러한 여행으로서의 이세참궁이 서민 사이에 유행한 데에는 문화와 역사의 중심 도시인 교토京都와 나라, 경제 중심 도시인 오사카가 이세와 가까워 비교적 접근하기 쉽다는 지리적 조건도 작용했을 것이다.

이세참궁은 에도 시대 사사참배의 가장 대중적 형태였다는 점에서, 또한 참궁을 명목으로 일상에서의 일탈인 여행을 통해 유흥과 유락을 즐겼다는 점에서 종교사뿐만 아니라, 교통사, 민속학계의 주목을 받아왔다. 즉 교통사에서는 에도 막부幕府의 교통정책을 제도적 측면에서뿐만 아니라 실태적 측면에서 분석하기 위해 이세참궁을 다녀온 여행객의 여정과 행동패턴을 주요 연구대상으로 삼아왔다.[2] 그리고 민속학에서는 여행의 풍속・풍습에 관심을 갖고, 이에 관한 다양한 사례연구를 축적해왔다.[3] 특히 근래에 들어서 여성사에 대한 관심이 고조되면서 여성의 여행에 관한 연구가 활발해지고,[4] 1990년대 이후 사회사의 연구방법을 채용하여 종교집단과 주변 지역의 경제・사회・문화적 관계들을 조명하려는 연구경향,[5] 여행경험과 역사인식 형성의 관련성에 관한 연구[6] 등도 활발히 전개되고 있다.[7]

이처럼 에도 시대의 여행에 대한 일본학계의 다양한 방법・시각에 입각한 활발한 연구에도 불구하고, 한국의 일본역사학계에서 에도 시대의 여행에 관한 연구는 전무에 가깝다.[8] 이 글은 이러한 학계의 실정을 감안하여, 이세참궁에 관한 선학先學들의 연구를 참조하면서, 에도 시대의 여행, 특히 이세참궁을 둘러싼 가장 기본적인 환

경들을 다음 네 가지에 초점을 맞추어 정리하여 에도 시대의 여행연구에 기초를 제공하고자 한다.[9]

첫 번째, 서민의 이세참궁을 유도·선전하고, 서민 여행객을 이세에서 맞는 이세 오시御師의 성격과 활동·조직을 살펴보고자 한다. 서민의 이세참궁을 가능하게 한 이세 오시 쪽의 여행 환경 조성과 오시의 경제를 지탱하는 기반을 동시에 확인하기 위해서이다.

두 번째, 이세참궁의 여행경비를 마련하기 위해 조직되는 고講는 어떻게 운영되고, 그것은 농촌 사회에 어떤 의미가 있는가, 그리고 서민들은 어떻게 이세참궁을 준비하고, 어떠한 경로를 따라 여행했는가 등에 대한 개략적 실태를 살펴보도록 한다. 그리하여 이세참궁에 대한 서민의 태도, 이세참궁의 시대적 성격변화와 그 역사적 의의의 일단을 보고자 한다.

세 번째, 서민이 이세여행에서 맞닥뜨리는 검문소와 숙박소를 살펴본다. 검문소는 서민의 공간이동을 통제하는 제도로서 서민의 공간이동에 대한 권력 쪽의 태도를 여실히 보여준다. 한편 숙박소는 여행자의 의식적·무의식적 여행경험의 공간이다. 검문소와 숙박지의 실태를 밝힘으로써 제도상의 여행 환경과 여행객의 경험·체험 공간의 실태를 살펴보고자 한다.

네 번째, 서민의 여행을 통한 경험과 그것이 갖는 의미를 추구해보고자 한다. 서민들의 여행기에는 자신의 여행경험을 직접 서술한 예가 매우 드물다. 특히 그러한 개인적 여행경험을 자신의 삶과 사회에 어떠한 의미를 갖는지에 관해서는 전혀 기술하고 있지 않다. 이 문제는 결국 증명할 수 없는 것이라서 추측해볼 수밖에 없다. 따라서 이 부분의 기술은 역사학적 서술방법과는 다른 형태를 취한다.

## 1. 오시

　오시御師란 온키토시御祈禱師, 온노추토시御詔刀師의 약칭으로서, 신과 인간의 중간에서 신에게 기원자의 원망을 기도하는 일을 담당하는 사람을 말한다. 오시는 사적인 폐백私幣이 인정되던 구마노삼산熊野三山, 이와시미즈하치만구石淸水八幡宮, 가모샤加茂社 등에서 발생했고, 이세진구의 오시는 이세진구의 사폐가 인정되는 11세기 초반부터 활동하기 시작한다(이세진구의 오시는 특별히 온시라 불린다). 이세진구의 경우 초기의 오시는 신사의 사무를 담당하던 네기禰宜가 담당하고 있었고, 무로마치 시대 이후 민중을 단가檀家로 조직하기에 이르러 전문적이고 조직적인 활동을 시작한다.

　이들은 민중과 사단師旦관계를 맺고, 이들에게 이세참궁을 유도·권유해 경제적 부를 축적했다. 이렇게 축적한 경제력은 이세진구의 경제와는 관련이 없다. 이들은 축적한 경제력을 바탕으로 영주와 금전거래를 하기도 하고, 그러한 권력과의 유착관계를 이용하여 덕정령德政令에서 제외되기도 했다.

　그리고 이들이 축적한 일체의 것은 매매할 수 있었다. 이들이 사단관계를 맺은 배타적 관할 지역인 단나바旦那場도 매매의 대상이 된다. 라이타가 문서來田家文書의 매권[10]을 보면, 이세 외궁의 오시인 미나미쿠라 히로야스南倉弘康가 1541년 오미近江 지역 42촌의 단가 중 절반을 115관문貫文에 나카지마 기타이요시치로中嶋北彌七郎에게 영대永代 매매한 것을 알 수 있다. 그러나 다른 사람에게 오시의 권리를 양도하더라도 오시의 칭호인 다유大夫·太夫라는 명칭은 매수자에 양도되어 그대로 유지됐다. 이는 오시의 증가를 막기 위함이었다.

그리고 오시들은 이세참궁을 위해 단가의 사람이 이세에 오면, 이들을 자신이 경영하는 시설에 배타적으로 숙박시켰다. 물론 이 숙박업에 관련한 권리도 매매할 수 있었다. 라이타가 문서에 있는 숙박업 매매에 관한 기록[11]에 의하면, 요지로與四郎 외 17명이 사라 오카쓰라노사토佐奈ヲカッラ之里에 가지고 있던 숙박에 관한 권리와 토지에서 발생하는 세금 5석에 대한 권리를 1538년 3월 18관 500문에 나카지마 기타이요시치로에게 영대 매매했음을 보여준다. 다만 토지에서 발생한 세금에 대한 권리는 5년 후에 본전으로 되살 수 있으나, 15년 동안 세금에 대한 권리를 나카지마가 유지한다는 것이다.

라이타가 문서에는 이외에도 다량의 매권이 있다. 이것은 당시 단나바와 그에 부수하는 숙박 영업권이 권리職로서 인정되어 수시로 빈번하게 매매되고 있었음을 보여준다.

한편, 사단관계에서 발생하는 여러 권리는 오시 상호간에 침범할 수 없었다. 오무라번大村藩은 번 전체가 1559년 이래 미야아토 산토타유宮後三頭大夫의 단나바였다. 그런데 기독교가 이 지역에 전파되면서 이 지역에 있던 사사寺社는 대부분 파괴되고, 이세참궁도 중단됐다. 한편 1587년 선교사추방령이 내려져, 기독교에 대한 압박이 강화됐다. 이러한 와중에 오무라 스미타다大村純忠를 잇는 오무라 요시아키大村喜前는 기독교 세례를 받았다. 그러나 그는 1605년 기독교와 단교하고, 1602년 이래 번 안에 니치렌종日蓮宗을 장려한다. 오무라번은 이러한 움직임 속에서 1603년 3월에 1574년 이래 중단됐던 이세참궁을 단행한다. 이후 1603 · 10년에 두 번, 1611 · 12 · 14 · 19년에 두 번, 1620년 이세참궁이 이루어졌다. 그런데 이 이세참궁에 참석한 사람들이 모두 하시무라 히젠타유橋村肥前大夫의 숙박지에 머물렀다. 이것은 미야아토 오시와의 사단관계가 끊어지고,

새로이 하시무라 오시와 사단관계가 형성됐음을 말한다.

그런데 오시 미야아토는 1620년 오무라번이 오시 하시무라와 사단관계를 맺고 이세참궁한 것을 알고, 중세 이래 오무라번과 자신이 사단관계를 맺고 있었던 사실을 하시무라에게 알렸다. 이로써 오무라번과 하시모토의 사단관계는 무효화되고 오무라번과 미야아토의 사단관계는 복원된다. 그리고 하시무라는 3년간에 걸친 하쓰호료初穗料 가운데 2년치를 미야아토에게 지불했다.[12] 이것은 다이묘가大名家라 하더라도 사단관계를 마음대로 변경할 수 없음을 극명하게 보여준다.

한편 도쿠가와 이에야스德川家康는 1603년 이세 내궁의 도시요리年寄에게 "참궁에 관한 일은 단나가 마음대로 (정)할 것"[13]이라는 내용의 주인장朱印狀을 내린다. 이는 기존의 사단관계를 완전히 부정하는 것이었다. 이에 대해 야마다山田의 도시요리들은 막부에 항의하여 "참궁에 관한 일은 선규先規의 법식대로 할 것"[14]이라고 문안의 내용을 바꾸게 했다. 1617년의 히데타다秀忠 주인장은 위의 "참궁에 관한 일은 선규의 법식대로 할 것"이라는 조문을 그대로 따랐다.[15] 그리고 1643년 이에미쓰家光는 위의 조항에 "고래 상전의 단나를 재간으로 탈취해서는 안 된다"[16]라는 조항을 추가했다. 이 주인장은 이후 오시에 대한 기본 법령으로서 적용됐고, 이 법령에 의해 단가를 둘러싼 오시 상호간의 대립은 기본적으로 해소된다. 한편 1605년 야마다 부교山田奉行가 승인한 『온시시키시키모쿠御師職式目』에는 17개조에 이르는 오시에 대한 세밀한 규정이 기록되어 있다(「舊神宮皇學館文書」).[17]

위 문서를 내용별로 분류해보면, (1) 단가가 다른 곳으로 이주해도 사단관계는 유지된다는 것(제1·13·17항), (2) 일시적인 사단관계의 중단, 혹은 사단관계의 증명서가 없더라도 사단관계는 불변한 다는 것(제2·3·12항), (3) 양자, 데릴사위, 아내, 유모 등의 사단관계 유지 원칙(제4·5·6·7항), (4) 오시 상호간 계쟁係爭의 처리(제8·9항), (5) 단가의 매매=오시의 권리 이양에 관한 것(제10·11항), (6) 단가의 숙박에 관한 것(제2·14·16항) 등이다. 위의 내용은 대부분 사단관계에 관련된 것들이다. 이것은 오시에게 사단관계의 유지가 생활기반과 깊이 관련되어 있음을 보여주는 동시에 오시간의 타협·협정에 의해서만 공동의 생활기반을 유지할 수 있음을 나타낸다.

위에서 보듯이 오시의 영업권은 매각이 가능했다. 오시의 영업권 매매는 15세기 중기부터 활발히 전개됐고, 이에 따라 상인들의 오시 진출도 활발했다. 그리하여 16세기 말경까지 단나바旦那場의 통합이 이루어진다. 한편 에도 시대 야마다에는 외궁의 오시가 1671년에 391명, 1677년에 400명, 1689년에 440명, 1724년에 504명, 1724년에 615명, 1738년에 592명, 1743년에 553명, 1755년에 573명, 1766년에 509명, 1784년에 460명, 1792년에 357명, 1832년에 370명, 1836년에 395명, 1864년에 389명이 있었다고 한다. 그리고 내궁의 오시는 쇼토쿠正德연간(1711~15)에 241명, 1777년에 271명, 1855년에 200명이 있었다고 한다.[18]

위에서 알 수 있듯이, 내·외궁의 오시 수는 막번제幕藩制 초기 이래 증가하여 18세기 중반에 정점에 이르고, 이후 감소하는 경향을 보이고 있다. 그리고 내·외궁 오시 수가 약간의 시기적 격차를 보이면서 변화하고 있다. 그러나 내궁 오시 수의 변화는 자료의 부족으로 정확도가 떨어진다. 아마도 18세기 중반기에 내궁의 오시도 정점에 달했을 것으로 보인다. 18세기 중반 이래 오시 수의 감소를 이세참궁의 감소에 의한 것으로 해석할 수도 있겠다. 그러나 이세참궁의 동향을 감안하면, 그것은 경제적 발전에 따라 군소 오시가 유력 오시에게 흡수·통합되어갔음을 나타낸다고 볼 수 있다.

『다이진구고키루이산大神宮故事類纂』에서 보면, 1777년의 총 단가수는 4,389,549가家, 오시는 463명이 있다고 기록되어 있다.[19] 이 기록을 완전히 신뢰할 수는 없으나, 오시들이 상당한 정도의 단가를 전 지역에 걸쳐 확보하고 있음을 알 수 있다.[20] 한편 사단관계가 일정 지역에 편중되어 있기도 하다. 즉 일본 도호쿠東北 지역에는 밋카이치타유三日市太夫의 단가가 많았고, 간토關東 지역에는 류타유龍太夫, 규슈 지역에는 하시무라타유橋村太夫가 많은 단가를 확보하고 있었다.[21] 재지在地의 사단관계는 촌 지역 일원이 모두 한 오시와 사단관계를 맺고 있는 경우도 많다. 그러나 사단관계는 기본적으로 가家를 단위로 하고 있고, 서민이 다른 지역에 이주해도 관계가 지속됐다. 따라서 한 지역에 복수의 오시가 사단관계를 맺고 있는 경우도 많았던 것으로 보인다.

오시는 단가·단나라 불리는 시주·원주願主와 사단관계를 맺어 소원성취 기도를 하고 그 대가를 빌았다. 그리고 오시는 매년 자신 혹은 하수인인 센다쓰先達 혹은 데다이手代를 단나바에 보내 단가를 방문했다. 이들은 재지의 민가에 머무르는 경우도 있으나, 단가가 많은 지역에는 이세야伊勢屋라 불리는 시설에 머무르는 경우도 있다(이러한 시설에 대해 영주는 세금을 면제해주기도 했다).

그런데 위의 1777년 단가수 4,389,549호를 오시수 463명으로 나누면, 오시 1명이 돌아야 할 평균 단가 수는 약 9,480호가 된다. 하루 500호씩 돈다 해도 약 20일이 걸린다. 그리고 유력 오시의 단가는 수만 혹은 십수만, 심지어 수십만 호에 이를 것으로 추정된다. 결국 단가 방문은 오시가 지배하거나 오시와 관련이 있는 데다이, 센다쓰가 담당하게 된다. 그렇다면 이들 데다이들의 활동, 데다이의 존재형태 등에 대한 규명은 이세 '신앙', 이세참궁의 실태를 파악함에 있어서 대단히 중요할 것이다.

보통 이세 오시의 단가 방문은 다른 종파의 오시와는 달리 오시가 직접 단가를 방문하는 형태였다고 한다. 그러나 위의 단가 수를 감안할 때 오시가 모든 단가를 직접 방문했으리라고 생각할 수는 없다. 물론 오시의 지배 아래에 있는 데다이가 단가를 방문할 수는 있다. 그렇다면 오시가의 일상 업무를 담당하는 데다이와 구별되는 데다이 집단의 존재가 예상된다. 또한 오시 혹은 데다이가 단가를 방문할 경우, 그 지역에 거점을 확보해야 할 것이다. 위에서 이세야라 불리는 시설의 존재에 대해 언급했으나, 그외에도 그 지역의 정세에 정통한 사람이 필요하다.

이러한 데다이, 센다쓰에 대해 직접 기록한 사료는 아직 발견되지 않았다. 그럼에도 불구하고, 이들의 존재를 간접적으로 추측할 수는 있다. 1581년 신슈信州 지쿠마군筑摩郡 아이다會田의 단가를 방문하는 내궁의 오시 우지 시치로우에몽宇治七郎右衛門은 히코지로彦二郎 집에 머문다. 우지 시치로우에몽은 히코지로에게 경칭敬稱을 사용하고 있지 않으며, 히코지로의 집伊勢屋에다 단가에 배부할 물건들을 보관했다.²² 이 경우 히코지로는 오시와 상하관계를 갖는 센다쓰이면서 재지의 일반 농민 신분이다. 한편 오시 혹은 데다이가 단가를 방문할 때, 쇼야庄屋의 집에 머무르는 경우가 많다. 이것은 쇼야 등 재지 지배자의 협력이 오시의 활동에 필수적이었음을 나타낸다. 그리고 이것은 서민의 이세참궁이 촌공동체의 질서를 유지하는 기능이 있음을 시사한다. 이러할 경우, 쇼야와 오시의 관계는 상하관계라기보다 수평적 협력관계이다.

센다쓰의 역할을 수행하는 사람으로 야마부시山伏계열의 사람들이 보인다. 즉 교쿠조보玉藏坊라든가 반조보萬藏坊라는 이름의 센다쓰가 있다.[23] 주지하듯이 야마부시는 산악에서 수행하여 초자연적인 능력을 체득하고 그러한 능력을 이용하여 질환이나 재액을 퇴치하는 주술적 종교활동을 하는 사람들이다. 이들은 여러 지역(주로 산악)을 편력하면서 수행하지만, 에도 시대에 들어서는 재지에 정착하게 된다. 이들은 대체로 자유롭게 편력했으며, 그러한 경험을 통해 재지 사정에 정통했을 것이다. 이세의 오시는 그러한 점을 고려하여, 그들을 자신의 센다쓰로 삼았을 것이다. 그러한 경우의 센다쓰는 일정 권역을 유지·관리하고 있었을 가능성이 크다. 다만 그러한 계열의 사람들이 오시와 상하관계를 맺고 있었는지는 의심스럽다.

한편, 각 지역에는 대신궁大神宮이 진좌鎭坐하고 있다. 물론 새로이 신사를 진좌시키는 경우도 많았다. 이세의 오시 중에는 이러한 신사의 진좌나 수조에 깊이 관여하고 있다. 미야아토 산토타유가 오무라번에 가지고 있는 단가는 9,550가이다. 오무라번 총 호수의 50퍼센트 정도에 해당한다. 이러한 연유로 미야아토 산토타유는 1789년 오무라번 다초田町에 1754년 이래 있는 사전社殿의 식년천궁에 깊이 관여한다. 그리고 1791년 위의 신사를 다시 조영했다. 이때에도 이세의 오시 미야아토 산토타유가 깊이 관여했다. 그리고 1841년 위 신사를 구와바라모토초桑原本町로 천궁하고, 자신이 머물 수 있는 집御師屋敷을 신사 옆에 지었다.[24] 이러한 경우, 신사에는 신사로서 갖추어야 할 여러 가지 물건이 있고, 신사 자체의 관리가 필요했을 것이다. 아마도 자신의 데다이, 센다쓰를 정주시켜 신사의 관리에 임하게 했으리라 추측된다. 이들도 직·간접으로 일정 권역의

단가 방문과 관련을 가지고 있으리라 추측된다.²⁵

오시(센다쓰를 포함)가 단가를 방문해서 하는 일은 하라에노누사祓麻(불제물祓除物)를 배포하는 일이다. 하라에를 배부함과 동시에 하쓰호初穗(제물)를 받는다. 하쓰호 액수는 대부분 고쿠다카石高를 기준으로 하고 있다. 신슈信州 우에다上田 가미시오시리촌上鹽尻村의 예를 보면, 무고無高에서 500문까지는 한 되, 500문에서 1관문까지는 두 되, 1관 500문까지는 세 되, 2관문까지는 네 되, 상한은 한 말로 정해져 있다. 이 하쓰호 액수에 따라 이세 토산물도 달리 배포했다. 하쓰호 액수가 한 되인 경우, 나미하라에竝御祓와 기둥달력柱曆, 두 되와 세 되인 경우는 나미하라에, 말이달력卷曆, 기둥달력柱曆, 네 되의 경우는 나미하라에, 말이달력, 접이달력折曆, 다섯 되 이상 한 말까지는 센도하라에千度御祓, 접이달력, 기둥달력, 젓가락, 종이狀 등이 배포됐다. 그런데 이 하쓰호를 걷는 일은 이 지역을 오시가 방문하여 직접 하는 것이 아니라, 무라야쿠닌村役人이 12월 2일에 징수하여 오시에게 전달했다. 이러한 관계로 구미가시라組頭에게는 센도하라에千度御祓, 반접이달력中折曆, 기둥달력柱曆, 젓가락, 종이 등의 다섯 가지 물품을, 쇼야에게는 위의 다섯 가지에 차茶를 얹어주었다.²⁶

위에서 언급한 물품들은 가미시오시리촌에 배포된 이세 토산물이지만, 지역에 따라 토산물의 내용은 다르다. 위의 물품 이외의 대표적인 이세 토산물로는 김, 이세백분伊勢白粉(하라야), 대帶(오비), 빗櫛, 먹墨 등등 다양하다. 이러한 토산물 중 대부분의 지역에서 환영받은 것이 위에서 본 달력, 즉 이세력伊勢曆이다. 이세력은 쓰치미카도가土御門家에서 제작된 원고를 바탕으로 이세의 시로토白人라 불리는 역사曆師가 판을 만들어 인쇄했다. 이 이세력을 오시가 다량 매입하여 단나에게 배포했던 것이다. 1686년부터 이세력에는 88야, 210일 등 농사와 관련된 사항들이 들어가게 된다. 이러한 이유로 이세력은 농촌지역에서 가장 환영받는 토산품이었던 것이다.

## 2. 이세코와 이세참궁 경로

**이세코**

서민들 사이에 이세진구 참궁이 현실생활에서 벗어나 일시적인 해방감을 만끽하는 관광유람으로 바뀌기 시작한 것은 17세기 중후반(간분~겐로쿠기)경부터이다. 즉 토지대장檢地帳에 등록되어 세금 납부의 의무를 지는 동시에 촌락운영에 참가할 수 있는 권리를 갖는 본백성本百姓이 실질적으로 성장하던 시기였다. 이 시기 전국적인 교통체계와 유통체계가 정비되어, 여러 정보가 농촌에까지 전달될 수 있는 기반이 마련된다. 이러한 사회·경제적 환경에 편승하여 오시들은 이세참궁에 대한 활발한 선전활동을 전개했을 것이다. 그리하여 근세 중기 이후 이세참궁이 서민의 대표적인 여행으로 자리잡는다.

장거리 여행인 이세참궁이 서민들 사이에서 가능할 수 있었던 이유 중의 하나로 이세코伊勢講라 불리는 일종의 계모임을 들 수 있다. 고講란 원래 종교, 경제 등등 일정한 목적을 공유하는 사람들이 모여 만든 한시적 사회집단이다. 고 구성원은 상호 평등한 지위를 유지하며, 목적이 달성된 후에는 해산하는 것이 원칙이다. 따라서 고는 구성원 간의 상호부조적 친목단체의 성격을 가지고 있다.

이세코는 이세참궁을 가기 위한 경비조달을 목적으로 조직한 것으로, 일본 전역에 걸쳐 조직되어 있었다. 이세코의 운영방식은 지역에 따라 달랐다. 참가자가 많을 경우는 하나의 촌락 안에 여러 개의 이세코가 조직되기도 했고, 희망자가 적을 경우는 주변의 여러 촌락 사람들이 모여 하나의 이세코를 조직하기도 했다. 농촌 지역의 이세코의 실례를 소개한다.

현재의 시즈오카현靜岡縣 이와타磐田의 마에노촌前野村은 1803년 이세코를 조직했다. 마에노촌은 고쿠다카 809.571석(겐로쿠기元祿期)의 농촌이었다. 1803년 이세코 조직에 즈음하여 작성한 문서[27]에 의하면, 마에노촌의 이세코는 촌의 안전을 위한다는 명목으로 결성됐다. 따라서 촌의 모든 구성원(물론 가家 단위)을 대상으로 했을 것이다. 여행경비는 1년에 2분씩 고 구성원에게 갹출해 적립하고, 이렇게 하여 축적된 적립금은 연 1할의 이자로 대부한다. 해마다 고원에게 갹출하는 2분은 3월중에 내야 하며, 매년 정월 15일에 제비뽑기를 해서 대참자代參者를 결정한다. 이세 오시에 봉납할 돈은 금 100비키匹(화폐 단위)이나, 대참자의 형편에 따라 금 2주朱를 (향응료로) 더할 수 있다. 그리고 질병 퇴치에 영험이 있는 쓰시마津島신사에 들러 참배하고 금 2주를 봉납하도록 정했다.

마에노촌은 1815년부터 대참이 이루어졌다. 이후 10년간 제비뽑기를 하여 대참이 이루어진다. 마에노촌 이세코의 대참은 매년 6명이었다. 그렇다면 마에노촌 이세코는 6조組로 나뉘어 있고, 1조는 10호 정도(5인조 둘을 이세코 하나로 조직한 것으로 추측된다)로 구성되어 있다고 보인다. 한편 이세 대참이 10년에 걸쳐 행해지고, 그 이후의 기록이 없는 것으로 보아 고 구성원이 모두 대참한 후에 일단 해산했던 것으로 보인다(물론 다시 이세코가 결성됐으리라 생각되지만).

하리마노쿠니播磨國 가토군加東郡 기비타촌黍田村은 존고 195석 정도, 호수 약 50호, 인구 약 250명인 농촌이다. 기비타촌에는 기타코北講, 나카코中講, 미나미코南講 등 3개의 고가 존재했다. 기비타촌의 이세참궁 실태를 보면, 1771년 66명, 1786년 2명, 1797년 36명, 1811년 18명, 1816년 32명, 1823년 29명, 1828년 38명, 1835년 불명, 1840년 불명, 1845년 불명, 1850년 45명, 1855년 불명, 1860년 불명, 1865년 35명이다. 1771년은 소위 메이와明和 오카게마이리お陰參り의 해로 다수의 민중이 이세참궁을 했던 것으로 보인다. 1811년부터 1828년까지 이세참궁의 연차를 보면 대개 5년 간격으로 참궁하고 있음을 알 수 있다. 물론 이세참궁의 해에 특별한 사정이 있으면 연기됐던 것으로 보인다.

그런데 이 기비타촌에는 기타코北講에 1석, 나카코中講에 1석, 미나미코南講에 2석 정도의 수입이 있었다. 소위 이세코전伊勢講田을 소유하고 있었다. 이 땅을 마을이 공동으로 경작하여 9월에 입찰을 통해 수입을 확보했다. 위에서 이세참궁 인원이 들쭉날쭉한 것은 5년을 단위로 고의 결성과 해체를 거듭하고 있었음을 나타낸다. 한편 이세참궁자에게는 고에서 전별금으로 금 2보가 주어지고 있는데, 이 전별금이 이세코전에서 얻은 수입인 듯하다.[28]

즉 기비타촌의 이세코는 희망자가 모여 5년 간격으로 결성과 해체를 반복했다고 보이며, 고 결성 5년차에 고 구성원 전원이 참석하는 총참總參り 형태로 이세참궁을 행했다. 이세참궁에 드는 비용의 일부는 이세코전의 수입으로 충당했고, 이세코 참석자는 시기에 따라 다르기는 하지만 전체의 60퍼센트 정도였다. 전별금을 제외한 여행경비는 차금借金 등을 통해 개인이 해결했던 것 같다.

한편 기비타촌의 이세참궁에 나타나는 특징은 시기가 내려오면서 여성의 비율이 높아진다는 점이다. 1811년 남성 15명, 여성 3명(17 퍼센트), 1816년 남성 23명, 여성 9명(28퍼센트), 1823년 남성 16명, 여성 13명(33퍼센트), 1828년 남성 18명, 여성 20명(53퍼센트)이다. 특히 여성 중 20세 이하가 93퍼센트에 달한다. 이는 19세기 전반을 통해 여성의 여행이 활발해졌다는 것을 의미함과 동시에 시집가기 전에 이세에 참궁하는 풍습이 자리잡아가고 있음을 시사한다.

### 이세참궁 경로

서민들은 막부의 공간이동 통제의 제약을 받으면서 여행을 준비한다. 위에서 본 기비타촌의 예를 보자. 기비타촌의 주민들은 이세코를 결성하여 5년째 되는 1816년에 이세참궁을 하게 된다. 이에 기비타촌의 도시요리와 쇼야가 미키야쿠쇼三木役所에 청원서를 제출한다.[29] 기비타촌 주민은 미키야쿠쇼의 허락을 받아 도시요리와 쇼야를 포함한 32명이 이세참궁을 떠난다. 다만 이 경우는 도시요리와 쇼야가 마을사람들과 함께 이세참궁을 가기 때문에 특별히 야쿠쇼에 청원서를 제출했던 것으로 보인다. 즉 문서에 일반 농민의 이름이 적혀 있지 않은 데에서 알 수 있듯이, 무라야쿠닌이 농민의 여행허가 여부를 결정하고 있다.

무라야쿠닌의 여행허가가 나면, 여행자는 쇼야 혹은 단나사에서 여행증명서 겸 신원증명서인 오라이테가타往來手形를 발급받는다. 단나사에서 오라이테가타를 발급하는 것은 1716년 이후의 일이다. 1671년 막부는 종문개장宗門改帳에 촌민의 생사, 결혼, 고용살이 등에 따른 인구의 증감을 기록하도록 했다.[30] 이 명령의 결과, 종문개장은 촌민의 이동과 관련을 가지게 된다. 그리하여 촌민의 촌 출입은 5인조장五人組帳 전서前書의 내용에 따라 상부에 보고하고, 그것을 장부에 기록하게 된다. 이렇듯 종문개장이 촌민의 이동과 관련을 가지게 되자, 막부는 적극적으로 종문개장을 이용해 인민의 촌 출입을 규제하고자 했다.

1716년의 소위 쇼토쿠코사쓰正德高札에는 "유서가 확실하지 않은 자, 보증인이 없는 자는 붙잡아둘 것, 더불어 인별장 및 종문장에 기록이 없는 자도 붙잡아둘 것"[31]이라는 내용이 있다. 인용문의 내용은 이전의 서민 이동 규제와 동일하다. 즉 유서由緖가 확실할 것, 보증인의 존재가 입촌의 조건이다. 그런데 부대 조항의 내용은 인별장과 종문장에 기재되어 있는 자만이 촌의 출입이 가능하다는 것이다. 이는 이전의 촌 출입 조건에 종문인별장宗門人別帳의 기재 여부를 첨가한 것을 말한다. 즉 여행자에게 필요한 여행증명서 겸 신원증명서인 오라이테가타에 여행자의 종파를 기록해야 했다. 그리하여 쇼야 등이 발행하던 여행증명서 겸 신원증명서를 단나사에서 발급하게 된다.

오라이테가타에는 여행자의 주소와 성명, 신앙하는 종파, 여행 목적, 김문소 무사통괴의 의뢰, 여행 도중 사망할 경우는 연락하지 않아도 된다는 점과 그곳에서 사망 지역의 법식에 따라 장사지내줄 것을 적고 있다.[32]

이러한 준비가 완료되면, 마침내 여행을 떠난다. 앞서 언급한 바와 같이 에도 시대 이세로의 가장 대중적인 여행 형태는 이세코를 조직하여 일정액의 여행경비를 적립하여 마련한 다음, 제비뽑기 등의 방식을 통해 대표자를 선출하여 보내는 대참代參이다. 특히 이세에서 먼 지역인 도호쿠 지역이 그러했다. 따라서 대참자로 선출된 사람은 금전출납부 형식의 여행기, 즉 '도중일기道中日記'를 작성하고, 여행을 마치고 고향에 돌아와서 이를 마을 주민에게 공개해야 했다. 이러한 도중일기는 대부분 여정에 따른 여행경비를 주로 기록하고 있다.

간토 지역에 현존하는 가장 오래된 여행기道中記로 1706(간에이寶永 3)년에 씌어진『사이코쿠도중기西國道中記』를 들 수 있다. 도중기의 작성은 1740년대부터 증가하기 시작하여 1840년대를 정점으로 이후 감소한다. 이는 서민들의 이세참궁 동향과도 일치한다. 이 도중기 혹은 도중일기를 통해 서민들의 이세참궁의 장거리 여행 경로를 대략적으로 파악할 수 있다.

선학들의 연구를 바탕으로 도고쿠東國 지역에서 이세에 이르는 여행경로를 정리해보면 다음과 같다.[33]

1) 이세+사이코쿠西國형 이 형태는 도고쿠 지역에서 출발하여 도카이도東海道를 따라 여행하다가, 오이분追分에서 이세로 가서 이세참궁을 마친 후, 사이코쿠 지역으로 여행하는 코스이다. 이 형태에는 다시 (1) 이세반도의 남단으로 나아가 오사카, 오사카에서 나라를 거쳐 교토로 나아가는 코스(1)-(1)형, (2) 이세에서 나라·우지 방면의 내륙로를 따라 오사카에 도착, 오사카에서 교토로 나아가는 코스(1)-(2)형로 분류할 수 있다.

2) 이세+시코쿠四國형 이 형태는 (1), (2)의 코스를 따라 여행하다가, 오사카에서 시코쿠를 들러 여행한 후, 다시 오사카로 돌아와 교토로 향하는 코스이다. 이 코스는 다시 (3), (1)의 코스를 가다가 오사카에서 시코쿠를 들러 오사카로 돌아와 교토로 향하는 형(2)-(1)형, (4) (2)의 코스를 가다가 오사카에서 시코쿠를 들러 오사카로 향하는 형(2)-(2)형으로 나누어볼 수 있다. (3), (4)형에는 다시 시코쿠

에서 더욱 나아가 미야지마宮島, 이와쿠니岩國를 들러 육로로 다시 오사카로 돌아와 교토로 향하는 형태가 있다.

위의 코스 중 (1), (2)가 18세기까지는 일반적이고, 19세기에 들면 대부분 (3), (4)형의 코스로 여행한다. 그리고 (2)형은 비교적 편안하고, (1)형은 (2)형에 비해 힘들다. 그러한 의미에서 (1), (3)형은 비교적 순례의 성격이 강했다.

오늘날과 달리 장거리 여행의 기회가 흔치 않았던 에도 시대의 여행자들은 모처럼 떠난 이세참궁을 이용해서 되도록이면 많은 명승지를 둘러보고자 했을 것이다. 따라서 이세참궁이라고는 하지만 단순히 이세진구만을 참궁하고 돌아오는 경우는 매우 드물었고, 위에서 보듯이 에도와 교토를 잇는 두 개의 가도街道인 도카이도와 나카센도中山道를 왕로와 귀로로 나누어 다녀오는 것이 일반적이었다. 도카이도를 따라가면서 연변에 위치한 아키하산秋葉山, 호라이지鳳來寺 등을 둘러보고, 나카센도를 따라가면서 센코지善光寺도 들르는 식이다.

또한 참궁자들은 이세참궁과 더불어 관음신앙의 영험 있는 사찰로 유명한 사이코쿠 지역 33곳의 사찰을 둘러보는 '사이코쿠 33곳'을 탐방하거나, 선박안전·풍어·풍작 등으로 영험하다고 소문난 곤피라타이곤겐金毘羅大權現을 모신 가가와현香川縣 고토히라초琴平町에 있는 고토히라구金刀比羅宮에까지 발길을 옮겼던 것이다. 이 시코쿠여행은 풍광이 아름답기로 유명한 세토瀨戶 내해內海를 배로 건너는 해상여행을 경험해볼 수 있는 기회이기도 했다. 따라서 19세기 중반에 들면서 (4)형이 보편화된다.

이러한 여행경로의 변화는 1802(교와享和 2)년 짓펜샤 잇쿠十返舍

一九가 저술한 여행안내기 성격의 『도카이도추히자쿠리게東海道中膝栗毛』가 대중적 인기를 얻는 시점과 일치한다는 점에서 양자의 관련성이 주목된다. 즉 잇쿠는 당시 유행하던 (2)의 이세참궁의 모델 코스를 바탕으로 이 책을 저술했던 것이다. 이 코스는 장거리 여행을 처음 떠나는 초심자들에게 좋은 모델로 받아들여지면서 이세참궁의 일반적인 여행경로로 자리잡게 됐다. 이 (2)형에 시코쿠여행이 첨가되면서 (4)형의 여행코스가 형성되는 것이다.

이러한 여행경로의 변화는 이세참궁의 목적이 종교적 순례보다 일상에서 벗어난 여흥과 오락을 즐기는 쪽으로 변질되고 있음을 시사한다.[34] 이는 도시의 소비문화가 농촌 지역에까지 영향을 끼치면서 농민을 포함한 일반대중의 문화활동이 광범위하게 전개됐던 19세기 전반기(1804~30. 가세이기化政期)의 시대적 분위기가 반영된 것이라 할 수 있다.

## 3. 검문소와 숙박소

### 검문소와 검문소 통과하기[35]

에도 시대 여행자가 부딪히는 최대의 난관은 다름 아닌 검문소關所의 통과였을 것이다. 검문소에는 교통의 요로要路에 막부가 설치한 세키쇼關所와 다이묘가 영국領國의 경계 지역에 설치한 구치도메반쇼口留番所가 있다. 검문소는 통행인과 통행물자를 조사하여 의심이 가는 사람과 물품을 적발했다. 율령 시대에도 군사적 경계와 방어를 위해 설치한 검문소를 찾아볼 수 있다. 중세에 접어들면 각지의 무사·사사寺社세력이 통행량이 많은 곳에 검문소를 설치하여 통행세인 관전關錢을 징수했다. 이처럼 상품유통을 저해하는 중세의 검문소는 통일권력을 지향한 오다 노부나가織田信長와 도요토미 히데요시豊臣秀吉의 검문소 철폐령에 의해 해체되기 시작한다.

하지만 이 시기의 검문소가 공간이동의 통제기능을 완전히 상실한 것은 아니었다. 전국통일을 달성하는 과정에서 도쿠가와 정권은 영국領國의 변경인 하코네箱根, 야구라사와矢倉澤와 함께 도네강利根江 연변의 요소요소에 검문소를 설치했다. 이 검문소들은 에도성 방위의 전초기지 역할을 수행하는 동시에 무기운송 및 통행인·서신 왕래를 감시했다. 이를 통해 오사카성에 웅거하고 있던 도요토미 세력에 군사적 압박을 가하고, 병력과 물자의 흐름을 차단하는 데 일정 정도 효과를 거둘 수 있었다.

에도 막부는 1615(겐나元和 1)년 8월 오사카전투에서 승리하여 도요토미 세력을 물리치고 전국통일을 완수했다. 그리고 그 이듬해인 1616년 8월 정선장定船場 설치에 관한 명령을 내린다.[36] 즉 도네강·히타치강常陸江·에도강江戶江 연변의 16곳을 정선장으로 지정하는 법령을 발령했다. 이 법령에서는 에도를 떠나 외지로 이동하는 여행객이 반드시 정선장을 거쳐 강을 건너도록 지시하는 한편, 루스이留守居인 사카이 다다토시酒井忠利의 허가장手形을 소지하지 않은 '여성과 부상자, 거동이 수상스러운 자'는 억류하고 이 사실을 막부에 보고하도록 지시했다. 이 법령은 에도 막부가 검문소의 정비를 명한 최초의 법령인 동시에 검문소의 성격 변화를 보여준다는 점에서 중요하다.

우선 이 법령에서는 검문소의 검열을 받는 대상을 '여성과 부상자, 거동이 수상스러운 자'로 한정짓고 있는데 이는 이전의 검문소가 관전징수 및 군사적 목적으로 모든 통행자를 검열의 대상으로 삼았던 것과 다른 점이다. 더욱이 검문소로 지정된 16곳의 정선장 가운데 7개소 즉 우마야바시廐橋·고카五科·가와마타川俣·구리바시栗橋·세키슈쿠關宿·마쓰도松戶·이치카와市川는 에도 시대 이후 검문소로서의 기능을 항구적으로 유지한다.

이러한 검문소의 성격 변화는 도쿠가와 정권이 전국 지배권력으로 성장하는 과정과 밀접한 관련이 있다. 즉 간토 지역을 주된 지배영역으로 영유하고 있던 도쿠가와 정권 초기 단계의 검문소는 도요토미 세력과 군사적·정치적 대치 상황에 대응하기 위해 설치한 임시 시설물에 불과했으나, 오사카전투의 승리 이후 전국 지배자의 지위를 공고하게 구축하자, 검문소는 군사적 목적의 임시방편적 시설에서 치안경계를 담당하는 항구적인 기관으로 성격이 바뀌게 된다. 즉 루스이의 허가장關所手形을 소지하지 않은 여성과 부상자, 거동이 수상스러운 자를 적발하기 위한 항구적인 기관으로 설치됐던 것이다.

에도 막부의 검문소제도는 3대 쇼군將軍 이에미쓰家光기에 접어들어 본격적인 정비가 이루어졌다. 우선 막부는 1625(간에이 2)년 8월, 각지의 검문소에 3개조로 이루어진 법령을 하달했다.[37] 이 법령은 에도 막부에서 발령한 그간의 법령을 정리한 것으로서 통행자 검열에 관한 일종의 매뉴얼이라 할 수 있다. 이후에도 같은 법령이 반복하여 검문소에 전달된 점으로 미루어보아 이 법령은 막부의 검문소 정책에서 중요한 위치를 차지하고 있었던 것으로 생각된다.

먼저 제1조에서 삿갓과 두건을 벗도록 지시한 것은 에도에 인질로 잡혀온 도자마다이묘外樣大名의 처자가 남성으로 변장하여 빠져나가려 하는지를 감시하기 위해서였다. 제2조에서는 가마의 문을 열고 가마에 탄 사람의 신분을 확인하도록 규정하고 있다. 조닌町人에게 가마 타는 것이 허용된 것이 1680년경이었고, 이 역시 병이 들어 거동이 불편하거나 50세 이상의 노인에게 가마 타는 것이 제한적으로 허용됐던 점을 감안한다면, 여기서 언급하고 있는 가마 탄 사람의 신분은 무사에 한정되어 있음을 알 수 있다. 더욱 주목되는 사항은 제3조이다. 즉 검문소 쪽에 미리 통과할 것을 알린 구게公家·몬제키門跡·다이묘의 경우에는 검문하지 말도록 지시했다. 이는 산킨코타이參勤交代 등을 이유로 에도를 오가는 다이묘에 대한 배려인 동시에, 검문으로 인해 검문소 관리와 다이묘 사이에 벌어질 수 있는 분쟁의 실마리를 미연에 방지하기 위한 것이라 생각된다.

보통 검문소의 역할을 '총기 유입과 여자 출거入鐵砲出女'에 대한 감시라고 하듯이, 여성의 검문소 통과는 대단히 까다로웠다. 위에서 보았듯이, 여성의 거주지 이탈에 대한 경계는 막번제 초기부터 보인다. 이러한 여성에 대한 통제조치는 시간이 가면서 강화되어 1711년 5월 명령[38]에는 여성의 통과에 대한 조문이 독립되기에 이른다. 법령의 골격은 1625년의 그것과 동일하다. 그러나 남성이 여성으로 변장하여 검문소를 통과하는 것을 방지하기 위해 "앞머리가 있는 남자는 13세 이하의 경우 앞머리를 들어 확인할 것, 13세 이상은 젖가슴을 확인한 후에 통과시킬 것"이라 했듯이, 여성에 대한 검문은 머리 모양과 가슴을 확인하는 등 대단히 엄중했다.[39] 따라서 검문소 통과규칙을 어겼을 때의 처벌은 남녀를 불문하고 대단히 무거웠다.[40] 여성에 대한 이처럼 엄중한 검문으로 말미암아 여성의 검문소 회피拔參り는 후대에 오면서 더욱 증가한다.

일반 여행객, 특히 남자의 경우와 여러 사람(남녀를 포함한)이 함께 여행하는 경우에 검문소 통과는 그리 까다로워 보이지는 않는다.

즉 이세참궁을 떠나는 서민들의 입장에서 에도 막부의 검문소가 여행을 가로막는 장애물로 존재했다고는 생각되지 않는다. 그럼에도 불구하고, 서민들에게 검문소의 통과는 두려운 것임에 틀림없다. 특히 여성 혼자의 경우는 더욱 그러했다. 검문소의 통과는 아침 6시부터 오후 6시까지로 정해져 있어서, 검문소를 전후한 장소에서 하룻밤 묵어야 하는 불편도 있었다. 따라서 서민들은 검문소를 통과하고 나서 검문 통과를 축하하는 의미에서 야마이와이山祝い라 하여 한 잔을 하면서 자축하는 경우도 많았다.

위에서 언급했듯이, 서민들은 여행증명서만 소지하고 있으면, 기본적으로 검문소 통과는 큰 무리가 없어 보인다. 그런데 소위 숙박지에서 발행하는 도추테가타途中手形라 하는 여행증명서가 있다. 다음의 문서를 보자.[41]

여행증명에 대해 말씀 올립니다.

하나, 이 6명은 오슈 미하루 이와이사와촌에서 이세신궁으로 참궁하러가고 있습니다. 검문소에서 별일 없이 통과시켜주십시오. 후일을 위해, 이상과 같습니다.

1723년 6월 15일

에도 우마쿠이초 산초메

여관 기치베(인)

하코네

검문자님들

이러한 숙박지 발행의 여행증명서에 대한 검문소의 태도를 보자. 하코네 검문소는 1817년 정월 2일 오다와라초小田原町에 "(오다와라초의) 조가타町方는 (조닌들에게) 더이상 타인(여행자)에게 여행증명서를 발행하는 것이 무효라는 사실을 명하시오. 또 그렇게 하겠다는 말을 확인하시오"⁴²라 명했다. 즉 숙박소 발행의 여행증명서는 무효라는 것이다. 그럼에도 불구하고 오다와라초에서 도추테가타가 발행되어 같은 해 정월 20일 "위와 같은 뜻을 오다와라에 전해 알렸음에도 불구하고, 다시 오다와라여관에서 발행한 여행증명서를 지참하여왔기에 돌려보냅니다. 이러한 취지를 오다와라 도시요리에게 여쭤보십시오"⁴³라 통보하고 있다. 즉 명령을 내렸음에도 불구하고 또다시 오다와라초에서 발행한 여행증명서를 지참한 자가 적발되어 돌려보낸다는 것이다. 또한 정월 19일에는 1817년 정월 10일 오다와라초에서 여행증명서를 발행하는 것에 대해 물어온 바, 마치부교 쇼町奉行所에 문의한 결과, 간세이寬政연간(1789~1800)에 명한 바를 지킬 것을 통보받았으니, 타인에게 여행증명서를 발행하지 말 것이며, 그러한 여행증명서를 가지고 오는 자는 돌려보낸다는 내용을 통보한다.⁴⁴

　이것으로 보아 숙박지에서의 여행증명서 발행은 적어도 간세이연간 이전부터 있었다는 것을 알 수 있다. 그럼에도 불구하고 숙박지에서의 여행증명서 발행은 계속됐던 것으로 보인다. 위의 1817년의 문서도 그러하거니와, 1842년 6월 후지사와숙藤澤宿에도 위와 같은 취지를 통보하고 있다.⁴⁵

　이처럼 무효 명령에도 불구하고 숙박지 여행증명서의 발행은 여러 여행기道中記에 나타나고 있다.⁴⁶ 결국 위와 같은 검문소 쪽의 대책에도 불구하고, 서민들은 거주지에서 발행하는 여행증명서關所手形·往來手形와 검문소 앞의 숙박지에서 발행한 여행증명서途中手形를 함께 지참했던 것 같다. 그렇다면 검문소는 명분상 숙박지에서의 여행증명서 발행을 억제했으나, 어떤 이유에서인지 이를 용인하고 있었던 것으로 볼 수밖에 없다. 아마도 검문소와 숙박지의 유착관계를 나타내는 것은 아닐까.

### 숙박소와 그 풍경[47]

숙역제宿驛制는 에도 막부의 개막과 함께 시행됐다. 숙역의 설치 목적은 여행자와 여행자의 짐을 숙박지에서 다음 숙박지로 운송하는 것과 공용 여행자에게 숙박시설을 제공하는 것이다. 그러기 위해 짐을 운반할 수 있도록 인부와 말을 준비해야 했고 숙박시설을 갖추어야 했다. 그리하여 일찍이 1601년 도쿠가와 이에야스는 도카이도의 후지사와藤澤에서 가나가와神奈川까지의 각 숙역에 36필의 말을 준비하도록 명하고, 말 한 필 당 50평씩의 토지를 하사한다. 그리하여 모두 합해 집터 1,800평에 대해 세금을 면제하고, 말 한 필의 짐(135킬로그램)에 30관목을 받도록 하라는 명령서(「御傳馬之定」)를 내렸다.[48] 그런데 도카이도 각 숙역에 내린 문서에는 모두 말 36필을 준비하라고 하고 있으나, 말 한 필 당 세금 면제지 면적은 지역마다 달랐다. 위의 명령서(「御傳馬之定」)에는 말 한 필 당 50평이지만, 누마쓰沼津는 30평, 하마마쓰浜松는 60평, 슨푸駿府는 40평, 후지에藤枝는 70평이다.[49]

그리고 1636년 11월 도카이도 각 숙역은 말 100필, 인부 100명, 세금 면제지는 말 한 필당 100평(총 1만 평),[50] 나카센도는 50필, 50명, 나머지 다른 가도는 25필, 25명을 상존하게 했다.[51] 이리하여 숙역제와 전마역傳馬役은 일원화되어 공의公儀의 역으로 자리잡게 된다.

숙역은 당연히 막부 공용의 사람과 물자의 운송, 다이묘의 산킨코타이시의 숙소로 이용되며, 에도와 번을 왕래하는 사무라이 등의 지배층이 주로 이용하게 된다. 이들 무사계급이 머무르는 숙소는 혼진本陣 혹은 와키혼진脇本陣이라 하여 규모와 시설, 대접이 양호한 곳이다. 이러한 여관을 보통 하타고야旅籠屋라 한다. 혼진 혹은 와키혼진은 이러한 하타고야 중 고급에 속하는 여관이다. 에도 초기 이러한 하타고야에서는 아침식사를 제공하지 않는 곳이 많았다. 즉 여행자 스스로 식량을 조달하고, 아침식사를 짓기 위해 여관에서 나무를 사야 했다. 결국 여행자는 땔감 요금을 여관에 지불한다. 이러한 형태의 숙박을 기친숙木賃宿이라 한다. 그리고 이러한 숙박소의 요금도 정해져 있었다. 1611년에 내려진 막부의 명령서定[52]를 보면, 기친숙의 공정 요금으로 한 사람 당 악전惡錢 3문文, 말 한 필 당 악전 6문이다. 그리고 기친숙 요금을 받으면, 숙박소에서는 취사에 필요한 도구를 빌려주어야 했다.

이러한 기친숙은 에도 초기의 일반적 형태로 보이나, 여관 쪽이 아침식사를 여행자에게 제공하는 하타고야도 있었다. 위의 명령서에서도 하타고야의 존재를 알 수 있다.[53] 한편 여행이 활발해지자, 여행자들은 여관에서 식량을 사서 밥을 짓게 되고, 마침내는 여관에서 아침식사를 제공하는 형태로 발전한다. 그렇다고 기친숙의 형태가 완전히 사라진 것으로 보이지는 않는다.[54] 소위 아침식사를 제공하는 하타고야가 일반적 숙박형태로 자리잡게 되는 시기는 대개 17세기 후반(겐로쿠기)이다.

이렇게 발달한 하타고야에는 두 종류가 있다.『민칸세이요民間省要』에는 "무릇 가도의 여관에는 두 종류가 있다. 본백성(의 영업)과 여성을 고용하고 있는 여관이다. 백성은 경작을 중심으로 하기 때문에 여관업에 아예 마음을 쓰지 않는다. 그러나 여성을 고용한 여관은 여자들로 인해 밤마다 돈을 벌어 부유해지고, 미효미주美肴美酒에 빠져 유락한다"[55]라 기록하고 있다. 즉 백성이 농사를 지으면서 숙박업을 겸하고 있는 경우, 여자를 고용하여 영업하는 전문적인 숙박업소가 있었다. 전자를 히라하타고야平旅籠屋, 후자를 메시모리하타고야飯盛旅籠屋라 한다.

가도 연변에 늘어서 있는 여관에서 여성이 여행객들을 접대하는 행위는 막번제 초기부터 제한된 지역 즉 요시와라吉原를 제외하고는 금지하고 있었다.[56] 그러나 여성 접대부는 중세 이래 존재해왔다. 이러한 여성 접대부가 문제시되는 것은 막번제 사회가 안정되어 각양각색의 여행이 활발해지는 17세기 중반 이후부터이다. 막부는 1659년 도추부교道中奉行를 설치하고, 숙박소에서의 매춘행위를 강력히 단속했다.[57] 그러나 이 명령은 잘 지켜지지 않았다. 이에 막부는 1662년에 여관에서 일하는 여성이 화려한 의복을 입는 것을 금지시키고, 화려한 의복을 입을 경우 접대부로 간주하여 체포한다는 법령을 내린다.[58] 그렇지만 반복되는 법령에도 불구하고 여관에서의 성매매행위는 근절되지 않았다. 이에 막부는 1718년 각 숙역의 한 하타고야에 두 명의 접대 여성을 인정하는 법령을 내린다.[59] (19세기 초기의 화대는 보통 500문, 당시의 여관비는 150~200문) 이리하여 여관에서의 접대행위는 반半공식적으로 인정되게 된다. 여기에 소규모 여관업자가 반대했으리라는 것은 쉽게 추측할 수 있다.

한편 각 숙역과 가도 연변의 곳곳에는 차점茶店이 있다. 차점은 보통 여행객이 쉬면서 차를 마시는 곳이다. 그러나 숙역에는 전문적인 차점이 있다. 이러한 차점에는 여관과 같이 여성을 고용하여 영업하기도 했다. 물론 막부는 이러한 영업을 금지하고 있다. 1678년 막부는 새로이 차점을 내서 영업하려는 사람은 신고하여 허가받도록 했고, 여성 고용은 두 명으로 제한했다. 그리고 아내, 며느리, 딸 등이 술상에 앉아 술 따르며 향응하는 행위를 금지했다. 또한 의복도 포와 목면으로 한정하고, 영업시간도 아침 6시에서 저녁 6시까지로 한정했다.[60] 그러나 막부의 이러한 조치는 잘 지켜지지 않았던 것으로 보인다.

이렇듯 17세기 후반에 이르면, 여행객의 숙박에는 큰 불편이 없었던 것 같다. 그러나 접대 여성의 손님 끌기 등으로 순박하고 경제적 여유가 없는 서민들은 건전한 업소를 찾기가 힘들어진다. 특히 초행이거나 여성이나 어린아이를 데리고 여행하는 경우는 더욱 그러했다. 숙박만이 아니라 술을 권하여 바가지를 쓸 우려도 많다. 충동적 돌발행위도 벌어질 수 있다. 또 접대 여성을 두어 성업을 이루는 여관과 그렇지 않은 여관 사이에 대립도 있었다. 그리고 인원수에 따라 숙박비를 계산하기 때문에 홀손님을 거절하는 일도 자주 발생했다.

이러한 상황에서 서민의 안전한 이세참궁을 위해 오시들은 각 지역의 건전업소를 지정하여 단나에게 알리고, 여관 앞에 고講의 명칭을 쓴 입간판을 세워 이세참궁자를 안내했다. 그리고 1804년 오사카 다미쓰쿠리玉造 기요미즈초淸水町의 마쓰야 신시로松屋甚四郎의 데다이 겐스케源助는 요금 적정화와 홀손님을 박대하지 않고 건전한 영업을 한다는 취지에 동의한 여관업자들을 모아 체인화했다. 이것이 오사카 다마쓰쿠리에서 탄생한 나니와코浪華講이다.[61] 나니와코의 운영을 맡았던 겐스케는 이 고를 대규모로 조직하기 위해 각 가도의 건전업소를 조사하고, 그 결과를 1795년 『데이슈쿠쓰키도추키定宿附道中記』로 발간하여 일반에 판매했다. 그리고 1804년 『나니와구미도추키浪華組道中記』도 발행하여 팔았다.

이들 여행 안내기에는 나니와코의 간판을 세울 것, 각 가도의 숙역명과 숙역 사이의 거리, 말과 짐꾼의 가격을 밝힐 것, 매춘여성과 접대부를 권하지 않을 것, 혹시 소홀한 대접을 받았을 경우 겐스케에게 연락할 것 등을 적어놓았다. 한편 1839년에 종래의 나니와코는 나니와코浪花講로 새롭게 조직되는데, 이때 발행한 『나니와코데이슈쿠초오浪花講定宿帳』를 보면, 숙박소 안에서의 내기 금지, 성매매행위 금지, 술 먹고 행패부리는 행위의 금지, 불필요한 장기 투숙의 금지, 여관 주위에 불을 밝혀 객의 안전을 확보할 것 등을 규정하고 있다.

## 4. 이세참궁과 이문화異文化체험

서민들은 대부분 고講를 결성하여 경비를 조달하고, 농한기를 이용하여 이세참궁을 했다. 이세에서 먼 지역의 서민들에게는 경비가 많이 들어 평생에 단 한 번뿐인 여행이었을 것이고, 비교적 이세와 가까운 지역의 서민들은 일생을 통해 여러 번 이세참궁을 했을 것이다. 한편 이세에서 먼 지역의 경우에는 대참代參의 소규모 인원으로, 이세에서 가까운 지역에서는 총참總參 형태로 비교적 다수의 사람들이 단체로 참궁했다. 즉 혼자서 이세참궁을 하는 경우는 매우 드물었다. 여행의 일정도 지역에 따라 일주일이 걸리기도 하고, 15일, 30일, 길게는 90일 정도 걸리기도 했다.

이세에서 비교적 가까운 지역에서의 참궁은 기후나 지형 등의 환경이 비슷하고, 검문소 통과 등도 없으므로 일정 기간의 휴가와 같았을 것이다. 그러나 간토 지역이나 도호쿠 지역에서의 이세참궁은 그야말로 일생일대의 큰 사건이자, 모험이라 할 수 있다. 그들은 이러한 이세참궁을 통해 무엇을 느끼고 생각했을까.

이들은 자신이 살고 있는 촌을 떠나 비교적 통행이 안전한 5가도를 따라 이세로 향한다. 이 5가도는 막부가 관리하여 깨끗하고 연변에는 가로수가 심어져 있다. 또한 4킬로미터 간격으로 이정표一里塚가 설치되어 있다. 이러한 길을 참궁자는 하루에 약 40킬로미터 정도를 걷는다. 쉴 수 있는 차점茶店이 가로에 점점이 섬처럼 들어서 있다. 이세참궁자는 이 길을 걸으며 자신이 살고 있는 지역과는 다른 자연환경에 들어선다. 여기에서 참궁자는 일상생활에 매몰되어 돌아보지 못하던 잔잔한 호기심으로 몸의 고단함을 잊고 생기발랄함을 되살렸을 것이다. 동행자와의 여유 있는 이야기도 몸의 고단함을 잊게 했을 것이다. 그러나 이 길은 쇼군의 권력적 시선에 따라 만들어진 '기호'이다. 잘 정비된 이 길은 이들에게 암암리에 쇼군의 권력과 위광을 인식시켰을 것이 분명하다. 이를 통해 서민들은 막부의 존재를 실감했을 것이다. 막부와 제번諸藩이 이세참궁을 표면적으로 규제하면서도 서민의 이세참궁을 비교적 관대하게 용인했던 요인의 일단을 추측하게 한다.

검문소는 서민이 권력과 직접 대면하는 장이다. 이 권력과의 직접 대면은 서민에게는 공포의 대상이다. 따라서 검문소를 통과하기 전날부터 숙박지에서 법에도 없는 도추테가타를 돈 들여서 써서 받고, 아침 일찍 조마조마한 마음으로 검문소를 향한다. 별 탈 없이 검문소를 통과하고 난 서민들이 느끼는 해방감은 어떠했을까. 검문소의 관리들이 대충대충 검문하는 것은 일상 직무에 대한 지루함 때문이고, 거듭되는 업무의 반복에 불과하기 때문이다. 따라서 검문소를 통과시키는 것은 서민에게 기실 고마움을 베푸는 일이 아니다. 그러나 검문소의 무사통과는 서민들에게 권력의 자비로움과 감사를 느끼게 했다.

한편 도카이도를 따라 가노라면, 강과 바다를 건너기도 한다. 강과 바다를 건너기 위해 배도 타고, 때로는 강을 전문적으로 건네주는 사람의 등에 업혀가기도 해야 한다. 때로는 뗏목 비슷한 것을 타고 넘실거리는 강물을 건너기도 한다. 자칫하면 죽을지도 모른다는 공포감도 있을 것이고, 새로운 경험에 긴장하기도 했을 것이다. 비가 많이 와서 강물이 불기라도 하면, 하염없이 기다려야 하는 초조감과 무료함도 있다. 그러나 같은 처지로 오갈 수 없이 모여 있는 여러 무리의 사람들, 이럴 때 생기는 여러 가지 소문과 정보교환, 이러한 사람들 속에서 오가는 격의 없는 대화와 일탈이 여행객의 머릿속에 각인될 것이다. 그리고 강을 무사히 건너고 난 뒤의 안도감은 어떠했을까. 자연현상이 자기편이었다는 느낌, 자신은 재수 좋은 인간이어서 결코 버림받은 삶은 아니라는 느낌이 무의식의 저변에 자리잡게 되는 것은 아니었을까. 그리하여 고단한 삶은 다시 활력을 되찾는다.

  백리 길을 걸어 무거운 다리를 이끌고 숙소에 오면, 그곳은 별천지이다. 촘촘히 걸린 제등提燈은 밤을 낮처럼 밝히고, 한껏 차려 입은 여성이 교태어린 자세와 은근한 목소리로 묵어가라고 유혹한다. 물론 자신이 묵어야 하는 곳은 이미 정해져 있겠지만, 호기심 반 경계심 반으로 이들을 스치듯 지나간다. 여성과 동행이라도 하고 있다면, 조금 쑥스럽지만 긴장된 분위기 속에 짜릿함도 있을 것이다. 이러한 심리에 따른 것인지는 확실하지 않으나, 도중일기에는 거리의 규모가 크고 여관이 많은 지역을 좋은 곳으로 기록하고 있다.[62] 또한 하루를 무사히 끝냈다는 안도감과 평안함도 피곤함 속에서 느끼는 또 하나의 만족감이다. 여유가 있다면, 우연히 아름다운 여인을 만날 수 있을지 모른다는 기대감을 가지고 차점에 가서 떠들어댈 수도 있다. 접객 여성은 술 한 잔이라도, 차 한 잔이라도 더 팔려는 요량으로 말을 건넨다. 이러한 지극히 개인적이지만 함께 한 사람만이 공유할 수 있는 이야기가 있다는 것은 허위의 동료의식을 조장한다.

도카이도의 오이붕에서 야마다까지 이르는 소위 이세로伊世路의 연변에는 많은 여관과 차점이 늘어서 있고 각지에서 모여든 참궁자들로 번화했다. 이 이세로를 따라 내려오면 신차야新茶屋라는 곳이 있다. 오시나 데다이들은 이곳에서 참궁자를 맞는다. 데다이는 참궁자를 위한 가마와 물건을 운반하기 위한 말을 준비한다. 가마에는 붉은 양탄자가 깔려 있고, 말도 화려하게 장식되어 있다. 데다이는 우선 참궁자를 찻집에 안내하여 술이나 점심을 대접한다. 이렇게 휴식을 취한 후, 참궁자를 가마에 태우고, 짐은 말에 싣고 오시의 저택으로 향한다.

야마다의 바로 앞에서 미야가와宮川를 건너야 한다. 물론 배편은 무료로 오시가 준비해놓는다. 미야가와를 건너면 나카가와라中河原이다. 이곳에 도착하여 자신의 오시 간판을 찾아 참궁자의 고를 대면, 오시에게 바로 연락이 간다. 오시에게 연락이 올 동안 차점이나 여관에 들러 기다린다. 오시나 데다이가 이곳으로 마중을 나와, 차점이나 여관에서 다시 술을 대접한다. 그리고 가마에 태워 오시의 저택으로 향한다.[63]

이세 참궁객에 대한 오시의 환대는 정말 극진하다. 사누키노쿠니讚岐國 간센군寒川郡 간사키촌神埼村에서 1848년 3월 25일 이세에 도착하여 5일 동안 체류했던 모씨某氏가 쓴『이세산구콘타테도추키伊勢參宮獻立道中記』[64]는 이세 참궁객들이 이세에서 어떻게 지내는지를 극명하게 보여준다.

이들은 이세에서 일생일대의 환대와 산해진미를 맛보고, 직인職人

일당 24일 분의 돈(도카이도 8일 동안의 여행비에 해당한다)을 하루 만에 써버렸다. 이렇듯 이들은 상상하기 힘든 환대를 받고 물 쓰듯 돈을 썼다. 이들에게 이런 행위는 어떤 의미를 가질까. 그리고 그들은 무엇을 생각했을까.

일상적 고단함 속에서, 보이지 않는 차별 속에서 억압받으면서 쫓기듯이 살아가는 생활 속에서 이들은 이세참궁의 여정에서 짧은 기간이지만 지상 최대의 대우를 받는다. 이것은 한마디로 환상이다. 이 환상에 도취되어 자신이 긴 세월을 통해 뼈를 깎는 고통 속에서 모은 돈을 하늘에서 떨어진 공돈처럼 아까운 줄도 모르고 쓰게 되는데 이는 일생의 어려움을 보상받으려는 심리이다. 이 일순간이 그들이 살아가는 보람이며 현실로부터의 영원한 탈출이다. 이 기억의 회로 속에 잠겨 부조리한 세상을 무의식 속에서 긍정하는 것은 아닐까. 또 이러한 기회를 제공해준 데 대해서 마음 깊숙이 자신이 속한 공동체에 고마움을 품게 되는 것은 아닐까. 즉 이 일순간의 환상 속에서 부조리한 긴 세월의 삶이 순간으로 환원되고, 환상은 기억의 회로를 따라 영원으로 환원될 것이다.

그리고 이 이세참궁의 기억과 회상, 타인에 대한 이야기는 때로는 우월감으로, 때로는 아름다움으로, 때로는 동료의식으로 끊임없이 재생산된다. 그리고 그것을 듣는 이는 이세참궁이 때로는 희망으로, 때로는 선망으로, 때로는 동경으로, 때로는 열망으로 자리한다. 이러한 순환구조가 많은 사람을 이세로 내몰아 떠나가게 했을 것이다.

한편 일본 도호쿠 · 북간토北關東 지역에서 이세참궁을 하는 사람들은 대개 닛코日光와 에도를 거쳐 이세로 간다. 위에서 말했듯이, 권력의 상징을 통해 쇼군의 존재를 실감하고, 부지불식간에 쇼군의 위광을 받아들인다. 그리고 이들은 대개 2~4일 정도 에도에 머문다. 이들이 주로 들르는 곳은 유서 깊은 가메토텐진龜戶天神 도미오카하치만구富岡八幡宮 등의 사사와, 막부권력과 관계 깊은 아사쿠사지淺草寺, 간에이지寬永寺, 성당聖堂(공자를 모신 곳), 요시와라 등의 유락지, 다이묘의 저택이 늘어서 있는 거리와 에도성, 그리고 상업이 번창한 시가지 등이다. 그리고 오사카, 교토, 나라 등에서도 2~4일 정도 머물면서 유서 깊은 사사와 시가지, 유락지 등을 들른다.

이들은 이 도시들을 방문하면서 연극을 관람하기도 하고, 선물용 기념품을 사기도 하고, 사사의 경내·외에 설치되어 있는 유락시설에서 즐기기도 한다. 이렇듯 이들이 도시와 도시 주변의 명승지, 그리고 유락시설을 유람할 수 있었던 것은 관광 안내원이 존재했기 때문이다.[65] 한편 이들 도시 관광 안내원의 존재는 도시 관광의 정형화를 가져온다.[66]

이들은 이러한 도시를 보면서 무엇을 느끼고 생각했을까. 그에 대한 기록은 찾아보기 어렵다. 추측해보면, 이들 앞에 펼쳐진 것은 도시의 화려함이다. 즉 길게 늘어서 있는 상점가와 다층의 대규모 점포들, 북적거리는 거리 속의 역동성과 발랄함, 이 거리를 왕래하는 수많은 사람들, 그리고 그들의 자유분방한 모습 등은 이들에게 강렬한 인상을 남겼을 것이다. 이러한 경관들은 자신들이 살고 있는 촌의 한가로움, 지루함과 대조적이다. 이 도시경관 속에서 그들은 자신과 도시민, 농촌과 도시를 구별하게 된다. 또한 이들에게는 도시에 대한 막연한 동경이 실체로서 인식됐을 것이다. 한편, 거대한 에도성과 다이묘 저택을 보면서 다시 한번 권력의 실체를 실감할 것이다.

이러한 도시경험은 개인에게 평생에 잊지 못할 일로 기억되어 자긍심이 된다. 그리고 도시 이야기를 하면서 그 이야기에 끼어들 자격을 부여받고, 소재를 제공할 수 있게 된다. 이것은 끊임없이 도시에 대한 동경심과, 도시경험을 바탕으로 도시에 대해 알고 있다는 허위의식을 재생산한다. 그리고 때로는 농촌과 도시의 구별을 통해 도시의 각박함, 비도덕성, 번거로움 등을 비판하는 소재가 되기도 할 것이다. 즉 도시와 도시민에 대한 열등감과 농촌과 농민에 대한 우월감이 교차하는 경계에서, 경우에 따라 변화하는 혼돈스러운 의식의 층위가 형성됐을 것이다. 한편, 이 도시경험은 경험한 자와 경험하지 못한 자의 구별·차별을 만들어낸다. 경험자들끼리는 허위의 동료의식을 형성하고 경험하지 못한 자에게는 도시에 대한 동경심을 불러일으킨다. 이것 또한 이세참궁으로 사람들을 내몬다.

　이세참궁의 경험이 개인마다 서로 다른 심리적 과정을 겪었음에도 불구하고, 기억의 반추와 회상을 통해 동일한 경험으로 환원되어 허구적 집단기억을 형성한다. 이 허구적 집단기억이 촌과 촌민의 일체감을 증폭시킨다. 이러한 과정은 기본적으로는 촌과 촌민의 응집력과 집단적 정체성을 강화하는 것이다. 이러한 점에서 이세참궁은 촌의 공동체 질서유지에 크게 기능하고 있었을 것이다.

# 20세기 전반기 중국인의 홍콩여행과 근대 체험
또 하나의 경계를 넘어서

백영서

### 여행을 떠나며

이 글은 근대 중국인이 홍콩을 여행하는 과정에서 얻게 된 문화경험세계에 대한 분석이다. 이것은 비유하자면 그들의 경험세계에 대한 필자의 여행기游記, travel record인 셈이다. 그런데 여행에서 여행자는 자신이 아는 만큼 본다고 한다. 이 말이 맞다면, 필자가 여행을 떠나기 전, 중국인이 홍콩여행을 통해 홍콩에 대해 어떤 인식이나 이미지를 갖게 됐다고 가정하고 있는지를 먼저 밝혀둘 필요가 있다. 그래야 앞으로 진행할 분석에서 필자가 분석 대상과 접촉하면서 새로이 보게 될 것이 무엇인지가 좀더 뚜렷이 드러날 것이기 때문이다.

1842년 제1차 아편전쟁의 처리를 위한 난징조약의 결과 영국으로 넘겨져 홍콩 총독부가 경영하게 된 이후의 홍콩에 대한 중국인의 이미지는 크게 두 종류가 있을 것으로 예상된다. 하나는 '국치國恥의 상징'이라는 이미지이다. 홍콩은 중국이 서구제국주의의 침략을 막아내지 못한 결과 빼앗긴 식민지로 인식됐고, 때문에 중국이 반제反帝 또는 부국강병富國强兵을 추구해야 할 당위성을 일깨워주는 역할을 했다. 또 하나는 중국 가까이 있는 '근대의 상징'이라는 이미지이다. 홍콩을 여행한 본토의 지식인들은 '서양인들이 세운 아름다운 건물과 깨끗한 거리, 엄밀한 치안유지' 등을 직접 체험하고 서양문명을 수용할 필요성을 느꼈다. 중국근대사의 개혁가·혁명가 상당수가 홍콩을 통해 서양문명의 구체적 본보기를 접했다.

얼핏 보면 이처럼 서로 모순되는 두 이미지·인식이 본격적인 탐구에 착수하기 전 필자가 가정하고 있는 내용이다. 이제 필자는 홍콩 할양 이후 20세기 전반기(특히 1930년대)[1] 중국인 여행자들이 직접 홍콩을 견문하고 남긴 여행기에서 그 이미지들이 실제로 어떻게 나타나는지 직접 찾아나설 것이다.

이 문제에 대한 선행 연구는 전혀 없다고 해도 지나친 말이 아니다. 지난 150년간의 홍콩 역사를 식민지 역사로 설명하는 중국대륙 중심의 시각을 비판하면서 홍콩인의 현실감에 기반한 본토의식本土意識에서 이뤄진 홍콩사 연구가 이제 막 대두하고 있다.[2] 그중 홍콩의 역사를 홍콩 주민이 아닌 타자의 시선에서 보는 연구가 있다. 예를 들면 일본 여행자가 본 홍콩이나[3] 홍콩 속의 일본에 대한 역사적 분석은 주목할 만하다.[4] 그렇지만 중국대륙의 주민이 홍콩을 어떻게 봤는지를 분석한 연구는 찾기 힘들다. 지금까지 필자가 확인한 바로는 이 글에서 크게 의존한 자료집이 한 권 간행됐을 뿐이다.[5]

이제껏 역사연구자들에게 그토록 주목받지 못한 주제를 필자가 관심 갖는 이유는 홍콩(과 대만, 또는 만주)처럼 열강의 식민지가 된 '주변'의 눈으로 중국을 다시 보는 것, 더 나아가 그들의 경험을 상호 비교하는 것이 중국사의 새로운 이해를 가능하게 할 것이란 기대 때문이다. 그래서 필자는 '국치의 상징'이건 '근대의 상징'이건 본토의 중국인에게 홍콩은 분명 '남'이었고 그 사이에는 경계[6]가 있었다는 기본적인 문제의식을 갖고 탐구여행을 떠나려 한다.

중국인이 그 경계를 넘어 홍콩을 여행한 경험은 그들에게 어떤 의미를 가졌을까. 그리고 그들과 시공간적으로 명확하게 구별되는 21세기 초 한국에 살고 있는 필자가 그들 중국인 여행자의 경험세계로 경계를 넘어들어가 분석[7]을 진행하면서 어떤 의미를 새로이 발견하게 될 것인가.

## 1. 홍콩의 풍광
― 문화실천으로서의 자연환경

북위 22.5도에 위치한 홍콩섬의 날씨는 아열대기후이다. 그래서 사람들은 쉽게 무더운 곳으로 간주하게 된다. 그런데 1936년에 그곳을 방문한 한 여행자는 "홍콩은 열대와 거리가 멀지 않아 보통 사람의 심리로 미뤄보면 온도가 아주 높다고 생각하지만" 실제는 이와 달리 '온화한 곳'이란 인상을 받는다. 그래서 오히려 그곳에 사는 인민들의 "생활이 유쾌"할 것으로 감지하고, 그 자신도 "산림이 아름답고 일년 내내 잎이 시들지 않고, 누각이 하늘을 찔러 속세를 떠난 것 같다. 매일 석양이 질 때 푸른 산 밑, 푸른 물가를 걸으면 정말로 신선이 된 느낌을" 갖게 한다고 적고 있다.[8]

이렇듯 열대풍의 자연환경이 오히려 여행자로 하여금 '환상의 섬'으로 느끼게 만드는 요소임은 1933년에 홍콩을 찾은 장뤄구張若谷의 다음과 같은 홍콩 예찬 구절에서 절정을 이루는 듯하다.

홍콩! 얼마나 아름다운 이름인가. 어원으로 풀어보면, 향기로운芬香 항구海港로다! 이것은 중국 5대 상업부두의 하나로 외부인과 세계 여행자를 매혹하는 낙토樂土이다. 그곳의 날씨는 늘 뜨겁고 청량하다. 그 이름은 우리로 하여금 태양, 바다, 모래사장, 잇따른 산들, 종려나무 그늘과 맨발의 소녀들을 연상케 하는 환상 속의 향토요, 연애의 섬이다.[9]

남태평양의 어느 관광지 광고문구를 연상시키는 이런 유의 인상을 받게 된 이유가 무엇일까. 다음과 같은 인상기가 하나의 단서를 제공한다.

당신이 홍콩에서 가장 좋은 것이 무엇이냐고 묻는다면, 이렇게 답하겠다. 홍콩에서 가장 아름다운 천하 제일의 권위 있는 것은 회풍은행匯豊銀行이라고……. 이 은행 건물은 백색이다.……뒤에 있는 녹색의 태평산太平山과 어울려 그 외형은 아주 멋지고, 마치 그 무엇인가를(예컨대 압력, 웅대, 고정固定 등) 상징하는 것 같다. 한마디로 그것은 영국인이 이곳에서 만든 걸작이다.[10]

이러한 회풍은행과 태평산을 대비시킨 묘사로부터, 홍콩의 자연환경은 그 자체로 고립되어 이미지를 연출하는 것이 아니라, 인공건축, 더 나아가 홍콩인들이 당시 이룩한 도시풍경 전체와 어우러져 여행자에게 영향을 준다는 사실을 알 수 있다. 바꿔 말하면, 자연환경도 특정한 문화실천의 산물인 것이다. 1935년에 홍콩에 들른 후스胡適는 그곳의 야경에 매혹당해, "뉴욕이나 샌프란시스코의 야경보다 더 장려하다"고 평가하면서, 친구의 말을 빌려 "남미 브라질의 수도 리우데자네이루나 오스트레일리아의 시드니 두 곳"에 비견할 만하다고 극찬하는데, 그 매혹의 비밀은 다름 아닌 "전 시가市街의 전등電燈"이다.[11]

근대화의 산물과 자연환경이 조화롭게 홍콩의 독특한 풍광을 조성하는 효과는, 홍콩을 방문한 여행자 누구에게나 강한 인상을 주는 홍콩의 명물, 즉 태평산 정상Peak으로 이어진 전차Peak Tram의 역할에서 매우 잘 드러난다.[12] 1933년에 여행한 바진巴金은 쉬지 않고 정상으로 승객을 싣고 오르는 전차에 강한 인상을 받았다. 지상을 떠나 상당한 높이로 올라왔는데도 승객들은 아주 안전함을 느끼고 걱정을 하지 않는다. 그리하여 단숨에 오른 산 정상에서 유쾌하게 산 아래 펼쳐진 섬 전체를 내려다보니, "도처가 모두 햇빛으로 목욕한 푸른 나무들, 바다, 각종 빛깔의 서양집들이다."[13]

## 2. 근대의 표상으로서의 홍콩

바진은 위의 여행기를 쓸 때로부터 6년 전인 1927년 홍콩의 부두에 막 내렸을 때, "우리가 부두로 나가보니 온 거리는 아주 청결하고 정연했고",[14] 배가 떠날 때 다시 갑판 위에 서서 산 위에 세워진 건물을 바라보니, "한층 한층이 그곳에 가지런히 늘어서 있어 아주 깔끔했다"[15]고 적고 있다.

이런 이미지는 홍콩을 '하나의 완전한 근대화된 대도시'로 느끼게 만든다.[16] 그런데 사실 그 기원은 훨씬 위로 거슬러 올라간다. 청말의 일부 개혁가들은 홍콩에서 가까운 '서양'을 발견했다. 전형적인 예가 홍콩에서 가까운 광둥성廣東省 난하이현南海縣 출신의 캉유웨이康有爲가 22세 때(1879) 홍콩을 방문하고 자편연보自編年譜에 남긴 간명한 인상기이다. 그는 이렇게 적었다. "홍콩을 두루 여행하며 서양인의 건물의 아름다움, 도로의 정결함, 순포巡捕의 엄밀함을 돌아보면서, 서양인의 국가 운영에 법도가 있으니 예전의 이적夷狄으로 대할 수 없음을 비로소 깨닫게 됐다."[17]

청말에는 중국의 근대적 개혁을 위한 모델로서 홍콩을 보았다면, 중화민국 시기에 들어와 홍콩을 여행한 중국인들은 영국의 통치 결과 '신기루'로 바뀐 홍콩을 선망의 대상으로 바라보는 경향이 강해진다.

어제는 일개 황폐한 바위 고도孤島로서 어부가 사는 불모지였다. 영국이 이 오묘한 선물을 받은 이후 오늘날에는 이미 아시아의 일대 도시요, 중국의 남부 문호로 변했다. (중략) 버려진 섬이 인구가 조밀한 신기루로 변했다. 경마장, 야회장, 테니스장, 골프장이 해변을 에덴동산처럼 장식하고 있다. 도처가 영국인의 위풍이다. 중국인들은 모두 영국 국기가 나부끼는 이곳에서 안락한 생활을 하고 있다.[18]

1930년대 후반을 지날수록 중국인의 홍콩에 대한 동경은 한층 더 강렬해진다. 아래 인용문을 보자.

내 상상 속의 홍콩은 곧 하나의 선산仙山이다. 몸에 '보기寶氣'를 지니지 않은 범인凡人은 아마 바라기는 할지언정 갈 수는 없을 것이다. (중략) 이곳은 진정 피세도원避世桃源이다. 보라, 홍콩은 정말 복된 땅 아닌가. 복된 땅은 단지 복을 받은 사람이 누리는 곳이다. 나는 홍콩에 축복을 빈다!

홍콩에 가본 적이 없어 나는 꿈속에서 언제나 홍콩에 가는 꿈을 꾸는데, 복이 따르지 않아 공상으로 그칠 뿐이다.[19]

왜 이런 이미지가 더 강해져갔을까. 이에 대한 답을 1938년에 홍콩을 방문한 한 여행자의 인상기에서 찾을 수 있을 것 같다. 그는 "홍콩은 꿈의 섬이요, 시의 섬이요, 연애의 성지요, 로맨스의 성지이다. 또한 월광의 고향이고 꽃의 고향이다"라는 예찬에 이어서, "8·13항전이 시작된 이후 홍콩은 다시 전 중국에서 유일한 가장 안전한 현대도시로 변했다"고 적고 있다.[20]

8·13항전이란 1937년 8월 13일 일본군 육전대陸戰隊가 상하이上海 지역을 공격한 데(8·13사변) 대해 중국군이 저항한 것을 말한다. 그렇다, 중국 본토가 내전과 일본의 침략으로 불안정한 정세에 휩싸일수록 그에 대비되어 홍콩은 더욱더 강렬한 선망의 대상이 됐던 것이다. 1941년에 홍콩에 도착한 양옌치楊彦岐는 이 점을 분명하게 말하고 있다. "홍콩은 비록 '외국지방'이지만 자유의 공기는 상하이보다 더 사랑받는다.······내가 홍콩에 도착한 것은 바로 이 이유에서이다."[21] 여기서 그가 말하는 자유가 혹 정신적인 가치처럼 들릴 수 있을지 모르겠는데, 그에 그치는 것은 아니다. "홍콩을 제외하고 중국 경내境內에서 이보다 더 안거安居하고 부동산을 사거나 창업하기 좋은 곳이 없"기 때문에 홍콩에 건너오기를 열망하는 것이다.[22]

자, 홍콩이 그토록 가고 싶은 곳이었다면 "외국인의 보호를 받는다는 아픔이야 별 대수로운 일인가!"[23]라고 당시 중국인들은 간단히 생각했을까. 일부 여행자들은 근대적 표상으로서의 홍콩이 조성하는 빛과 어둠, 근대의 모순에 대해 간파하고 있었다. 홍콩의 한 여관에서 "옆방 투숙객이 기녀를 불러들이고는 조금도 거리낌 없이 음탕

한 소리를 질러 밤새 시끄러웠다. 홍콩의 많은 소보小報와 대보大報에 실린 최음제催淫劑 광고가 떠올랐다"[24]는 따위의 인상기는 홍콩의 일상생활의 어두운 일면을 묘사한 데 불과하다. 홍콩의 빛과 어둠에 대해 분열된 심리를 갖게 된 여행자들도 있다. 1940년에 홍콩을 여행한 원위文兪는, '안정安靜과 화평의 장소'인 홍콩에 만족하는 것은 '감각'의 소산이지만, 홍콩이 "내게 속할 수 없고 나는 그것을 결코 사랑하지 않으며 내 마음속에 조그마한 자리도 내줄 수 없다"고 주장하게 만드는 것은 "사색에서 말미암은 것"이라고 말한다. 결국 그는 아주 집요한 사색 끝에, "한 구석이 하나의 세계를 대표할 수 없고, 한 단편이 하나의 구조를 상징할 수 없다. 지금 내가 이토록 유명한 도시, 이름 또한 그토록 아름다운 도시에 머물면서 일정한 시간을 들여 그 진정한 거리를 또렷이 보았을 때, 아, 미안하구나, 나는 여기가 얼마나 혼탁한 곳인지 혐오하게 됐다." 그리하여 안정과 화평을 사랑하는 것보다 "더럽고 빈궁한 일면에 더욱더 관심을 갖게 됐다"고 고백한다.[25]

이 같은 근대성의 모순에 대한 인식은 홍콩의 빛이 중국인이 아닌 영국인이 만들어낸 것임을 자각하면서 더욱더 깊이를 더해간다.

홍콩은 이토록 사랑스럽다. 이곳은 푸른 바다가 둘러싸 흐르고 사면에 푸른 섬들이 펼쳐져 있으며 넓은 자연은 사람의 흉중을 탁 트여주고 상쾌한 해풍이 세속에 절은 번뇌를 씻어준다. 게다가 이 시대의 번화한 물질적 문명이 있으니, 홍콩을 어찌 사람들이 사랑하지 않겠는가?! 그런데 당신이 백인종이라면 당연히 진정으로 홍콩을 사랑해 마지않을 것이다. 홍콩 또한 당신을 지독히 사랑할 것이다. 불행하게도 당신이 황인종이라면, 더욱 불행히도 당신이 과거에 홍콩의 주인이었는데 노예가 된 중국인이라면 어떤 얼굴로 홍콩을 오래 다스릴 것인가?![26]

'불행하게도' 황인종이자 노예로 전락한 중국인이 근대화된 식민지 홍콩을 대할 때 갖게 되는 분열된 심리에서 벗어날 수 있는 하나의 길은 홍콩의 근대적 성취를 제국주의 침략으로 비판함으로써 우위에 서는 것이다. 그리하여 제국주의 침략의 피해자로서의 홍콩 이미지가 형성됐던 것이다.

## 3. 식민지 피해자로서의 홍콩

1932년에 홍콩을 둘러본 왕즈청王志成은 여행기의 전반부에서 "도로가 정결하고 공기도 청신淸新"한 '세외도원世外桃源'인 홍콩에 매혹당한 심정을 표출하지만, 그 끝머리에서는 "친구여, 서양인이 우리 중국인의 고혈을 빨아 도로를 뚫고 다리를 세웠으니 결국 무엇을 위함인가. 나는 홍콩의 산 정상에서 제국주의 경제침략의 악랄함을 깊이 느꼈다!"[27]는 식으로 마무리 짓는다.

이렇듯, 제국주의 피해자로서 홍콩을 인식하는 데서 가장 기초를 이루는 정서는 홍콩을 중국이란 모체母體에서 떨어져나간 일부로 비유하는 것이다. 가족의 일원이었는데 지금은 남의 첩이 된 것으로 비유한 경우도 있지만,[28] 다음 원이둬聞一多의 시에서처럼 잃어버린 자식으로 형상화하는 것이 지배적이다.

저는 황궁을 계단 앞에서 밤새 지키는 표범이에요

어머니, 제 신분은 비록 한미하나 지위는 아주 중요해요
지금 악독한 바다사자가 제 몸 위에 달려들어
제 뼈를 뜯고 제 살을 먹어요
어머니, 제가 울부짖으며 당신을 부르는데 대답이 없군요
어머니, 어서 당신의 품안에 안기게 해주세요
어머니! 저는 돌아가고 싶어요, 어머니![29]

홍콩을 중국이란 신체의 기체肢體로 이미지화하는 정서는 홍콩에 거주하는 중국인이 당하는 차별을 예민하게 인식하게 한다.[30] 한 여행자는, 홍콩 정부가 교민등록조례僑民登錄條例를 반포해 모든 각국 국민이 홍콩에 거주할 때 정부에 등록하도록 하면서 화인華人에게만 예외를 허용했는데, 이것은 표면상 화인에게 우대를 베푼 듯하지만 실은 화인이 속민屬民임을 묵인한 것으로 결국 이국異國의 국민으로 대접한 것이 아니라고 비난한다.[31]

중국인에 대한 차별은 서양인과 비교될 때 더욱 또렷이 드러나는데, 그것은 공간의 분할로도 인식된다.

시중에 있는 상업은 거의 화인에게 속해 있지만 서양인은 대부분 바람이 맑고 상쾌한 산 위에 사니, 계급의 구별이 한눈에 요연하다. 또한 화상華商은 양상洋商의 대리점으로, 자기가 만든 공산품을 외부에 파는 자가 극히 드물다.[32]

그런데 홍콩에 거주하는 서양인과 중국인 사이를 가로지르는 경계[33] 못지않게, 같은 중국인 안에도 경계가 존재한다는 사실을 여행자들은 경험하게 된다. 홍콩에 거주하는 중국인 가운데 홍콩 식민

당국에 협조하면서 혜택을 누리는 '고등화인高等華人'³⁴과 저변층을 이루는 중국인 사이의 경계, 그리고 중국 본토에서 홍콩으로 들어오는 중국인이 겪게 되는 불편함이 상징하는 홍콩의 이쪽과 저쪽을 가르는 경계가 날카롭게 관찰된다. 이런 복수複數의 경계를 생생하게 보여주는 것이 바로 1927년 9월 홍콩을 여행한 루쉰魯迅의 경험담이다.

그는 '영국인의 낙원'인 홍콩으로 들어가 하선하려 할 때 영국이 고용한 중국인英屬同胞 검사원이 배에 올라 통관 검사하는 태도를 배탈 때 광저우廣州에서 보여준 검사원의 태도와 비교하면서, 광저우의 검사원의 혈색 있는 얼굴과 달리 홍콩 검사원의 얼굴은 혈색이 돌지 않는 푸른빛이고, 그의 말을 들으려 하지도 않았으며, 가방을 뒤지는 데 뇌물을 내놓을 때까지 흥정하면서 계속 짐을 헤집어놓기만 했다고 적고 있다.³⁵ 이런 체험은 그만 겪은 것이 아니다. 1935년에 여행한 쉬홍타오徐鴻濤도 같은 경험담을 털어놓고 있다. 짐 나르는 인부들로부터 통관검사원이 짐 검사하니 미리 한 사람당 1원元씩 내면 검사를 면하고 통관할 수 있다고 하는 말을 듣고, 홍콩은 '자유상항自由商港'인데 왜 검사를 하며 또 어째서 1원이란 뇌물을 내면 통과가 되는지 도대체 이해가 되지 않았지만, 그들이 이미 짐을 들고 나갔기에 검사원의 모습은 그림자도 안 보였지만 그대로 따를 수밖에 없었다고 한다.³⁶

루쉰이 자신의 여행기에서 풍자하고자 한 것은 홍콩 주민들 사이에 존재하는 계층적 위계질서였을 것이다.

> 홍콩은 비록 하나의 섬이나 중국의 많은 지방의 현재와 미래를 생생히 보여주는 사진이다. 즉 중앙에 몇 명의 서양 주인이 있고 그 수

하에서 (그 주인의) 덕을 찬송하는 일부 '고등화인'과 그들의 앞잡이인 노예기 있는 동포가 있다. 그밖에는 전부 묵묵히 고통을 견디는 '토인土人'으로, 그들 가운데 잘 견뎌낼 수 있는 자는 해변에서 죽고, 견뎌낼 수 없으면 깊은 산속으로 도망치니, 묘족苗族 · 요족瑤族이 곧 우리의 선배이다.[37]

이 문장을 통해 알 수 있듯이, 그는 홍콩에 존재하는 계층적 위계질서를 지적하고 있을 뿐만 아니라 더 나아가 이런 구조가 중국 본토 전체로 확대되는 날, 다시 말해 전 중국이 서양의 식민지가 되는 날이 올 것을 경계하고 있다.

이런 암울한 홍콩의 이미지, 그리고 미래의 중국이 홍콩화할 가능성을 방지하기 위해서 중국인들은 어떻게 대처해야 할까. 중국인 여행자들은 일차적으로 중국계 홍콩인들이 수직적 계층구조에서 상승 이동하는 것을 목표로 삼지 말고 그 구조를 타파할 것, 그러기 위해서 무엇보다 먼저 중국인으로서의 정체성을 가질 것을 강하게 요구한다. 1939년에 발표한 글에서 루단린陸丹林은 홍콩의 일반 중국적中國籍 학생들이 자기 장래의 편안한 생활을 위해서 혹은 영국 정부나 양행洋行에 봉사하기 위해 공부하는 데 열중할 뿐 조국을 위해 힘을 아끼지 않겠다는 뜻을 품은 사람이 아주 적은 현실을 개탄하면서, "홍콩대학의 중국적 학생들이 일상생활, 특히 그 정신과 이상이 너무 서구화되어 자기 자신을 잃고 조국을 잃어 황색의 백인종이 되어버리지 않기를" 바라고 있다.[38]

그러나 이것은 어디까지나 반제민족주의의 시각에서 중국 여행자가 응시한 홍콩의 모습이다. 이런 시선은 대륙이 항일전쟁에 깊이 빠져들면서 더욱더 여행기들에 영향을 미치게 된다. 그렇다면 이렇게 응시당한 홍콩인은 과연 어떤 반응을 보였을까.

## 4. 중국적 정체성과 홍콩

홍콩의 중국계 주민들이 중국 본토에서 온 여행자들 또는 그들이 쓴 여행기에 대해 직접적인 반응을 보인 자료를 아직 구해보지는 못했다. 그래서 여기서는 우회적으로 홍콩인들이 중국에 대해 어떤 태도를 갖고 있었는지를 살펴보려고 한다.

바로 위의 루단린의 여행기 인용문은 홍콩의 중국계 주민들이 '황색의 백인종'이 되길 바라는 경향이 강했음을 역설적으로 보여준다. 그러나 그렇다고 해서 그들 모두 중국에 대한 일체감, 즉 중국적 정체성이 전혀 없었다고 단정하는 것은 속단일 것이다. 왜냐하면 홍콩이 영국에 할양된 60년 후 인구가 50배 증가했고 그 대부분이 중국에서 건너왔다는 양적 변화[39] 이외에도, 홍콩의 중국계 주민들 스스로 무형 중에 화교華僑와 화인華人을 구별한 질적 변화[40]도 있을 정도로 그들의 인구 구성이 복잡했기 때문이다. 물론 홍콩과 이해관계가 직접 얽힌 두 국가의 국적國籍정책은 비교적 명료했다. 처음부터 홍콩 거주 주민은 영국 여왕의 신민臣民이라고 공포했으면서도 사실상 이중국적을 인정한 영국 정부의 국적정책에 따라 홍콩 관청문서에서는 화인과 화교의 구별 없이 모두 '화민華民'으로 기록됐다. 반면에 청조와 중화민국 정부는 혈통주의에 입각해 그들 모두를 중국 국민으로 간주했다.[41] 여기에서 필자가 중시하려는 것은 법률적인 신분이 아니라 그들이 지녔던 문화적 정체성이다.

그들의 문화적 정체성에 다가가는 하나의 실마리로 언어 문제에 주목해보자. 한 여행자는 홍콩섬 바로 맞은편 주룽반도九龍半島에 도착해 처음 디딘 장소의 이름 발음에 관한 재미있는 체험담을 들려준다. 그는 처음에 '침사추이'로 발음하는 '尖沙咀'를 '金沙堆'로 잘못 들었을 정도로 광둥어는 알아듣기 힘들었다고 회상한다.[42] 이렇듯 광둥 출신이 다수를 이룬 홍콩 주민들의 일상언어인 광둥어는 국어와 소통상의 장애를 일으키므로[43] 본토인의 민족주의적 시각에서는 홍콩에 국어의 보편화가 시행돼야 마땅하다. 1935년에 홍콩을 방문한 후스는 광둥어를 구사하는 사람들이 그들의 구어口語가 아닌 백화白話 즉 국어國語를 써야 할 이유를 이렇게 설명한다. 오늘의 국어는 본래 일종의 살아 있는 방언으로 유행하는 범위가 넓은 데 반해, 광둥어 역시 살아 있는 방언이긴 하나 유행이 비교적 넓지 않으니 국어가 통용돼야 한다는 것이다. 그런데 "현재 광둥에서는 많은 사람들이 구어체를 사용하는 데 반대하고 고문古文을 쓰자고 주장한다. 고문뿐만 아니라 경서읽기조차 제창한다"고 지적하고 있다.[44]

왜 그들은 광둥어를 쓰려 하고, 더 나아가 고문과 경서 읽기를 제창하는 등, 본토에서 유행하는 신문화를 거부하고 전통 학술을 유지하려고 했을까. 여기에는 단순히 익숙한 관행을 지키려는 문화적 관성으로만 볼 수 없는 좀더 적극적인 요인이 있다는 사실을 한 여행자의 기록에서 발견할 수 있다. 그에 따르면, 홍콩에서 전통 학술이 그대로 유지되는 것은 "중국과 영국 구세력이 결합하여 통치 편의상" 시행한 결과라고 한다. 학교 수는 많으나, 정부가 설립한 곳에서는 '대영제국을 중심'으로 한 교육이 시행되고 중문中文을 과정의 하나로 개설은 하되, 단지 '자왈子曰, 지之, 호乎, 야也, 자者'를 가르치는 데 불과하다는 것이다. 그가 이렇게 말하는 의도는 홍콩에 학술 사상이라 할 만한 것이 없음을 강조하기 위한 것이지만,[45] 이로부터 전통문화의 유지가 일부 엘리트에 의한 의식적 노력의 결과일 수 있다는 사실을 우리는 엿볼 수 있다. 1927년 2월 홍콩을 방문해 홍콩청년회香港青年會에서 강연하고 돌아온 루쉰도 청말 혁명파에 의해 '배외排外'를 위해 주창됐던 '보존국수保存國粹'란 구호가 "뜻밖에 20년 후" 홍콩대학의 외국인 당국자 등에 의해 중서문화 융합의 목적으로 부활되고 있는 아이러니를 풍자하고 있다.[46] 따라서 이것은 중국 본토로부터 구획된 경계 너머에서 서양화하고 있는 홍콩의 중국계 주민들이 불안정한 정체성을 재정립하기 위해 보수적 전통문화에 힘입어 중국문화를 재구성하고자 시도한 것이 아닌가 싶다. 필자는 이것을 지역화(즉 홍콩화香港化 또는 광둥화廣東化)된 중국문화로 규정할 수 있지 않을까 생각한다.

이것을 좀더 잘 이해하기 위해서 홍콩대학에서 중국문학을 어떻게 바라보았는지를 잠깐 살펴볼 필요가 있다. 1911년 3월에 정식 개교한 홍콩대학The University of Hong Kong은 초창기 중문 과목을 1학년 공통 필수과목으로 개설하는 데 그쳤지만, 1927년에 정식으로 문과대학 안에 중문학과를 설치해 중국문화와 서양문화 융합의 거점으로 삼고자 했다.[47] 이것은 홍콩총독(1925~30)으로서 홍콩대학 총장을 겸직한 클레멘티 경Sir Cecil Clementi, 金文泰 개인의 취향도 작용했지만, 더 중요하게는 1925년에 성항대파공省港大罷工으로 고비를 이룬 1920년대 전반기 홍콩(과 광주)에서의 반제 민중운동의 고조가 영향을 미친 결과라고 볼 수 있다. 홍콩 당국은 중국과 영국 간의 우호관계를 유지하고 중국계 주민들의 지지를 얻기 위해 홍콩대학에 중국문화를 가르치고 연구하는 기구를 만들었던 것이다.

그렇다면 왜 당시 내지에서 유행하던 신문화 사조가 아닌 보수적 전통문화를 그 핵심으로 골랐을까. 한 연구자는 그것이 사회안정을 유지하기 위한 방편이라고 해석한다. 즉 홍콩 정부가 중국의 전통적 도덕윤리를 장려해 내지에서 흘러들어오는 좌우파 사조를 견제하고자 했다는 것이다.[48] 물론 이 같은 정치적 동기가 홍콩 당국과 중국계 주민 상류층에 있었던 것은 사실이겠지만, 이보다 좀더 깊은 곳에서 작동한 요인을 중국계 주민들의 문화심리세계에서 찾을 수 있지 않을까 싶다. 이는 1935년 홍콩대학 중문학과를 개혁하기 위해 중문과 주임교수로 부임한 쉬디산許地山의 발언에서 시사받을 수 있다. 본토에서 온 그는 중국계 주민들을 1년간 관찰한 결과, 그들 다수가 전통적인 경사학문經史學問을 한층 더 숭고한 것으로 간주하는 풍조에 젖어 있다고 파악했다.[49] 이렇듯 보수적 문화는 상류층뿐만 아니라 일반 주민의 민심에까지 영향을 드리운 일반적 분위기로 존재했던 것이다.

**여행에서 돌아와**

이제 짧은 탐구여행은 끝이 났다. 그런데 필자는 도대체 무엇을 보고 온 것인가. 분석에 착수하기 전근대 중국인이 홍콩에 대해 가졌을 것으로 가정한 두 개의 이미지, 즉 '근대의 상징'과 '국치의 상징'을 실제 홍콩을 돌아본 여행자들의 경험세계에서 확인해낸 것이 일차적 소득이라 하겠다. 그리고 표면적으로 서로 모순되는 두 이미지는 그들이 근대를 경험하는 내면세계에서 서로 얽혀 있었다는 것도 알게 됐다. 심지어 홍콩의 자연환경조차 도시풍경 전체의 일부로서 감상되어 그들의 근대경험에 녹아들었던 것이다. 이 모든 것은 중국인의 근대경험의 분열과 교차, 그 복잡성을 잘 말해준다.

그들은 대개 중국 본토 도시의 중산층이었고 홍콩에 일시적으로 체류한 뒤 기록을 남겼다는 공통점이 있다.[50] 따라서 그들이 견문한 것은 그들이 응시한 '홍콩', 달리 말하면 그들의 문화적 경향이 표출된 경험세계였다고 할 수 있다. 그런데 이것이 그들로부터 응시당한 홍콩의 중국계 주민들의 경험세계와 반드시 일치했을 리는 없다.

홍콩에 장기 거주하는 중국인들은 광둥어를 상용常用하고 '지역화된 중국문화'와 서양문화라는 두 세계를 한 몸에 살면서 독자적인 정체성을 찾고자 했다. 필자는 이번 탐구에서 본토에서 홍콩을 여행한 사람들의 경험에 반영되어 있는 응시당한 자의 시선을 만난 것을 값진 소득으로 여긴다.

홍콩의 중국계 주민들은 본토의 위정자들에 의해 '남에게' 할양된 땅에서 '실제 9할의 토지'를 소유하면서 (식민지) 근대세계를 형성했다. 대륙에서 온 여행가는 이 점을 중시해, "홍콩의 생기生機는 일찍이 교포들에 의해 장악되어 있다. 회복하지 못한 것은 통치하는 주권일 뿐이다!"[51]라고 평가했다.[52] 사실 홍콩 사회는 영국의 식민지 통치 아래 있었지만 식민지 정부가 '소규모 정부'였기 때문에, 중앙정부가 장악하고 있어야 할 중앙은행의 기능도 형식적으로는 존재하지 않았고, 민간의 업종별 그룹이나 상업회의 등에 맡기고 있었다. 이 같은 홍콩의 식민지로서의 특성은 그 식민지 역사를 단순히 (중국 민족주의사관에 의해) 어두운 역사로 간과할 것이 아니라 홍콩 주민들의 일상생활의 조건을 이해하는 핵심으로 인정하도록 촉구한다.[53] 바로 이런 점에서, 중국의 경계 밖에서 일제의 지배를 받던 동시대의 어느 한국인이 홍콩의 경계 안을 잠시 둘러본 후 여행기에 남긴, 그들의 토착적 생활세계에 주목한 다음과 같은 관찰은 새겨둘 만하다. 이 말을 인용하면서 글을 마무리 지으려 한다.

홍콩의 중국인이면 세계 일등국민으로 존대하고 싶다. 여하간 시가市街 정리의 기술과 설계는 외인外人의 힘을 빌렸다 해도 그들의 굳센 힘으로 된 것은 사실이다. 영국의 영토이나 경제세력은 중국인이 가졌다 한다.[54]

# 근대 중국의 여행인프라와 이식된 근대 여행

박경석

이 글에서는 중국사에 다양하게 존재했던 여행의 양상과 그 변화상을 고찰하려 한다. 이를 위해 1920~30년대를 중심으로 근대 중국의 여행이 어떤 양상을 보이는지를 분석한다. 일반적으로 여행의 근대적 변모와 관련해 가장 두드러진 변화는 다음 두 가지 양상으로 여겨지고 있다. 하나는 급속한 '근대적' 교통수단의 발전이다. 산업혁명과 함께 철도, 유선輪船과 같은 교통수단이 급속도로 발전하면서, 더욱 멀리, 빠르고, 저렴하게, 대량으로 여객을 운송할 수 있게 됐다. 또 하나는 자본의 개입이다. 여행을 위한 각종 서비스를 제공하고 이를 통해 영리를 추구하는 여행산업이 본격 등장한 것이다. 교통수단의 발전과 교통망의 확대, 여행의 산업화를 통해 근대 여행을 위한 인프라가 구축되고, 이른바 '여행하는 중산층'이 생겨났다.[1]

여행의 근대성과 관련해서는―여러 차원에서의 논의가 가능하지만―여행이 대중화되기 시작했다는 점을 가장 두드러진 특징으로 지적할 수 있겠다. 물론 근대 이전에도 여행을 했지만 그것은 단지 특별했던 개인적 행동이었고, 근대 이후에는 사회적으로 또는 문화적으로 하나의 생활양식이 됐다. 근대 여행에는— '근대성이 초래한 소외로부터의 탈출'이라는 욕구가 작용하기도 했지만—사람들의 여행욕구를 인식하고 자극하며 그 욕구를 만족시키고자 하는 뚜렷한 산업이 존재한다. 말하자면, 근대 이전의 여행은 위험하고 고생스러운 일시적이고 개별적인 사건이었지만, 근대에는 교통망, 숙박업, 여행사 등을 망라한—자본주의 경제발전과도 관련된, 즉 이익을 위해 자본이 투자된— '관광산업체계'가 뒷받침하는 대중적인 사회현상이 됐던 것이다.²

이 글은 이러한 여행의 근대성에 대한 이론적 논의를 염두에 두면서, 여행사를 비롯한 근대적 여행인프라의 구축을 중심으로 중국의 근대 여행이 보여주고 있는 양상을 고찰하려고 한다. 중국의 근대 여행에 대한 기존 연구는 중국학계의 성과가 대부분이다. 대개 이들은 아편전쟁 이후 철도, 도로 등 새로운 교통망의 확충, 자본주의 경제의 초보적 발전, 국제여행의 증가, 호텔, 여행사 등 여행업의 발전 등을 근거로 중국에서도 근대 여행이 형식과 내용을 모두 갖추고 크게 번영했음을 주장하고 있다.³ 특히, 1923년 8월 중국 최초의 '근대적'인 여행사인 상하이상업저축은행上海商業儲蓄銀行 여행부(旅行部. 1927년 6월 '중국여행사'로 개편)의 성립과 활동이 근대 여행으로 완전히 전환됐음을 보여준다고 강조하고 있다.⁴

이들의 서술을 통해 20세기 초반 중국이 근대적 여행을 위한 초보적인 인프라를 갖추어가고 있었음은 인정할 수 있겠다. 그런데 여기서 의문이 생긴다. 당시 중국이 근대 여행의 형식적인 측면(인프라)을 어느 정도 갖추었다면, 여행의 대중화는 얼마나 진전됐는가. 근대 여행의 인프라가 근대적 여행 수요와 맞물리면서 구축된 것인가,

아니면 양자가 크게 관련 없었는가. 기존 연구의 설명대로 근대 여행을 위한 인프라가 구축되고 이에 따라 사회적으로 새로운 양상의 여행 욕구가 일어나고 그래서 근대 여행이 뿌리내렸고 중국여행사中國旅行社의 설립과 성업이 이를 반영하고 있다면, 중국여행사 설립에 이어 상당수의 여행사가 설립될 법도 한데,[5] 어째서 민국 시기 내내 '중국여행사' 이외에 다른 여행사가 생겨나지 않았을까. 이런 의문이 그 자체로는 큰 의미가 없을 수도 있겠으나 적어도 필자는 이 의문에서 출발해, 근대 여행인프라가 어떤 맥락에서 구축됐는지, 그 특징적 면모에 접근할 수 있으리라 생각한다. 결국 이 글에서 주목하고자 하는 것은 중국의 근대 여행이 일정한 형식과 내용을 모두 갖추고 있었는가, 형식과 내용이 부합되고 있는가의 문제이고, 또한 이에 대한 평가의 문제이다.

구체적으로, 2장에서는 새로운 교통망의 구축을 비롯한 근대적 여행인프라에 대해, 3장에서는 중국여행사가 설립되는 과정과 활동에 대해 살펴본다. 기본적으로 새로운 '근대적' 여행인프라는 여행사 설립의 배경이 됐고, 여행사는 그 자체로 근대 여행을 가장 특징적으로 보여주는 인프라였다. 그래서 여행사와 여타 인프라가 구축되는 과정은 같은 맥락에 놓여 있게 마련이고, 이는 근대 여행의 특징적 면모를 보여줄 수 있다. 인프라의 문제를 가급적 전반적으로 다루려는 것은 이 연구가 공동연구의 일환으로 진행됐기 때문이기도 하다.

다시 말해서, 제반 여행인프라가 어떤 경로를 통해 구축됐는지, 그래서 인프라의 구축과정에 어떤 특징적 면모가 있는지, 그것이 근대 여행의 주된 특징으로 제시된 여행의 대중화를 뒷받침할 수 있는 정도였는지, 결론적으로 얼마나 많은 어떤 사람들이 '근대적' 의미의 여행에 참여했는지를 가늠해볼 것이다. 이를 통해, 중국여행의 근대적 변모를 일면적으로나마 해명할 수 있을 것이다. 나아가 단편적이나마 중국의 근대성 문제, 근대화과정에서 나타나는 외재적 수용(이식)과 내재적 발전(자생) 등의 문제에도 접근해볼 수 있기를 기대한다.

## 1. 근대적 여행인프라의 구축
― '이식'된 근대

중국여행이 전통 시기처럼 제왕, 장상將相, 문인, 학사學士, 상인, 승려 등 특수 계층의 극히 한정된 인사들의 전유물에 머물렀다면, 특별히 여행사와 같은 여행서비스 기구가 필요 없었을 것이다. 민국시기에 이르러 낡은 신분관념이 타파되고, 회사원, 공무원, 교사, 학생 등 여행활동에 참여하는 계층이 확대됐기 때문에, 이를 바탕으로 여행사의 존재가 가능했을 터이다.[6] 아무튼 여행하는 계층이 확대되려면, 이를 뒷받침하는 제반 인프라의 구축이 필요하다. 이 장에서는 각종 여행인프라가 어떤 경로를 통해 구축되고 있는지, 그래서 인프라의 구축과정에 어떤 특징적 면모가 있는지에 주목한다.

### 근대적 교통수단의 도입

(1) 철도망의 구축과 연운제도聯運制度의 시행

근대 여행은 교통수단의 근대적 발전을 전제로 한다고 해도 과언이 아니다. 그중에서 가장 애용됐던 것은 철도와 윤선이었다. 철도의 경우, 1876년 영국 자본에 의해 우쑹철로吳淞鐵路가 개통된 이래 1934년을 기준으로 펑한철로平漢鐵路, 진푸철로津浦鐵路, 징후철로京滬鐵路, 후항융철로滬杭甬鐵路, 펑쑤이철로平綏鐵路, 룽친유하이철로隴秦豫海鐵路 등 14개 노선에 걸쳐 총 1만 6천 킬로미터가 부설되어 있었다.[7] 각 지역의 대도시는 거의 망라되어 있었다고 볼 수 있다.

열차 편도 그리 적지 않았다. '중국여행사'가 발행한 『여행잡지旅行雜誌』에 실린 1930년대의 열차시간표를 확인해본 결과, 장쑤성江蘇省, 저장성浙江省 안에서 운행되던 징한철로, 후항융철로 같은 비교적 근거리인 경우는 하루에 5~6편의 열차가 있었고, 성省 경계를 넘는 원거리의 경우에는 대개 2~3편의 열차가 운행됐다. 그러나 중국 철도의 건설은 애초부터 외국 자본이 주도했으며, 철도의 건설은 식민지를 둘러싼 제국주의 열강들의 쟁탈과 수탈 차원에서 이루어졌다.[8] 또한 순수한 여행객을 위한 것이라기보다는 경제적 필요에 따라 건설된 것이었다.

당시 철도 당국은 철도 이용을 촉진하기 위해 다양한 할인제도를 실시하고 있었는데, 여행과 관련해서는 현행의 유레일패스 같은 것이 있어 주목을 끈다. '내회유람표來回遊覽票'[9]라는 것인데, 우리말로 풀어 쓰자면 '유람 여행객을 위한 왕복열차표' 정도가 되겠다. 일등頭等, 이등 객차(모두 삼등까지 있음)에 한정된 왕복표라는 조건을 달아 가격을 25퍼센트 할인해주었다. 뿐만 아니라, 표를 구입한 일정 구간 안에서는 어느 역에서든 내려서 여행을 하고 또 승차할 수 있었다. 유효기간 안에서는 몇 번이든 가능했다. 이는 철도 여행객을 늘리기 위해 취했던 일련의 조치—광고 강화, 철로 간·수륙 간 연계운행聯運의 확대, 서비스 의식 제고—중에 하나였다.[10]

그런데 흥미롭게도 이처럼 편리한 철도 이용은 한반도 및 일본열도에까지 확대되어 있었다. 중일주유표中日週遊票가 그것인데, 이 주유표週遊票 한 장만 구입하면, 중화국유철로(중국), 남만철도, 한반도를 경유하는 일본철도 및 한반도와 일본을 잇는 연락선聯絡船을 자유롭게 이용할 수 있었다.[11] 이는 일본 국제관광국國際觀光局·Japan Tourist Bureau[12]이 중국 철도부와 협의하여 만든 것으로, 중국에서는 난징南京, 상하이上海, 항저우杭州, 한커우漢口, 지난濟南, 베이징北京, 텐진天津 등 주요 도시의 기차역이나 여행사, 윤선공사 등에서 구입할 수 있었고, 일본에서는 도쿄, 요코하마, 나고야, 교토, 오사카, 고베, 시모노세키, 모지門司, 나가사키의 기차역이나 영업소에서 구입할 수 있었다. 이밖에 한국의 부산항에서도 구입할 수 있었다.

주유표의 이용과 관련해 중국에서 출발할 경우 출발지—펑텐奉天—부산—도쿄—고베—(윤선항로)—상하이—귀로歸路로 이어지는 코스가 주요 경로로 제시됐고, 일본에서 출발할 경우에는 ① 출발지—(연락선)—부산—펑텐—베이징—한커우—(윤선항로)—상하이—(윤선항로)—고베—귀로, ② 출발지—(연락선)—부산—펑텐—베이징—텐진—상하이—(윤선항로)—고베—귀로로 이어지는 코스가 제시됐다. 유효기간은 4개월이었는데, 이 기간 안에는 어디든지 하차했다가 여행을 즐기고 다시 승차할 수 있었다. 가격도 깎아주었는데, 열차의 경우 20퍼센트, 선박의 경우 10퍼센트를 할인하여 표값을 계산했다. 10인 이상의 단체여행일 경우에는 가격을 더 깎아주었다.

이밖에 주유표와 유사한 것으로 연운표聯運票라는 것이 있었다. 이는 철도 건설의 재원이 주로 외자였던 관계로 각 철로마다 운영 주체가 따로따로였던 데에서 비롯됐는데, 말하자면 각 철로를 연계해서 이용할 수 있는 표를 의미한다. 그런데 이런 연운표도 주유표와 별도로 한국 및 일본과 연계해 이용할 수 있었다. 주유표를 판매하는 대부분의 기차역에서 연운표를 구입하여 펑톈 기차역까지 간다. 펑톈에서 출발하는 쾌차快車(매일 두 차례 출발)를 타고 안둥(安東, 현 단둥丹東)을 거쳐 부산에서 내린다. 부산 부두에서 일본 철도성鐵道省이 운영하는 연락선을 타고 시모노세키나 모지에 도착한다. 여기서 일본 철도성이 운영하는 열차를 타고 각지로 여행할 수 있었다.

이런 연운표에는 편도와 왕복이 모두 있었다. 왕복표의 경우 편도 2개 값에서 20퍼센트를 할인해주었다. 이 또한 제한 없이 중도에 하차했다가 다시 승차할 수 있었고, 유효 기간은 110일이었다. 주유표든 연운표든 국경을 넘을 때에는 검역과 짐 검사가 행해졌다. 열차의 경우 역에 정차해 있을 때에 세관원이 탑승하여 업무를 수행했고, 연락선의 경우에는 검역원과 세관원이 동승하여 운행중에 업무를 수행함으로써 승객의 불편을 최소화했다. 아무튼 이러한 연운표나 주유표는 하나의 여행인프라로서 여행의 편의에 상당히 기여했을 것으로 추측된다. 『여행잡지』에 실린 「국외여행상식」[13]이라는 글에서도, 몇 곳이라도 통행할 수 있고 가격도 약간 저렴하므로, 일정이 확정되어 있으면 통표通票(연운표나 주유표)를 사는 것이 좋다고 권하고 있다.

이상과 같은 각 철로 간의 '연락운수聯運'나 한·중·일 및 만주의 철도와 해상운수를 연계하는 교통망은 이미 1910년대에 시작된 것이었다. 중국의 철도가 대부분 여러 국가로부터 외자를 들여와 건설된 관계로 영업 손익의 처리가 별도로 이루어질 필요가 있었다. 그래서 각 철로마다 별도의 운영 주체가 세워질 수밖에 없었다. 이처럼 각 철로 관리국이 따로 움직임에 따라, 여행객과 화주는 큰 불편을 겪지 않을 수 없었다. 여행객은 환승해야 했고 화주는 화물을 옮겨 실어야 했다. 시간과 비용의 손실이 대단했다. 화주들의 불만이 쌓이고 여론이 악화되자, 1912년 4월 징펑철로京奉鐵路, 징한철로, 징장철로京張鐵路의 당국자들이 모여 연계운행聯運을 위한 협상을 시작했고, 이로써 국내 연운이 시작됐다. 북경 정부 교통부는 1918년 6월 연운을 국유철로 전체로 확대하기 위해 제1차 운수회의를 개최했다. 1920년 2월에 제2차 운수회의가 열리고 「국유철로객차운수통칙 國有鐵路客車運輸通則」이 통과됨으로써 결실을 보게 됐다. 1921년 1월 1일부터 연운이 시행되기 시작했다.[14]

한·중·일을 잇는 교통망의 구축은 1908년 징펑철로와 남만철도의 연운이 성사되면서 시작됐다. 이어 1913년 4월 일본 및 조선철도와 남만철도 당국자들이 도쿄에서 연운회의를 개최했는데, 여기에는 중국의 징펑철로 대표도 초청되어 참가했다. 여기서 중일여객연운 계약이 체결됐고, 1915년 10월 1일부터 연운을 정식으로 실행했다. 이후 점차 나머지 중국의 국유철로가 모두 여기에 참가하게 된다.[15] 이처럼 동아시아의 20세기 초반 연계 교통망의 구축은 일본의 주도에 의해 성사됐던 것이다.

(2) 윤선의 도입과 국제여행 경로

중국에 가장 먼저 도입된 근대적 교통수단은 윤선輪船이었다. 1862년 3월 미국 자본인 기창양행旗昌洋行이 상하이에서 기창윤선공사旗昌輪船公司를 설립하고 영업을 개시함으로써 중국에 처음으로 근대적인 윤선 교통이 도입됐다. 이어 영국 자본인 태고양행太古洋行이 1967년 태고윤선공사太古輪船公司를 설립했고, 이화양행怡和洋行이 1877년 이화윤선공사怡和輪船公司를 설립했다. 또한 일본우선분사日

本郵船分社가 1875년에 영업을 개시하여 영국의 시장지배에 도전했다. 중국 자본으로는 리훙장李鴻章 주도로 1873년에 윤선초상국輪船招商局이 설립되어 활동했다. 이들 윤선회사들은 상하이에서 한커우에 이르는 장강長江 노선과 상하이를 중심으로 칭다오靑島, 톈진, 광저우廣州 등을 왕복하는 연근해노선沿近海路線을 운영했다.[16] 이로써 서양식 윤선은 전통적인 목조 범선과의 경쟁에서 쉽게 우위를 점할 수 있었다. 그것은 속도가 훨씬 빠르고 계절풍의 영향을 받지 않으며 도비의 약탈을 능히 피할 수 있어서 전통 항운업을 급속히 대체하면서 중국 여행자의 출행出行방식을 변화시켰다.

윤선의 도입은 국제여행을 가능하게 했고, 여행의 범위를 전세계로 확대시켰다. 중국에서 유럽이나 미국 등을 여행하는 데에는 세 가지 길이 있었다. 먼저 유럽으로 가기 위해서는 1903년에 개통된 시베리아 횡단철도를 이용하거나[17] 상하이나 홍콩에서 출발하는 대형 여객선을 이용하는 것이다. 미국으로 갈 경우에는 일본을 경유하여 대형 여객선을 타고 태평양을 건너갔다.

『여행잡지』에 실린 국제여객선 시각표를[18] 통해 당시 상황을 생생하게 살펴볼 수 있다. 이에 따르면, 1931년 3월 한 달 동안 상하이에서 유럽으로 가는 여객선은 모두 13편에 달했다. 대략 이틀에 한번 꼴이니 적잖다. 이들 여객선의 유럽 쪽 관문은 프랑스 마르세유였다. 1만 톤급 일본우선공사日本郵船公司의 하코네마루箱根丸호의 경우, 3월 3일 상하이를 출발하여 4월 4일에 마르세유에 도착하는 일정이었다. 다른 여객선도 마찬가지로 유럽까지 가는 데에 대략 1개월 남짓이 소요됐다.

그해 3월 한 달 동안 상하이를 출발해 미국으로 가는 여객선은 모두 10편이었다. 대개 샌프란시스코나 시애틀로 들어갔는데 보름 남짓이면 미국에 도착할 수 있었다. 미국으로 가는 여객선들은 예외 없이 일본의 요코하마나 고베를 거쳐갔다. 중국인이 쓴 해외여행기를 보아도, 미국에서 귀국하는 경우 일본을 경유하면서 4~5일 정도 일본을 유람하고, 중일연운표나 주유표를 이용하여 최종 귀국길에 오르는 것이 통례였다. 이를 겨냥하여 일본우선공사에서 4일간의 패키지 여행상품을 내놓기도 했는데, 요코하마에서 도쿄나 교토를 거쳐 고베에 이르는 코스였다.[19]

유럽이나 미국으로 가는 장거리 여객선을 운영한 윤선회사들은 모두 외국 회사였다. 유럽행은 영국의 Peninsular and Oriental S. N. Co.大英輪船公司, Blue Funnel Line藍煙囪輪船公司, 미국의 Dollar Line大來輪船公司, 프랑스의 Compagnie des Messageries Maritimes 法國郵船公司, 독일의 Norddeutscher Lloyd, Bremen北德輪船公司, 일본의 일본우선공사 등이 담당했고, 미국 노선은 미국의 Dollar Line 大來輪船公司, American Mail Line美國郵船公司, 캐나다의 Canadian Pacific Express Co.昌興輪船公司, 일본의 일본우선공사가 취항했다. 중국의 윤선초상국도 1879년 미국 취항을 시도한 적이 있었으나 막대한 적자가 발생해 이후 다시는 국제노선에 취항하지 못했다.[20]

이처럼 중국도 일찍부터 국제여행을 위한 세계적 차원의 교통망에 편입됐음을 확인할 수 있다. 다만 1920~30년대까지 해외여행을 위한 교통인프라가 갖추어졌다 하더라도 그것이 대부분 외국인의 손에 의한 것이었다는 점은 한계로 지적할 수 있다.

### 출입국 관리와 여권, 비자

모든 국외여행에는 반드시 국경넘기가 수반된다. 국경넘기를 구성하고 있는 요소로는 여권, 비자, 출입국 관리소 및 절차, 거류 외국인 관리 등이 있는데, 이중에서 여행자와 직접적 관련이 있는 가장 선결적인 요소는 여권과 비자이다. 이와 관련, 18세기 이래 서구를 중심으로 근대 여행이 세계사적 지평을 획득하고 국민국가의 '주권'과 '영토'가 강조되면서, 일반 여행객의 '국경넘기'에 대한 국가권력의 통제가 일반화되고 제도화되어갔다.

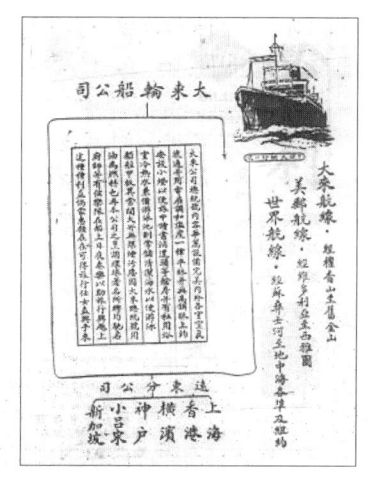

『여행잡지』에 실린 미국 Dollar Line(大來輪船公司)의 광고.

이런 흐름은 중국도 예외가 아니어서 19세기 중반 서구제국주의 열강과 새로운 관계를 설정하는 과정에서 출입국 관리의 문제가 불가피하게 제기됐다. 그 최초의 계기는 제2차 아편전쟁에 이은 서구 열강의 강압적인 요구에 따라, 청 정부가 내지 여행을 허용하게 되는 「톈진조약天津條約」(1858)이었다. 이어 여권 및 비자와 관련된 영국과 청 정부의 교섭, 이른바 '유력호조교섭안遊歷護照交涉案'이 진통 속에 진행되고, 근대 중국의 출입국 관리제도가 수립됐다.[21] 이는 기본적으로 북경 정부 시기를 지나, 난징 국민정부 외교부가 '국제관례에 따라' 1930년 8월 「사험외인입경호조규칙查驗外人入境護照規則」, 1931년 1월 「호조조례護照條例」를 공포하면서[22] 비교적 완전한 여권 및 출입국 관리제도로 정비될 때까지 계속됐던 것으로 보인다. 이처럼 중국의 근대적인 출입국 관리제도 역시 서구에서 '이식된 근대' 였다.

다음 구절은 1930년 당시 여권 및 비자와 관련된 상황을 잘 보여주고 있다.

여권護照은 국외로 나갈 때 없어서는 안 될 물건이다. 외교부나 상하이시 정부에서 여권을 수령한 후, 여행할 나라의 영사관에 가서 비자를 받는다. 만약 순수한 관광여행이라면 대개는 문제될 것이 거의 없다. 관광여행은 돈을 쓰는 일이니⋯⋯어찌 환영하지 않겠는가. 여행 도중에 다른 나라로 가거나 여권에 적혀 있지 않은 목적지를 가고자 하면, 그곳에서 해당 국가 영사관에 추가로 비자를 청구해야 한다. 유럽에는 소국이 매우 많은데, 장기 체류만 아니라면 비자가 필요 없는 경우가 많다. 변경에서 검사를 받고 도장을 받으면 통과된다. 스위스는 여행객을 더 많이 유치하기 위해 입국에 여권조차 필요 없게 만들어놓았다. 벨기에나 프랑스는 여권만 있으면 된다. 일본과 중국은 특약이 맺어져 있어서, 입국할 때 여권이 필요 없다.[23]

제1차 세계대전을 계기로 국제적 보안이 새로운 관심을 끌게 됐고, 여권 및 비자와 관련된 제도가 강화된 것으로 알려져 있지만, 당시에는 출입국 관리가 그다지 엄격하지 않았음을 알 수 있다. 오늘날과 같은 엄격한 관리는 국경 관리 및 보안의 필요성을 더욱 확실하게 인식시켜주었던 제2차 세계대전을 겪으면서 생겨난 것으로 보인다.[24]

### 새로운 '여행안내서'와 여행지의 출현

근대 여행의 발전 양상과 관련해서는 여행안내서와 그 여행안내서에 기재되어 있는 여행 목적지 또한 새로운 차원의 인프라로서 주목할 필요가 있다. 근대 여행은 그 자체로 철도와 여객선 등의 정기 운항 네트워크라는 하드웨어와 함께 대중적인 차원의 다양한 정보 매체들(여행안내서, 여행지도, 상품화된 여행기)이 제공하는 소프트웨어의 급격한 확대를 동반했기 때문이다. 다시 말해서, 근대 여행은 상품으로서의 여행을 소비하려는 충분히 많은 사람들을 필요로 하고, 이들 소비자들을 위해 '가보고 싶어하는 곳'이 제공되어야 하고, 동시에 이를 알려 소비자의 관심을 끌려는 노력이 진행되게 마련이었다. 이런 맥락에서 새로운 차원의 여행안내서가 등장했다. 이런 여행안내서의 등장은 이른바 '심유心遊'로 표현되는, '자기 혼자 즐기는自我欣賞' 중국의 전통적 여행문화와 뚜렷이 구별된다는 점에서도 의미가 있다. 대중화된 여행안내서는 그 자체로 여행의 근대성을 표상하는 인프라 중에 하나인 것이다.

1920~30년대에 걸쳐 중국에서 발행된 여행안내서는 발행 주체에 따라 크게 세 가지로 나눌 수 있다. 첫째, 철로 당국이 펴낸 것,[25] 둘째, '중국여행사'가 영업과 관련해 펴낸 것,[26] 셋째, 상무인서관商務印書館이나 중화서국中華書局 등 일반 출판사가 펴낸 것이[27] 그것이다. 대개 지명과 함께 '여행지남旅行指南'이나 '도유導遊'라는 제목이 붙는데, 그냥 '지남'이라는 제목이 붙은 지리서는 제외하고, 입수한 총 39종의 여행안내서를 살펴본 결과, 다음 몇 가지 특징을 발견할 수 있었다.

첫째, 소개된 대개의 여행지는 철도교통과 연계되어 있다는 점이다. 이는 철로 당국이 펴낸 여행안내서는 물론이고, 여타 여행안내서에서도 발견할 수 있는 특징이다. 또한 개별적인 구경거리들도 대개 철도가 닿는 도시의 시내에 위치하거나 그리 멀리 떨어져 있지 않은 곳들이었다. 여행지의 선택은 근대적 교통망의 발전에 따른 접근 용이성이 가장 우선적으로 고려됐음을 알 수 있다.

둘째, 각종 여행안내서가 모두 유사한 형식을 취하고 있었는데, 소수 포켓용 책자를 제외하고는 여행안내서임에도 불구하고 관광여행지에 대한 소개보다는 도시 전반에 대한 소개를 중시하고 있다는 점이다. 특히, 여행과 직접적 관계가 없는 경제 상황이나 사회단체에 대한 소개가 상당 부분을 차지하고 있다. 여행안내서의 타깃이 일반 관광여행에 집중되어 있지 않고, 비즈니스를 위한 여행자를 상당 정도 고려하고 있다고 볼 수 있다. 이는 근대 여행을 특징적으로 보여주는 '여행을 위한 여행'의 대중화가 부진했음을 반증해준다.

셋째, 소개된 '볼 만한 곳'에 한정해보면, 우선 손문 기념시설, 태평천국 관련 유적지, 신해혁명 유적지 등이 눈에 띈다. 또한 전통 시기의 관서를 개조해 만든 시내의 공원이 많이 소개되어 있으며, 대부분의 명승고적도 시내에서 가까이 위치해 있는 것들이었다. 여행지에 당연히 근대 이후의 변화가 반영되고 있음을 알 수 있다.

넷째, 대부분이 국내 여행지를 소개하는 것이고 외국을 소개하는 여행안내서가 거의 없다는 점이다. 외국이라면, 대만, 싱가포르, 동남아시아南洋 정도가 있는데, 이는 대개 화교와 밀접히 관련되어 있는 곳으로, 서술의 분위기도 외국을 다룬다는 느낌이 별로 들지 않는다. 일본에 관한 안내서가 발행되기도 했으나 이는 중국어로만 되어 있을 뿐 그 편찬 주체는 일본 철도성이었다. 구미에 관련된 것은 여행기로만 소개될 뿐, 본격적인 안내서는 없다. 국제여행에 대해서는 상대적으로 수요가 많지 않았고, 수동적이었음을 알 수 있다.

앞에서도 언급했듯이, 「여행안내서」에 소개된 여행지는 대개 철도교통과 연계되어 있었는데, 실제 이루어졌던 단체여행의 목적지 또한 여기에서 크게 벗어나지 않았다. 사실상 당시 근대 여행은 거의 상하이를 비롯한 극소수의 대도시에 한정된 일이었는데, 상하이에서 구성되어 출발한 단체여행의 일정과 목적지를 정리해보면 그대로 드러난다.

이외에도 여행자를 위한 새로운 숙박시설이 대폭 확충됐고, 국내 환전 서비스뿐만 아니라 여행자수표의 발행까지 이루어졌다. 여행인프라의 구축이 근대 여행과 관련된 내재적 수요나 발전과는 무관하게 인프라가 구축되고 있음을 알 수 있었다. 근대적 교통망의 구축은 일반 여행보다는 경제적 필요에 따른 것으로 보이며, 나머지의 경우에도 여행수요가 여행인프라의 구축을 촉진하고 여행인프라의 구축이 다시 여행수요를 자극하는 상호작용의 산물이라기보다는, 오히려 외부에서 '이식'된 측면이 강하다고 볼 수 있다.

## 2. 중국여행사의 설립과 활동

### 중국여행사의 설립

필자는 민국 시기 내내 영리 목적의 전형적인 여행사가 '왜 중국여행사밖에 없었는가'라는 의문에서 이 연구를 시작했다. 이 의문을 풀기 위해서는 역으로 중국여행사는 어떻게 해서 생겨났는가를 우선 살펴볼 필요가 있다. 중국여행사가 설립된 이유나 계기에 따라, 더이상 여행사가 생겨나지 않은 이유를 가늠해볼 수 있기 때문이다.

중국에 근대적인 여행사가 나타난 것은 1910년대 서구 및 일본의 유명 여행사들이 들어오면서부터이다. 예컨대, 영국의 토머스 쿡 앤 선스Thomas Cook & Sons. 通濟隆世界旅行社, 미국의 아메리칸 익스프레스American Express Co.. 運通, 일본의 국제관광국 등이 상하이, 베이징 등에서 활동했다. 그러나 이들은 중국 국내여행에는 거의 관심을 기울이지 않았고, 중국을 여행하는 자국인 여행객이나 외국여행을 떠나는 중국인을 주된 대상으로 삼았다고 한다.[28] 앞에서도 언급했듯이, 중국인이 세운 최초이자 유일한 여행사는 '중국여행사'이다. 처음에는 1923년 8월 1일 설립된 상하이상업저축은행(이하 '상하이은행') 여행부로 시작했다가, 만 4년 후인 1927년 6월에 확대 개편되면서 '중국여행사'로 독립하게 됐다.

(1) 중국여행사 성립의 배경

중국여행사는 어떤 사회·경제적 배경에서 탄생한 것일까. 중국에 근대 여행이 성립하게 된 배경은 무엇일까.

우선, 새로운 근대적 교통수단의 도입을 지적할 수 있겠다. 이는 중국여행사의 설립에 동력과 필수조건을 제공했다. 앞서 언급했듯이, 근대 여행은 교통수단의 근대적 발전을 전제로 한다고 해도 과언이 아니다. 그중에서 가장 애용됐던 것은 철도와 윤선이었다. 철도의 경우, 각 지역의 대도시는 거의 망라되어 있었다. 열차 편도 그리 적지 않아 근거리인 경우는 하루에 5~6편, 성省 경계를 넘는 경우에도 2~3편의 열차가 운행됐다. 윤선의 경우, 기창旗昌, 이화怡和, 태고太古 등의 서양 윤선회사들이 새로운 항로를 열었고, 중국 자본으로는 리홍장 주도로 윤선초상국(1873)이 설립되어 활동했다.

중국여행사의 설립은 근대 여행의 출현을 단적으로 보여준다. 이는 19세기 중반 이래 사회·경제적 변화와 발전이 축적되어 생성된 산물이었다.[29] 중국여행사가 상하이라는 최첨단의 근대적 도시에서 생겨난 것은 상하이의 독특한 지위와 무관하지 않다. 상하이의 근대적 도시문화가 근대 여행을 잉태했고 중국여행사를 낳았다고 할 수 있다. 중국여행사는 상하이라는 존재가 있었기에 비로소 생겨날 수 있었던 것이다.

상하이를 중심으로 이루어진 근대적 상공업과 국제무역의 발전이 근대 여행에 물질적 기초를 제공했다. 직접적으로는 사업 목적의 여행자집단이 항상적인 왕래를 통해 일상적인 여행길을 닦아놓았고, 도시화에 수반되는 인구이동의 활성화가 여행발전에 밑거름이 됐다. 또한 경제발전에 따른 소득수준의 향상이 도시 중산층을 형성했고 이들은 대도시 시민에 걸맞은 새로운 생활방식을 추구하게 됐다.[30] 도시는 생활에 많은 편리함을 제공하지만 동시에 좁은 공간에 갇혀 살게 됨에 따라 스트레스가 가중되고 여건이 허락하는 대로 도시를 탈출하려는 욕망이 높아진다. 그러나 살던 곳을 떠나 낯선 곳을 경험하고 싶다는 욕망은 개인적, 또는 개별적으로 생기기 쉽지 않고 생기더라도 매우 제한적일 수밖에 없다. 이런 동기는 다분히 사회·문화의 영향을 크게 받게 마련인데, 의미 있는 여행의 증가와 발전이 있으려면 여행에 대한 도시사회의 관념에 변화가 있어야 한다. 전통적으로 중국인은 멀리 떠나는 것을 꺼리는 경향이 있었으나, 근대 이후 서구문화가 침투하면서 중국인의 이른바 '외도畏途' 관념에 큰 변화가 발생했다. 여행과 관련된 『신보申報』의 기사 하나가 이런 사정을 잘 표현해주고 있다.

중국인은 정靜을 좋아하고 동動을 좋아하지 않는 습성을 가졌다. 옛날부터, 늙어 죽을 때까지 왕래하지 않는 것을 미덕으로 여겼고……부득이한 경우에만 신앙 예배禮神에 의탁하거나 묘지 벌초를 핑계로 자연과 접촉하고 싶은 욕망을 해소했을 뿐이다. 그러하니 가소롭기도 하고, 가련하기도 했다. 근래 교통이 편리해졌을 뿐만 아니라 사조가 날로 변하여, 활발히 돌아다니기 좋아하는 인류 본연의 천성을 점차 회복하고 있다. 상하이의 신사 숙녀들에 의한 근일 춘유春遊의 활성화는 실로 진취적인 정신을 고취하기에 족하고, 정적이기만 한 습성을 제거하기에 족하다.……서양 민족의 정신 분발과 의기양양함은…… 활발히 움직이기를 좋아하는 양호한 습관에서 비롯된 것…….(강조는 필자)[31]

민국 시기 상하이에서는 이미 여행이 일종의 산업으로 발전하여 장거리 여행이 일부 시민의 취미愛好가 됐다. 1920~30년대에 이르러 여행은 애국 열정을 격발시키고 정조情操를 도야시키며 육체를 단련시킬 수 있고, 사회와 각지의 사정과 풍속을 알게 하고, 지식을 풍부하게 할 수 있다고 여겨져 사회단체와 전파매체의 제창을 받았고, 시민의 여행열정이 더욱 높아졌다. 1930년대 중반에 이르러, 상하이에는 이미 적잖은 전문 여행단과 모임이 있었다. 특히, 단체여행은 시민의 중요한 여행방식이어서 적잖은 사회단체가 구성원을 조직하여 장거리 여행에 나섰다. 여행을 고상한 여가활동으로 여기는 풍조가 새로이 일어났다.[32]

이처럼 여행에 대해 새로운 사회인식이 생성되는 과정에는 서구의 영향이 컸다. 예컨대 중국 해수욕장의 발원지로서 근대 여행에 선구적 역할을 했던 베이다이허北戴河해변은 19세기 말엽 선교사를 중심으로 한 서구인들이 선교를 겸해 피서를 즐기면서 시작됐다고 한다. 물론 나중에는 중국인들도 베이다이허에서 여름 피서를 즐기게 됐다.[33] 중국에 사는 구미인은 대부분 피서지에서 여름을 보냈고,

중국인도 불볕 더위를 만나 일부가 피서를 떠남에 따라, 중국여행사에서도 피서지에 서비스센터를 설치했다고 회고했다.[34]

또한, 『신보』에는 서구인의 여행활동이 '신문물'의 하나로 소상히 소개됐다. 유명 탐험가나 여행가의 활동에서부터 미국의 세계일주단이 상하이를 유람한 소식이 연일 상세하게 보도됐다.[35] 중국여행사는 "구미의 여행기관이 매년 세계일주 여행단을 조직하여 (중국을 방문함에 따라), 관광여행에 대한 (중국인의) 흥미를 촉발시켰고 여행객의 심신을 단련시키고 커다란 유익을 주는 것을 주목하여 이를 모방함으로써, 여행풍조를 양성할 수 있었다"[36]고 회고했다. 특히 세계일주 여행과 같은 일들이 상하이 시민의 여행에 대한 관심을 촉발시켰을 터이다. 동시에 이런 기사 자체가 상하이 중산층 시민의 여행에 대한 관심을 반영하고 있다고 볼 수 있다. 이밖에도, 영국의 토머스 쿡 앤 선스, 미국의 아메리칸 익스프레스, 일본의 국제관광국 등 외국 여행사가 20세기 들어 상하이에 지점을 설립하여 근대 여행의 도입을 촉진했을 뿐만 아니라 중국여행사 출현의 직접적인 본보기가 됐다.[37]

이상과 같이, 근대 경제의 발전과 신식 교통수단의 도입, 상하이라는 최첨단 근대 도시의 형성과 여행에 대한 인식변화, 서구여행의 직접적 영향 등이 중국여행사의 설립과 발전에 유리하게 작용했다. 이런 요소들을 바탕으로 여행 수요가 사회화·대중화되면 그 산물로서 여행사가 성립된다. 그러나 당시 중국은 군벌할거, 국공 대립, 시국 불안 등 심각한 정치·사회적 취약성을 안고 있었고, 정부는 여행산업의 중요성을 전혀 인식하지 못했으며, 외국인의 관광여행은 일부 통상 항구에 국한된 것이었다. 맺음말에서 상술하겠지만, 대중적인 여행소비 수요가 형성됐다고는 보기 어렵다. 사실 중국여

행사는 열악한 환경에서 탄생하여, 수요를 만들어내면서 어렵게 성장했던 것이다.[38]

(2) 천광푸가 중국여행사를 설립한 동기

중국여행사가 세워진 이후 민국 시기 내내 다른 여행사가 설립되지 않은 것은 중국 근대 여행발전의 뚜렷한 한계를 반영한다. 따라서 중국여행사 설립의 직접적 배경을 여행의 '근대적' 발전이 아닌 다른 측면에서 찾아볼 수 있는데, 사실 중국여행사의 전신인 상하이은행 여행부가 설립된 데에는 무엇보다 당시 상하이은행의 이사장이었던 천광푸陳光甫의 개인적 의지가 많이 작용했다.

실제로 여행부는 5년 동안 계속 적자를 면치 못했고,[39] 이를 걱정하는 목소리가 있었던 것으로 보아,[40] 당시 중국의 상황에서 여행사 영업이 가당한가의 문제에 대해 회의적인 시각이 있었다. 천광푸 자신이 계속해서 이어지는 적자와 관련하여, 애초에 수지를 맞출 수 없음을 알았다는 듯이, 여행부를 만든 목적이 (영리에 있지 않고) 사회의 편리와 은행의 선전에 있다거나, 영국에서는 대개 은행이나 백화점 등이 여행부를 두고 있다는 점을 강조하기도 했다. 또한 적자가 계속되는 데에도 왜 영업을 중지하지 않느냐는 힐문詰問에, "금전보다 더 중한 호감Good Will을 얻고 있으니 흑자를 보는 것보다 더 큰 이득을 얻고 있다"고 강변하기도 했다.[41]

그럼에도 불구하고 여행부가 설립되고 계속 운영된 것은 천광푸의 의지가 크게 작용했기 때문으로 볼 수 있다. 이는 천광푸의 직접적인 발언에서도 확인할 수 있는데, 여행부를 세우게 된 동기에 대해, 홍콩에서 출발해 윈난雲南을 여행하는 과정에서 외국 여행사로부터 무례함을 당했던 일화를 소개하면서 그때 여행사를 경영해야

상하이상업저축은행.

겠다고 결심했다고 말했다. 또한, 중국에도 여행사 하나쯤은 있어야 한다고 언급하기도 했다.[42] 기존의 연구는 대개 '중국여행사'의 설립이 당시 근대적 여행 수요의 증가에 부응하여 설립된 것으로 설립 이후 근대 여행의 발전을 더욱 촉진했다고 평가하고 있는데, 여행부가 설립되는 과정을 볼 때 기존 연구의 평가가 막연하다는 느낌이다. 여행부의 설립이 여행수요나 근대 여행의 발전과 큰 관련 없이 상하이은행의 창립자인 천광푸의 개인적 의지에 많이 의존했다고 본다면, 이는 '중국여행사' 이후 1949년까지 별 다른 여행사가 설립되지 않았던 사실과도 일맥상통한다고 볼 수 있다.

여행부에서 '중국여행사'로의 개편과 관련해서도, 기존 연구에서는 근대적 여행의 발전으로 여행부에 대한 기대가 점점 더 커져서 은행의 한 부서라는 한계에서 벗어나 보다 자유롭고 본격적으로 활동하기 위해 여행부에서 '중국여행사'로 개편했다는 맥락의 설명이 대부분이다. 사실 이런 설명은 근거 없이 근대 여행의 발전을 전제했다는 점에서 문제가 있지만, 그런 이유라면 5년이라는 시간을 기다릴 필요가 없다는 점에서 납득이 가지 않는다. 더욱이 여행부는 여행

천광푸(陳光甫).

사로 개편된 1927년에만 1만 4천 원의 적자를 기록하기도 했다. 따라서 어떤 별도의 외적인 요인이 작용했을 개연성이 크다. 이런 점에서, 다음 설명이 가장 타당하다는 생각이다.

철도표의 대리 판매는 여행부의 주요 업무 중에 하나였는데, 적자에 시달리던 각 철로관리국이 아직 팔리지도 않은 열차표의 판매대금을 담보로 상하이은행에 대출을 요구했다. 처음에는 철로국과의 관계를 고려해 이를 거절하지 못했는데 이런 상황이 갈수록 심해져 상하이은행과 여행부 모두에 큰 부담이 됐고, 이럴 바에야 은행과 여행부를 분리하는 편이 낫겠다는 판단이 들어, '중국여행사'로 독립시켰다는 설명이다.[43] 이렇게 본다면 여행부가 여행사로 개편된 것은 근대 여행의 발전에 따른 자연스런 독립이 아니라, 상하이은행의 절박한 이해에 따른 분사分社였던 것이다. 이런 사정은 1927년 6월 1일 날짜로 중국여행사로 개편할 때, 실질적인 변화는 거의 없이 원래 있던 여행부 사무실을 그대로 사용했던 점에서도 드러난다.[44] 당시는 "은행 안에서 기차표를 파는 것을 매우 괴이한 일로 여겼던"[45] 시절이었다.

이렇듯 여러 상황에 비추어볼 때, 중국여행사의 출현은 결국 근대 여행의 수요나 발전 정도와 별개로 미국에 유학했던 은행가 천광푸에 의해 서구에서 이식됐던 측면이 강했다고 볼 수 있다. "영국, 미국, 소련 여러 나라가 여행사업을 열심히 하는 것을 보고 이를 따르는 것이 당연했던" 것이고, 중국여행사의 설립은 "여행(의 발전)에서 말미암아 출발한 것이 아니라 여행을 (제창하기) 위하여 설립된 것이

상하이의 중국여행사 사옥.

다."⁴⁶ 여행이라는 인간의 욕망이 사회적으로 분출되고 이를 해소하기 위한 장치로서 여행사가 생겨난 것이 아니라, 여행의 근대적 필요를 먼저 인식하고 이런 목적의식 아래 여행을 제창하기 위해 여행사가 만들어졌음을 알 수 있다.

### 중국여행사의 활동

처음 중국여행사는 천광푸 개인의 의지로 세워졌으나, 발전을 거듭하면서 20세기 전반기의 근대적인 여행서비스업에 있어서 독보적인 존재로 성장했다. 여행사와 관련된 인프라의 구축이 모두 중국여행사를 통해 이루어졌다고 해도 과언이 아니다. 이와 관련해 탕웨이빈唐渭濱은 중일전쟁이 끝나고 전쟁으로 중단되다시피 했던 활동을 재개하는 시점에서 「중여이십삼년中旅二十三年」이라는 글을 통해 23년에 걸친 중국여행사의 활동을 잘 정리하고 있다.⁴⁷

'상하이은행 여행부'가 설치되고 처음 한 일은 각 철로 및 윤선공사와 계약을 맺고 탑승권을 대리 판매하는 일이었다. 그런데 당시 중국의 철도는 건설 주체가 달라 각 철로마다 별도의 운영 주체가 세워질 수밖에 없었고 장강을 건너는 철교鐵橋도 없어, 교통편을 자주 갈아타야 했다. 일찍이 각 철로 간의 연계운행聯運이 시작되어 승차권은 한 번에 구입할 수 있었으나 여전히 수하물은 옮겨 실어야 했다. 이는 여간 번거롭고 불편한 일이 아니었는데, 중국여행사는 이를 대행해주는 '접송接送' 서비스를 통해 여행객의 편의를 크게 도모했고 여행객의 신뢰를 얻어 효과적으로 입지를 넓혀나갈 수 있었다. 이런 여행서비스에 대한 수요가 증가하고 상하이에서 출발한 여행객의 수하물을 원활히 '접송'하기 위해 각지에 분사를 설립하게 된다. 1927년 기준으로 이미 쑤저우, 전장鎭江, 난징, 항저우, 지난, 쉬저우徐州, 톈진, 베이징, 선양瀋陽, 한커우에 분사가 설립되고 있다. 나아가 국내 각지에 퍼져 있던 분·지사를 통해 하나의 화물 운송시스템을 구축한다. 특히 운수부運輸部를 두어 전시물품을 운송하기도 했고 내지의 소금, 면화, 동유桐油 등을 연해 지역으로 운송하기도 했다. 이를 바탕으로 중일전쟁 시기에는 정부의 군수물자를 운송하는 업무를 담당하기도 했다.[48]

중국여행사가 초창기부터 수행했던 업무 중에 또 하나는 유학생의 출국 수속을 대행해주는 것이었다. 상하이에서 외국으로 가는 배편은 물론, 유학생의 외국대학 입학 수속을 포함해 외국 항구에서 해당 대학까지 가는 열차표까지 제반 사항을 처리해주었다. 중국여행사의 주장에 따르면, 1924년에서 1937년까지 해외 유학생의 70퍼센트 이상이 중국여행사의 서비스를 이용했다고 한다.[49] 당시 중국의 젊은이들이 낯설게 느꼈을 법한 '외국 유학'을 실행하는 데에 중

중국여행사 펑톈(奉天) 분사.

국여행사가 큰 역할을 했던 것으로 보인다.

이밖에 중국에 와 있던 서양 사람들과 이들을 모방한 소수의 중국인들을 위해, 구링牯嶺, 칭다오, 베이다이허, 모간산莫幹山 등 유명 피서지에 서비스센터夏令辦事處를 설치해[50] 여행서비스의 기초를 놓았다. 또한 매년 구미의 여행사들이 세계일주여행단을 조직해 관광여행을 실시하는 것에 자극받아 시범적으로 단거리 단체여행을 조직했다. 이들은 전세 열차를 이용해 항저우나 하이닝海寧 등을 다녀왔다. 또한 1926년 봄 일본 벚꽃놀이 여행단日本觀櫻團을 조직하여 해외 관광여행의 서막을 열기도 했다.

1927년 6월 상하이은행 여행부가 중국여행사로 개편됐다. 이것을 내부적으로 여행업무가 크게 발전하여 개편된 것이라고 보기는 어렵지만, 이후 중일전쟁이 발발한 1937년까지 중국여행사의 활동이 절정에 이른 것은 사실이다. 비록 내전이 이어졌지만 난징 국민정부가 수립되고 북벌이 완성되면서 정국이 안정되고 경제와 질서가 크게 개선된 것이 기반이 됐다. 이런 상황에서 경제적·군사적 목적에서 출발한 것이기는 하지만 철도 교통망의 확대는 결과적으로 여행사의 발전에 획기적인 공헌을 했다. 게다가 국유철도의 연운체계가 보다 정교해진 것도 여행상의 편리를 크게 증대시켰다.

중국여행사는 이런 개선된 여건에 호응하여 각 지역으로 분사와 지사를 크게 확충했다. 1927~36년간 분·지사가 광저우, 헝양衡陽, 창사長沙, 우창武昌, 와부蛙埠, 허페이合肥, 진화金華, 난창, 카이펑開封, 정저우鄭州, 통관潼關, 시안西安, 우후蕪湖, 주장九江, 구링, 이창宜昌, 칭다오, 펑톈 등 각 철도 노선 중요 지역마다 설치됐고 홍콩과 싱가포르에까지 지사가 설립됐다. 육해공 탑승권의 대리 판매 또한 중국 안의 원거리뿐만 아니라 전세계로 더욱 확대됐다.

철로국의 협조 아래 열차를 전세내어 떠나는 장거리 단체여행도 적극 조직하여 참가자가 크게 증가했다. 1932년에는 특별히 유람부遊覽部를 설치하여 장거리 여행을 조직했는데, 여행 지역이 북으로는 장성에 이르고, 남으로는 광둥과 광시, 동으로는 해안, 서로는 구이저우貴州, 윈난에 이르렀다. 1935년에는 '중국여행사 유람단'를 설립하여 단체여행을 제공했다. 이것은 회원제로 운영됐는데, 회원은 보통, 특별, 영구 세 가지였다. 보통 단원은 매년 단비團費로 2원을, 특별 단원은 10원을 납부했고, 한 차례 25원을 내고 영구단원이 됐다. 단원은 단체여행 참가, 숙박시설 이용, 간행물 구입 등에서 우대와 할인을 받았을 뿐만 아니라 중국여행사가 세내어 쓰던 각종 스포츠시설을 무료로 이용할 수 있었고, 여행 관련 집회나 연구활동에도 참가할 수 있었다. 1937년 중일전쟁으로 더이상 활동을 할 수 없게 될 때까지 단원이 9백 명에 달했고,[51] 20여 년 동안 조직한 각종 단체여행이 1천 회를 넘었다고[52] 한다.

이는 물론 고객을 더 많이 확보하기 위한 방책 중에 하나이기는 했지만, 영리 목적의 여행사가 다소 엉뚱하게 회원제 '유람단'을 만들고 운영했던 것은 일종의 '여행클럽'인 우성여행단友聲旅行團을 벤

치마킹한 결과라고 할 수 있다. 우성여행단은 당시 왕성하게 활동하던 자발적인 여행단체(클럽)로서 중국여행사와 경쟁관계에 있었는데, 우성여행단이 여행 이외에도 스포츠, 문화예술 공연과 같은 다양한 여가활동의 기회를 제공했던 것을 보아도 미루어 짐작할 수 있다.[53]

간헐적으로 단체 해외여행을 조직하기도 했다. 앞서 언급했듯이 1926년 봄 일본 벚꽃놀이 여행단日本觀櫻團을 조직하여 해외 관광여행의 서막을 연 이후, 1932년에는 '맥가조성단麥加朝聖團'이라 하여 회교도의 단체 성지순례여행을 조직하기도 했다.[54] 1936년 베를린 올림픽이 열렸을 때는 '구주歐洲유람단'을 조직하여 올림픽 관람을 겸해 유럽 각국을 여행하여 모두가 만족해했다고 한다.

중국여행사가 나름대로 자리를 잡아갈 수 있었던 데에는 환전 및 수하물 서비스가 '효자' 노릇을 했다. 이는 당시 중국의 특별한 사정에 기인했는데, 1935년 난징 국민정부의 폐제개혁으로 화폐제도가 어느 정도 정돈될 때까지 근대 중국의 화폐제도 및 시장은 혼란 그 자체였다. 중앙은행에서 발행한 지폐, 각지의 상업은행과 외국은행이 발행한 지폐, 지역에서 사적으로 발행된 지폐私票가 난무했고, 여러 층위의 금융기관들은 시장 환율에 따라 각각의 지폐를 환전해주는 일이 커다란 임무 중에 하나였다. 이처럼 전국적으로 통일된 화폐시장이 형성되지 못했을 뿐만 아니라, 각지 화폐시장의 발전 수준도 매우 고르지 못했다. 경제가 비교적 발달한 상하이, 한커우, 톈진 등은 그 수준이 비교적 높았으나 내지는 화폐시장이 거의 형성되지 않아, 전국적으로 기형적인 불균형 현상을 보여주었다.[55] 이런 화폐시장의 난맥상은 여행에도 적잖은 불편을 초래했을 터이다. 이에 중국여행사는 상하이은행과 합작하여 여행자수표를 발행했다. 여행중에 현금을 소지하는 것은 그 자체로 위험이 따르는 일이었고 더욱이 지역마다 폐제가 달라 환율이 복잡했으니, 여행자수표의 발행은 매우 유용했을 것이다. 이 여행자수표는 중국여행사의 분사와 지사에서 환전해주었고, 더불어 여행보험을 취급하기도 했다.[56]

이밖에도 전국적인 통신체계가 여의치 않던 시절이라 여행객이 여행중에 친지에게 소식을 전하기가 거의 불가능했는데, 중국여행사가 분·지사를 통해 이를 대리해줌으로써 여행객의 통신 문제를 해결해주었다. 또한 여행객의 각종 편의를 증진시키기 위해, 사무실辨事處, 휴게실休息室, 식당進餐室, 숙소招待所 등 주요 기차역과 부두에 서비스시설을 설치했다. 특히 관광지에 여행객을 끌어모으기 위해서는 멋지고 깨끗한 숙박시설이 필요했는데, 이를 위해 각지에 크고 작은 숙소招待所와 호텔을 설립했다.[57] 이와 관련해 진푸津浦철로 관리국의 여관과 식당칸을 위탁받아 운영하기도 했다.[58]

중국여행사가 공식적으로 천명한 사명은 한마디로 '중국에 여행을 제창하는 것'이었다.[59] 여행에 대한 인식이 미미한 상황에서 여행을 제창하기 위해서는 우선 여행에 대한 관심을 불러일으킬 필요가 있었다. 그래서 중국여행사는 처음부터 편집과編輯科와 출판부出版部 등을 두고[60] 여행에 대한 인식을 제고하는 많은 간행물을 발행했다. 대표적인 것이 『여행잡지』이다.[61] 1927년 봄에 창간된 『여행잡지』는 1929년까지 계간으로 발행되다가 1929년 3권부터 월간으로 증간됐다. 중간에 우여곡절이 없을 수 없었으나 1955년 『여행가旅行家』로 개편될 때까지 중일전쟁 기간을 포함해 꾸준히 발행됐다. 특히 1937년까지는 각종 여행기, 평론, 인터뷰 기사 등 여행에 관한 풍부하고 세밀한 내용을 담고 있어 1차 사료로서 가치가 높다.

『여행잡지』가 비교적 높은 질을 담보할 수 있었던 것은 중국여행사의 특별한 배려로 『신보』에서 편집주임을 맡고 있던 전문 언론인 자오쥔하오趙君豪를 주편主編으로 스카우트했고, 상하이은행의 경제적 후원으로 원고료를 높게 책정함으로써 문화계 명사들의 투고가 줄을 이었기 때문이었다. 또한 각지의 분·지사를 통해 잡지를 광범위하게 유통시킬 수 있었다. 양질의 내용과 광범위한 유통망을 바탕으로 『여행잡지』는 일개 여행사의 기관지에 머물지 않고 잡지 자체로서도 문화계에서 영향력을 가졌다. 또한 아름다운 풍경사진을 열심히 모아두어, 국내외 신문, 잡지, 학자들이 사진을 필요로 할 때 중국여행사를 찾아왔다고 한다.[62]

중국여행사는 「여행안내서」나[63] 여러 형태의 여행기를[64] 발행하기도 했는데, 이 또한 여행에 대한 관심을 고취하는 데에 크게 기여했다. 특히 여행안내서는 단순히 여정만을 소개하는 것이 아니라 역사, 풍속, 교통, 명승고적, 숙식 등에 대해 비교적 소상히 서술하고 있다. 또 『여행편람월간旅行便覽月刊』이 있어 철도, 윤선, 항공 시각표 등을 실었고, 여행 핸드북, 지도, 풍경 그림이나 사진 등을 실었다. 1934년 미국 시카고에서 세계박람회가 열렸는데 거기에서 여행객을 불러모으기 위한 컬러 영문 핸드북 50만 부를 배포하기도 했다. 이처럼 중국여행사는 여행에 대한 관심과 인식을 고취하는 홍보 활동을 활발히 전개했다.

### 중국여행사를 둘러싼 수요와 공급

중국여행사를 둘러싼 수요와 공급의 문제를 중심으로 머리말에서 제기했던 의문을 풀어보자. 어째서 민국 시기 내내 '중국여행사' 이외에 다른 여행사가 생겨나지 않았던 것인가.

우선 수요의 측면을 살펴보면, 일반적으로 여행사 설립의 바탕이 되는 '여행하는 중산층'이 제대로 형성되지 않았다는 점을 지적할 수 있겠다. 민국 시기 국내외 인구 유동량을 보여주는 통계자료가 있지만,[65] 그 안에서 이런 근대적 함의의 '여행객' 규모를 명확히 뽑아내기는 어렵다. 여기에는 상인, 기업인, 정부 사절, 선교사, 시찰단, 유학생, 이민자, 친지 방문자 등 업무나 특정한 목적을 위해 이동하는 사람들이 '여행객'과 함께 혼재되어 있기 때문이다.

다만, 이와 관련된 몇 가지 방증자료를 생각해볼 수 있다. 우선 중국여행사의 영업을 분석해보면 워낙에 객표客票를 대리 판매하는 일에 집중되어 있었는데, 1931년이 되어서야 본격적으로 단체여행객을 모집하기 시작했다. 그러나 1년에 몇 차례 조직되는 여행단의 규모는 대개 수십 명을 넘지 못했다. 1935년 8월에는 '중국여행사유람단中國旅行社遊覽團'을 만들고 회원을 모집했는데, 1937년에도 회원이 900여 명에 불과했다.[66] 1931, 34년도 『철도연감』의 통계에 따르면,[67] 국유철로 14개 노선에서 1931년에 '유람표遊覽票'를 이용한 승객은 18만여 명이고, 1934년에는 30만여 명으로 전체 승객에서 각각 0.45퍼센트와 0.73퍼센트를 차지하고 있다. 모두를 '여행객'이라고 단정할 수도 없지만, 그렇다 하더라도 전체 유동인구에서 차지하는 비중은 지극히 미미하다고 할 수 있다.

또한 여행은 생계가 달린 문제가 아니라는 점에서 어느 정도의 소득이 뒷받침되지 않으면 생각하기 어렵다. 따라서 여행에 참여할 수 있었던 주체는 고위 관료나 부유한 기업인, 은행가, 상인 및 그 자녀들에 한정됐을 것으로 보인다. 일례로 한 여행자가 유럽여행을 위해 상하이에서 3천 원을 환전하고 있고,[68] 우성여행단의 '화북여행' 프로그램에는 참가비로만 160원을 내야 했다.[69] 그런데 당시 중국의 1

인당 국민소득은 51원 가량이었다.⁷⁰ 5인 가족으로 치면 가구당 1년 소득이 255원에 불과한 상황이었으니, 여행에 큰 돈을 쓸 수 있었던 사람은 극히 제한될 수밖에 없었을 것이다.

중국은 19세기 중반의 아편전쟁 이후 세계시장체계에 편입되면서 이민자, 유학생, 상인, 시찰단 등을 통해 국제적인 인구 유동에 참여했고, 국내적으로도 근대적 상공업과 무역의 발전, 도시화에 수반하여 인구이동이 크게 활성화됐으며, 그 규모도 결코 서구 열강에 뒤지지 않았다. 하지만 소득 수준의 제고 및 여유시간의 증가와 함께 나타나는 '근대적' 함의의 여행은 극소수 부유계층의 전유물이었을 뿐 광대한 노동대중과는 전혀 무관했고, 이 점이 서구와 다른 점이라고 할 수 있다.⁷¹ 당시 중국에는 이른바 '여행하는 중산층'이 사회적으로 형성되지 못했고, 이는 수요 측면에서 중국여행사 이후 다른 여행사가 생겨나지 않았던 한 가지 이유이다.

공급자의 측면에서도 몇 가지 이유를 찾아볼 수 있다. 일반적으로 여행서비스업으로는 수지를 맞추기 어려웠기 때문에 여행사를 차릴 생각을 하지 않았을 것으로 보인다. 그것은 앞서 보았듯이 여행의 수비 수요가 극히 제한적이었고, 그래서 중국여행사도 설립 초기에 막대한 적자를 보았으며,⁷² 나중에도 영업 실적이 객표 대리 판매나 화물 대리 중개에 집중됐고,⁷³ '여행사에서 기차표를 파는 것을 매우 괴이하게 여겼던'⁷⁴ 데에서 유추해볼 수 있다. 이런 상황에서 중국여행사가 설립된 것은 위에서 상술했듯이 외국 문물에 익숙한 천광푸 개인의 의지가 크게 작용했던 것이다. 말하자면, 천광푸 이외에는 당시 여건에서 여행사를 차릴 생각을 갖기 어려웠을 것이다. 더욱이 여행을 유망한 중요 산업으로 여기는 인식이 매우 미흡했던 상황이었다.⁷⁵ 또한 중국여행사가 전국 각지에 지사와 분사를 설립하는 등 중국여행사의 아성이 너무 견고해져 이에 도전할 엄두를 내기가 어려웠을 것이다. 이밖에, 직장이나 사회단체의 동료들끼리 여행팀을 구성해 여행을 떠나는 풍조가 성행했고, 심지어는 우성여행단과 같이 여행을 전문으로 하는 사회단체까지 활발하게 활동해, 영리 목적의 여행사는 그 입지가 더욱 좁았다.

이상에서 중국여행사의 설립과 활동을 중심으로 중국의 근대적 여행인프라가 형성되는 과정을 살펴보았다. 이 글은 이상의 서술을 통해 단편적으로나마 중국에서 근대 여행이 보여주는 특징적 면모를 드러내는 데에 1차적인 목표를 두었다. 중국의 근대 여행은 인프라의 측면에서 볼 때, 서구에서 '이식된 근대'였다. 서구에서 어느 정도 자란 여행의 토양이 다른 중국에 '옮겨 심어진 것'이었다. 철도와 대형 여객선輪船이 그렇고, 여권과 비자도 그렇다. 여행할 사람은 없는데 여행사만 생겨난 것도 그렇다. 대중을 위한 '근대적인' 여행인프라는 초보적 형태를 갖추었지만, 여행자는 여전히 소수의 특수 계층이었고, 여행에 대한 인식도 이 수준에 머물러 있었다. 여행 주체와 인프라의 이러한 불일치, 다소 비약하자면 여행의 내용과 형식의 괴리가 바로 중국 근대 여행의 특징적 양상이었다. 말하자면, 중국의 근대 여행은 '허울(겉모양)은 멀쩡한데 알맹이는 없는' 것이었다.

이런 괴리 현상은 '세계체제의 주변부'로서의 중국을 표상한다. 주변부에서는 여행인프라의 구축이 내재적 여행수요의 증가에 발맞추어 이루어진 것도 아니고, 이런 인프라의 구축이 새로운 방식의 여행으로의 발전을 촉진한 것도 아니었다. 서양에서는 전문화된 여행사의 출현이 근대 여행의 발생을 명확히 보여줄지 모르나, 중국에서는 그렇지 않았다. 그럼에도 불구하고 여행인프라가 이식된 것은 서구 제국주의의 필요에 따른 것이었고, 서구 중심의 근대 여행이 중국에까지 확대되는 과정에서 일부의 중국인이 이에 편승하여 모방함으로써 이루어진 것이었다. 철도는 애초부터 여행자를 위해 건설된 것이 아니고 정치·경제적 필요에 따라 외국 자본에 의해 만들어진 것이었다. 여행은 여전히 소수 특권 계층을 위한 것이었으며, 당장은 새로운 발전의 가능성도 보이지 않았다. 중국의 근대 여행은 이렇게 시작됐다. 중국의 근대 여행이 반드시 서양과 같을 필요는 없다는 점에서, 중국에 근대 여행이 없었다는 것은 아니다. 다만, 기존 연구에서 강조하고 있는 바와 달리, 중국의 근대 여행이 단면적으로는 '형식과 내용의 괴리'라는 특징을 가졌고 매우 제한적으로 이루어졌다는 시대상을 강조하고자 하는 것이다.

이렇게 볼 때, 근대적 여행인프라의 구축과정은 외부의 영향에 의해 촉발된 것이라고 할 수 있겠다. 사실 근대 중국의 역사발전은 전형적으로 외부적 영향과 내재적 요인이 상호 경쟁하며 전개됐다고 할 수 있다. 외부적 요인에 의해 촉발된 변화와 내재적 요인에 의해 진행된 변화가 동시에 존재한다고 볼 수 있는데, 이 글에서 다룬 여행인프라의 구축은 전형적으로 전자를 보여주는 사례라고 할 수 있겠다.

# 팽창하는 경계와 제국의 시선
근대 일본의 만주여행

임성모

근대 일본의 역사적 전개과정에서 나타난 특징 가운데 하나는 제국주의로 조숙한 전환이 이루어졌다는 점이다. 청일전쟁을 분수령으로 국민국가 수립(홋카이도와 오키나와의 내부식민지화 및 불평등조약으로부터의 이탈)과 식민지 영유(타이완 식민지화)가 일시에 달성된 것은, 일본의 경우 국민국가화와 제국화가 동시적으로 진행됐음을 의미하며, 이것이야말로 일본 근대화의 큰 특질이다. 이른바 '국권론國權論'과 '민권론民權論'의 갈등이 침략전쟁을 계기로 수렴되는 정치사적 전개과정도 이러한 특질이 반영된 결과라고 하겠다.

일본이라는 근대 국민국가의 건설과 전개에 결정적인 영향을 미친 전쟁, 그 전쟁이 치러진 구체적인 전장戰場은 일본열도가 아니라 그 외부인 한반도와 만주 지역이었다. 특히 만주는 청일, 러일 양 전쟁뿐만 아니라 만주사변, 중일전쟁 이후로도 항일전선과의 군사적 대치가 장기간 이어진 가장 지속적인 전장이었다. 전장으로서의 만주는 근대 일본의 제국화과정에서 급격한 경계의 팽창이 이루어진

장이자 타자인식의 형성과 변용이 진행된 공간으로서 핵심적인 위치를 차지한다. 다시 말해서 만주는 근대 일본의 팽창하는 경계, 타자인식과 자기의식의 변용을 고찰하려 할 때 빠뜨릴 수 없는 결정적 토포스topos인 것이다.

이 글은 만주에 대한 제국 일본의 시선이 탄생하고 자기운동하는 과정을 검토하기 위한 작업의 일환이다. 구체적으로 러일전쟁과 만주사변이라는 두 차례의 침략전쟁의 결과 새롭게 제국으로 편입된 경계[1]인 관동주關東州와 만주국滿洲國을 대상으로 한 각종 여행의 양상을 고찰함으로써 일본의 '제국의식帝國意識[2]이 형성되는 메커니즘과 그 특징을 분석할 것이다. 종래 근대 일본의 제국의식에 대한 연구는, 영국의 인도 지배와 그 인식 등 서구와의 비교사적 검토를 한 축으로 하면서[3], 식민지 연구의 일환으로서 일본인의 식민지 거주와 관련된 체험과 인식을 조명해왔다.[4] 이들 연구의 접근방식은 한편으로 식민정책학이나 식민지론의 계보에 대한 지성사적 접근, 다른 한편으로 식민지 이주의 실태와 이주자 사회의 인식을 다룬 사회사적 접근이 그 주류를 차지해왔다고 볼 수 있는데, 이 두 가지 접근방식은 서로 개별화되어 결과적으로 제국의 중심과 주변이 분절적으로 고찰되는 경향이 강했다.

최근 들어 박람회 등의 사회문화적 현상을 통해 제국의 중심과 주변을 유기적으로 포괄하면서 제국의식의 형성을 고찰하려는 연구가 시작되고 있는 것은[5] 기존 연구의 이러한 문제점을 극복하기 위한 방법론적 모색일 것이다. 이 연구동향 가운데 최근 들어 여행을 통한 제국의식의 해명도 차츰 진척되고 있는 중이다.[6] 이 글은 최근에 이루어진 선행 연구의 문제의식과 연구성과에 입각하면서, 러일전쟁과 만주사변을 두 개의 분수령으로 해서 전개된 만주여행의 양상을 분석함으로써 근대 일본이 구축한 '제국의 시선'을 고찰해보고자 한다.

## 1. 만한滿韓관광과 제국의식의 확대

러일전쟁에서 일본이 승리를 거둔 이듬해인 1906년 7월, 시사만화잡지『마루마루친분團團珍聞』은 당시 일본의 대국의식을 상징하는 인상적인 카툰을 게재했다([그림 1]). 제목은「피서 여행의 일대 진보」. 전형적인 순례자 차림의 일본인이 배를 타고 규슈九州에서 만주滿洲로 여행을 떠나는 모습을 형상화한 이 카툰에는 다음과 같은 설명이 붙어 있다. "우리 전승국戰勝國 국민의 피서지가 어찌 상자 속 모형정원 같은 하코네箱根나 시오바라鹽原 따위일 손가. 우르르 나가자, 우르르 나가, 만한滿韓 방면으로."[7] 만한, 즉 만주와 한국이 이제 더이상 이역만리가 아니라 제국의 판도에 편입된 신민臣民의 새로운 피서지라는 메시지를 담고 있다. '을사보호조약'에 의해 통감부 지배가 시행되던 한국, 그리고 러시아와의 전쟁을 통해 조차지租借地로 빼앗은 만주(정확히는 뤼순旅順, 다롄大連 등 관동주 지역)가 팽창하는 제국의 경계 안으로 들어와 여행이라는 일상과 맞닿게 됐음을 여실히 보여주는 사례가 아닐 수 없다.

러일전쟁 개전開戰과정에서 제국 일본의 대륙정책은 종래의 만한교환론滿韓交換論에서 만한불가분론滿韓不可分論으로 변경됐다. 1890년 이래 메이지明治 정부의 대외정책이 주권선主權線 유지를 위한 이익선利益線의 확보를 표방했음은 익히 알려져 있지만, 만한불가분론은 일본의 이익선이 만주로까지 그 경계를 확대했음을 말해준다.[8]

〔그림 1〕 만한여행을 권유하는
카툰(『마루마루친분』, 1906).

한반도와 맞바꿀 수 있는 대상으로서 만주를 관념하던 상황은 이제 종말을 고한 것이다. 카툰 속의 일본인 여행자는 일본열도에서 만주로 발걸음을 떼고 있지만, 그 발길은 이미 한반도로도 옮겨져왔던 것이다. 카툰의 설명에 사용된 '만한 방면'이라는 일괄 칭호는 이처럼 팽창하는 제국의 경계를 함의하고 있었다. '만한'은 이후 '만선滿鮮'으로 바뀌고 '만몽滿蒙', '만지滿支'로 그 경계를 계속 넓혀나가게 된다.

실제로 위의 카툰이 그려진 시기에는 두 계열의 만한 단체여행이 기획되어 해외관광 붐을 조성하고 있었다. 하나는 민간 신문사가 기획한 민간인 단체관광이고, 또 하나는 문부성文部省과 육군성陸軍省이 공동 주최한 수학여행이었다. 주도자의 차이에 주목해야 하지만, 양자는 서로 중첩되는 국면도 많았다. 예컨대 신문사의 만한관광에 대해서 육군성이 승선 허가나 현지 숙박시설 제공 등 각종 편의를 봐주었고, 문부성·육군성의 수학여행을 신문사들이 대대적으로 선전해주었던 점이 지적될 수 있다.

대표적 대중지인 아사히朝日신문은 1906년 6월 일본 최초로 만주와 한국을 유람하는 관광여행을 기획했다. 6월 11일 도쿄 아사히의 편집회의에서 경제부장 마쓰야마 주지로松山忠二郎가 당시 요코하마橫浜와 고베神戶 간을 정기운항하던 로셋타마루ろせった丸를 이용한 만한시찰여행을 제안해 주필의 찬성과 경영진의 승낙을 얻어냈다. 요코하마-고베-모지門司-부산-인천-경성-진남포-다롄-랴오양遼陽-뤼순-나가사키長崎로 이어지는 30일간의 일정에 약 350명의 인원을 모집한다는 계획이었다.9 당시 아사히신문사는 만한관광을 기획하게 된 의도를 이렇게 설명했다.

바닷가에서 납량納凉을 하고 산골짝에서 피서를 하는 것은 이미 낡았다. 그렇다고 발簾 그늘에서 술을 마시고 나무그늘 아래 오수를 즐기는 것도 피서라기에는 너무 소극적이다. 전승국戰勝國 인민은 전승국 인민에 부합되는 호쾌한 거동을, 신흥국新興國 인민은 신흥국 인민에 상응하는 용장勇壯한 소하법消夏法을 취함이 마땅하다.10

결국 만한관광 기획은 신흥강국으로 '진보'한 제국 일본에 걸맞은 전승국 국민의 기개를 표면에 내세워 명실공히 '피서여행의 일대 진보'를 선전했던 것이다.

그런데 이 만한관광 기획의 배경에는 러일전쟁을 전후한 저널리즘의 변모가 자리잡고 있다. 일반적으로 러일전쟁은 일본 신문의 역사에서 발행부수를 비약적으로 증대시킨 일대 분수령으로 평가된다.11 20세기 최초의 '현대전'이었던 러일전쟁은 미디어의 '현대화'를 요구했고, 각 신문사는 전황戰況 보도를 둘러싸고 치열한 매체 '현대화' 경쟁에 돌입했다. 경쟁은 다수의 종군기자 파견, 특별통신

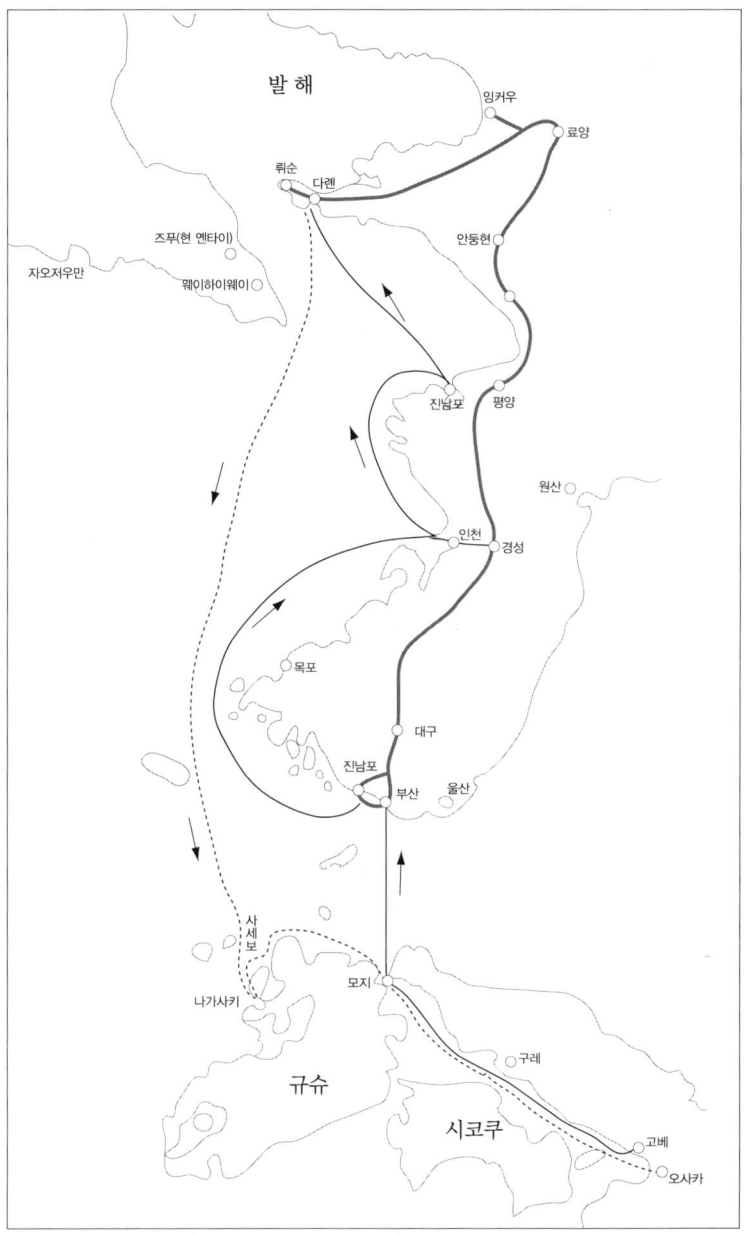

[지도 1] 만한순유선(滿韓巡遊船)의 항로(1906)

선 운항, 속보성 호외 발행, 사진·화보 등 시각매체의 대폭 활용 같은 형태로 나타났는데, 그 주역은 오사카를 본거지로 한 마이니치每日신문과 아사히신문이었다. 오사카 마이니치는 종군기자를 41명이나 파견했고, 오사카 아사히는 1904년에만 무려 248회의 호외를 발행했다. 특별통신선 항에이마루繁榮丸를 급파했던 아사히의 경우는, 일본 해군의 뤼순항 봉쇄 작전(제2차) 당시 전사한 히로세 다케오廣瀨武夫 소좌의 무용담을 대대적으로 보도하면서 '군신軍神'이라는 신조어를 만들어내기까지 했다.[12] 선정주의에 입각한 신문 발행부수의 확장은 이를 유지하기 위한 각종 이벤트, 예컨대 마라톤이나 야구대회 같은 이른바 '미디어 이벤트'[13]를 신문사 쪽에 요구했다. 결국 아사히신문사의 만한관광은 러일전쟁 보도 열기 이후 일본 사회에 정착되기 시작한 '미디어 이벤트'의 일환으로서 등장했던 것이다.

이처럼 러일전쟁 전적지戰蹟地 답사를 중심으로 만주와 한반도를 순회하게끔 기획된 이 여행은 첫회부터 아사히신문사의 예상을 상회하는 민간인들의 참가를 이끌어냈다. 갑·을·병·정 네 등급의 여행비가 18엔에서 60엔까지 상당히 고액이었음에도 불구하고, 모집 공고를 낸 지 5일 만에 350명의 정원이 다 찼던 것이다.[14] 7월 25일부터 한 달 가량 국민의 열렬한 호응과 관심 속에 진행된 이 만한관광은 그 여정이 속속 신문에 연재되면서 해외관광여행 붐을 일으키는 계기가 됐다(여정은 〔지도 1〕 참조). 이 여행은 참가자와 독자 모두에게 만주와 한반도가 자신들의 경계 안으로 들어오고 있으며 이로써 일본은 서구열강과 어깨를 나란히 하는 제국으로 부상하고 있다는 의식을 공유하게끔 만들었다. 만한지역은 청일·러일전쟁의 승리라는 역사적 기억이 깃든 곳이자, 제국 일본의 국위를 선양해나갈 약속의 땅으로 인식됐다. 만한여행은 제국이 달성한, 또 달성할 성공담을 현장에서 만끽하는 장場으로서 자리매김됐다. 제국의식이 저널리즘에 의해 상품화되면서 대중의 일상생활 속으로까지 침투해 들어갔던 것이다. 이후 해외관광여행은 대중을 제국의식의 소비자이자 생산자로 만드는 중요한 매개고리 역할을 하게 된다.

한편 청일전쟁 직후인 1896년 효고兵庫현립 도요오카豊岡중학교의 조선여행을 맹아로 해서 시작된 일본의 수학여행은, 1906년 문부성과 육군성이 공동주최한, 중학생 이상의 학생을 대상으로 한 만주수학여행을 계기로 전국화됐다.[15] 아사히신문의 만한관광이 대대적인 반향을 불러일으키고 있던 상황 속에서 수학여행에 적극적이었던 것은 육군성이다. 육군성은 6월 26일 문부성이 인정한 중학 이상의 학생여행단에 대해서 전용선專用船의 무상승선 등 각종 편의를 제공하겠다고 통고함으로써 각급 학교의 수학여행 열기를 고조시켰다.[16] 당시 신문사들은 만한수학여행에 대한 당국의 편의 제공을 적극적으로 제언하고 있었다.[17] 7월 여름방학 기간을 이용한 이 만한수학여행에는 전국 각급 학교의 신청이 쇄도했는데, 문부성의 공식 발표에 따르면 신청학교수 152개교, 신청자총수 7,616명이고 이중 실제 여행에 참가할 수 있었던 것은 3,694명이었다고 한다.[18]

참가자의 중심은, 신문사 주최 여행단의 경우에도 그랬듯이 간사이關西 지역 학생들이었다. 히로시마고등사범학교廣島高等師範學校의 경우는 교장 이하 교직원과 학생들 141명이 참가했다. 7월 19일 우지나宇品를 출항한 일행은 23일 다롄에 도착해, 뤼순, 펑톈奉天, 푸순撫順, 톄링鐵嶺, 랴오양遼陽, 잉커우營口를 순방한 뒤, 본대本隊와 지대支隊로 나누어 지대만 육로로 한반도를 거쳐 귀국했다. 학생들은 학부별로 영어부는 사회 일반, 지리역사부는 지리와 역사, 국어한문부는 문학, 수물화학부는 전쟁, 박물학부는 자연환경에 관한 사항들에 중점을 두고 관찰한 뒤 이를 보고서 형식으로 남기고 있다.[19] 도쿄東京의 경우에는 도쿄고등사범학교와 부립일중府立一中 등 총 8개교가 참가했다. 부립일중(현 도쿄도립 히비야日比谷고교)의 경우, 4학년 19명, 5학년 21명, 교사 9명 등 총 49명이 참여했으며, 도쿄고등사범학교는 저명한 동양사학자 나카 미치요那珂通世를 비롯한 교직원 21명과 학생 168명 등 192명의 여행단을 조직했다.[20]

그런데 이들 수학여행에는 몇 가지 공통점이 발견된다. 첫 번째로 여정이 러일전쟁 전적지 견학을 위주로 하고 있었다는 점이다. 부립일중의 경우, 7월 13일 도쿄를 출발해서 18일 다롄에 상륙한 뒤 뤼순, 펑톈, 톄링, 랴오양, 잉커우, 진저우錦州를 견학하고 8월 11일 귀경할 때까지 약 1달간의 여정이 거의 러일전쟁 전적지를 살펴보는 것으로 채워지고 있다. 특히 도쿄고등사범학교의 경우는 여행의 목적을 "요동遼東에서의 일러전역日露戰役의 유적을 시찰하는 것"으로 명시하고 있다.[21] 두 번째로 이와 관련해서 군부軍部의 주도성이 두드러지게 나타난다는 점이다. 예컨대 여행의 가이드는 주로 육군 쪽이 담당하여, 뤼순의 203고지 등을 방문할 때 참전 군인들이 러일전쟁 당시 격전의 비화를 소개하는 경우 등이 많았다. 이것이 혈기왕성한 청소년들의 애국심을 고취하기 위한 의도였음은 두말할 필요가 없다. 세 번째는 여행이 군대식으로 조직되고 운영됐다는 점이다. 도쿄고등사범학교의 경우 전체 학생을 두 개의 단團으로 나누고 각 단을 6개조로 편성해, 군대의 행군을 본떠 각 조장이 대열을 지휘하게끔 했다. '연대'나 '무장집합' 등 군사용어도 일상적으로 사용됐다.[22] 근대 초기 일본의 교육현장이 제복착용, 두발통제, 정리정돈, 시간엄수 등 군대식 집단행동을 고스란히 적용한 '국민교육'의 장이었음은 기존 연구에서도 이미 지적된 바이지만,[23] 이러한 특징은 학교의 울타리를 벗어난 수학여행에서도 똑같이 맹위를 떨쳤던 것이다.

　이상에서 살펴본 바와 같이 러일전쟁은, 삼국 간섭 이래의 '와신상담臥薪嘗膽', 전승에 따른 뤼순, 다롄 등 요동반도 조차지, 만철滿鐵(남만주철도주식회사)과 그 부속지의 확보를 계기로 해서, 일본 사회가 서양에 대한 열등감을 만회할 공간으로서 만한 지역에 대한 오리엔탈리즘적 타자인식, 다시 말해 제국의식을 고양시키는 결정적 계기였다. 미디어 이벤트와 국민교육 차원에서 신문사와 정부가 앞서거니 뒤서거니 호응하면서 기획한 만한단체관광은 이렇게 고양된 제국의식의 정착과 재생산을 담보할 메커니즘의 일환으로서 탄생했던 것이다. 그리고 만주를 대상지로 한 단체관광의 탄생은 곧 제국의식의 배양을 위한 순례巡禮공간의 탄생을 뜻하는 것이기도 했다.

## 2. 국민적 위령공간, 만주의 탄생

　앞서 살펴본 수학여행의 사례에서 전형적으로 드러나듯이, 러일전쟁 직후의 만주여행은 전적지 관광 중심으로 짜여져 애국심의 고취를 위한 국민교육의 현장답사적 성격이 짙었다. 이는 곧 조국을 위해 순국한 영령들을 집단적으로 애도하는 행위를 통해서 '우리' '일본인'이라는 집합적 정체성을 획득하려는 순례의 의식儀式이기도 했다. 만주는 국민으로서의 일체성을 창출하고 강화하는 위령慰靈공간의 중심지 중 하나인 동시에, 특히 전승국민으로서의 우월감을 확인하고 재생산하는 제국의식의 배양지로서 여타 여행지와는 다른 차별성을 과시할 수 있었다. 요컨대, 만주는 제국의 국민적 위령공간으로서 화려하게 등장했던 것이다. 그러나 위령공간으로서 만주의 탄생을 단지 우월감의 소산만으로 일면화할 수는 없다. 왜냐하면 국민적 위령공간의 요구는 동시에 현재에 지속되고 있고 미래에도 그래야 할 '위기'의식을 수반하기 때문이다(물론 그 '위기'가 반드시 현존해야만 할 필요는 없다).

위기의식의 연원은 러일전쟁 이전으로 거슬러 올라간다. 19세기 말 러시아는 시베리아 횡단철도(1891), 만주 북부 횡단 동청東淸철도(1896), 하얼빈哈爾濱에서 다롄, 뤼순으로 남하하는 동청철도 남부지선의 건설과 다롄, 뤼순 도시 건설을 개시하고 있었다. 뤼순에서는 요새와 군항, 다롄에서는 근대적 도시 건설과 국제자유항 건설도 시작됐다. 다롄항 제1부두가 완성되자 제2부두 공사와 함께 속속 각국 기선이 입항했다. 관세 부과가 없는 자유항으로서 러시아가 다롄을 개방한 것은 1902년. 주목할 점은 이해에 모두 717척의 선박이 기항했는데, 선적국 별로 보면 러시아 324척, 일본 241척, 영국 83척, 중국 49척, 미국 2척 등의 순이었다는 점이다. 중국이 49척에 불과한 것은 당시 잉커우가 중국 무역의 중심항이었기 때문이지만, 일본 선박의 진출이 두드러진다는 점만은 분명히 확인된다. 다롄을 출입한 승객을 보더라도 러시아인이 1만 1천 명인 데 반해 일본인은 무려 3만 4천 명으로 세 배가 넘었다.[24] 이러한 사실은 당시 이른바 '가라유키상からゆきさん'을 비롯해 러시아의 만주 '개발'에 기생하고 있던 현지 일본인들을 매개로 러일간의 정치적 갈등이 증폭되는 것이 필연적이었음을 말해준다. 그리고 이 위기의식은 일본인 만주여행자들의 기록에도 잘 나타나고 있다.

가장 대표적인 기록을 들자면 도쿄제국대학 법학부 교수 도미즈 히론도戶水寬人의 기행문[25]이다. 러시아에 대한 강경론자인 도미즈는 1903년 6월 가쓰라 다로桂太郞 내각의 외교를 비난하며 대러시아 주전론主戰論을 주장한 공동의견서(소위 '7박사 의견서')를 발표하고 신문·잡지 기고나 대중유세를 통해서 개전開戰 여론을 환기시키는 활동에 전념했다. 특히 '의견서'는 제국대학 교수들의 상황인식을 여실히 드러내는 것으로서, 제국주의가 시대의 대세라는 전제 아래에 만한불가분론, 무차별전쟁관, 국제자위권론을 개전의 명분으로 내세운 바 있다.[26] 이 기행문은 '의견서' 사건 등 도미즈가 펼친 정치적 활동의 근거를 제시한 것으로 볼 수 있는 '실물교육'의 텍스트라 하겠다.

도미즈가 만주여행에 나선 것은 1902년 8월 29일. 그로부터 약 세 달 뒤인 11월 28일 나가사키로 돌아올 때까지, 그는 블라디보스토크, 하얼빈을 거쳐 뤼순, 다롄, 잉커우, 진저우 등 만주 각지의 일본인 사회와 러시아세력의 현황을 세밀하게 관찰했다. '학술연구상의 자료 수집'을 표방한 도미즈의 여행에서 주안점은 당시 하얼빈과 다롄 등지에 펼쳐지고 있던 러시아의 세력권에 대한 경계의 시선이다. 그는 일본인의 만주여행에 대한 각종 제한 조치들(예컨대 지도 휴대 금지), 일본인의 토지사용에 대한 삼엄한 규제조치 등을 부각시키면서, 이들 지역에서 러시아인이 얼마나 일본인을 위협하고 있는지를 줄곧 강조한다. 그리고 북중국에 일본군이 세력을 펼치고 있기 때문에 현지 거류 일본인들이 활보할 수 있는 것처럼, 만주에도 일본군의 세력을 부식해야 한다고 주장했다. 결론적으로 러시아에 대한 도발적 자세, 궁극적으로 전쟁까지 불사하는 방향으로 적극적인 외교를 펼쳐야 한다고 일관되게 부르짖었다. 동시에 도미즈는 하얼빈의 전략적 중요성, 러시아 만주 지배의 실정, 관세 등 무역과 경제 상황, 교통수단, 토지 문제, 거류민단 실태 등에 대해서도 학자답게 구체적 통계수치를 제시하며 분석하고 있다.

　러일전쟁 종결 당시 도미즈는 포츠머스조약 체결에 반대하는 논문을 발표했다는 이유로 휴직처분을 받은 뒤에도 천황에게 강화조약 비준 거부 상주문을 제출함으로써 총장 면직으로까지 사태를 발전시킨 장본인으로 유명한데, 그 배경에 1개월여의 만주여행을 통한 실체험이 중요한 요인으로 작용했음에 주목할 필요가 있다. 더 중요한 것은, '배상금 없는' 강화조약에 반대하여 일어난 도쿄 시민의 '히비야日比谷 폭동'에서도 알 수 있듯이, 러일전쟁 이후 일본의 만주 지배의 내외적 기반이 허약하기 짝이 없다고 하는 자각이 위기의식의 지속과 재생산을 요청했다는 점이다. 그렇기 때문에 더더욱 만주는 전장에서 희생된 넋들을 집합적으로 기림으로써 '삼국간섭'의 재현을 막아낼 안전판 역할을 담당해야 했다. 이리하여 만주는 영령의 소리에 귀 기울이게 하는 '기억장치'[27], 즉 위령공간으로서 자리매김되기에 이른 것이다.

　랴오뚱반도의 지배권을 확보한 일본은 만주의 대동맥 펑톈을 정비하는 동시에 종래의 군사적·경제적 '경영'뿐만 아니라 관광, 사회교육 측면의 경영에도 나서기 시작했다. 앞서 살펴보았듯이 러일전쟁을 전후한 시기는 일본 미디어의 역사에서 신문, 잡지의 발흥기였던 만큼, 종군기자 출신 문학자들의 박진감 넘치는 르포나 다양한 시각매체를 활용한 소위 '전쟁 미디어'의 확충이 급속히 진행됐다.[28] 유행가에서 교과서에 이르는 이들 '전쟁 미디어'에서 공통적으로 내걸린 두 글자는 '승勝'과 '충忠'이었다. 즉 엄청난 인명손실을 은폐하기 위해 '대승리'의 구호를 내걸어 염전厭戰 분위기를 일신하는 동시에, 국난을 당해 기꺼이 목숨을 바치겠다는 충성심의 고양을 지향했던 것이다. 뤼순을 중심으로 한 전적戰跡관광은 '승'을 과시하고 '충'

을 재생산하는 기제로서 기능했다. 예컨대 일본군과 러시아군의 시체가 산을 이뤘던 격전지, 203고지(해발 203미터)는 '일본인'이라면 누구나 경배해야 할 성지로서 숭배됐다. 203고지는 노기 마레스케乃木希典가 지은 다음 시 구절을 따서 '이령산爾靈山(니레이잔. 203의 일본어 발음과 같다)'으로 불리기도 했다.

爾靈山嶮豈難攀 이령산 높고 험해 오르기 어렵다만
男子功名期克難 남아가 이름 떨쳐 고난을 이겨내리
鐵血覆山山形改 철혈이 산을 덮어 산세마저 바뀌니
萬人齊仰爾靈山 만인이 하나 같이 우러르는 이령산

이밖에도 만주 각지에는 러일전쟁의 전적을 기념하는 위령비, 순난비, 충혼탑들이 대거 건립됐다. 대리석 등으로 세워진 이들 비나 탑은 모두 소규모 공원으로 정비되어 다롄, 뤼순, 펑톈, 신징, 하얼빈 등지에 속속 들어섰다. 예를 들어, 1933년 다롄을 방문한 춘원 이광수는 다롄 충령탑을 둘러보며 가이드로부터 "만주에는 다섯 개의 충령탑이 있어서, 뤼순, 다롄, 루양, 펑톈, 안둥에 청일, 러일, 만주사변의 10만 충령忠靈이 안치되어 있다"는 요지의 설명을 듣는다.[29] 충령탑은 뤼순이 1907년 5월, 루양은 10월, 다롄은 1908년 9월, 펑톈이 1910년 3월, 안둥은 6월 순으로 건립됐다. 이들 5개 충령탑은 주로 러일전쟁 전사자를 제신祭神으로 했지만, 만주국 수립 이후 추가로 건설되는 4개 충령탑은 만주사변 전사자를 제신으로 삼았다. 즉 신징(1934. 11), 하얼빈, 치치하얼齊齊哈爾(모두 1936. 9), 그리고 청더承德(1938. 5)의 충령탑이 그것이었다. 그러나 제신 숫자에서 보자면 만주사변 때보다 러일전쟁 전사자가 압도적인 우위를 점했다.

전자의 경우 하얼빈이 3,182주柱로 최고인 반면, 뤼순의 경우는 무려 8배인 24,466주에 달했던 것이다.[30]

그런 의미에서도 위령공간 만주의 상징은 역시 뤼순이었다. 러일전쟁 당시 루양전투(1904. 8. 9)에서 마지막 펑톈전투(1905. 3)까지 벌어진 육상전투 가운데 뤼순요새 함락전은 무려 4개월이 넘는(1904. 8. 19~1905. 1. 1) 대혈전이었다. 러일전쟁 종전 직후 도고 헤이하치로東鄕平八郎 제독과 노기 마레스케 대장의 제창으로 뤼순 백옥산白玉山 정상에 있던 포대砲臺 자리에 납골당과 충혼비忠魂碑를 건립하는 운동이 추진됐다. 만주의 전장에 흩어진 일본인 병사들의 유골을 수습해주자는 목소리는 국민적 모금운동으로 이어져서 순식간에 무려 26만 엔이라는 거금이 마련됐다. 납골당은 1907년 7월 기공하여 이듬해 3월에 완성됐고, 충혼비는 곧 표충탑表忠塔이라는 명칭으로 바뀌어 1909년 11월에 낙성식을 거행하게 된다. 약 5천 평의 부지에 건설된 두 기념물 가운데 납골당에는 2만 2천에 달하는 전사자들이 안치됐다. 특히 표충탑은 위령시설로서의 면모를 완벽하게 갖춘 거대한 구조물이었다. 높이 65미터의 이 탑은 정상 부분의 9미터 정도가 포탄 모양의 첨탑을 이루고 있다. 243개의 나선형 계단을 올라 탑의 정상에 서면 발해만渤海灣과 관동주의 전경이 파노라마처럼 펼쳐졌다. 청일전쟁을 전후해서 대중적 인기를 끌었던 '파노라마관'에서나 볼 수 있었던 스펙터클을 이제 육안으로 만끽할 수 있게 됐던 것이다.

백옥산의 표충탑으로 상징되는 국민적 위령공간 뤼순은 러일전쟁 이후 제1차 세계대전의 호경기에 따른 호황 국면이 이어졌던 1920년대 전반까지 순례의 중심지로 기능했다. 그러나 간토關東대지진에 뒤이은 소위 '진재공황震災恐慌'의 여파로 말미암아 일본자본주의가 위기에 처한 1920년대 후반에 이르면 만주관광의 열기는 차츰 하향 곡선을 그리게 된다. 이른바 '다이쇼大正 데모크라시'라 지칭되는 일본 사회의 자유주의화 경향과 이를 반영한 국제적 '협조외교協調外交'의 틀은, 한편으로 해외여행에 따르는 위험성을 경감시키기도 했지만, 또 한편으로는 애국주의에 기초한 순례여행의 성격까지 일시적으로 감쇄시켰던 것이다. 물론 애초부터 만주여행의 참여자들이 '순례'적 성격에만 충실했을 리는 없고 여러 전적지들을 일종의 눈요기로 받아들인 측면도 있었을 것이다. 이런 상황 속에서 외견상으로라도 만주여행이 지닌 순례여행의 이미지가 지속되기 위해서는 인위적 노력이 요청됐다. 거기에 좋은 빌미를 제공했던 것이 바로 5·30운동을 분수령으로 고양된 중국민족주의였다. 국민당의 '북벌北伐'은 남만주에 대한 일본의 '특수 권익'이 침해될지도 모른다고 하는 위기의식을 고조시키는 계기가 됐다. 실제로 '북벌'이 가속화되는 1920년대 후반에 접어들면 이러한 위기의식에 편승한 '출판자본주의'의 내셔널리즘 고양 캠페인으로서 만주, 특히 뤼순여행 안내서가 '혁신'되는 한편, 뤼순을 중심으로 한 단체관광과 수학여행이 다시금 상승곡선을 그리게 된다.

  이 '혁신'적 안내서의 결정판은 러일전쟁 당시 고다마 겐타로兒玉源太郎 사령관을 수행했던 문필가 우에다 교스케上田恭輔의 작품이다. 우에다는 1927년 펑텐 소유의 『만주일일신문滿洲日日新聞』에 인기리에 연재됐던 기사들을 한데 묶어서 『뤼순 전적 안내기』라는 제목의 책을 출간해, 백옥산 표충탑을 비롯한 위령시설들을 자세히 소개하고 있다.[31] "뤼순 백옥산 정상의 초혼사招魂社에 모셔진 영령의 전사戰死는 만세일계萬世一系의 황실에 불상사가 없기를 기원하는 충군애국忠君愛國의 발로였다"는 구절로 시작되는 이 안내서는, '다이쇼 데모크라시' 아래에서 군비축소의 진행 등으로 인해 상대적으로 퇴조하고 있던 러일전쟁의 기억을 되살리려 한 흔적이 역력하다. 국민당의 '북벌'이라는 위험이 점점 다가오고 있는 공간으로서의 만주, 그중에서도 '왕관의 보석'에 해당하는 뤼순은 러일전쟁의 기억과 현실의 위기감을 배합시킬 최적의 배양기였다. 이러한 의도와 부합되도록, 우에다는 뤼순관광의 코스를 위령이라는 목적에 철저하게 맞춰 재구성하고 있다. 예컨대 뤼순에서 처음 방문할 곳은 백옥산이지만 도중에 러시아 진지인 크로포트킨 보루와 '백거대白襷隊 용사 전몰지戰沒地'를 들러야 하고, 뤼순역에서 백옥산 정상까지의 등산로는 3개인데 그중에서 역 앞의 구舊도로를 골라야 산등성이에 자리잡은 '군신軍神 히로세 중좌 등 봉쇄선 용사 기념비'를 볼 수 있다는 식이다. 당시 그의 책이 베스트셀러가 된 것으로 미루어 짐작하건대, 이후 뤼순관광의 코스는 우에다가 권유한 순서를 대부분 따랐다고 보아도 무방할 것이다.

우에다의 뤼순 관광안내서에 마치 호응이라도 하듯이, 월스트리트발 세계공황의 급습 직전인 1928~29년은 일본인의 만주관광이 피크를 이루었던 시기로 기록되고 있다.[32] 〔표 1〕은 1928년 당시 평톈에서 주관한 만선하얼빈 주유여행 18박 19일 코스의 일정표이다. 여기에는 창춘, 하얼빈을 제외한 12박 13일 코스의 패키지도 마련되어 있었다. 여행 15일째에 방문하게 되는 뤼순에서만 가이드와 마차를 별도로 고용하고 있는 것이 눈에 띠는데, 그것은 뤼순관광이 위령공간 만주의 상징이었음을 다시금 일깨워준다.

한편 〔표 2〕는 규슈九州 미야자키현宮崎縣의 미야코노조都城상업학교 제7회 만선지滿鮮支 수학여행의 일정이다. 당시 여행에 참가한 50명의 학생들은 여행비 75엔을 마련하기 위해 입학 후 매월 2엔 정도

〔표 1〕 펑톈운수과·선만안내소 주관 만선·하얼빈 주유周遊여행 일정(1928)[33]

| 일차 | 여행지 | 관광장소 및 숙박 |
|---|---|---|
| 제1일 | 시모노세키-부산 | 시모노세키下關 발 야간 관부關釜연락선 승선. 승선시 세관 검사. 선중船中 숙박. |
| 제2일 | 부산-경성 | 아침 부산 상륙. 시내 관광 후 펑톈奉天행 보통 열차 탑승. 밤 경성 도착. |
| 제3일 | 경성 | 조선신궁, 남산공원, 상품진열관, 파고다공원, 박물관, 동식물원. |
| 제4일 | 경성-인천-경성 | 경복궁, 용산 시가지, 한강, 오후 인천 관광 후 펑톈행 야간열차 탑승, 차중車中 침대 숙박. |
| 제5일 | 경성-평양-펑톈 | 아침 평양시내 관광(서기공원, 대동문, 연광정, 모란봉, 을밀대, 기자묘), 오후 펑톈행 열차 탑승, 안둥安東역에서 세관 검사(시계를 1시간 늦게 조정), 차중 침대 숙박. |
| 제6일 | 펑톈 | 아침 펑톈 도착. 마차로 시내 및 근교 관광(신시가, 성내城內, 펑톈부속지, 만주의과대학, 북릉北陵). |
| 제7일 | 펑톈-푸순-펑톈 | 아침 열차로 푸순撫順행, 탄갱 등 관광(오야마갱大山坑, 도고갱東鄕坑, 몬도가스공장, 시가지, 노천굴), 저녁 푸순발 열차 탑승, 펑톈 도착, 숙박. |
| 제8일 | 펑톈-쓰핑제-정자툰 | 아침 펑톈발 창춘長春행 열차 승차, 오후 쓰핑제四平街 도착해 정자툰鄭家屯행 열차로 환승, 저녁 정자툰 도착, 숙박. |
| 제9일 | 정자툰-쓰핑제-창춘 | 오전 정자툰 시내관광, 오후 열차 탑승, 저녁 쓰핑제 도착해 창춘행 급행열차로 환승, 밤 창춘 도착, 숙박. |
| 제10일 | 창춘-하얼빈 | 창춘 시내 및 성내 관광(신시가, 이퉁허伊通河), 오후 동지東支철도 열차로 하얼빈행(동지철도 시각은 만주시각보다 26분 빠름), 밤 하얼빈 도착. |

| 일차 | 여행지 | 관광장소 및 숙박 |
|---|---|---|
| 제11일 | 하얼빈-창춘 | 하얼빈 시내관광(신시가, 동지철도청, 튜린상회, 부두구埠頭區, 상품진열관, 시장, 공원, 송화강松花江, 부가전傅家甸), 밤 창춘행 열차 탑승, 차중 침대 숙박. |
| 제12일 | 창춘-궁주링-탕강쯔 | 아침 창춘 도착, 펑톈급행열차 환승해 궁주링公主嶺 도착, 농사시험장, 시가지 관광, 오후 남행열차 탑승, 밤 탕강쯔湯崗子 도착, 온천여관 숙박. |
| 제13일 | 탕강쯔-다스차오-잉커우-다스차오-다롄 | 아침 탕강쯔 출발, 정오 다스차오大石橋 도착, 환승, 잉커우營口 도착, 3시간 가량 시내관광(랴오허遼河, 신시가, 천후궁天后宮, 뉴쟈툰牛家屯, 거류지), 오후 잉커우 출발, 다스차오에서 환승해 남하南下, 밤 다롄大連 도착, 숙박. |
| 제14일 | 다롄 | 다롄 시내관광(부두, 러시아거리, 서西공원, 라오후탄老虎灘), 숙박. |
| 제15일 | 다롄-뤼순-다롄 | 아침 다롄 출발, 뤼순旅順 도착, 안내자 및 마차 고용해 각 전적戰蹟 관광(백옥산 표충탑, 기념품 진열관, 각 전적, 박물관, 신구시가), 저녁 열차로 다롄 도착, 숙박. |
| 제16일 | 다롄 | 다롄 시내 및 근교 관광(전기유원電氣遊園, 중앙시험소, 샤오강쯔小崗子 중국인 거리, 사허커우沙河口공장, 호시가우라(星ヶ浦, 지금의 싱하이星海)공원), 숙박. |
| 제17일 | 다롄- | 오전 10시 출항 오사카상선大阪商船 정기선(매주 2회 출항)으로 내지로 향함, 선중 숙박. |
| 제18일 | | 선중 숙박. |
| 제19일 | -시모노세키 | 오전 시모노세키 도착(상륙 때 세관 검사). |

[표 2] 미야자키현 미야코노조 상업학교의 만선지 수학여행 일정(1928)[34]

| 일차 | 여행지 | 관광장소 및 숙박 |
|---|---|---|
| 제1일 | 미야코노조-모지-시모노세키-부산 | 선중 숙박. |
| 제2일 | 부산-대구-경성 | (부산) 항구, 시장, 시내, 공원. (대구) 곡물회사, 공원, 차중 숙박. |
| 제3일 | 경성 | 경성고상高商, 비원, 조선신궁, 총독부, 상품진열관, 창덕궁, 은사화학관恩賜化學館, 조선은행, 금파金波여관 숙박. |
| 제4일 | 경성-인천-경성-평양 | 인천항구, 공원, 세관, 월미도, 차중 숙박. |
| 제5일 | 평양 | 대동문, 모란봉, 현무문, 을밀대, 기자묘, 중학교, 대동관 숙박. |
| 제6일 | 평양-안둥-푸순 | 안둥신사, 공원, 중국인 거리, 성냥공장, 안둥공사公司, 압록강 철교, 차중 숙박. |
| 제7일 | 푸순-펑텐 | 노천굴, 오야마大山탄갱, 몬도가스공장, 펑텐 숙박. |
| 제8일 | 펑텐-뤼순 | 신구 시가지, 펑텐성城, 충혼비, 북릉北陵, 법륜사法輪寺, 의과대학, 모직공장, 차중 숙박. |
| 제9일 | 뤼순 | 백옥산白玉山 표충탑表忠塔, 동계관산東鷄冠山 203고지, 박물관, 수사영水師營, 전적기념관, 뤼순공과대학 기숙사 숙박. |
| 제10일 | 뤼순-다롄 | 부두사무소, 부두, 유방油房, 상품거래소, 다롄신사, 사허커우沙河口공장, 중앙시험소, 이와키盤城호텔 숙박. |
| 제11일 | 다롄-칭다오 | (다롄) 상품진열관, 선중 숙박. |
| 제12일 | 칭다오-상하이 | 칭다오青島시가, 전적, 수도, 아사히旭공원, 선중 숙박. |
| 제13일 | 상하이 | 정금正金은행지점, 총영사관, 금은교역소, 야시로八代여관 숙박. |

| 일차 | 여행지 | 관광장소 및 숙박 |
|---|---|---|
| 제14일 | 상하이 | 동아동문서원東亞同文書院, 셴스공사先施公司, 성내城內, 융안공사永安公司, 타이완臺灣은행, 후신팅湖心亭, 야시로여관 숙박 |
| 제15일 | 상하이-쑤저우-상하이 | (쑤저우蘇州) 대운하, 한산사寒山寺, 성내城內, 풍교楓橋, 야시로여관 숙박 |
| 제16일 | 상하이 | 공원, 외인外人묘지, 홍콩상하이은행, 야시로여관 숙박 |
| 제17일 | 상하이 | 난징로南京路, 홍커우虹口시장, 일본인 구락부, 야시로여관 숙박 |
| 제18일 | 상하이-나가사키 | 선중 숙박 |
| 제19일 | 나가사키-미야코노조 | 나가사키고상高商, 스와諏訪신사, 상품진열소, 천주당天主堂, 차중 숙박 |
| 제20일 | 미야코노조 | 도착 |

씩을 적립했다. 그 무렵 초등학교 교원의 초임이 50엔 정도였음을 생각하면 상당히 비싼 여행비였기 때문이다. 이 수학여행 역시 1928년의 사례인데, 만주보다 상하이에서의 관광이 중심을 이루고 있으나, 9일째의 뤼순관광은 백옥산을 필두로 203고지, 전리품박물관, 전적기념관으로 이어지는 순례에 충실하게 할애되고 있음을 확인할 수 있다. 만주국 탄생 이후에는 이 일정에 신징과 하얼빈이 추가됐다.[35] 이들 수학여행은 해외 수학여행에 대한 실질적 금지조치와 함께 일본 국내 수학여행에 대해서도 제한을 하게 되는 1940년까지 지속적으로 시행됐다.

## 3. '왕도낙토'와 제국의식의 균열

이상에서 살펴본 바와 같이, 근대 일본의 만주여행은 러일전쟁 이래 뤼순을 중심으로 한 위령공간 순례로서 자리를 잡아갔다. 그리고 1910~20년대는 물론 30년대의 만주사변과 만주국 수립 이후에도 이 추세가 크게 변했다고 볼 수는 없다. 중일전쟁 이후인 1940년 전후까지 계속된 단체관광이나 수학여행의 사례들이 이를 반증한다. 그 배경으로서 만주에 대한 제국의 '특수지위'를 위협하는 중국민족주의의 고양과 이에 맞선 위기의식의 재생산이 있었음은 앞서 지적한 바와 같다. 만주사변이야말로 이 위기의식을 발판으로 삼은 관동군의 도발에 의해 일어났다. 그 결과 이른바 '왕도낙토王道樂土'를 표방하며 수립된 만주국에서 위령공간의 범위는 이제 관동주와 펑톈 부속지라는 좁은 테두리를 벗어나 만주 전역으로 확산됐다. 수도 신징新京과 펑톈, 하얼빈 등 각지에 신설된 충혼비는 뤼순을 정점으로 한 피라미드의 구조를 방불케 하면서 '영령英靈의 소리'를 찾는 일본인의 여정을 새로이 편성해나갔던 것이다.

그러나 만주사변을 전후한 시기 일본인의 만주여행에는 이전과 사뭇 달라진 측면 또한 나타났다. 필자가 보기에 여행의 양상에서 나타난 가장 큰 변화는 대략 두 가지로 요약될 수 있을 것 같다. 하나는 '주변의 시선'의 상대적 '자립'이라고나 할 경향을 통해 생겨난 제국의식의 다변화이고, 다른 하나는 일본의 소위 '제국 경영'의 실상에 대한 회의와 비판의 시선에 기인하는 제국의식의 균열이다.

제국의식의 다변화는 우선 만주를 바라보는 지정학적 시선의 변화에서 읽어낼 수 있다. 뒤의 〔지도 2〕[36]를 앞의 〔지도 1〕과 비교해보자. 만철滿鐵이 1929년 회사의 관광 홍보책자에 수록했던 이 「선만조감도鮮滿鳥瞰圖」는 조선과 만주로 이어지는 '대륙'을 중심에 두고 일본 본토를 원경화遠景化하고 있다. 일종의 '만주 중심주의'적 시선이라고 할 수 있겠다. 반면에 오사카아사히신문에 실렸던 [지도 1]의 항로도는 나카사키와 모지를 잇는 규슈九州 지역을 중심에 놓고 수직 방향으로 다롄과 뤼순을 배치하고 있다. 여기서 원경화되는 것은 일본이 아니라 바로 만주이고 이를 소위 '간사이 중심주의'적 시선이라고 명명할 수도 있을 것이다. 이 두 개의 지도를 놓고 비교할 때 분명히 드러나는 점은, 양자가 일본과 만주의 관계를 서로 다르게 바라보고 있었다는 것이다. 그것은 1930년대 '제국의 역류逆流'를 예감케 하는 시선이기도 했다.

만주의 실질적 지배자로서 세칭 '만철왕국'의 운영자였던 만철에게 만주라는 공간은 제국 일본을 리드할 '근대화'의 중심지로 자리매김됐다. 종래 제국의 '주변'으로서 '중심'의 연장선상에서 사고되어왔던 만주가, 이제 단순한 제국의 연장이 아니라 제국 전체를 주도할 가능성을 내포한 '근대성'의 선두주자로 변신해갔음을 의미한다. 다롄과 신징은 바야흐로 만주가 표상하는 새로운 근대성의 첨단 전시공간이 됐다. 다시 말해서, 만주는 이제 단순히 러일전쟁이라는 과거의 기억을 일깨우는 위령공간에만 그치지 않고 제국 일본의 새로운 중심을 지향하는 미래의 '왕도낙토'로 발돋움하기 시작했다.

'독립국가' 만주국의 수립은 이러한 변화를 상징하는 역사적 분기점이었다. 따라서 만주국 수립 이후의 만주관광은 '위령'의 기억장치라는 기능보다 최첨단 근대 도시[37]를 관람케 하는 이벤트로서의 기능으로 차츰 그 무게중심이 옮아가기 시작했다. 최근 연구에서도 밝혀진 바와 같이, 이 시기에는 선박, 철도와 함께 신징 등 대도시를 중심으로 운영된 '관광버스'가 여행의 꽃으로 부상해갔다.[38] 물론 버

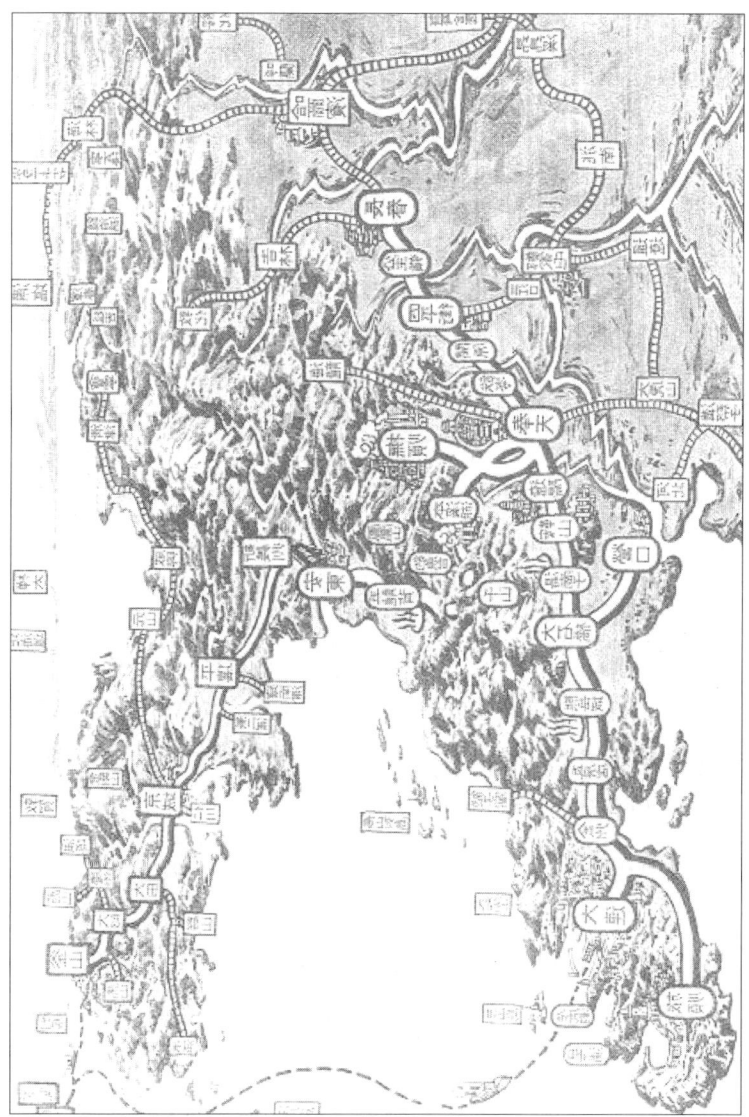

〔지도 2〕 만철(滿鐵)의 「선만조감도(鮮滿鳥瞰圖)」(1929).

스 관광의 경우에도 만주사변 이후의 영령을 추도하는 새로운 위령 시설들이 여전히 관광의 대상이 됐다. 특히 뤼순의 경우에만 '관광버스'라는 말 대신 '전적戰蹟버스'라는 말이 사용됐고 가이드도 여성이 아니라 남성 운전수가 겸하는 형태를 취했다는 점을 놓쳐서는 안 된다.[39] 그럼에도 불구하고 중요한 것은 만주여행에서 위령의 순례가 예전처럼 부동의 '중심'이 될 수는 없었다는 점이다. 만주는 이제 제국 일본의 미래상을 선취한 듯한 근대적 공간으로 관념되면서 변용되어가기 시작했던 것이다.

다변화의 또 다른 측면은 예컨대 하얼빈관광에서 찾아볼 수 있다. 1935년 일본이 동지철도東支鐵道를 소련으로부터 매수한 이래, '국제도시' 하얼빈은 일본인의 인종적 열등감을 '역전'시킬 일종의 '훈련장'으로 선전되면서 만주여행의 메카로서 각광을 받게 됐다. 특히 일본인의 하얼빈관광에서는 몰락한 백계白係 러시아인, 그것도 여성 댄서를 바라보는 일본의 남근주의男根主義적 시선 아래서 서양의 오리엔탈리즘을 역전시키려는 의식이 드러나곤 했다.[40] 만주사변 이후의 하얼빈관광은 만주여행에서 나타나던 일본인의 제국의식에 '옥시덴탈리즘적 환락향'의 추구라는 새로운 요소를 부가한 전형적 사례일 것이다.

이처럼 만주라는 공간이 변용되는 가운데 일본인의 제국의식에도 일정한 '균열'이 발생했다. 예컨대 20년의 간격을 두고 만주를 여행한 저명한 작가 나쓰메 소세키夏目漱石와 요사노 아키코與謝野晶子의 시선에서는 미묘한 대조점을 찾아볼 수 있다. 1909년에 당시 만철 총재였던 친구 나카무라 제코中村是公의 초대로 만주를 방문한 나쓰메 소세키는 그의 유명한 만한여행기인 『만한 이곳저곳』에서 다롄 부두의 중국인 쿨리를 다음과 같이 묘사하고 있다.

해안에는 사람들이 엄청나게 늘어서 있다. 하지만 대부분 지나支那 쿨리苦力인데, 한 명만 봐도 추접스럽지만 두 명이 모이면 더 볼썽사 납다. 이렇게 많이 몰려 있으면 더더욱 꼴사납다. 갑판 위에 서서 멀 찌감치 이 군중을 내려다보며 나는 내심 '이거, 내가 묘한 곳에 왔구 만' 하고 생각했다.……배는 의젓하게 이 추접스런 쿨리들 앞에 측면 으로 붙어서 멈춰 섰다. 멈추자마자 쿨리들은 마치 성난 벌떼처럼 갑 자기 소리를 지르며 움직이기 시작했다.[41]

소세키는 무리지어 우글대는 벌이나 개미처럼 바삐 움직이면서도 혀 없는 인간과도 같이 묵묵하게 일하는 존재로 중국인 쿨리를 묘사 하면서, 만주에는 인내와 정력이 운명처럼 들씌워져 있다고 관찰한 다. 그의 다른 소설들 속에서 만주로부터 돌아온 자들이 일종의 '파 멸형 인간'으로 그려지고 있는 데서도 알 수 있듯이, 소세키에게 만 주라는 공간은 개발도상의 동물적 에너지로 충만해 있지만 삭막하 기 그지없고 위화감을 자아내는 공간일 뿐이었다. 물론 그는 러일전 쟁 당시의 비이성적 전쟁열을 소설 『나는 고양이로소이다』에서 '야 마토다마시大和魂'를 풍자적으로 그려냄으로써 우회적으로 비판했던 인물이다. 이 기행문에서도 스스로를 '촌놈'이라 부르고 대대적인 개발의 와중에 있던 만주가 내뿜는 '근대성'에 혀를 내두르면서, 중 국인 쿨리들의 근육에서 일본 근대가 상실해버린 어떤 힘을 찾고 있 는 문맥도 없지는 않다. 그러나 그의 뇌리 속에서 '저들'의 근육에 힘을 제공하는 주체, 만주를 문명화시키고 있는 주체는 역시 제국 일본이었다.

이와는 사뭇 대조적으로 1928년에 소세키처럼 만철의 초대로 만 주여행길에 올랐던 시인 요사노 아키코 부부는 묵묵히 일하는 강건

한 중국인 노동자들에게 문명론적 시선을 들이대기보다는 오히려 현지 일본인들의 실태失態에 대해서 엄격하게 비판을 가한다. 그들은 인내심이 부족하고 현지 풍습을 무시하는 일본인들의 잘못된 우월감을 지적하면서, 중국의 항일운동이 "제국주의적 견지에서 보면 소름끼치는 일일 테지만, 인도주의적 입장에서 보자면 중국인을 위해 경축해야 마땅한 일"이라고까지 꼬집기도 했다.[42] 이처럼 제국의 위령공간이 탄생하고 증식하는 자기운동의 한가운데에서도 이 소용돌이에 휩쓸리지 않으면서 다른 시선으로 만주를 바라본 사례들이 종종 있었다. 이것을 곧바로 제국의식에 '비판적'인 시선의 등장이라고 규정해버리는 것은 지나친 확대해석이겠지만, 최소한 국가주의 일변도의 제국의식에 무조건적으로 포섭되지 않은 시선의 대두라고 자리매김할 수는 있을 것이다.

만철조사부를 중심으로 활동했던 전향 마르크스주의자들에게서도 그런 면모를 엿볼 수 있다. 만주국 수립 이후 관동군의 헤게모니에 의해 종래의 왕국이라는 면모를 상실했음에도 불구하고 패전 당시 40만 명이나 되는 사원을 거느렸던 만철은 2천 명이 넘는 조사요원을 갖춘 독자적인 싱크탱크를 보유하고 있었다. 이 만철조사부에는 본토에서 건너온 마르크스주의자들도 다수 활동했는데, 이들을 소위 '만철 마르크스주의자'라고 불렀다. 본토에서 사회주의운동에 대한 탄압이 심해 조직이 무너져 만주로 건너왔거나, 수차례 검거되어 전향서를 쓰고도 위험인물로 낙인 찍혀 만주로 추방됐거나, 사상운동의 경력 때문에 취업을 못해 만주로 흘러든 사람들이 대부분이었다.[43] 이들은 결과적으로는 관동군의 지배정책을 보조하는 사회과학자로 기능했던 것이지만, 1940년대의 여러 '조직사건'에서 볼 수 있듯이 '혁명'의 꿈을 간직한 채 만주를 최후의 보루로 여겼던 부류도 없지는 않았다.⁴⁴ 그들에게 만주는 일종의 도주逃走공간으로 자리매김될 수 있었다. 그것은 지배와 위령의 공간으로 만주를 관념하는 것과는 일선을 긋는 균열의 면모가 아닐 수 없다.

물론 전체적으로 볼 때 이러한 균열의 사례들보다 포섭의 측면이 만주에 대한 일본의 제국의식에서 주선율을 이루고 있었던 것만은 분명하다. 그럼에도 불구하고 '민족협화民族協和'를 표방한 만주국 건설 프로젝트는 종래 자명하게 여겨져왔던 일본인의 제국의식을 근본적으로 되묻는 장이 되기도 했던 것이다. 그러한 물음이 차츰 질식해들어가는 가운데 '대동아공영'을 표방하는 '파멸의 제국의식'이 극적인 형태로 진행됐던 것이 바로 아시아·태평양전쟁이었다.

이상에서 러일전쟁과 만주사변을 두 개의 분수령으로 해서 전개된 일본의 만주여행과 거기서 드러난 특징적 양상을 개관해보았다. 러일전쟁에서의 승리는 일본 사회가 서양에 대한 열등감을 만회할 공간으로서 만한 지역에 대한 오리엔탈리즘적 타자인식, 즉 제국의식을 고양시키는 결정적 계기였다. 미디어 이벤트와 국민교육 차원에서 신문사와 정부가 호응하여 기획한 만한단체관광은 고양된 제국의식의 정착과 재생산을 담보할 메커니즘의 일환으로서 탄생했다. 그리고 만주를 대상지로 한 단체관광의 탄생은 곧 제국의식의 배양을 위한 순례공간의 탄생을 뜻하는 것이었다.

러일전쟁 직후의 만주여행은 전적지 관광 중심으로 짜여지면서 애국심의 고취를 위한 국민교육의 현장답사라는 성격이 강했다. 조국을 위해 순국한 영령들을 집단적으로 애도하는 행위를 통해서 '우리' '일본인'이라는 집합적 정체성을 획득하는 순례의 의식이었던 것이다. 만주는 국민으로서의 일체성을 창출하고 강화하는 위령공간의 중심지 중 하나인 동시에, 특히 전승국민으로서의 우월감을 확인하고 재생산하는 제국의식의 배양지로서 여타 여행지와는 다른 차별성을 과시했다. 특히 백옥산의 표충탑으로 상징되는 뤼순은 이후 국민적 위령공간 순례의 중심지로서 기능하게 됐다.

   그런데 만주사변을 전후한 시기의 만주여행을 살펴보면 위령공간 순례라는 연속성과 함께 일정한 차이점이 발견된다. 이 글에서는 여행의 양상에서 나타난 가장 큰 변화를, 제국의식의 다변화와 균열의 등장에서 찾았다. 만주국이 '제국의 쇼윈도'로 등장하면서 위령이라는 과거와 함께 근대라는 현재가 강조되기 시작했고, 만주여행은 제국의 근대성을 만끽하는 장으로서도 자리매김됐다. 한편 위령공간의 증식운동이 진행되는 와중에서도 이에 전적으로 휩쓸리지 않으면서 만주를 바라보는 시선들도 나타났다. 이를 제국의식에 '비판적'인 시선의 등장이라고 안이하게 규정해버리는 것은 물론 비약일 것이다. 하지만 적어도 국가주의 일변도의 제국의식에 무조건적으로 포섭되지 않은 시선이 아시아·태평양전쟁 전야까지 부분적으로 엿보였던 것은 사실이다. 그럼에도 불구하고 전체적으로 만주에 대한 근대 일본의 제국의식은 균열의 측면보다 포섭의 측면이 주선율을 이루고 있었다.

제2부
# 정보 · 교류

# 고대 중국의 출행의식과 여행금기
'우보禹步'의 신화적 메타포

문정희

## 1. 시간에 대한 권력통제와 우보로 본 공통의 문화적 네트워크

고대 사회에서 여행이란 공간에 대한 제약과 통행자에 대한 통제로 권력이 관철되는 경우가 대부분인데, 이러한 권력의 통제는 시간에 대한 제약을 통해서도 행해신다. 즉 특정한 시간에 해서는 안 되는 금기와 또 일정한 통과의례를 거쳐야만 닥쳐올 불행을 극복할 수 있다는 주술을 강박한다거나 특정일을 지정일로 정해 행동의 제약을 가하는 방법으로 시간을 통제한다.

여행의 경우, 고대 중국에서는 경계 안으로 인식된 집[家, 宮]과 성문[邦, 國] 사이의 왕래나 국문 밖으로 장거리 여행[遠行, 大行]을 할 때 출행 전 여행자의 안전과 무사귀환을 위하여 일종의 통과의례로서 일련의 제사와 주술행위를 거행해왔다. 이것은 고대 중국인들이 여행 또는 도로를 지배하고 있는 행신行神이 있다고 믿었기 때문이다. 그런데 이 행신은 천신天神과 지기地祇, 그리고 인귀人鬼 등 위계질서와 계통이 명확하고 각기 주재하는 장소와 역할이 부여됐던 신들의 세계에서 매우 독특한 위상을 가지고 있다. 사실 '행行'이란 특정 대상이나 공간을 지칭하는 일반명사가 아니다. 예컨대 중국 고대 사회에서 성행했던 오사, 즉 큰 문門, 작은 문戶, 부엌竈, 중류中霤(집 한가운데)를 보아도 모두 각 신들이 주재하는 공간적 영역이 지정되어 있다. 그러나 오사 중 하나인 '행'은 공간의 이동, 즉 '유동성'을 신격화한 것으로, 그 정체성은 비록 길과 떼려야 뗄 수 없는 관계에 있지만, 다른 신들처럼 고정된 장소를 주재하지는 않아 결과적으로 공간의 외형적 틀에 의해 구속되지 않는다. 그보다 오히려 이 행신의 정체성은 경계와 경계, 이 세계와 저 세계를 이어주는 연계성, 유동적 연속성에 그 본질이 있다. 따라서 이 유동적인 행신에 대처할 방법도 특별하지 않으면 안 됐는데, 그 해결책도 공간이 아닌 시간에서 찾을 수밖에 없다.

중국 고대 사회에서 무엇보다 시간의 통제는 천자가 천天의 운행 원리를 본떠 새해마다 달력을 반포하고 또 그 달력에 기초하여 농사를 비롯한 각종 행사가 시작되는 이른바 월령月令 관념에 잘 드러나 있다. 우주가 일정한 법칙에 따라 운행되듯 천명天命을 부여받은 천자는 천을 대신하여 인간세계를 지배하는데, 이러한 관념을 상징화하여 명당에서 월령을 반포하고 12개월마다 방을 바꾸어 차례대로 순행하며 계절에 맞는 의례를 행한다. 이처럼 달력과 월령은 천자가 우주적 시간에 힘입어 인간의 사회적·정치적 시간의 지배까지도 가능하게 해왔다. 마찬가지로 시일금기는 원시 농경 사회에서부터 인류가 터득해온 자연의 시간적 리듬에 관한 경험의 축적으로서 그 주술적 긴박성과 통제력은 상대적으로 보다 원초적이라 할 수 있으리만큼 강력한 것이었다.

 이 점에 주목하여 필자는 전국 시대 출토자료로서 지금의 택일서의 원형이라고 할 수 있는 『수호지진간일서睡虎地秦簡日書』(이하 『일서』)[1]를 중심으로 문헌에 세세하게 기록되어 있지 않은 (여행을 포함한) 출행에 관한 시일 및 각종 금기를 통해 어떻게 출행을 통제해왔는지 검토할 것이다. 아울러 필자는 출행의식과 길 제사에서 사용됐던 일종의 통행서인 우부, 주술의 한 단계로서 우보(禹의 걸음), 택일법 중의 하나인 우수臾禹須臾, 우의 이일離日 등 우라는 인물이 자주 등장한다는 점에 주목하여 중국 고대 사회에서 우 신화가 어떻게 주술적 습속으로 자리잡게 되어 공통의 문화네트워크를 구축해나갔는지를 살펴보고자 한다.

## 2. 『일서』로 본 출행의식과 여행금기

 고대 사회에서 집을 떠나 여행을 한다는 것은 경계를 넘어 다른 경계로 이동하는 것을 의미하며 동시에 그것은 마치 생과 사가 교차하는 갈림길에서 미지의 세계로 발을 들여놓은 입문의식과 같은 것으로, 생명을 담보로 해야 하는 두렵고도 공포스러운 일이었다. 때문에 고대인들은 출행出行을 전후로 하여 여행의 순탄을 기원하고 아울러 돌아올 때에도 무사귀환을 신께 감사드리는 주술적인 의식을 행했다. 진한秦漢 시대 성행하여 국가의 공식의례화된 오사五祀에 행行 제사가 포함된 것을 비롯하여 도교의 비전秘典으로 알려진 『포박자抱朴子』에 소개된 입산入山의식, 그리고 문헌에 간간이 보이는 출행 전후의 전별의식 등은 이 같은 사정을 반영하고 있다. 그러나 그 구체적인 양태를 전하는 문헌자료는 그리 많지 않을 뿐만 아니라 소략하여 그 구체적 실상을 알 수가 없었는데, 출토자료인 전국 시대 『일서』는 출행 전 출행의 길일吉日과 불길일不吉日을 따지는 방법, 출행시 행해서는 안 되는 금기들, 그리고 길 제사 등 문헌자료에서는 찾아볼 수 없는 내용을 전하고 있다.

출행에 앞서 출행에 적합한 시일의 선택이 행해졌음은 후한대 채옹蔡邕의 「조전축祖餞祝」란 시구가 생생히 전하고 있다.[2]

> 올해 경사로운 달, 길한 날 맞춤한 때,
> 청상한 기운이 하늘을 찌를 듯 등등한 이때, 그대는 길을 떠나려 하네.
> 신령스런 거북점 길조를 보여주니, 아름다운 기상에 정신이 아뜩하다,
> 시초 점괘도 이정利貞이라 말하니 다름아닌 건乾괘로다.
> 말방울소리 서로 화음을 맞추듯 쩌렁쩌렁 울리며,
> 네 마리 말들 씩씩하여 금방이라도 뛰쳐나갈 듯 숨소리 거치네.
> 그대가 수레에 오르니 길이 훤해지며 열리고
> 풍백風伯과 우사雨師가 먼저 나서 길 한가운데를 깨끗이 하네.
> 양수陽遂가 복을 기원하고 치우蚩尤가 재앙을 막아주네.
> 창룡이 와서 수레바퀴가 되고 백호도 길을 돕네.
> 주작이 앞에서 이끌고 현무가 반려가 되는구나.
> 구진성이 중앙에 떡 버텨 사방을 위압하네.
> 마침내 그대가 방문에 이르렀으니 오래도록 즐겁고 무강하시길.

이 시에 묘사된 정경은 마치 화상석에 주요 테마인 「거마행렬도」가 눈앞에 펼쳐진 듯 생생하게 느껴진다. 풍백과 우사가 길라잡이가 되어 행렬의 선두에 서고 복을 가져다주는 신인 양수와 전쟁신으로

[그림 1] 「천제출행도」(하남 남양 출토).

[그림 2] 「하백출행도」(하남 남양 출토).

적을 물리치고 아울러 온갖 잡귀를 물리치는 신으로 전이된 치우가 행렬 앞에서 복을 불러들이고 다가올 재앙을 물리치며, 청룡과 백호, 주작과 현무 사신이 수레와 수레바퀴가 되어 행렬을 이끈다. 여기에 등장하는 풍백과 우사, 양수와 치우, 청룡과 백호, 주작과 현무 모두 신화 속에 등장하는 존재들이지만 여기에서는 의인화되어 길 떠나는 친구를 위해 비유적으로 노래하고 있다. 이 행렬의 구도는 기본적으로 [그림 1]과 [그림 2]와 같이 하늘의 천제天帝와 물의 하백河伯의 출행도와 거의 흡사하다.

시 구절 중 '올해 경사로운 달, 길한 날 맞춤한 때'를 택일하게 된 것은 모두 뒤의 '거북점'과 '시초점'의 결과임을 한눈에 알 수 있다. 이처럼 출행 전에 출행의 길일을 위한 택일을 하는 데 두 가지 방법이 이용됐음을 알 수 있는데, 택일에는 거북점과 시초점 외에도 다양한 방법이 구사되는데, 이제 『일서』를 통해 어떤 방법으로 택일을 하는지와 문헌에는 자세히 언급되지 않았지만 출행의식과 금기 등을 살펴보도록 하자.

고대 중국의 출행의식과 여행금기 · 225

### 출행일의 길흉과 택일원리

먼저 『일서』의 출행에 관한 시일금기行忌는 연구에 의하면 14종에 달하고 '불가행不可行' 날짜와 합하면 355일을 초과하는데, 중복된 것을 제외하면 출행 가능일은 165일, 45.2퍼센트 정도에 달한다. 이처럼 출행에 관계된 금기는 『일서』에서 제사 항목 다음으로 빈출하는 주제로 출행의 안위, 성공 여부는 고대인들에게 초미의 관심사였음을 알 수 있다.[3] 이처럼 출행에 관한 시일금기는 12신을 설정하여 해당하는 날짜의 길흉을 따지는 전형적인 택일법인 건제建除류와 이십팔숙의 별자리로 길흉을 점치는 총진叢辰과 이십팔숙점 등을 불문하고 그 점사에 편재해 있다. 예를 들면 다음과 같다. "집일執日에는 출행해서는 안 된다. (출행하면) 죽는다……(『일서』 건제建除 「갑편甲篇」)", "각일角日에는 제사와 출행에 이롭고 길하다(『일서』「성편星篇」)". 이와 같이 『일서』에는 출행에 관한 시일금기가 편재해 있는데, 그 내용을 정리해보면, 그 거리와 기간에 따라 '대행大行', '원행遠行', '구행久行', '장행長行', '급행急行' 등 명칭의 구분이 보이며, 장소에 따라서도 '수행水行', '육행陸行', '산행山行' 등 명칭의 구분 또한 보인다.

그리고 출행에 관한 시일금기에는 행신에 제사를 지낼 적절한 시일을 따지는 것이 있는데, 일서에는 별도의 항목을 두고 있어 제사 중에서도 비중이 큰 제사임을 알 수 있다. 이른바 '사행일祀行日', '사행양일祠行良日'이나 '행일行日' 등의 항목을 보면, 출행의 시일이 얼마나 중요했는지 알 수 있다. 이날의 점사占辭에는 행신行神을 정기적으로 제사하는 길일吉日이나 제사를 지내서는 안 되는 흉일凶日 등이 실려 있고, '행사行祀'가 정기적으로 행해지는 장소를 『일서』는 길의 좌우로 명시하고 있다(갑종甲種 '치실문置室門'). 이처럼 일상적으로 지내는 행신行神제사의 길일吉日, 흉일 외에 여행의 출발 혹은 귀가할 때의 길일과 흉일의 선택에 대해서는 '귀행歸行', '도실到室', '행일行日', '행자行者', '행기行忌', '망일亡日', '망자亡者' 등의 항목이 보인다.

무엇보다 출행에 관한 대표적인 시일금기는 후대 문헌과 당대唐代 출토자료나 택일서에도 보이는 이른바 반지일反支日이다. 반지일이란 서로 대척이 되는 간지에 해당하는 날짜를 말하는데, 반지일은 당월의 초하루를 기준으로 계산한다. 예를 들어 자축子, 丑이 초하루면 여섯 번째 날인 사오일巳, 午日은 반지일이 되고 인묘寅, 卯가 초하루면 다섯 번째 날인 오미午, 未가 반지일, 진사辰, 巳가 초하루면 네 번째 날인 미신未, 申이 반지일이 되는 셈이다. 이와 같이 유추하면 한 달에 11일에서 20일 사이에는 반지가 있을 가능성이 크다. 이와 같이 반지일은 사실 출행뿐만 아니라 만사가 불길한 날로 '적제임일 赤帝臨日'과 함께 대흉일에 해당되어 민간뿐만 아니라 관리들도 이날에는 공식적인 업무를 수행하지 않았을 정도로 기휘했던 날이다.[4]

또한 이 반지일과 관련 있는 출행 금지일이 '우禹의 이일離日'이다. "이일에는 출행해서는 안 된다. 출행하면 돌아오지 못한다"라고 하여 이일에는 출행할 수 없으며, 어기고 출행하면 돌아오지 못한다고 되어 있다. 이것은 『일서』 갑종 「간산도艮山圖」의 설명인데, 이 그림의 의미를 이학근의 해설을 참조하면, 산 모양의 구조는 『주역周易』 「설괘說卦」의 "간은 산이다艮爲山"에서 그 의미를 찾을 수 있고 작은 원들은 하루를 표시한다. 날짜를 따지는 법은 위쪽 모퉁이 위에서 위로부터 아래로 내려가며 센다. 이렇게 하면, 반지일과 산을 끼고 대칭해 있는 날이 '이일'이 되는데, 때문에 '이일'은 매월 11일부터 20일 사이에 있다. 이날은 출행에 부적합하여, 떠나 돌아오지 못한다는 의미 외에, 『주역』의 간괘艮卦의 "멈춰 움직이지 않고 서로 등을 돌려보지 않는다停止不動 相背不見"의 함의와 관련시켜보면 출행에 불리하고 분이分異에 이로운 날이 된다. 이는 우禹가 치수 때문에 오랫동안 밖에 머물렀다는 전설 때문에 '이일'을 우에 가탁한 것이라고 한다.[5]

물론 '이일'이 출행에만 한정된 금기일은 아니기 때문에 '우의 이일'은 당시 대중들에게 주술력이 뛰어난 존재로 우가 가탁이 된 것으로 볼 수 있다.[6] 이와 비슷한 사례로 '우수유禹須臾'가 있다. '수유須臾'란 원래 '찰나', '순식간'이란 시간을 나타내는 개념으로 후대에는 음양과 오행의 원리에 따라 길흉을 판단하여 택일하는 전형적인 택일법 중의 하나로 자리잡는다. 『후한서後漢書』「방술전方術傳」주에는 『무왕수유武王須臾』란 서명이 보이는데, 현재 전하지 않아 지금까지 그 내용을 알 수 없었으나 『일서』의 '우수유'의 발견으로 그 택일의 원리가 밝혀지게 됐다. '우수유'는 납음納音의 원리에 의해 시일을 배치하는 것을 말하는데, 납음이라는 것은 12율과 5음=60음, 즉 60간지로 출행의 길일을 선택하는 방법이다. 택일의 원리는 오행상극의 순서에 따르며, 이에 의거하여 길일뿐만 아니라 길일에 대응한 좋은 시각까지도 조합해내는 방법이 '우수유'의 원리라고 하겠다.[7]

이와 같이 '우수유'나 '우의 이일'이 우라는 신화적 인물에 가탁하고 있다는 점은 단순히 전국 시대 일자들의 농간이나 당시 대중들에게 주술력이 뛰어난 존재로 인식됐기 때문[8]만은 아닐 것이다. '무왕수유'에서도 보듯 한대에는 무왕武王이 가탁이 됐다고 한다면, 전국 시대에는 왜 우가 출행에 있어서 주술력이 뛰어난 존재로 인식됐는지, 이 점도 생각해볼 필요가 있다. 우가 가지고 있는 신화적 메타포는 출행과 떼려야 뗄 수 없는 어떤 연관관계에 있음을 부정할 수 없다. 설령 우를 가탁한 것이라 해도 왜 우가 그토록 대중에게 열렬한 호응을 얻게 됐는지 생각해봐야 할 것이다.

### 『일서』에 나타난 출행의식과 금기
— '우보禹步'와 '우부禹符'

그렇다면 출행의식은 구체적으로 어떻게 진행됐을까. 『일서』에는 문헌사료에는 보이지 않는 출행의식에 관한 단편을 전하고 있는데, 『일서』에 산재해 있는 사료를 종합하여 재구성해보면 다음과 같다.[9]

행인行人은 우선 이상의 우수유 등의 택일법에 의하여 출행에 적합한 길일을 선택하고 집의 문을 나서 맨처음 통과점으로 성문에 다다른다. 이 과정에서 이별의 아쉬움을 표하여 걸음을 멈추거나 뒤돌아보는 행위는 터부시된다. 여기에서 보행은 우측통행을 원칙으로 하며 성읍의 대로까지 무사히 이르면 길하다. 반면 돌아올 때는 반대로 좌측통행을 해야 한다. 이러한 금기는 도교 경전에서 우보와 함께 자주 등장하는 "돌아보지 마라"는 금기조항과 유사하다. 그리하여 성문에 이르면 조도祖道가 행해진다. 단을 만든다는 직접적인 언급은 없지만 행신을 포함한 4개의 신위 좌석을 만든다고 한 것을 볼 때 단을 만들어 제물을 진설했다고 해도 대과는 없을 것이다. 즉 방문邦門 밖에 흙을 쌓아 단을 만들

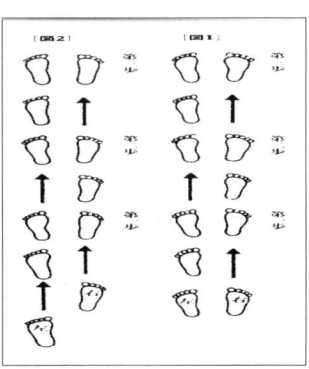

[그림 3] 『포박자』의 우보(『도교사전』의 판출상신 그림 재인용).

고 이를 중심으로 조도를 행하는데, 이때 "음식飮食, 가악歌樂, 희생犧牲(『일서』진제秦除)", 즉 가악과 음식을 동반한 연회와 희생을 바쳐 행하는 길 제사 등을 행한다. 일서 점서에 기술된 음식과 가악은 단순히 일상생활 속의 행위를 말하는 것이 아니라 공동체 구성원이 함께 참여하는 대사大事의 차원에서 행해지는 연회의 일종으로, 후대 지인을 영송할 때 연회를 베풀며 배웅했던 조도와 맥을 같이한다.

이때 주목되는 것은 출행에 즈음하여 여행중의 안전과 행신의 가호를 기원하기 위해 우보를 3번 반복하여 행하고 그 다음에 "아아! 감히 고합니다, 모某(자신의 이름)의 여행에 재앙이 없기를. 먼저 우(왕)를 위해 길을 닦겠습니다"라는 주문을 왼다. 그러고는 땅에 오획을 그어 그 가운데 흙을 덜어 가슴에 품는다. 또 한편으로는 방문을 나설 때에 우부禹符를 땅에 던지고 수레에 올라 그대로 뒤를 돌아보지 않고 떠나는 의식을 행한다.

이와 같이 방문을 통과할 때 일정한 형식의 우보식 걸음과 주문, 그리고 땅에 오획을 긋는 주술, 땅에 내던지는 우부 등 출행의식에 동원되는 의식의 절차와 도구 등을 살펴볼 수 있는데, 이것들이 상징하는 의미를 명확히 할 필요가 있다. 출행 때 행해졌던 우보는 무자의 전형적인 보행법으로 후대 도교의 비의로 수용되어 이른바 도사들의 보강답두步罡踏斗가 되는데, 북두칠성을 순서대로 밟는 것과 같은 보행법으로, 신령을 불러내기 위한 전형적인 주술이다.[10] 그런데 우보는 단순히 출행을 위한 주술적 보행일 뿐만 아니라 장사長沙 마왕퇴 한대 무덤에서 출토된 『마왕퇴백서馬王堆帛書』 중 각종 병인에 대한 분석과 치료처방을 기록한 「오십이병방五十二病方」에서 치병을 위해 '우보삼禹步三'을 행할 것을 처방한 점, 일서에 농사의 풍년을 기원하는 주술에서도 '우보삼禹步三'이 행해진다는 점에서 우

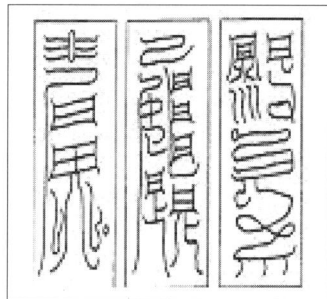

〔그림 4〕 부(오른쪽).
〔그림 5〕 입산부.

의 걸음걸이에서 유래되어 출행의식으로 행해지던 주술이 점차 일반 주술의 형식에까지 영향을 주었음을 알 수 있다. 때문에 갈홍葛洪은 "우보를 알아야 비로소 도술을 행할 수 있다(『포박자』「등섭鄧涉」편)"라고 도술에서 우보의 중요성을 강조하고 있다.

한편 주술에 사용되는 우부를 땅에 던지는 행위는 어떻게 해석해야 하는가. 우부는 『포박자』「등섭」편에 산에 들어갈 때 가지고 가는 일종의 부적과 같은 '황신월장지인黃神越章之印'을 연상케 한다. '황신월장지인'은 황제가 가지고 있는 세속적·신화적 권위에 가탁하여 만든 것으로 이것 역시 일종의 통행증과 같은 역할을 했음에 틀림없다. 〔그림 5〕는 산에 들어갈 때 몸에 지니고 가는 부적으로 입산부入山符이다. 우부도 이와 동일한 기능을 했을 것이며, 땅에 던진다는 것과 '부符'라는 명칭을 고려할 때 〔그림 5〕의 입산부와 크게 다르지 않으리라 생각된다. 그리고 부는 〔그림 4〕와 같이 일, 월, 용, 청 등의 글자를 조합하여 이를 추상적으로 변형시켜 만든 것으로 이것으로 악귀를 물리칠 수 있다고 생각했다. 이처럼 우부도 먼거리 여행이나 출행에 있어 발생할지도 모를 재앙을 미연에 방지하게 위해 땅에 던짐으로써 새로운 세계로 입문하는 일종의 통행증 역할을 했던 것이다. 『포박자』「하람遐覽」편에는 또한 '우교부禹蹻符'가 있는데, 이것이 우부인지는 알 수 없으나 이 역시 적어도 우부와 비슷한 성격의 부적으로 추정된다.

이상에서 살펴본 바와 같이 택일법으로서의 우수유, 그리고 우의 걸음걸이를 모방한 일종의 강신무로서의 우보, 우의 신통력에 가탁한 우부 등 우가 출행과 관련한 민간신앙 속에 깊이 각인되어 있음을 알 수 있는데, 이러한 우 신화 내용의 핵심 요소는 아무래도 치수로 인해 불구가 된 우의 절름발이 걸음이라는 것은 의문의 여지가 없다. 그래서 어떤 이는 이러한 우보와 관련된 신화는 전국 시대 형을 받아 불구가 된 절름발이들이 무로 활동하면서 그 걸음걸이를 신비화한 데에서 유래한 것이라고 한다. 우의 치수신화를 노동의 신성성을 주장했던 묵가가 겸애설의 근거로 설파함으로써 경전화된 데에서 유래된 것으로 보기도 한다.[11]

그러나 신화학적 측면에서 본다면, 이는 이른바 '절름발이 왕' 신화에 더 근접해 있다. 즉 크레타, 그리스, 켈트 그리고 게르만 신화 및 전설에 나오는 야곱, 디오니소스의 신 황소-발, 헤파이토스, 절름발이 대장장이 빌란트, 그리고 십자가를 짊어진 그리스도까지를 포함한 절름발이 왕들은 과거 원시 사회의 의례에서 이른바 '살해된 왕'이 후대에 절름발이나 성불구로 변형되어 나타난다는 관념과 동일한 선상에 놓여 있다.[12] 다시 말해 우 신화는 전국 시대 무자巫子들의 밥벌이를 보장해주는 부적으로 창조된 것이 아니라 보다 원시적인 신화적 세계관에서 유래된 것이며, 당연히 사회변화에 따라 인물의 성격과 기능이 변용되는 과정을 거쳤을 것이다. 절름발이의 신화적 메타포는 성인으로 추앙받는 개인이 집단의 안녕을 위해 자기를 희생했다는 점인데, 우의 경우는 치수사업에 몰두한 나머지 절름발이가 됐다. 다시 말해 집단의 안위를 위해 왕은 살해되는 것이다.

이외에 우와 관련된 신화에는 또 다른 중요한 메타포가 있다. 그 것은 치수의 결과물로서 천하 구주九州를 구획했다는 것과 구정九鼎을 제작했다는 내용이다. 구주의 확정은 치수가 고대 사회에서 왕권이 수력에 기원한다는 수력발전론을 뒷받침할 수 있는 상징적 측면이 강하다. 우의 구정 역시 왕권의 상징적 표징으로 이미지화된 것도 사실이다. 우가 치수에 성공해서 천하를 구주로 구획하자 구주의 제후들은 조공물로 구주의 청동을 우에게 바치니, 우는 이것으로 구정을 제작했다는 것이다. 그리하여 구정은 전국 시대 초소왕楚昭王이 주 왕실의 대신인 왕손만王孫滿에게 구정의 크기와 무게를 물었다는 '문정問鼎'의 에피소드에서도 볼 수 있듯이, 천명을 위임받은 천자의 통치권을 상징했다.

그런데 우의 구정에는 또 다른 신화적 메타포가 담겨져 있다. 초소왕의 물음에 대한 왕손만의 대답은 구정의 다른 측면을 보여주고 있다.

왕손만이 대답하길, "천명天命은 덕德에 있지 정鼎에 있는 것이 아닙니다. 옛날 하夏에 덕이 있어 먼 지방에서 물산을 그린 그림을 그려 바치고 구목九牧이 청동을 공물로 보내니 그것을 가지고 정을 만들고 (그 지방의 물산)을 그려넣으니 만물이 모두 그 안에 갖추어지게 됐습니다. 이것으로 민民들이 그 지방의 신성한 것과 사악한 것을 알게 했습니다. 그러므로 백성들은 천택川澤과 산림山林에 들어가서도 불약不若을 만나지 않으며 망량罔兩과 같은 도깨비를 만나지 않을 수 있었습니다."

구정은 우가 천하를 통일한 뒤 구주의 제후들이 우왕의 덕에 감화되어 청동을 바치고 자신들의 지방에서 살고 있는 동식물을 비롯한 귀신들까지 그려보내 새겨넣은 일종의 경계를 통과하기 위한 길 안내서와 같은 역할을 하는 것이다.[13] 전국 시대 작품인 『산해경山海經』이 각 지역의 풍물과 상상 속의 동식물을 그려넣은 지리서이자 안내서이듯, 구정은 바로 솥에 그려진 '산해도山海圖'라고 할 수 있을 것이다. 그런데 필자는 이 구정이 단순히 길 안내서로서만이 아니라 구정의 1차적 메타포, 제왕의 통치권의 상징물이란 점과 연계시켜볼 필요가 있다고 생각한다. 구정은 우가 치수에 성공한 뒤에 천하를 구주로 재편하고 구주에 살던 제후들이 복종의 의사표시로 청동과 지도를 바쳤다는 점, 이것은 후대 정복 지역의 군대 해산과 지도와 호적의 접수와 동일한 의미를 가진다. 따라서 구정의 제작은 곧 그 지역에 대한 정보(인간에게 해를 끼치는 맹수를 포함한 귀신들)의 확보와 장악을 의미한다. 과거 고대 사회에서 가장 두려운 것은 '이름을 알 수 없음'이었기에 치병治病에 있어 자주 동원됐던 주술 중 후대에까지도 지속됐던 것은 병을 일으키는 귀신을 파악하여 그 귀신의 이름을 부름으로써 액막이를 한 것과도 맥락이 닿는다.

또한 고대 사회에서 지식, 이것은 종종 문자로 표현되기도 하는데, 지식에 대한 장악과 그 독점은 곧 권력을 집중하고 독점하는 수단이란 점을 상기할 때[14] 구정에 그려진 각 지역의 지리와 동식물, 귀신들은 곧 그 지역을 수호하는 신성으로서 그 지역을 대표하는 성질을 가지는데, 이것을 장악한다는 것은 곧 천하를 통일한다는 의미를 가진다. 따라서 출행이 본래 익숙한 곳에서 낯선 곳으로의 경계 넘기라고 할 때 우 구정이 보여준 이러한 메타포는 우가 왜 출행의식과 깊은 관련을 가지게 됐는지 잘 보여주고 있다고 생각한다. 은의 청동기에 보이는 다종다양한 문양들 중 다수를 차지하는 도철饕

饕문양이 벌어진 입으로 형상화된 것은 신의 세계로 입문하는 것을 상징화한 것이라고 한다. 이처럼 경계와 경계를 넘는 의식이 현실세계 속에서는 경계를 상징하는 문門으로 표시되기도 하는데, 이 모두 출행과 밀접한 관련이 있다는 것은 더 말할 필요가 없을 것이다.

이와 관련해서 구체적인 현실 속에서 출행의식은 어떻게 진행됐는지 화상석의 「거마출행도車馬出行圖」를 중심으로 살펴보고자 한다.

## 3. 진한 시대 출행의식과 조도祖道

문헌사료에 의하면 출행 전후로 무사여행과 귀환을 기원하는 길 제사를 조도祖道라고 불렀다.[15] 특히 한대에는 연말연시의 휴일인 납일臘日과 함께 오일午日에 조祖 제사를 국가 지정일로 확정지어 궁정이나 민간에서 정기적인 행사로 치렀다.[16] 이뿐만 아니라 일반적인 출행에도 조도가 행해졌는데, 황제의 부름을 받고 상경할 때나 은퇴한 관리가 낙향할 때, 그리고 이민족의 수장을 국빈으로 전송할 때에도 행해졌으며 심지어 군대의 출정에서도 행해졌다. 이러한 사례는 모두 지배층에서 행해진 조도 풍속이라고 한다면, 민간에서도 조도의 습속이 성행했음은 『거연한간居延漢簡』에 '조도전祖道錢'을 보면 알 수 있다.[17] '조도전'이란 당시 하서河西 변방에 파견된 군인들이 일정 기간 병역의 의무를 마치고 돌아가는 동료 또는 상사의 송별회를 위해 마련한 비용이었던 것이다.

[그림 6] 산동성 창산(蒼山) 원가원년(元嘉元年) 화상석(전실 동벽의 「거마출행도」).

### 동문東門출행과 연회와 가무

이처럼 출행을 전후로 하여 조도를 행하는 풍속이 지배층과 민간을 불문하고 성행했음을 알 수 있는데, 이 조도를 행할 때에는 일정한 장소와 의식이 그리고 어느 정도의 관중이 요구됐다. 조도의 장소는 국문國門 밖, 묘문廟門 밖, 북문北門 밖 등 다양하지만 일반적으로는 성문 밖에서 행해졌다. 이중 가장 주목되는 것은 『사기史記』 「골계滑稽열전」에 소개된 동곽東郭 선생의 '도문都門 밖'에서의 조도 의식이다.[18] 전한 시대 도문都門이라면 장안성長安城 동서 최북단의 선평문宣平門을 말하는데, 무엇보다 '도문 밖'에서 조도를 행한 경우가 많다는 것과 특히 방위상 그곳이 동문이라는 점은 조도의 출행의식에 있어서 무언가 특별한 의미를 내포하고 있다고 생각된다.

이와 관련해서 눈길을 끄는 흥미로운 자료가 바로 화상석의 「거마출행도」이다. 「거마출행도」는 현재까지 출토된 화상석에서 빈출하는 테마 중 '승선升仙과 서왕모西王母'와 함께 자주 등장하는 주제이다. 「거마출행도」의 화상의 의미에 관해서는 현재까지 연구자들 사이에서 다양한 논의가 되고 있는데 묘주의 생전 사회적 지위를 가늠케 할 만한 거마출행과정을 재현한 것으로 보는 일반론에서, 사후

〔그림 7〕 동문과 시정(사천성 광한 출토).

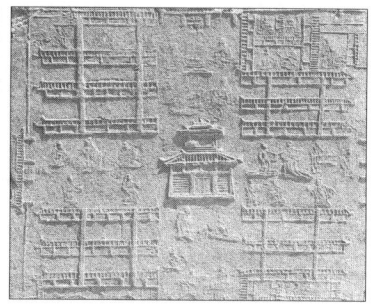

〔그림 8〕 시정 화상석.

후손들이 사당에서 묘주를 위해 차려주는 제사를 음복하기 위해 사당으로 출행하는 의식으로 보기도 한다. 하지만 일반적으로는 상층부의 '서왕모의 신선세계'와 관련지어 신선세계로의 입문으로 본다.[19] 그런데 「거마출행도」 중 〔그림 6〕 옆면에 '도정都亭'이라고 씌어진 화상석이 보이는데, 거마출행의 의미를 사당제사를 위한 출행으로 본 입장에서는 당연히 이 '도정'을 사당으로 해석했고 그 이유를 한대 공신들을 위해 사당을 건립했던 관례에 비추어 국가가 관리한다는 의미에서는 현실 속의 도정과 유사했기 때문이라고 한다.[20] 화상석에 그려진 다양한 주제들에 '사생여일死生如一'의 관념이 그 기저에 깔려 있다고 할 때 현실의 세계에서 출행의 시작이며 만남과 이별의 장소이기도 했던 '도문 밖'이 생과 사의 기로이며 이 세계에서 저 세계로의 경계이동의 분기점으로서 입문의 장소로 이미지화된 것은 매우 자연스럽게 보인다.[21]

그렇다면 왜 동문인가. 어떤 사람은 화상석의 화면 배치를 분석한 결과 오른쪽에서 왼쪽, 즉 동에서 서로 진행되는 예가 80퍼센트에 달하는 것에 주목하여 이것은 고대 중국인의 서방관념, 즉 서왕모西王母가 사는 불로장생의 세계에 대한 추구를 의미한다고 한다.[22]

그러나 이 문제는 고대 사회에서의 동문과 시정, 그리고 시정에서의 불제祓祭의식 등과 보다 관련이 있다고 보인다.[23] 즉 고대 사회에서 성읍의 동문은 해가 떠오른 곳이기도 하며 동시에 외부세계로 연결되는 결절점이어서 이곳에는 시장이 형성됐다. [그림 7]의 화상석에는 선명하게 '동문東門'이라는 글자가 새겨져 있다. 또한 시장에는 [그림 8]과 같이 한가운데 시정市井을 설치했는데 이 시정은 바로 외부세계와의 출입을 전후로 하여 더러움을 씻어내는 의식의 장소이기도 했다. 그리하여 시는 곧 시정이 중심이 되어 의례의 장으로 표상화됐다고 볼 수 있다. 필자는 이 화상석을 근거로 조금 과감하게 고대 오사五祀 중 행行 제사가 정井 제사로 대체된 것은 우연의 소치가 아니라 이처럼 시정이 외부세계와 시공간적으로 연결되는 교차점이며 동시에 의식의 장소로서, 행 제사는 이 교차로, 구체적으로 시정이 있는 곳에서 행해졌기 때문에 오사의 행 제사가 정 제사로 바뀐 것은 아닌가 추측해본다.

한편「거마출행도」를 조도와 관련지어보는 데에는「거마출행도」에서 거마의 출행과 아울러 함께 세트를 이루고 있는 주제가 '연회宴會와 가무歌舞'인 것에서도 찾아볼 수 있다. 즉 조도에는 백관이 전부 출동하거나 심지어 남녀 모두 성장하고 송별의 연에 참석하는 등 성대한 연회가 뒤따르는 것이 일반적임을 상기할 때[24] 화상석에 보이는 「거마출행도」와 연이어지는 연회와 가무 그리고 희생을 요리하는 포주 그림은 동일한 한 가지 목적을 향한 일련의 과정을 분절적으로 묘사한 것임이 분명하다. 다음의 [그림 9]는 상하 2단으로 구성되어 있는데, 오른쪽에서 출발하여 거마가 출행하여 계속 진행되면 2단의 상층부로 연속되는 내용을 볼 수 있는데, 거마출행과 함께 연회와 가무가 일련의 연속적인 절차임을 보여준다.

(그림 9) 거마출행과 연회, 가무(산동성 임기).

### 거마출행과 '범발犯軷' 의식

일단 음주와 가무 등 연회가 조도의 일환으로 행해지는 것이 분명하지만 마을 공동의 제사인 이사里社에서와 같이 그것은 일정한 제사절차를 거친 뒤의 연회라고 할 수 있다. 그렇다면 조도의 구체적인 제사 절차는 어떻게 진행됐을까. 이와 관련해서는 '발제軷祭'에 주목할 필요가 있다. 일반적으로 조도는 단장壇場을 설치했으며 그 단은 흔히 흙을 쌓아 만들어 그 위를 뛰어넘는 의식을 행했다고 한다.[25] 그런데 원래 발제는 후한의 삼례 주석가인 정현鄭玄의 해석(『주례周禮』「태어太馭」 '범발犯軷' 주)에 의하면, 길 중 십자로 한가운데 산처럼 흙을 쌓아놓고 그 위에 오동나무나 짚으로 만든 신위를 모셔놓은 다음 제사를 지내고 제사가 끝난 다음에는 수레로 그것을 밟고 지나감으로써(이것을 '범발犯軷'이라고 한다) 앞으로 여행에서 겪게 될 험난함을 극복하려는 의지를 천명한 것으로 해석하고 있다. 이처럼 길 제사인 발제軷祭에는 제단을 만들었으며, 또한 제단의 구체적인 형태에 대해서는 너비가 4척, 두께가 2척이며, 수레의 바퀴 둘레는 4척의 규모라고 했다.

발제와 관련해서 또한 흥미로운 것은 소용되는 희생이다. 흔히 발제에는 개犬가 사용되는데, '발軷'자의 구성요소인 '발犮'자는 개를

[그림 10] 「청명상하도」 중 성문에서의 조도.

희생으로 죽인 것을 형상화한 것임을 상기할 때[26] 그 주술적 의미는 충분히 짐작할 수 있다. 또한 부정을 씻어내는 전통적인 주술의 일종인 불제祓祭의 '불祓'자도 역시 '발犮'을 구성요소로 하고 있음은 동일한 메타포, 즉 개를 희생으로 한다는 것, 보다 구체적으로는 개의 피를 수레바퀴에 바르는 의식, 흔례釁禮를 행한다는 점[27]에서 상통한다고 하겠다. 오사 중의 행 제사에 배치된 희생 역시 개라는 점에서 행 제사에는 개를 희생으로 한다는 관념이 일반적이었음이 분명하다. 그렇다면 왜 개인가. 이 문제에 대해서는 일서의 「힐구詰咎」편을 분석하면서 개와 여성의 관계를 살펴본 적이 있다. 여기에서는 다만 개가 가지고 있는 '수문守門'의 능력과 여행에 동행할 만한 동반자로서의 성격에서 기인한 것은 아닌가 하는 추정만을 제시하고자 한다. [그림 10]의 타원 부분은 「청명상하도」 중에서 성문 근처에서 개를 죽여 조도를 행하는 것으로 보이는 장면이다. 이것을 보면 송대 이후까지도 성문 근처에서 조도가 행해졌음을 알 수 있다.

## 4. 행신과 우보의 신화적 메타포

이상과 같이 조도는 길 제사로서 그 제사 대상은 다름아닌 행신이다. 문제는 이 행신이 과연 누구인가이다. 정현이 이미 행신의 이름을 알 수 없다고 한 데에서 알 수 있듯이 후한대에 이르면 그 대상은 이미 모호해졌는데, 이른바 '행신'과 '도신道神'의 유래에 대해서는 적어도 한대까지는 황제黃帝의 아들 '누累'와 수신水神 공공共工의 아들인 '수脩'라고 알려져왔다. 누와 수가 행신이 된 까닭은 여행을 떠났다가 길에서 죽었기 때문으로 보는 것이 일반적이지만 그보다는 공공의 아들인 수가 진정 '멀리 놀러 다니기 좋아하여好遠遊' 그의 족적이 닿지 않은 곳이 없었기 때문이라는『풍속통風俗通』「사전祀典」에 인용된 설명이 주의를 끈다. 즉 수가 행신이 된 유래를 그가 길에서 죽었기 때문이 아니라 안 가본 곳이 없고 보지 못한 것이 없었던 그의 정보력에 둔 점이다. 이처럼 행신의 신통력은 여행의 험난함을 야기하는 짐승이나 악귀를 압승할 수 있는 주술력뿐만 아니라 미지의 세계에 대한 길 안내자의 정보력 또한 겸비한 것이어야 함을 알 수 있다.

행신의 존재에 대해서 구도 모토오工藤元男는 출토자료인『일서』에 '우부'와 '우수유', '우의 시라視羅' 등 출행시일의 길흉을 점치는 점술에 주목하여 행신은 바로 우였으며, 그 이름은 잊혀져 사람의 기억 속에서 사라져 매몰됐지만 후대 도교의 무술에서 '우보'의 형태로 살아남아 전해지게 됐다고 본다.[28] 이처럼 우가 매몰된 행신이라는 구도 모토오의 주장은 많은 사람들의 주목을 끌기도 했으나 이후 유증귀劉增貴 등에 의해 부정됐는데, 유증귀에 의하면 행신은 오히려 출토자료에 언급된 '대상행大常行' 또는 '궁행宮行'이라고 한다.²⁹ 우가 문헌자료에서는 행신으로 등장하지 않은 점은 분명 구도 모토오의 입지를 어렵게 만들기도 했지만, 출토자료와 도교에서 행해지는 '우보'의 유제는 확실히 민간신앙에서 '우'란 신화적 존재의 의미를 재검토할 필요성을 제기한다. 즉 당시 사회에서 왜 그토록 '우'가 각종 금기와 택일법에서 인기 있는 가탁의 대상이 됐는지에 대해서 좀더 합리적인 설명이 요구된다.

앞에서 살펴본 바와 같이 '우' 전설이 가지고 있는 신화적 핵심 내용, 즉 치수로 인한 장기간의 출행, 그 결과로 파생된 우보의 상징성을 완전히 부정할 수 없다는 점에서 우보가 출행뿐만 아니라 치병과 기농祈農 등 각종 주술의 주요 단계로 등장하는 이유, 당시 사회에서 주술력을 대표하는 제왕으로서의 이미지가 어떻게 민간에서 각인됐는지 그러한 문화 현상의 배경에 대해서 보다 천착해볼 필요가 있다. 이와 관련해서 '우'의 또 다른 메타포, 구정은 정보의 통제력, 지식의 독점이란 측면에서 매우 중요하다고 생각되는데, 병을 일으키고 인간에게 해를 끼치는 원인이 되는 귀신을 알아내고 그 이름을 부르는 것이 해제解除의 중요한 내용임을 상기할 때 '우'의 구정은 고대 사회에서 왕권이 신권에 기초해서 성립됐다는 것과 그 지식(정보력)을 독점함으로써 구축됐다는 가설을 뒷받침하는 사례라 할 수 있다.

# 송대의 여행과 사대부의 교유

『입촉기』와 『오선록』을 중심으로

김영진

전근대 사회에서는 오늘날과 달리 단순한 이동이나 이주가 아닌 여행은 용이하지 않았다. 국가의 통제나 교통수단의 미발달 등 여행을 제약하는 외부의 장벽이 가로놓여 있는데다 오늘날처럼 휴식이나 관광을 목적으로 한 레저의 일환으로서의 여행 개념이 뚜렷이 확립되지 못했던 것을 그 원인으로 꼽을 수 있다. 또 미지의 세계에 대한 호기심이나 동경 같은 것이 충만했다고 하기 어렵기 때문이기도 하다.[1] 물론 전근대 사회에서의 여행 개념을 어떻게 규정하느냐에 따라 여행의 '유행'도 달리 설명될 수 있겠지만 송대(960~1279)에도 여행의 여건이 전근대 다른 시기와 크게 다를 게 없어 보인다.

그러나 송대는 여행의 목적이나 이유가 어떠하든 이전 시기에 비해 확실히 여행 여건이 개선됐고 여행 기회도 증가했다. 그 배경으로는 우선 이전 시기와 확연히 구별되는 송대 사회의 변화·발전 현상에서 찾을 수 있겠지만 보다 구체적으로는 사대부 사회 혹은 서민 사회의 성립과 발전 그리고 상업·도시·교통 등의 획기적인 발전을 들 수 있다. 전자는 여행자의 수적 증가와 여행자 범위의 확대를, 후자는 여행 여건의 성숙, 말하자면 '여행인프라'의 구축을 가져왔기 때문이다. 다시 말해 송대 과거제가 정착 발전하면서 과거시험을 위한 학습 및 응시를 위한 여행이 일반화됐고 이에 더해 일반민, 특히 상인의 왕래가 빈번해졌는데 이들의 활발한 여행을 위한 외적인 제반 여건의 성숙·발전이 이러한 여행을 더욱 촉발시켰던 것이다.[2] 송대에 오면서 필기筆記, 일기, 서신 등 다양한 형식의 유기游記가 출현한 것도[3] 이 같은 정황을 반영한 것이라고 할 수 있다.

한편 송대에 관료의 여행 기회가 늘어났다는 점은 송대의 여행과 관련하여 특기할 만하다. 즉 관료의 휴직 기간이나 혹은 부임赴任 및 이임離任 기간에 갖게 되는 여행 기회의 증가이다. 먼저 휴직 기간의 경우, 북송 중기 이후 확대 실시된 사관祠官제도로 인해 관료 신분을 그대로 유지하면서도 실제 직무를 담당하지 않는 휴직 관료가 크게 늘어남으로써 장기간 공무에서 벗어나 사적으로 자유로이 여행을 할 수 있게 된 것이다. 사관이란 명목상으로만 전국 각지의 도교 사원인 도관道觀 또는 궁관宮觀을 관리하는 관료인데 실제로는 직무가 없기 때문에 아무런 권한이 없고 임명된 도관에 부임할 필요도 없었다.[4] 그러나 오히려 그 때문에 사직祠職을 받은 많은 관료는 아무런 제약 없이 각지로 여행할 기회를 얻게 되는 것이다.

그리고 사대부 관료가 전직轉職으로 인해 새로 부임하거나 이임할 때 갖게 되는 기간도 좋은 여행의 기회였다. 이는 송대만의 특색일 수는 없으나 송대의 경우 관료가 새 부임지로 발령을 받으면 길게는 몇 개월 만에 착임하는 경우가 드물지 않았다. 먼 지방인 광동廣東·광서廣西나 사천四川 지방에 부임하는 경우가 그러했다. 따라서 현직 관료의 경우 지방으로의 잦은 전직, 그것도 먼 지방에 부임하게 되면 그만큼 여행 기회가 확대되는 것이다.

현 시점에서 송대 여행의 실태나 유형에 대한 연구를 개관하면, 여행 자체에 대한 성과는 극히 미미하다고 할 수밖에 없다.[5] 그것은 여행이라는 문제를 독립된 주제로 다룬다는 인식이 부족한 데에 일차적인 원인이 있다고 생각된다. 따라서 송대 여행의 다양한 실태를 파악하기 위해서는 그 실태를 망라적으로 다루기보다는 우선 송대 여행을 유형화해서 검토할 필요가 있다. 즉 여러 형태의 여행의 실상이나 여행의 의미 등을, 이를테면 여행 목적, 여행자의 지위 등 몇 가지 관점으로 나눠서 각각 심도 있게 검토해야 한다는 것이다.

이러한 이유로 이 글에서는 현직 관료가 비교적 장기간(4, 5개월)에 걸쳐 지방관으로 부임 또는 이임하는 과정에 체험한 장강長江여행에 한정해서 몇 가지 측면을 집중 분석하려고 한다. 남송(1127~79) 수도 임안臨安을 비롯한 강남인江南人의 장강여행은 대개 운하를 북상하여 장강에 진입하는 것에서 시작되므로 이 운하 항행의 사정도 약간 서술한다. 물론 이러한 시도만으로 송대 여행의 다양한 실태를 밝혀내기는 어렵겠지만 이를 통해 송대 여행의 한 유형의 실상과 의미를 탐색하고자 한다.

이 글에서 다룰 주된 내용이 사대부의 장강여행으로 한정한 데에는 사료적 가치가 큰 두 편의 송대 여행기록을 우리가 손쉽게 이용할 수 있다는 현실적인 이유 때문이다. 즉 『입촉기入蜀記』와 『오선록吳船錄』이 그 단서를 제공해주고 있다.[6] 『입촉기』를 쓴 육유陸游(1125~1210)나 『오선록』의 저자 범성대范成大(1126~93)는 장강을 각각 상·하행했다. 그들은 운하(강남하)와 장강 연안의 각지를 경유하여 사천의 입구인 기주夔州 지방으로 부임하거나 사천의 성도成都에서 장강 하류의 진강鎭江을 거쳐 소주蘇州로 귀향하면서 얻은 체험과 관찰을 기록으로 남겼다. 물론 남송 최고의 시인이자 문인인 육유와 범성대가 남긴 이 두 일기체 여행기는 이미 중국 문학 쪽에서 송대 기행문학의 백미로 평가되고 있을 정도로 상당한 주목을 받아왔다.[7] 그런데 이 두 작품은 매우 사실적인 일기체 여행기인데다[8] 다른 사료에서는 찾기 어려운 자료가 많아서 사료로서의 가치도 크다. 또한 두 여행기가 송대에는 유례를 찾기 어려울 만큼 장기간(각각 5개월여, 4개월여)의 기록이며 비교적 다양한 여행지의 풍경과 내력 등을 묘사하고 있는 만큼 필자는 이를 '사회생활사', 구체적으로는 여행의 관점에서 적극 분석할 필요가 있다고 생각한다. 이것이 이 두 여행기가 주된 분석 대상이 된 또 다른 이유이다. 물론 두 여행기에만 전적으로 의존할 수는 없고, 여행기의 부족한 내용을 보충해주거나 공백을 메워주는 내용이 그들의 시나 다른 문장에 적지 않으므로 이것도 적극 활용할 것이다.

다음에서는 이상의 점들을 염두에 두면서 크게 세 가지 관점에서 사대부 관료의 장강여행과 교유交遊 문제를 살피려고 한다. 첫째, 장강 선행船行의 여러 조건과 양상을 검토한다. 즉 선행의 자연조건, 항로(상·하행), 항행거리, 소요 일수, 선박의 규모, 항행 준비 등에 대해 정리한다. 그리고 역驛, 관館, 정亭 등 관에서 세운 숙박시설의 이용, 선상생활의 모습 등을 스케치한다. 이 같은 문제들은 장강의 선행을 이해하기 위한 가장 기초적인 사항이라고 생각되기 때문이다. 둘째, 장강 연안의 지역과 주민에 대한 풍속과 풍경에 대해 살핀다. 즉 연안 주민과 선원들에게 매우 중요한 수신水神신앙을 비롯한 민간신앙의 실태를 검토한다. 그리고 연안 주민들의 생활 모습과 장강을 항행하는 여행자 및 선박과 밀접한 관계를 맺는 점에 주목해서 살핀다. 두 여행기가 관방 쪽 자료에 비해 소략한 점도 있으나 대단히 구체적이고 생생한 증언이 다수 들어 있기 때문이다. 마지막으로 장강여행의 과정에 보이는 사대부의 교유交遊의 실태를 검토한다. 육유와 범성대는 장기간의 여행에서 신분이나 지위에 관계없이 실로 많은 사람들을 만났다. 경유지의 관원들이 마련하는 접대 목적의 의례적인 만남과 동학同學, 동년同年(같은 해 과거에 합격한 자), 동향同鄕 등 옛 친우나 지인들과의 만남, 사원이나 도관 방문 때에 이루어지는 승려나 도사들과의 만남, 그리고 사인士人과 촌로나 어부를 비롯한 무수한 무명의 현지인과의 일회성 만남 등으로 대별할 수 있다. 물론 이들 만남을 모두 '교유'라고 하긴 어렵기 때문에 이 글에서는 당연히 첫째의 경우를 중심으로 교유 문제를 다룰 수밖에 없다. 그러나 둘째, 셋째의 경우를 통해서도 육유나 범성대가 적지 않은 지견이나 정보를 얻고 있는 것도 사실이고 이 경험이 후일 그들이 각각 역사서나 지방지 저작에 많은 도움을 주었다고 판단되므로 이를 부차적으로 다루고자 한다.

이와 같은 작업을 통해 송대 사대부 관료의 여행은 어떤 형태로 이루어지고 있었는가, 또 그들에게 여행은 무슨 의미가 있었는가 등에 대해 지견을 얻을 수 있기를 기대한다. 또한 지금까지 잘 알려져 있지 않은 송대 여행의 다양한 실태를 일면이나마 이해하는 데 보탬이 됐으면 한다.

## 1. 장강 선행船行의 여러 양상

장강은 대체로 강 양쪽 연안의 지세, 물 흐름의 완급과 낙차, 강 폭, 물길의 구부러짐 등으로 상류·중류·하류로 나뉜다. 즉 발원지에서 호북성 의창宜昌시까지가 상류(4,504킬로미터), 의창에서 강서성 호구현湖口縣까지가 중류(1,040킬로미터), 호구현에서 하구河口까지가 하류(955킬로미터)로 분류된다. 황하보다 약 800킬로미터가 긴 중국 제1, 세계 제3위의 대하이다. 여기에 수천 개의 지류를 포함하면 유역 면적은 중국 전체 면적의 5분의 1이 약간 더 되며 수량은 황하의 약 20배나 된다. 이처럼 방대하므로 보통 장강여행이라고 하면 장강의 본류(송대에는 보통 대강大江 또는 강이라고 함)만을 오르내리는 것을 말하며 그것도 중·하류와 상류의 일부에 한정된다. 장강은 중원이나 강남에서 격절된 사천 지방으로 진입하는 거의 유일한 통로였으므로 예로부터 중국의 동서를 잇는 수상 교통의 대동맥 역할을 해왔다. 장강은 하곡河谷, 지류, 지세 등에 따라 강물 흐름의 방향이나 유속의 차이가 심하다. 따라서 장강 선행에 대해 일괄해서 말하긴 어려운데 상류로 올라갈수록 곳곳에 험난한 곳이 도사리고 있다.

범선으로 장강을 오르내렸던 송대에는 대표적인 협곡지대, 즉 오늘날의 호북성과 사천성의 경계에 있는 삼협三峽(구당협瞿唐峽, 무협巫峽, 서릉협西陵峽) 구간을 통과하기가 가장 어려웠다. 『입촉기』나 『오선록』 등 송대 문헌에는 특히 이 지대에는 탄灘(수심이 낮아 암석이 많고 물살이 빨라 위험한 곳), 기磯(강변에서 강 안쪽으로 뻗어나온 바위나 자갈밭) 등이 많아 선행이 매우 위험했음을 자세히 전하고 있을 뿐만 아니라 이곳 외에도 도처에 위험지대가 있었다고 전한다. 또 계절에 따른 수위의 변화, 풍향·풍속이 당시 선행에 큰 영향을 미치는 주된 요인이었다.[9]

그런데 송대 장강 선행의 모습을 이해하려면 우선 상행과 하행에 그 정황이 크게 달랐다는 점을 염두에 둬야 한다. 단적인 예로, 뒤에 보듯이 같은 지역, 같은 거리를 가는 데도 소요일이 두 달 가량이나 차이가 나는 경우가 있었기 때문이다. 대체로 상행이 어렵고 시일이 오래 걸렸다고 할 수 있다. 따라서 이 글에서는 우선 『입촉기』의 여정을 따라 상행의 실태를 먼저 살피고, 하행은 『오선록』의 기록을 중심으로 살피기로 한다.

육유가 기주통판夔州通判에 임명되어 사천으로 부임하게 됐을 때,[10] 그는 고향인 월주越州 산음현山陰縣(절강성 소흥시)에 낙향해 있었다. 금 왕조에 대해 시종일관 주전파였던 장준張浚의 입장을 옹호하다 탄핵 면직되어 4년간 고향에 눌러 있었기 때문이다. 기주(사천성 봉절현)는 하류에서 보면 삼협의 마지막 구간인 구당협을 막 통과하는 지점, 곧 사천의 입구에 위치하고 있다. 『입촉기』는 바로 육유가 자신의 고향인 산음에서 운하와 장강을 이용하여 기주까지 배로 가는 동안의 관찰과 체험을 기록한 일기체 기행문이다. 소요 기간은 158일(1170년 윤 5월 18일~10월 27일. 날짜는 음력, 이하 같음)이나 된다.

육유가 기주통판으로 발령이 난 것은 1169년 12월 6일인데 실제 부임길에 나선 것은 이듬해 5월 18일이었다. 출발이 6개월씩이나 늦어진 이유는 질병 때문에 멀리 떨어진 사천 지방 부임이 어려우니 출발을 늦춰달라는 육유의 요청이 받아들여졌기 때문이다.[11] 남송대 관료의 부임 규정에 의하면, 사천 지방은 영남(광동·광서) 지방과 함께 60일 이내에 부임해야 하며 추가로 60일을 연장할 수 있었다.[12] 육유는 배편으로 항주에 도착하여 수일간 보낸 후 다시 운하를 북상하여 진강鎭江으로 향했다(6월 1일). 진강까지 가는 동안 수주秀州(嘉興), 평강부平江府(蘇州), 무석無錫, 상주常州, 단양丹陽을 경유하면서 각지에 체재하거나 통과했다. 6월 17일 진강에 도착했으니 고향 산음에서 출발한 지 28일, 항주에서는 보름이 걸린 셈이다. 물론 이 기간 내내 항행한 것은 아니다. 오히려 항행만을 한 기간은 훨씬 짧다. 한여름 더위와 갑문閘門의 개폐 시간에 따른 출발 지연 문제 등이 항행에 지장을 주었으나 큰 어려움은 없었다.

진강은 장강 대안의 양주揚州와 함께 남북을 관통하는 대운하와 장강이 교차하는 교통의 요지였다. 또 진강은 장강 상행의 출발지점 인데다 이전에 마침 육유가 통판으로 약 1년 반 재임했던 곳이었다. 따라서 지인이 많아 여기서 그들과의 만남이 빈번했다. 마침내 6월 26일 새벽 4시경 육유는 장강 상행에 나섰다. 그러나 실은 이보다 앞서 출발선에 옮겨 타고 6일을 기다린 후 출발하게 된 것이다. 장강 하류 항행에 큰 영향을 주는 조수潮水가 잦아들고 순풍이 불기를 기다려야 했기 때문이다. 앞으로의 상행이 쉽지 않음을 예고하고 있다.

당시 편풍便風이라고도 하는 순풍은 상행 때는 동풍 혹은 동남풍 이나 북동풍이 적당히 불어주는 것이다. 단, 장강의 물줄기에 따라 동남풍과 북동풍이 각각 순풍이 되기도 하고 그렇지 않기도 했다. 당시의 범선은 상상 이상으로 바람의 영향을 크게 받았는데 그것은 항행거리, 항행 소요일수에 큰 영향을 주었다. 기록에 무수히 나오는 편풍, 조풍阻風(역풍), 대풍, 무풍, 미풍 등은 항행뿐만 아니라 강 안江岸의 정박에도 큰 영향을 미쳤다. 그러므로 정박을 위해서는 본류를 가로질러 대안에 배를 대는 일도 빈번했고, 정박할 때 배를 끌고 당기는 만선挽船의 일도 쉬운 것이 아니었다.

그가 장강 상행을 위해 가족과 함께[13] 갈아탄(6월20일) 배는 가주 嘉州(사천성 낙산시) 왕지의王知義 소유의 민선이었다. 그런데 시바 요시노부斯波義信에 의하면, 당시 장강을 항행하는 선박인 강선江船 은 주로 촉주蜀舟가 사천 가주에서 호북 강릉 사이를, 호남북 · 강동

서로의 강선이 강릉에서 건강建康(남경)·진강 사이를, 그리고 해선이 건강·진강에서 장강 하구까지를 항행했는데 각각 구조가 달랐다고 한다.[14] 그러나 육유가 진강에서 승선한 선박은 촉주였으므로 이 구분이 반드시 정확한 것은 아니라고 해야 할 것이다.

송대 지방관의 부임 때는 재경 대제待制나 찰원察院의 어사御史 이상의 고관으로서 3년이 경과했을 경우 '반가선搬家船'을 제공받아[15] 가족 전용의 선박으로 이용할 수 있었다. 그러나 부임 당시 정8품에 불과했던 육유에게는 이 규정은 해당 사항이 아니었다. 따라서 육유는 민선 곧 상선에 편승할 수밖에 없었을 것으로 보인다. 육유는 자신이 타고 갔던 배의 규모에 대해, "2천 곡斛(石)을 실을 수 있는 배", 그리고 "돛대의 높이가 5장 5척, 돛은 26폭"이라고[16] 구체적으로 적고 있다. 이에 따르면 용적 2천 석(약 120톤), 돛대의 높이와 돛의 폭이 각각 17미터 정도가 된다. 그런데 이만한 규모의 배는 송대의 해선 규모로 치면 중형급에 해당한다. 즉 남송대 오자목吳自牧은 송대 해선의 규모에 대해, "큰 것은 5천 료料(石)를 싣고, 500~600명을 태울 수 있다. 가운데 것은 2천 료에서 1천 료까지 싣고, 200~300명을 태울 수 있다"[17] 하고 있기 때문이다.[18]

그리고 육유의 「대풍을 타고 파릉巴陵을 떠나며」[19]라는 시에 의하면, 파릉(호남성 악양시)을 지날 때 그가 탔던 배의 길이가 10장(약 30미터) 정도였음을 알 수 있다. 그런데 삼협에 진입하기 위해 강릉부(호북성 형주) 조금 못 미친 지점에 있는 사시沙市(호북성 사시)에서 '소승천육백곡주所乘千六百斛舟'[20], 즉 용적 1,600석(약 90톤) 규모의 배로 갈아타고 있다. 이때 갈아탄 배는 삼협지대를 통과하기 위한 것으로 돛을 내리고 노와 백장百丈이라는 큰 대나무를 넷으로 쪼개어 만든 일종의 로프만으로 상행하고 있다.[21] 육유는 상행 도중에 대선을 만난 광경을 묘사하면서 "대략 2,500곡을 실을 수 있는 큰 배"라고 적고 있다.[22] 이로 보아 육유가 탔던 배는 당시 내륙의 강을 왕래하는 배로서는 규모가 컸다고 할 수 있다.[23]

그러나 그가 항행 기간 내내 항상 이렇게 큰 배만 탔던 것은 아니었다. 왜냐하면 대강 곧 장강 본류만을 항행한 것이 아니었고 정박하고 나면 작은 배를 타서 본류를 횡단하여 대안을 오가거나 인근 연안을 왕래하는 일이 많았기 때문이다. 또 삼협을 지나는 도중에는 탄灘을 오르기 쉽도록 제조된 바닥이 넓은 경주輕舟로 다시 갈아타고 있다. 이때 갈아탄 배는 틀림없이 촉주였을 것이다. 왜냐하면 사천 지방의 강에는 돌이 많아서 당시 촉주는 배 바닥에 쇠못을 쓸 수 없었고 그 대신 자목柘木이라는 단단한 나무로 만든 못을 사용하는 경우가 많았는데[24] 바로 삼협지대는 이러한 촉주라야 항행이 가능했을 것이기 때문이다.

항행거리는 주로 바람의 세기나 방향에 의해 크게 좌우됐다. 일례로 강주江州(강서성 구강시)에서 악주鄂州(호북성 무한시)까지는 700리가 되는데 상행은 순풍일 경우라도 3, 4일은 걸린다고 했다.[25] 이를 1일로 환산하면 순풍에는 175~233리를 항행할 수 있는 셈이다. 실제 다른 곳에서도 순풍에는 백수십 리를 갔다는 기록이 종종 보인다. 대체로 하루에 수십 리에서 백수십 리를 갔다는 기록이 많은 것으로 보아 이 거리가 순풍 때의 평균 항행거리라고 봐도 무방할 것이다.

그러나 때로는 하루에 불과 몇 리밖에 못 가는 경우도 있었다. 심지어 엿새 동안(7월 26일~8월 2일) 줄곧 조풍阻風으로 인해 항행하지 못했다. 따라서 1일 항행거리는 매우 편차가 심했다는 점을 간과해서는 안 된다. 또한 전체적으로 보면 실제 항행한 날 못지않게 정박해 있는 날이 많았다. 물론 이는 오로지 바람의 영향 때문만이 아닐 것이다. 즉 경유지에서 누구를 꼭 만나야 한다거나 혹은 어느 명소를 방문 유람해야 하는 등의 이유로 항행을 연기하고 경유지에 체재해야 할 경우도 있었을 것이기 때문이다. 그러나 출발과 정박에 관한 한 주인舟人의 결정권은 절대적이라고 할 만큼 매우 컸고,[26] 게다가 이 배가 육유 일가의 전용선이 아니기 때문에 항행을 하지 않은 날이 예상보다 많은 이유는 역시 조풍, 대풍 혹은 무풍 때문이라고 봐도 될 것이다. 단, 대풍에는 동풍일 경우 노를 빨리 저으면서 오히려 속력을 더 내며 상행하기도 했으므로 대풍이라 해도 상행이 불가능할 정도의 강풍이 아니면 다 항행에 지장을 주는 것이 아니었다.

다음으로 항로에 관해서 살펴보기로 한다. 항로에 가장 큰 영향을 주는 것도 바람이었다. 이를테면, 대풍이 불면 본류에서 협夾, 돈沌이라고 부르는 안전지대로 대피하거나 정박해야 했다. 협은 본류와 병행하여 흐르는 지류 또는 수로를 말하며, 돈은 『입촉기』에 "처음 돈으로 들어갔다. 실로 강 속의 작은 협이다"라고[27] 하는 데서 보면 이 둘이 대차는 없는 것 같다. 이것은 장강 중·하류에 토사가 퇴적하여 생긴 사주沙洲가 만들어낸 물길이었다. 그래서 장강 중류에서는 며칠 동안 본류가 아니라 협이나 돈을 항행하는 경우도 있었다. 또 항행 도중 본류를 횡단하여 대안을 따라 항행하거나 정박하는 경우도 많았다. 주로 항행하는 강 연안 쪽에 대풍이 불거나 선착장이 없을 때, 그리고 기磯나 탄灘과 같은 장애물이 항행을 가로막을 때 그러했다. 주지하듯 기와 탄은 최대의 난코스인 삼협지대에 집중적으로 분포되어 있었다. 이 삼협의 기와 탄에 대해서는 선행 연구도[28] 있기 때문에 상세한 언급은 가능한 피하기로 한다.

또한 그곳 말고도 기는 도처에 존재했다. 심한 곳은 고유한 이름이 붙여져 있을 정도였다. 예를 들면 건강부建康府(남경)에서 태평주太平州(안휘성 당도현當塗縣) 사이 분포된 삼산기三山磯, 자로기慈老磯, 그리고 채석기采石磯(우저산牛渚山) 등이 대표적이었다. 특히 채석기에서는 미풍에도 항행이 불가능하다고 육유는 말하고 있다. 따라서 삼협으로 진입하기 훨씬 전부터 장강의 남안→본류→북안(또는 그 반대), 본류→협 또는 돈→본류라는 식으로 항로가 바뀌게 되는 것이다. 이러한 불가피한 항로 변경은 당연히 항행거리에도 영향을 미쳤다.[29] 어쨌든 육유는 진강에서 장강 상행에 나선 지 만 4개월 만인 10월 27일 부임지인 기주에 도착했다. 실로 대장정이었다.

다음은 『오선록』의 여정을 따라 하행 길을 추적해보자. 당시 사천 지역 최고 관료인 사천제치사겸지성도부四川制置使兼知成都府 즉 사천 지역 최고 군사책임자이자 성도부成都府의 행정책임자였던 범성대는 건강 문제로 사직을 신청하여 윤허를 받은 이듬해 고향인 소주 오현吳縣으로 가기 위해 성도의 합강정合江亭을 출발했는데 때는 1177년 5월 29일이었다. 말하자면 이임 혹은 귀향 여행에 나선 것이다. 그런데 범성대는 곧바로 귀향길에 오른 것이 아니라 각각 도교와 불교의 성지로 유명한 청성산靑城山과 아미산蛾眉山을 비롯해 사천 일대의 경승지와 명소를 유람했다. 범성대는 자신의 지시로 이미 새로 건조된 선박을 타고 가주嘉州에서 민강岷江을 따라 서주敍州(사천성 의빈시宜賓市)로 하행했다. 서주는 금사강金沙江, 민강, 장강(본류)이 합류하는 곳으로 사천 서남부 사람들이 장강으로 하행을 시작하는 곳이었다. 앞에서 살핀 진강이 장강 상행의 출발지라면 하행의 출발지는 서주라고 할 수 있다.

하행은 삼협에 진입하기 이전, 즉 상류 쪽에서부터 많은 탄을 거쳐야 했다. 특히 범성대는 공주恭州(重慶)에 이르렀을 때 "여기서부터 협로峽路에 들어간다"라고 했는데30 기주에 이르기 전부터 사실상 삼협이 시작된다고 보는 것이다. 이곳에서부터 삼협만큼은 아니나 때때로 승객들이 공포감을 느끼기도 했다. 하행에서 바람 이상으로 중요한 문제가 급류지대를 안전하게 통과하는 것이었다. 서주에서 하행하여 삼협의 진입 길목인 기주까지는 12일, 성도에서 기주까지는 50일이 소요됐다. 물론 범성대는 성도를 출발하여 각지를 유람하고 나서 기주에 왔기 때문에 성도에서 기주까지의 뱃길은 실제 50일보다 훨씬 짧다. 범성대에 의하면, 장강을 상행하여 사천 서부 지방으로 갈 경우, 기주를 지나 만주萬州에서부터는 대개 육로를 이용하며 만주에서 성도까지 육로로는 채 20일이 안 걸리지만 뱃길로는 100일은 걸린다고 했다.31 이로 보아 최대 난코스인 삼협지대를 통과해도 상류로의 항행은 역시 어려운 문제였다. 삼협 통과는 잘 알려진 대로 하행도 매우 힘든 일이었다. 사람들은 이곳을 오가면서 빼어난 경승에 감탄하기도 했으나 공포감에 사로잡히기도 했다. 구당협의 경우 어느 정도 물이 차올라야 항행이 가능한 반면 무협은 물이 빠져야 항행이 가능했다. 이 지역의 지명 끝에 탄, 기, 배磓, 협峽 등의 이름이 붙은 곳이 많은 것도 이 지역 항행의 어려움을 잘 말해주고 있다.

   삼협을 빠져나온 이후의 하행도 순조롭지만은 않았으나 대체로 상행보다 수월한 편이었다. 물론 악주에서 "바람이 (심하게) 불어 갈 수 없었다"고32 하거나, 호구湖口를 지나 마당산馬當山(강서성 구강시 팽덕현 동북) 앞에 정박하려고 했을 때, "백두白頭처럼 (하얀색의 큰) 풍랑이 일어 (배가) 가지 못했기"33 때문에 할 수 없이 배를 몇 리나 옮겨 마당산의 대안에 있는 작은 항구에 정박시키기도 했다.34 하지만 항행 자체만을 봤을 때 하행이 상행보다 수월했음은 물론이다.

범성대도 하류에 오면 상행 길의 육유가 그랬던 것처럼 협이나 돈을 이용하여 항행의 위험을 피하고 있다. 『오선록』은 하류에 관한 기사가 매우 소략한데 이것은 하행에 특기할 만한 어려움이나 위험성이 현저히 줄었다는 점과 무관하지 않을 것이다. 어쨌든 범성대는 진강에 도착하여(9월 23일) 여기서 다시 운하를 하행하여 고향 소주에 도착했다(10월 3일).

한편 육유와 범성대가 같은 거리를 각각 상행·하행한 구간은 진강↔기주 구간인데, 육유는 진강(6월 26일)에서 기주(10월 27일)까지의 상행에 만 4개월이 걸렸고, 범성대는 기주(7월 20일)에서 진강(9월 23일)까지의 하행에 만 2개월이 소요됐다. 같은 거리의 상·하행에 2개월 정도 차이가 난다. 이 사례만 봐도 상행이 훨씬 어려웠다는 점을 확인할 수 있다. 물론 2개월의 차이가 항행시간의 차이만을 말하는 것은 아니겠으나 장강 상행과 하행에는 현저한 차이가 있었다고 할 수 있다.

장강여행과 관련해서 또 한 가지 궁금한 점이 여행자의 숙박과 선상생활에 관한 것이다. 실제 항행하는 기간보다 정박해 있는 기간이 길었기 때문에 당연히 가질 수 있는 의문이다. 우선 숙박은 역驛, 관館, 정亭 등 관에서 설치한 숙박시설을 이용하고 있다.[35] 이 시설은 단지 숙박만이 아니라 식사, 휴식, 연회의 장소로 이용되고 있었다. 그런데 『입촉기』의 기록에 의하면 이 시설은 운하를 북상하는 연도에 매우 충실하게 갖춰져 있었다. 장강의 경우에는 정이 연안에 갖춰져 있었다. 두 여행기에는 '박泊○○정亭'이나 '숙宿○○정亭'이라는 식의 기사가 무수히 나온다. 그러나 '숙○○정'은 "숙사宿舍인 정에 숙박했다"라고 해석할 수 있지만, '박○○정'은 반드시 그렇지는 않다. 두 가지로 해석이 가능하다. 즉 하나는 "숙사인 ○○ 정에 숙박했다"는 것이고, 다른 하나는 "○○정이라는 정자亭子가 있는 곳에 배를 정박시켰다(혹은 배가 정박했다)"고 보는 것이다. 이 구절의 앞뒤 문장은 대개 생략되어 있어서 문맥을 잘 살펴보아도 어느 쪽으로도 해석이 가능하다. 또 「박泊○○항港」이라는 기사도 있고 보면 혼란은 가중된다. 여기서 '박'은 오히려 '정박하다'라고 보는 것이 자연스러운 것 같다. 이러한 혼란은 '박'과 '정'의 뜻에 이렇게 서로 무시할 수 없는 두 가지 함의가 각각 들어 있기 때문에 빚어지는 것이다. 그렇지만 필자가 보기에는 '숙사인 ○○정에 숙박했다'고 해석하는 것이 타당할 것 같다. 왜냐하면 첫째, 이 구절은 아무래도 일기를 쓰는 사람을 주어로 할 수밖에 없으므로 '숙사인 ○○정에 숙박했다'고 보는 것이 문맥에 맞기 때문이다. 둘째, '○○정'이라는 정자가 있는 곳에 배를 정박시켰다(혹은 배가 정박했다)'라고 해석할 경우 배를 정박시키는 강안에 그렇게 많은 정자가 있다는 것은 이해하기 힘들기 때문이다. 셋째, 정상적인 항행을 할 경우 배를 정박시키는 시각이 대개 저녁이거나 밤인데 이때는 숙사인 정에 정박해서 숙박을 해야 이치에 맞기 때문에 정자인 정에 배만 정박시키기는 어려운 일이기 때문이다. 또 육유의 「수정유회水亭有懷」라는 시에 보면, 수정水亭과 수역水驛을 같은 뜻으로 쓰고 있다.³⁶

그렇다고 두 여행기에 나오는 정이 숙박시설만을 지칭하는 것은 물론 아니다. 두 여행기의 저자는 또한 정자인 '○○정'을 자주 방문했다. 유람중에 들르거나, 혹은 정자에서 열리는 연회 참석을 위해 찾곤 했던 것이다. 이 경우는 누가 봐도 정자인 정이므로 의문의 여지가 없다. 이야기가 꽤 장황하게 흘러버렸는데 어쨌든 숙박시설 정이 장강의 강안에 다수 설치되어 있었다는 것은 분명하다고 하겠다.

이러한 관설 숙박시설 외에 사원이나 도관과 같은 종교시설에 숙박하는 경우가 적지 않았다는 점도 지적할 수 있다. 원래 사원이나 도관의 객사客舍는 수행하기 위해 머무는 승려나 도사의 숙박장소였으나 점차 먼 곳에서 오는 참배자나 여행자에게도 제공됐다. 육유와 범성대도 여러 차례 이 시설에 숙박했다고 쓰고 있다.

또한 중요한 숙박시설의 하나가 바로 자신이 타고 가는 배였다. 실제 선상에서 숙박과 식사를 해결하는 경우가 의외로 많았다. 우선 바람이나 더위 때문에 한밤중에 항행하는 경우가 적지 않았기 때문이다. 또 바람을 고려해서 미명에 출발을 해야 할 때, 또는 밤늦게 경유지에 도착하여 미처 숙사에 가지 못하는 경우에 그러했다.

다음으로 선상생활의 일면을 간단히 살펴보자. 두 여행기에는 가족은 물론 자신의 선상생활에 대해서는 언급이 별로 없다. 단조로운 선상생활 때문이었을까, 아니면 두 여행기가 일기 형식으로 씌어졌다 해도 일반적인 일기가 아니라 기행문에 가깝기 때문에 소소한 사생활을 공개하지 않으려는 의도 때문이었을까. 어쨌든 단편적인 내용 중에서 몇 가지만 언급하기로 한다.

선상생활은 대체로 독서, 시작詩作, 음주, 연회 그리고 달빛 감상과 같은 일로 보내고 있다. 장기간의 단조로운 선상생활에서 문인 혹은 시인으로서의 생활 모습이 확인된다. 또 자신만이 아니라 가족 모두의 생활을 위한 필수품이나 의약품 구입도 장기 선상생활의 하나의 일상이다. 우선 식품 구입이다. 구입 품목을 추려보면 쌀, 물고기, 돼지고기, 사슴고기, 채소류, 술 등이다. 이것들은 주로 작은 배를 이용해서 구입했다.

선상생활에 있어서 또 하나 중요한 문제는 식수를 해결하는 것이었다. 육유에 의하면, 장강이 탁하기는 하지만 이러한 물도 길어서

행인杏仁(살구)을 넣고 하룻밤이 지나고 나면 마실 만하다고 했다.[37] 그러나 장강의 어떤 곳은 수질이 매우 나빠 마실 수 없을 정도였다. 『오선록』에 의하면, 범성대가 이전에 성도로 부임하러가는 도중 사천 입구의 기주에서 물을 마시고 나서 일행이 며칠 후 발열했고 피부병은 약 한 달간 낫지 않았다고 한다.[38] 여기서 보면 식수 문제를 해결하는 것이 장기간 장강을 항행하는 사람들에게 커다란 문제가 아닐 수 없었다. 육유에 의하면 지류들은 본류와 확연히 구별될 정도로 맑았다고 했다. 그렇다면 장강의 탁한 물을 행인을 이용해서 맑게 한 후 마시는 법, 지류를 지날 때 다량 확보해서 얼마간 마시는 방법을 생각해볼 수 있다. 그리고 송대 음차飮茶풍습이 널리 유행했음을 고려하면 물 대신 차를 마심으로써 이러한 문제를 어느 정도 해결할 수 있으리라 생각된다.

## 2. 장강 연안 주민의 풍경 소묘

송대 장강 항행은 정도의 차이는 있었으나 어느 구간이나 늘 위험한 일이었다. 실제 육유나 범성대도 바람에 여러 차례 배가 뒤집힐 뻔한 적이 있었다. 또 배가 파손되거나 침수되어 침몰 위기를 느끼기도 했다. 당시로서는 그들이 탔던 배가 상당히 큰 배였음에도 그러한데 일반민의 선박 왕래는 더욱 위험에 노출되어 있었다고 하겠다. 물론 장강을 오르내리는 많은 사람들이 육유나 범성대처럼 4, 5개월씩 장기간, 장거리 항행(정박일이 많았다고 해도)하는 경우가 흔치 않았을 것이니 위험에 덜 노출됐다고 할지도 모르겠다. 그러나 장강을 생활무대로 삼아 살아가는 어민, 선원을 포함한 운수업 관련

종사자, 원거리를 오가는 객상 등은 위험을 어느 정도 감내하고 살아갈 수밖에 없는 사람들이었다. 따라서 항상 위험이 도사리고 있는 장강 항행은 그들로 하여금 장강 각지에 존재하는 수많은 수신水神에 대한 신앙을 갖도록 했을 것이다. 이것은 송대만의 현상이 아니고 또 장강에만 수신신앙이 있는 것이 아니기 때문에 특별한 것은 아닐 것이다. 그러나 두 여행기는 여러 차례 장강 연안의 민간신앙을 구체적으로 소개하고 있어서 이를 통해 연안 주민과 뱃사람 등 수운업 종사자들의 신앙의 실태를 살피려고 한다. 그리고 두 여행기에 비친 연안 주민들의 생활 모습을 장강 항행과 관련된 것들을 중심으로 소개해보려고 한다.

### 민간신앙의 실태

장강 항행은 늘 위험한 일이었기 때문에 일찍부터 항행의 무사안전을 기원하는 수신신앙이 존재했다. 송대에도 이러한 신앙이 계승 발전됐고 중요한 수신들은 국가로부터 사액賜額·사호賜號되어 특별 관리의 대상이 되기도 했다. 그중 대표적인 것이 상원수부上元水府, 중원수부中元水府, 하원수부下元水府 신앙이었다.[39] 장강 중·하류의 수신들인 상원수부, 중원수부, 하원수부를 제사하는 사묘祠廟는 각각 마당산馬當山(강서성 구강시 팽덕현 동북), 채석기采石磯(안휘성 마안산馬鞍市시 당도현當塗縣 북방), 그리고 진강에 소재하고 있었는데 북송 진종연간 각각 왕으로 봉해지면서 더욱 숭배됐다. 상원수부와 중원수부가 항행이 매우 어려운 곳에 소재했다면 하원수부는 장강 상행의 기점이자 장강과 대운하가 교차하는 교통의 요지인 진강에 있었다. 그런 만큼 하원수부는 장강 하류의 가장 중요한 수신으로서 당시 영령조순왕英靈助順王으로 봉해져 있었다. 이는 도교계통의 신이지만 이를 제사지내는 사묘는 금산사金山寺에서 관할하고 있었다. 어쨌든 육유도 장강 상행에 나서기 하루 전날 돼지고기와 술을 사들고 영령조순왕 즉 하원수부를 참배하고 있다.[40] 이곳이 장강 상행의 출발지였고 출발 직전에 참배가 있었던 것으로 보아 장강 상행에 나서는 자들이 처음 장강의 수신에게 제사지내는 장소라고 할 수 있다.

다음으로 지적할 수 있는 것이 강독묘江瀆廟이다. 중국에서 사독四瀆(장강, 황하, 회수, 제수濟水) 신앙은 5악嶽 신앙과 함께 민간에서 매우 중시되어왔는데 강독묘는 이 4독 신앙의 하나로 건립됐다. 육유에 의하면, 이 사묘는 사시沙市 동쪽 3, 4리 떨어진 곳에 있으며 이곳에 모셔진 수신 역시 왕으로 봉해졌는데 4독신의 하나로 가장 번듯하게 제사되고 있다고 한다.[41] 전술했듯이 사시는 삼협 진입을 위해 준비하는 곳이었으니 육유도 이곳에서 새 선박으로 갈아타고 삼협 진입을 위한 마음의 준비로 술과 희생 돼지를 사들고 가서 제사를 올렸다. 강독묘는 성도에 본묘가 있었고, 나중에 건강부健康府(남경)에도 별사別祠가 건립됐다.[42]

한편 육유의 「성도부강독묘비成都府江瀆廟碑」(『위남문집』 권 16)에 의하면, 성도의 강독묘는 당대부터 있었는데 북송대에 와서 수축과 파괴가 반복되다가 범성대가 이곳에 장관으로 부임하여 대대적인 공사를 벌인 결과 사우祠宇와 부속 건물이 209칸, 담장 둘레가 6,870척(약 2,061미터)의 거대한 규모가 됐다고 한다. 그런데 육유는 이 강독묘에서 지방관의 주재로 때로는 기우제를 지내며 풍년을 기원하기도 한다고 했다. 장강의 안전 항행을 기원한다는 강독묘 본래의 목적과 전혀 다른 목적으로 이용되기도 했다. 또한 삼협지대에서 가장 위험한 곳으로 알려진 신탄新灘⁴³ 근처에는 강독북묘江瀆北廟와 강독남묘江瀆南廟가 있었다.⁴⁴ 이 묘들이 위의 강독묘와 어떠한 관계에 있었는지에 대해서는 확실치 않지만 역시 육유는 이 두 곳을 방문했다.

한편 이와 같은 유명한 사묘들 외에도 장강 연안에는 무수한 음사淫祠들이 있었다. 당시 장강 유역의 적지 않은 사묘는 국가로부터 묘액廟額과 칭호를 하사받아 정사正祠로 인정받았으나 많은 사묘들은 음사의 지위에서 벗어나지 못하고 있었다. 육유에 의하면, 사시의 강독묘의 지근거리에는 음사가 많았으며 이것은 이곳 호북 지방의 풍속인 것 같다고 했다.⁴⁵ 이른바 용사龍祠라고 불리는 사묘 중에는 음사가 많았을 것이다. 용사는 용신龍神 즉 수신을 제사하는 사묘로 각종 유·무명 사묘가 도처에 산재했다. 물론 음사가 모두 수신을 모시는 곳은 아닐지라도 소재지로 추측해보면 장강 항행과 밀접한 관계가 있다고 보인다. 육유에 의하면 강변에 총사叢祠가 있다고 했는데⁴⁶ 이것들도 용사였을 것이다. 이밖에 황우협黃牛峽의 위쪽에는 치수에 공이 컸다고 여겨왔던 우왕禹王을 제사하는 황우묘黃牛廟(명천묘洛川廟와 같음)⁴⁷ 등이 있었다. 이러한 것들은 장강 유역의 수신 신앙의 유행을 잘 말해주고 있다.

장강에서의 수신신앙은 항행하고 있는 중의 뱃사람들의 제사행위에서도 확인된다. 이를테면 육유가 "이날 이른 아침 뱃사람이 '향을 피워 신에게 기원했다'는 것을 보았다"고 했는데,⁴⁸ 여기서의 신은 수신이거나 풍신이라고 추측되는데 어느 쪽이든 안전한 항행과 밀접했음은 말할 나위도 없을 것이다. 또 "자정이 지나 주인舟人이 협峽의 신에게 제사를 드리며 돼지 한 마리를 바쳤다",⁴⁹ "주인舟人이 돼지 10마리를 잡아 신에게 제사를 드렸다. 이를 개두開頭라고 한다"⁵⁰라고 했는데 이것도 마찬가지였다고 본다. 희생물의 규모로 보아 제사가 매우 큰 규모였을 것으로 보인다. 또 육유는 어떤 뱃사람이 한 사묘 앞에서 "정성과 경건함으로 기도를 드리면 신이 바람을 갈라주므로 (분풍分風) 왕래하는 배에 도움을 준다"⁵¹고 말했다고 했다. 이것이 무슨 의미인가는 따로 설명할 필요가 없을 것이다. 이밖에도 각지에서 수신 외에도 풍신에게 제사를 올리고 있었는데 이것도 무사 항행과 관련된 그들의 간절한 기원이었을 것이다. 그리고 '승객'으로서의 육유가 진강과 사시에서 항행의 안전을 위해 직접 제사를 올렸다는 사실은 앞에서 본 대로이다.

### 연안 주민 생활상의 일면

장강 연안 주민들은 어로작업 외에 주로 작은 배를 이용하여 정박해 있는 배 사이를 오가며 물고기를 비롯하여 간단한 물품을 뱃사람과 여행자에게 팔고 있었다. 앞서 육유가 선상생활에 필요한 물품을 구입했음을 소개했는데, 바꿔 말하면 이는 바로 연안 주민의 생활상이기도 했다. 물론 그들이 판매하는 물품의 종류나 규모는 연안 지역의 규모나 특색, 그리고 정박하는 배의 숫자 등에 따라 달랐을 것이다. 이를테면 "물고기가 흙처럼 싸서 100전이면 스무 명이 배불리 먹을 수 있다"⁵²라고 한데서도 보듯 매우 영세했을 것으로 보인다. 그들을 좌고坐賈나 객상으로 볼 수는 없고 소판小販이라 해야 할 것이다. 어쨌든 그들이 뱃사람과 여행자에게 없어서는 안 될 존재라면 장강 항행이 증가할수록 소판으로 살아가는 사람들도 늘었을 것으로 판단된다.

또한 장강 연안에서 볼 수 있는 독특한 존재로 탄자灘子라는 사람들이 있었다. "(신탄의) 양안에는 주민이 많은데 (그들을) 탄자라 불렀으며 전문으로 탄에서 (짐을) 운반하는 것을 직업으로 삼았다(『오선록』권 하, 8월 무진삭조)"라고 하듯 선박의 삼협 통과와 관련하여 생계를 이어가는 사람들이었다. 특히 상행할 때는 싣고 있는 짐을 부리고 빈 배를 긴 밧줄 등으로 끌고 가야 하는데 이때 짐을 하역, 운반하거나 배를 끌거나 하는 일들을 하는 것이다.[53] 또 탄을 통과할 때는 배가 자주 파손됐는데 이때 부서진 배의 판목을 헐값에 산 다음 이를 잘 손질해서 다른 사람에게 비싸게 되파는 자들도 탄자라고 했다. 배가 이곳에 오래 머물수록 돈벌이가 되기 때문에 탄자들은 교묘한 방법으로 선박의 삼협 통과를 방해했다. 방법은 크게 두 가지였다. 첫째, 관이 주도하는 공사를 방해하는 것이다. 즉 관에서는 삼협 구간에 있는 탄의 피해를 덜기 위해 주민이나 석공들을 동원하여 암초를 제거하는 일을 시켰는데 탄자들이 교묘히 공사가 지연되도록 공작을 꾸미는 것이다. 둘째, 하역과 운반을 맡은 배에 고의로 짐을 많이 적재하여 배가 파손되도록 하는 것이다. 육유는 이러한 행위를 못하도록 비석을 세워 경계해야 한다고 말했지만 어쨌든 장강 연안 주민생활의 일면을 알 수 있는 하나의 삽화를 보는 듯하다.

다음으로 수상생활을 하는 주민에 대해 살펴보기로 한다. 육유는 흥국군 부지진富池鎭(호북성 양신현 동부) 근처에서 큰 뗏목을 보았다.[54] 그에 의하면 너비 10여 장丈(30여 미터), 길이 50여 장(150여 미터)에 위에는 30, 40가家가 있다고 했다. 거기에는 부녀자와 아동들, 닭, 개, 절구, 방아가 갖춰져 있고 가운데는 동서, 남북으로 길이 나 있으며 또 사묘祀廟까지 갖춰져 있다고 한다. 규모도 놀랍지만 작은 수상마을이라 할 만하다. 다시 육유는 "이보다 더 큰 것은 뗏목 위에 채소밭과 술집도 있으며 (너무 커서) 협夾에 들어올 수 없어 대강(본류)만 다닌다"고 하는 뱃사람의 말을 전하고 있다. 신뢰성에 의문이 없지 않지만 장강을 무대로 살아가는 사람들의 생활 모습을 이해하는 데 도움은 될 것이다.

한편 장강을 오가는 사람 중에 사천인이 매우 많고 활동 영역이나 범위가 매우 컸다는 점도 주목할 만하다. 이 문제는 여기서 가볍게 다룰 수 있는 주제가 아니기 때문에 다만 두 여행기에 보이는 약간의 기술을 간단히 소개하는 데 그치기로 한다. 우선 육유가 진강에서 처음 탔던 배나 두 번째 갈아탄 배는 모두 촉, 즉 사천 지방의 가주嘉州인이 그 소유주였다는 것이다. 게다가 가주는 서천西川(서부 사천)에[55] 위치해 있었으니 활동범위가 매우 넓다고 할 수 있다. 오늘날의 호북성에 이르면 벌써 촉풍蜀風(촉인의 활동이나 촉의 풍속)이 나타나기 시작하여 사천과 경계하고 있는 호북 서부로 올수록 그러한 경향은 심해졌으며 촉인, 촉주蜀舟도 많아지고 있다. 특히 호북의 강릉(형주)의 동쪽 사시 인근에는 '촉인이 배를 수리하는 곳'이 있었는데[56] 이곳은 여행자들에게는 입촉을 준비하는 곳이요, 사천인에게는 활동 거점이 되고 있다. 또 "사시의 방파제 위에 사는 사람은 대개 다 촉인이다. 그렇지 않으면 촉인과 혼인한 사람들"이라고[57] 하는 데서 보듯 사천인이 호북 지방, 특히 장강 항행과 밀접한 관계에 있는 도시에 다수 거주하고 있었음을 알 수 있다. 그리고 사시보다 훨씬 동쪽에 있는 악주鄂州(무한)에서도 촉인의 활약상은 두드러졌다.[58] 이러한 현상이 늘수록 사천인의 영향력이 커졌을 것으로 생각한다.

그러면 왜 사천인이 이처럼 장강을 무대로 한 활동이 두드러졌을까. 여러 관점에서 분석할 필요가 있겠지만 필자는 다음과 같은 점에 좀더 유의할 필요가 있다고 생각한다. 입촉, 혹은 출촉出蜀의 거의 유일한 통로인 장강은 중·하류 유역의 사람들보다 사천인에게 훨씬 더 중요한 물길이었으므로 이를 활발한 활동무대로 삼았다는 점이다. 물론 예로부터 사천을 천부지국天府之國, 즉 '하늘이 곳간을 내려준 풍요로운 땅'이라고 하여 사천 경제의 자족성을 말해왔지만 사천은 송대에도 여전히 고립 지역으로 남아 있었다. 남송대 유성시 類省試라 하여 예부시禮部試에 해당하는 시험을 사천에서만 실시한 것도 그 예라고 할 수 있다.[59] 일반적으로 고립 지역에서 벗어나려는 욕구는 그곳으로 들어가려는 욕구보다 당연히 크다고 할 수 있기 때문에 고립에서 탈피하려는 쪽의 노력은 더욱 절실하며 적극적으로 나타난다. 사천의 경우 이러한 노력은 역사가 오래됐으며 이것이 사천인들로 하여금 장강을 하행하도록 내몰았고 사천인의 결집을 가져왔으며 결국 사천인의 활약상으로 나타났다고 할 수 있다. 물론 이러한 관점은 일반론에 입각한 것이라서 송대의 사천, 사천인의 특색을 찾기가 쉽지 않다. 따라서 앞의 물음에 답하려면 씨줄(송대사)과 날줄(사천사)의 교직交織이라는 보다 거시적인 작업이 필요하다고 본다.

## 3. 장강여행에 보이는 사대부의 교유

여행을 하게 되면 대개 상대가 지인이건 낯선 사람이건 아니면 역사상의 인물이건 누군가를 만나게 된다. 더욱이 오랜 기간의 여행이라면 만남의 형태, 여행 목적, 혹은 관계의 지속성 여부를 떠나 만남의 기회는 더 확대된다. 그러나 그 모든 만남이 우리가 말하는 '교유'라고 할 수는 없다. 엄밀한 의미에서 교유交遊라고 하면 적어도 무언가 서로 공통적인 면을 공유하면서 상대가 서로 소통한다는 인식이 있어야 하고 그것이 어느 정도 지속적이어야 하기 때문이다. 다시 말해 공통성, 상호성, 지속성이 전제되어야 한다는 것이다. 그러나 이러한 요소들을 어느 정도 갖춰야 교유라고 볼 수 있는가는 한마디로 단정하기 어렵다. 때문에 교유라 해도 그 형태나 목적은 상대, 방식, 그리고 기간 등에 따라 다를 수밖에 없다.

　물론 전근대 사회에서의 교유관계는 대개 신분이나 지위, 학문, 직업 등에 의해 좌우되는 것이 보통이기 때문에 교유의 범위는 직접 대면이 전제되는 것만이 아니라 서신 왕래나 시나 글의 교환, 제삼자를 통한 간접적인 교유까지 포함해도 상대적으로 제한적이다. 그러므로 혼인, 학문(학파), 지역, 정파 등을 매개로 한 교유관계의 규명은 당대 사회를 이해하는 데 좋은 자료가 되기도 한다. 그렇지만 이렇게 교유의 범주를 너무 엄격하게 한정해버리면 여행에서 (특히 장기간) 이뤄지는 수많은 사람들과의 만남은 계획된 것이건 우연한 것이건 간에 그 의미는 줄어들 수밖에 없다. 그래서 이 글에서는 교유의 의미나 범주를 보다 '느슨하고 넓게' 설정해서 여행에서의 다양한 만남의 실태를 파악하려고 한다.

　관료는 벼슬길에 나서면 부초처럼 각 지방을 전전해야 했다. 그러나 이는 사대부 관료들에게 다른 지역을 방문하거나 여행할 기회를 제공하여 교유의 기회를 새로 얻거나 옛 만남을 다지는 계기를 주기도 했다. 육유와 범성대도 그러했다. 이 점에 주목하여 그들이 여행하는 동안 주로 누구를 만나 무엇을 했으며 그 의미가 무엇인가를 살피고자 한다. 물론 그들이 행한 여행의 속성상 한 곳에 오래 머무를 수 없었기 때문에 애초부터 '지속적인 교유'의 기회를 갖기 어려웠다. 따라서 그들이 실제 여행 기간 동안 많은 사람들과 만나는 것을 두고 '지속적인 교유'로 보기 힘든 것처럼 보이지만, 뒤에 보듯 반드시 그렇지는 않았다. 여행을 통해 새로운 만남도 많았지만 과거 여러 인연으로 교유했던 구교舊交를 확인하고 다지는 계기가 됐기 때문이다.

육유와 범성대는 장기간의 여행에서 신분이나 지위에 관계없이 실로 많은 사람들을 만났다. 하지만 둘은 동년배(육유가 한 살 위)이고 비슷한 점이 많았음에도 관위의 차이 등 때문에 여행중의 교유에서 무시할 수 없는 차이가 보인다. 먼저 서술상의 필요에서 두 사람의 이력을 간단히 비교해보기로 한다.

육유는 은음恩蔭으로 관료 신분을 얻은 이후 '사동진사출신賜同進士出身'의 자격을 얻고 관료생활을 시작했다. 원래 조부가 북송대 부재상에 오른 것을 비롯하여 대대로 관료를 배출한 절동浙東 지방의 명족 출신이었다. 그는 원래 과거시험 첫 단계의 한 종류인 쇄청시鎖廳試에서 수석으로 합격했다(1153). 이듬해 2차 시험인 예부시禮部試에 응시, 1등으로 합격자 명단에 올랐으나 당시 최고 실권자인 진회秦檜의 농간 때문에 안타깝게 낙방하고 말았다. 그 까닭은 진회가 손자 진훈秦塤이 쇄청시에서 육유에 이어 2등으로 밀리자 그의 분노를 산데다 또 금에 빼앗긴 중원을 회복해야 한다는 육유의 주장을 못마땅하게 여겨 예부시의 합격자 명단에서 육유를 지워버렸기 때문이다. 최우등 성적자의 순위만 조정하고 거의 전원을 합격시키는 전시殿試에서도 장원이 기대됐던 육유에게 낙방은 너무 가혹한 일이었다. 당시 이 사실은 조야에 널리 알려졌고 많은 사람들의 동정을 사기도 했다.

육유는 진회가 죽고 몇 년이 지나서야 말직을 하나 얻게 됐다. 그후 효종이 즉위하자 재상 사호史浩의 추천으로 '사동진사출신'을 얻

없는데 이는 진사시험에 응시하지 않는 자에게 주는 특혜로 당시로서는 드문 예였다.⁶⁰ 그 후 정식 과거 합격자와 같은 코스로 보임補任이나 승진이 가능해졌지만 실제로는 정식 합격자에 비해 낮은 대우를 받았다. 그리고 그는 뒷날 관료생활중에 주전파 장준張浚의 용병用兵을 적극 지지했다는 이유로 파직되어 귀향해야 했다. 사천 지방의 기주통판으로 복직하면서 장강을 상행하게 된 것은 낙향한 지 4년 만이었다. 이번의 부임은 수년 전 이미 진강부통판鎭江府通判과 융흥부통판隆興府通判을 지낸 적이 있는 육유에게 이 두 곳보다 인구도 적고 낙후한 지방의 통판 부임이 내키지 않았을 수도 있겠다. 하지만 경제적 문제도 있고 해서 기꺼이 부임했다.

   부임 당시 육유는 경제적으로 곤궁했던 것 같다. 부임 때에는 옛 친우들로부터 경제적 지원을 받고 있다.⁶¹ 물론 관료가 지방으로 부임할 때는 역권驛券이나 지사支賜를 지급받는 등 국가로부터 편의와 비용을 제공받기는 하지만 이것만으로는 여비가 부족한 경우가 많았다. 관료들의 여비 마련이 누구에게나 쉬운 일은 아니었으므로 다른 사람들의 경제적 지원을 받는 경우가 적지 않았음을⁶² 고려하면 이 사실로만 육유의 경제적 곤궁을 말하기는 어려울지도 모른다. 그러나 기주통판으로 재임하면서도 박봉 때문에 10명 정도의 가족을 부양하기가 힘겨웠고 성년이 된 자녀들의 혼담을 꺼내지도 못할 만큼 경제적으로 어려웠던 것 같다.⁶³ 그런 반면 이 무렵 육유는 시로써는 이름이 제법 알려져 있었다.

   한편 범성대는 육유가 낙방한 바로 그 예부시에 합격했다(1154). 앞서 보았듯이 육유에 대한 진회의 방해공작이 없었다면 육유와는 동년진사同年進士가 될 수도 있는 사이였다. 나중에 범성대는 육유가 이 시험에서 진회의 농간으로 낙방하게 된 것을 알게 됐다. 범성대는 육유에 비해 훨씬 순조롭게 관료생활을 했다. 조정에서 직급은 다르지만 육유와 동료로서 함께 근무한 적이 있었다. 그러나 약 8년이 지난 후에는 두 사람의 지위가 크게 달라져 있었다. 육유는 일개 궁벽한 지방의 통판으로, 범성대는 금나라에 가는 송 사신의 대표인 금국기청사金國祈請使로 적국 금에 가게 된 것이다. 이때 기주통판 부임을 위해 장강 상행을 기다리던 육유와 운하를 북상하여 금에 가려던 범성대가 진강에서 8년 만에 짧게 만나 회식했다.[64]

그 후 범성대는 승진을 거듭하여 사천 지방 최고의 관직인 사천제치사겸지성도부의 자리에 올랐다. 범성대가 성도에 있을 때 육유는 기주통판의 자리에서 물러나 계속 사천을 전전하다가 범성대의 요청으로 그의 막료인 참의관參議官이 된 적이 있었다. 한때 동료였다가 막료와 장관 사이로 만나게 된 것이다. 단, 참의관은 특별한 직책이 있는 것이 아니고 상관과는 사적인 성격이 강하기 때문에 일반적인 상하관계로 보기 어렵다. 그래서 이 무렵 둘의 관계에 대해『송사宋史』「육유전陸游傳」에는 "문자를 갖고 벗으로 사귀어 예법에 구애받지 않았다"고 했다. 실제 둘 사이에 주고받은 시가 각각의 시집에 여러 편 수록되어 있다. 뿐만 아니라 범성대가 이전 근무지인 계림에서 성도에 부임하는 길에 지은 100여 편의 시를 묶은『서정시집西征詩集』에 육유는 범성대의 참의관으로 있으면서 서문을 지은 바 있다.[65]

여행기를 쓸 당시 두 사람은 관위나 직책 등에 이렇게 차이가 있었기 때문에 두 여행기에 보이는 교유관계에도 차이가 없을 수 없다고 생각한다. 이를테면 육유가 운하로 북상하여 진강으로 가기 위해 항주에 왔을 때 다음과 같이 심경을 토로하고 있다.

내가 임안(항주)에 오지 않은 지 이미 8년이 됐는데……옛날의 벗들은 이미 (사방으로) 흩어져버렸거나 혹은 신분(지위)이 높아 다시 서로 통하지 않으니 크게 한탄스럽다.⁶⁶

오랫동안 지방관 부임과 낙향의 세월을 보내는 사이 과거의 동료나 지인들은 승진해 있어서 이제는 자신과 교제나 왕래 상대가 아니라고 보는 인식은 현실과 동떨어진 푸념만은 아니었을 것이다. 여기서 "신분이나 지위가 높아서 다시 서로 통하지 않는다"는 상황이 빚어진 것이 옛 동료나 지인들이 이미 지위가 높아져서 육유를 대하는 태도에 변화가 있었기 때문인지, 아니면 육유의 자격지심 때문인지는 확실치 않다. 인용문 중에 '상통한다'는 것은 '서로 왕래한다'는 뜻이니 육유가 진강으로 가기 위해 항주에서 기다리고 있었다는 점을 감안하면 공적인 관계가 아닌 사적인 교유였음이 틀림없다. 아마 이러한 상황이 육유에게만 있었던 사례는 아닐 것이다. 그렇다면 사대부 관료 사이의 사적 교유에도 신분이나 지위가 매우 강하게 작용했다고 볼 수 있다.

이 점은 두 사람의 부임과 이임에 대한 각각의 환송객 수와 환송의 행태를 보면 더욱 분명해진다. 물론 이것은 부임과 이임 자체에 송객 형식의 차이 때문이기도 할 것이다. 범성대는 사천 최고의 지방관이었기 때문에 막료를 비롯하여 관내의 지방관으로부터 극진한 송별을 받을 수 있었다. 송객은 대부분 성도에서 한참 떨어진 가주嘉州에서 헤어질 정도였고 그중 세 사람의 송객은 성도에서부터 1천 리가 넘는 이임 길을 40여 일 동안이나 동행했다.⁶⁷

그렇다면 그들은 여행지에서 주로 어떤 사람들을 만나고 교제했을까. 우선 들 수 있는 것이 경유지의 지방관이다. 지주知州, 지현 등 지방의 행정책임자를 비롯하여 육유와 동급의 통판, 그리고 주학州學의 교수 등 지방관의 속관들, 그리고 로路의 전운사轉運使, 안무사安撫使 등이 그들이다. 당시 자신의 관할 지역을 통과하여 부임 혹은 이임하는 관료를 접대하는 것은 의무적이라고 할 만큼 보편적인 관례였다. 송대에는 공사전公使錢·공용전公用錢으로 그 비용을 충당했다. 공사전은 원칙적으로 주·군軍 이상의 관청이나 그 관리에게 지급되는 일종의 기밀비 또는 판공비로서 지방에서는 군대나 관리의 접대, 아문의 수리, 치수, 제사 등 모든 지방 정치의 운영에 사용됐다.[68] 두 사람도 가는 곳마다 거의 예외 없이 지방관을 방문하거나 내방을 받고 있다.

  육유는 자신보다 관위가 높거나 같으면 '견見', 낮으면 '내來'라고 구분하여 표기하고 있다. 이는 각각 왕견往見, 내방來訪의 뜻이니 이러한 구분이 관료 사회의 위계를 반영하고 있는 것인지도 모르겠다. 어쨌든 그는 대개 지방관이 연회를 베풀면 때로는 답례 방문을 하기도 했다. 이러한 접대는 의례적인 것이기 때문에 큰 의미가 없을지도 모른다. 하지만 여행자로서는 그 지방에 대한 사정을 상세하게 청취할 수 있는 기회였다. 예를 들면 육유는 한 현령으로부터 현의 행정, 민정 등에 대해 매우 구체적으로 전해듣고 있다.[69] 또 지방관을 만나면서 단순히 접대만 받는 것이 아니라 구체적으로 그 지방의 현안 해결을 요청하기도 했다. 일례로 범성대는 이전에 성도에 부임할 때 삼협의 물이 불어 뱃길로 갈 수 없어 귀주歸州(호북성 자귀현秭歸縣) 근처의 산길을 이용할 수밖에 없었는데 길이 매우 험준하여 인근의 지방관 즉 지협주知峽州, 지귀주知歸州, 귀주통판, 기주로 전운사에게 도로 보수를 청탁하고 있다. 그러나 이 지역이 범성대의 관할이 아니기 때문에 호령이 미치지 않아 시를 지어 그들에게 권유하고 있다.⁷⁰ 이 두 사례에서 보더라도 부임 혹은 이임중에 이뤄지는 접대는 여행자에게나 경유지의 지방관에게나 단순한 연회 이상의 의미가 있었다.

다음으로 두 사람이 동년, 동학, 동향, 동료 등 무언가 동질성 혹은 공통성을 갖는 자와의 만남을 살펴보자. 이것은 오히려 여행을 하게 됨으로써 실현이 가능한 경우도 많다. 이는 앞에서 본 의례적인 지방관의 접대와는 달리 전에 인연이 있는 사람을 수년 만에 해후하여 각별한 친교의 정을 주고받는 사례에서 확인된다. 예를 들면 이전에 육유와 진강부에서 지부知府와 통판(육유)으로 같이 재임했던 방자方滋의 경우가 그렇다.⁷¹ 육유가 여행하고 있을 당시에 그는 형부시랑으로 있다가 이 무렵 수주秀州에 머물러 있었는데 육유를 몇 차례 사택으로 초청하여 회식하고 있다. 이 자리에서 육유는 방자의 관객館客인 진사 문인강聞人綱⁷²으로부터 유소년기의 육유를 오랜 기간 가르쳤으나 한동안 소식이 두절됐던 모문毛文이 실명을 했고 죽기 전까지 종일 정좌하여 6경을 암송했다는 소식을 전해듣고 있다.

이밖에도 비슷한 사례가 보이는데 이를 옛 벗 한원길韓元吉(1118~87)과 육유의 교유를 중심으로 살펴보겠다. 한원길은 시인이기도 했지만 당시 사인詞人으로 이름이 더 많이 알려져 있었다. 육유가 한원길과의 1년여 만의 만남에 대해, "서로 옛날의 인연을 말하고 벗들(의 소식)을 묻고 서로 술을 권하니 매우 즐거웠다"⁷³라고 했는데 여기서 둘 사이의 교유의 광경을 짐작할 수 있다. 이때 육유와 한원길의 만남은 육유의 부임길에 만난 것이 아니다. 오히려 육유가 진강부 통판 재임 때에 요주饒州 파양현鄱陽縣의 지현知縣으로 발령받은 한원길이 진강에 있는 모친을 찾아뵙는 길에 육유와 교유했던 것이다. 이듬해 한원길이 중앙으로 발령받고 파양현에서 이임해오면서 진강에 들러 60일 가량 시와 술로 상종相從했다. 육유는 이때의 심정을, "오호라! 풍속이 날로 무너지고 붕우朋友의 도가 이지러지도다. 우리 두 사람처럼 사士가 서로 어울리는 것은 역시 드물다"[74]라고 하여 둘 사이가 막역한 교유관계에 있었다고 했다. 한원길이 육유보다 7살 연상이었지만 둘 사이의 교유는 스스럼이 없어 보인다. 한원길도 육유가 융흥부 통판으로 있을 때 보인 행정 능력에 대해 지나칠 정도로 추켜세우고 있는가 하면,[75] 육유가 시종侍從 선발에서 탈락했을 때 그의 재능이 발휘되지 못하게 된 데 대해 안타까움과 위로를 보내고 있다.[76]

그리고 육유는 10년 가까이 사천에서 생활하다가 귀향길에 이미 이부시랑으로 승진해 있는 한원길을 항주에서 만나 옛 정을 나누었다. 이때 조정에 있는 옛 벗은 한원길이 유일했다.[77] 그러나 둘 사이의 관계는 한원길이 조정에서 계속 중용된 반면 육유는 지방관 부임과 면직에 이은 낙향으로 예전 같지 않았다. 육유가 "나는 늙고······ 세상과 서로 잊고 지내나 무구無咎(한원길)는 다시 조정에서 중용되니 그 세를 서둘러 맞출 수 없다"고[78] 토로하고 있다. 하지만 이는 관위官位와 직책에 있어서 둘 사이의 현저한 차이를 고백한 것이었지 둘 사이의 오랜 (사적인) 친교까지 단절됐음을 말한 것은 아니었다. 즉 한원길이 죽자 육유가 제문을 써서 그의 죽음을 몹시 애도하고 그와의 교유를 회고하는 한편 그의 사詞에 대해 최대의 찬사를 보냈다는(「제한무구상서문祭韓無咎尙書文」『위남문집』권41) 사실만 봐도 그러하다. 그런데 필자는 앞에서 사대부의 교유에 있어서 신분이나 지위가 꽤 영향을 미쳤다고 지적했다. 그렇지만 육유와 한원길의 사례에서 보면 그렇지 않은 것도 사실이다. 이는 육유와 한원길이 서로 문학상의 오랜 동지였다는 사실을 상기한다면 충분히 이해할 수 있다. 따라서 사대부 사회의 교유관계에서 관위의 차를 결코 무시할 수는 없으나 '단단한 교유의 끈' 즉 동질성이 유지되는 한 그 차이는 큰 의미가 없었다고 생각한다. 육유와 한원길의 경우는 무엇보다 문학상, 정견상의 동질성을 들 수 있다. 즉 문학적 취향과 그 성취도가 비슷했다는 점, 그리고 모두 항금론抗金論을 견지했다는 점이 둘의 교유관계가 오래 지속될 수 있었던 일차적 요인이었다고 하겠다.

그런가 하면 육유는 자신과 기묘한 인연의 진훈을 만났다. 앞에서도 언급했듯이, 진훈은 예부시에서 육유를 낙방시켰던 진회의 손자로서 당시 건강부 강녕현康寧縣(강소성 강녕현)에 은거하고 있었다. 둘이 만나게 된 계기는 불명이나 아마 육유가 이곳에 왔다는 소문을 듣고 진훈이 그를 자신의 저택으로 초청해서 이루어졌을 것이다. 이때 육유는 아내와 동행했다. 마침 아내가 창병瘡病으로 고생하고 있었는데 이를 알게 된 진훈은 이곳의 지현에게 부탁해서 의원을 오도록 하여 진찰을 받게 했다(『입촉기』 제2, 7월 6일). 그리고 사흘 후 진훈은 다시 다른 의원의 왕진을 받도록 배려를 했고 약도 보내주었다 (『입촉기』 제2, 7월 9일). 그런데 둘 사이는 악연이라면 악연일 텐데 육유는 진훈의 후의를 받아들이고 있다. 이는 진회가 죽은 지(1155) 이미 14년이 지난 시점에서도 여전히 진회에 대한 원한은 거둘 수 없었겠지만 진훈에게까지 원한을 품지는 않았을 것이고 또 그의 방문 요청을 거절하기도 어려웠기 때문으로 보인다. 한편 이러한 후의는 진훈의 입장에서 보면 육유의 낙방에 대해 그동안 품고 있었을 마음의 빚을 조금이나마 덜기 위한 것이었다고 할 수 있다.

그러나 육유가 이러한 진훈의 후의를 받아들였다고 해서 둘 사이의 관계를 우리가 말하는 교유라고 할 수는 없을 것이다. 왜냐하면 진회가 죽고 나서 진훈의 부친 진회秦燴는 파직됐고 진훈도 좌천됐으나 여전히 저택을 비롯한 막대한 가산家産을 소유하고 있어서 이에 대해 육유는 냉소적이었고 또 둘 사이의 어떠한 공통점을 발견할 수 없었기 때문이다. 이를테면 육유가 진훈의 저택을 방문한 이튿날 진훈의 관객館客이 찾아와 이르기를, "진씨(진훈)의 쇠락이 심해서 자주 (가산을) 저당잡혀야 할 지경이라서 생산이 적습니다"라고 했다. 이에 육유가 세입이 얼마나 되느냐고 되묻자, "미米 10만 석일뿐입니다"라고 했다(『입촉기』 제2, 7월 7일). 육유는 이 대답에 대해 한 마디 언급도 없다. 말문이 막혔기 때문이었을까. 참고로 북송대 동남 지방에서 수도 개봉에 보내게 되어 있는 상공미가 600만 석이었음을 고려하면 개인의 소출로서 10만 석이 얼마나 많은 것이었는지 쉽게 알 수 있을 것이다. 그러니 가난을 경험했고 여비까지 지인들에게 신세졌던 육유가 느꼈을 심정을 이해하지 못할 바 아니다. 따라서 달리 교유의 계기가 없으면 반드시 정견이나 학문상의 차이가 아니더라도 다른 요인으로 사대부 사회 안에서도 교유의 장벽은 얼마든지 생길 수 있었다고 하겠다.

한편 범성대는 성도를 떠날 당시 육유보다 훨씬 관위가 높았기 때문에 이임 길에도 중·하위직 관료보다 주현이나 로路의 장관과의 교유가 주류를 이루었다. 특히 사천의 최고 관직에 있던 범성대가 사천에서 여행하는 동안 만났던 사람들은 당연히 관할 아래의 부하이거나 막료였으므로 공무가 아닌 사적인 교유를 유지하기가 어려웠을 것이다. 전술한 육유와 범성대의 관계는 예외에 속한다고 봐야 할 것이다. 따라서 육유처럼 구체적인 교유의 사례는 잘 포착되지 않는다. 있다면 과거시험 합격 동기생인 동년(진사)과의 만남과 교유를 기록하고 있는 정도이다.[79] 이것은 앞에서 육유가 "신분이나 지위가 높아서 다시 서로 통하지 않는다"고 토로한 것과 달리 오히려 범성대의 경우는 높은 지위 때문에 스스로 교유의 한계를 드러내는 것은 아닐까. 범성대의 이임 길에 주로 막료들이 동행한 내용을 전하는 것도 그 때문일 것이다.

이처럼 교유관계를 『오선록』에만 한정해서 볼 경우, 범성대의 교유관계는 폭이 좁고 그 사례도 적은 것은 사실이다. 그러나 이는 단지 범성대의 관위가 아주 높았기 때문만이 아니라 『오선록』의 서술상의 문제일 수도 있다고 생각한다. 즉 육유는 운하를 북상하여 장강여행에 나섰으므로 당연히 운하 연변 도시에는 지인이 많았다. 반면 범성대는 사천 지방의 명산과 경승지를 두루 유람한 후 장강을 하행했고 게다가 장강여행 기간도 상대적으로 짧았으므로 교유 상대자가 적을 수밖에 없다. 따라서 앞에서 본 한원길과 육유의 관계 그리고 범성대와 육유의 관계를 함께 고려하면 관위의 차이가 사대부의 교유관계를 제약하는 큰 장벽은 아니었다고 할 수 있다. 바꿔 말해 이는 여러 요인에 의해 형성되는 동질성, 공통성이라는 측면이 보다 중요했다고 할 수 있다. 그렇다면 이러한 동질성, 공통성의 구체적 내용은 무엇이며 현실적으로는 어떻게 작용하는가, 또 그것은 어떻게 형성되며 그리고 사대부 사회에 있어서 무슨 의미를 갖는가 등에 대한 보다 깊은 탐색이 필요하다고 생각한다.

다음으로 교유의 한 유형으로 승려나 도사와의 만남을 들 수 있다. 육유와 범성대는 여행지의 도처에 산재한 사원과 도관을 매우 빈번하게 방문했는데 대개 이들이 동행하여 편의를 제공하고 있다. 이 경우 그들로부터 사원이나 도관에 대한 현황, 연혁 등을 상세하게 청취했고 여기서 전해들은 지식은 불교와 도교에 대한 식견을 보태는 데 도움이 됐을 것이다. 이를테면 동진 때 창건된 유명한 동림사東林寺와 이에 인접한 서림사西林寺에 대한 지식, 도관으로 유명한 태평흥국궁太平興國宮에 대한 정보 등을 얻고 있다. 이러한 일은 오히려 무명의 많은 사원과 도관에 대한 경우에 오히려 성과가 더 있었을 것이다.

또 여행지에서 수시로 만나는 진사나 수재秀才 등 사인士人을 비롯한 일반 촌인村人들과의 만남도 무시할 수 없다. 현지의 그들로부터 그 지방의 역사, 산천, 풍속, 일화에 대한 지식을 전해듣고 있는 사례가 꽤 보인다.[80] 이러한 만남의 과정을 통해 현지 주민이 아니면 알기 힘든 지식을 얻고 있는데 물론 이것이 본래 여행의 매력이기도 하다. 그러므로 상대적으로 교통이 발달하지 못한 당시에는 이와 같은 여행을 통한 교유, 그것이 '느슨한 교유'였을지라도 지식 정보의 획득이라는 측면에서 보면 그 의미는 더욱 크다고 하겠다. 육유와 범성대는 뒷날 각각 적지 않은 분량의 역사서와 지방지를 남겼는데[81] 이러한 경험은 이 두 책을 저술할 때 좋은 참고가 됐을 것이다. 이상에서 보면 여행에 나선 사대부의 만남, 교유는 관료 사회 안에서뿐만 아니라 그 상대가 일반인에게까지 확대되고 있음을 확인할 수 있다. 또한 이를 통해 그들은 현지인들로부터 여행지의 사정을 소상히 청취하고 현지 주민의 생활에 대해 세심한 관심을 기울이고 있다. 이러한 자세야말로 천하 국가경영에 적극적으로 참여한다는 송대 사대부의 천하관, 책임의식에서 비롯됐다고 봐도 좋을 것이다.

마지막으로 여행과 사대부의 교유와 관련해서 덧붙이고 싶은 것은 역사상 인물들과의 만남이다. 육유와 범성대는 여행 기간 동안 실로 많은 역사 속의 인물들을 만났다. 장강 연안 출신은 물론이요,

이곳을 무대로 활동했거나 주유했던 사람, 심지어 이곳에 유배 왔던 사람 등이다. 고택을 비롯한 유적지뿐만 아니라 산재한 사당, 비문, 석물石物, 누대樓臺의 현판에 쓰인 글씨 등을 통해 그들과 마주했다. 그들의 여행은 마치 준비를 잘 하고 떠난 답사여행처럼 보인다. 그런가 하면 그들은 역사상의 인물이나 사건에 대해 매우 전문적인 식견을 지닌 학자였다. 그런데 남송대 손꼽히는 시인이었던 육유와 범성대가 만났던 사람 중에는 시인들이 많았다. 멀리 굴원에서부터 북송 말 황정견에 이르기까지 쟁쟁한 시인들 외에도 잘 알려지지 않는 시인들이 다수 언급되고 있는데 역시 당대의 시인이 가장 많다. 일일이 세어보진 않았지만 장강 일대를 유람했던 이백과 두보 그리고 사천 출신으로 황주黃州(호북성 황주)에 유배 간 적이 있던 소식이 가장 많이 거론되고 있다. 육유와 범성대는 이미 많은 선배 시인들의 작품을 섭렵해서인지 아무개 시인이 어떤 장소와 관련해서 읊었던 시가 있으면 그 자리에서 그 시를 회상하고 음미하곤 했다. 말하자면 시대를 뛰어넘는 정서적 교감이고 지적 교유라고 할 수 있다.

그리고 시대를 초월하여 그들이 대면했던 인물로는 장강을 무대로 활약했던 장군, 명신, 창업자 등을 들 수 있다. 주로 우리들이 잘 알고 있는 삼국시대 오와 촉의 인물들, 그리고 육조시대, 오대 십국시대 오·남당의 인물들이다. 그런데 육유와 범성대는 그들에 대해 어떠한 역사적 평가도 내리지 않고 담담하게 유적지와 관련해서 간단히 언급하고 있다. 물론 길지 않은 일기체 기행문에서 작자로 하여금 공정한 판단을 내리도록 기대하는 것은 무리일 것이다. 이는 장강 연안에서 펼쳐졌던 역사적 사건에 대한 평가에 있어서도 마찬가지이다. 그렇지만 그들이 마주했던 역사적 인물과 사건에 대한 주관적 평가가 기행문에 들어 있지 않다고 해서 자신들의 견해마저 없을 리 없다. 따라서 그들이 여행 기간 동안 많은 역사상의 인물을 만나고 역사적 현장을 탐방하며 사건을 더듬는 일은 지식정보의 습득이라는 측면에서도 의미가 있었으나 그들과 시대를 초월한 대면을 통해서 자신의 세계관·가치관을 점검하고 자신의 정체성을 되돌아보는 계기가 될 수 있었다는 점에서 가치가 있다고 하겠다. 그러므로 여행은 이것을 가능케 하는 좋은 수단이었다고 할 수 있다.

그렇다면 육유와 범성대가 4, 5개월에 걸쳐 행한 장강여행, 곧 사천 지방으로의 드나듦은 힘겨운 고생길이었을까, 아니면 한가롭고 유쾌한 유람이었을까. 항행 여건이나 항로 사정 등 뱃길여행 자체에만 주목할 경우 힘겨운 항행이었다고 할 수 있다. 더욱이 삼협 등 험난한 협곡지대의 통과는 물론이요, 대해 같은 장강에서 오로지 풍향이나 풍속에 운명을 맡겨 수시로 침몰의 위험까지 느끼면서 범선에 몸을 싣고 장강을 오르내리는 광경을 떠올리면 고생스러운 여행이 아닐 수 없었다.[82] 그러나 장강여행은 실은 배를 타고 가는 기간보다 정박시켜놓은 기간이 더 길었고 이 기간에 각지의 유적지, 경승지 등을 유람하거나 많은 사람들을 만나고 어울리며 각종 연회에 참석하는 일이 일상적이었기 때문에 4, 5개월이 길기는 해도 매력적인 여행이었을 것이다. 또 장기간의 장강여행은 자부심과 책임의식을 갖고 천하 문제 해결에 적극 나섰던 당시 사대부에게 여러 지방의 현지 주민들의 다양한 생활상을 세밀하게 관찰할 수 있는 기회를 제공했다는 점에서도 의의가 있었다. 그리고 무엇보다 사대부 사회에서 중요한 의미를 갖는 교유관계를 맺거나 다진다는 점에서 유익한 여행이 됐을 것이다.

  사대부 관료의 장강여행을 통해 송대 여행의 실태와 의미, 그리고 사대부 사회에서 교유관계의 실상을 더듬어보았다. 앞으로 이러한 다양한 여행 사례가 발굴되어 연구가 축적되면 송대 여행의 실태와 의미가 좀더 뚜렷해질 것이다.

# 몽골제국 시기 유라시아의 광역 교통망 잠치

김성수

13세기 몽골제국(1206~1368)의 성립으로 인류가 그간 경험해보지 못했던 광역 국가가 유라시아 동서에 걸쳐 출현했다. 이를 계기로 인류의 시야는 오늘날의 유라시아 전역으로 확대됐고, 이를 반영하듯 1402(조선 태종 2)년 조선에서 제작된 「혼일강리역대국도지도 混一疆理歷代國都之圖」는 현재 한반도에서 아프리카, 유럽에 이르는 유라시아 전역을 포괄하고 있다. 여기에는 확대된 공간과 지역 정보가 응축되어 있는데, 훌레구 울루스 즉 일한국과 그 주변에서 수집된 새로운 지리 정보가 다량 유입됐고, 몽골의 중원 정복 이후 의욕적으로 진행된 「대원대일통지 大元大一統志」(1303), 「경세대전여지도 經世大典輿地圖」(1331) 등 관찬사업과, 다시 그 영향 아래 제작된 주사본朱思本의 「여지도輿地圖」(1320), 이택민李澤民의 「성교광피도聲敎廣被圖」, 청준淸濬의 「광륜강리도廣輪疆理圖」 등 지도의 영향을 받고 있다.[1] 몽골제국이 남긴 편린이 아닐 수 없다.

몽골 정권은 제국의 운영을 위해 막대한 자금을 투입하여 천문대

天文臺를 세우고 새로운 역법을 도입하는가 하면, 통치 지역에 대한 보다 정확한 정보가 담긴 지도를 작성하고자 했다. 이를 바탕으로 건설된 몽골제국의 교통체계가 바로 유명한 참적站赤[2]인데, 몽골어로 잠치jamči(站戶, 站赤)라고 하는 이 제도는 엄격하게 말해, 도로 즉 잠jam의 곳곳에 배치되어 역의 관리를 담당했던 역호驛戶를 의미하는 말이었다.[3] 그러나 일반적으로 『원사元史』이래 한문 사료에서는 역전驛傳제도 자체를 의미하고 있어, 이 글에서도 이를 따랐다.

잠치는 제국 내부의 원활한 소통을 위한 것이었으니, 정부의 통치활동에 관련된 문무 관료는 물론, 재정의 상당 부분을 담당하고 있던 관허 상인들이 우선적인 혜택을 누렸다. 그러나 잠치 운영의 폐단에서도 보이듯이, 잠치의 이용을 명기한 포마성지鋪馬聖旨의 수량이 증가하고, 심지어 권한이 부여되지 않은 사람들에게 숙식과 교통수단이 제공되면서 잠치의 운영은 타격을 입게 된다. 이를 두고 일부 중앙 정부의 무능함을 지적하기도 하지만, 그만큼 여러 가지 이유로 몽골의 통치 지역을 여행하고 싶어하는 사람들이 많았던 탓이기도 했다. 당시 최대 규모의 제국을 형성한 세계의 중심이 인구나 재화에 대해 강한 흡입력을 갖는 것은 당연한 일이 아니겠는가.

물론 몽골제국의 출현 이전 인류 역사에서 유라시아 동서를 오가는 일이 전무했던 것은 아니다. 기원전 5세기경 헤로도토스나, 2세기 프톨레마이오스의 기록에서 우랄산맥을 넘어 천산산맥에 이르는 초원 루트나 박트리아, 소그디아나, 파미르 동서의 오아시스 도시를 연결하는 교통로에 대한 언급이 있었다. 이러한 서방의 기록은 당시 그리스계 상인의 활동과 깊이 연결되어 있으며, 이에 상응하는 반초班超, 반용班勇의 서역 경영, 뒤이은 소그드계 상인의 활동과도 불가분의 관계에 있었다고 하겠다.[4] 물론 이후 초원을 장악하는 투르크

突厥, 위구르回鶻 등 여러 정권의 활동을 고려해야 하겠으나, 우리가 몽골제국 시대에 특히 주의를 기울이는 것에는 몇 가지 까닭이 있다. 첫째는 어느 시대보다도 많은 유라시아의 중심지들을 광범하고 조밀하게 연결하고 있다는 점이다. 둘째는 효율적이고 안전한 여행을 담보하고 있다는 점이다. 셋째는 항시적인 장거리 여행로가 확보되어 있었다는 점이다.

혹자는 4개 한국汗國의 성립과 제국 내부의 계승분쟁이 항시적 교통로 확보에 걸림돌이 됐다고 보기도 한다. 그러나 13세기 말 카이두, 나얀 등이 반反쿠빌라이 전선을 형성했던 시기의 상황을 지나치게 확대해석할 필요는 없다. 당시 잠과 잠치는 분명 매우 효율적이었고, 오늘날 이용하고 있는 교통로의 상당 부분이 이 시기에 대체적인 규모를 갖춘 것은 분명하기 때문이다. 각 지역의 교통로 상황이나 역호의 여건에 따른 차등이 있었다고도 하지만,[5] 예를 들어 주요한 정무가 빈번하게 전달되어야 했던 대도大都와 상도上都 사이의 경우는 약 5~10킬로미터마다 역이 배치되어, 24시간 만에 200~320킬로미터 정도 또는 그 이상의 속도로 문서를 전달했다고 하니, 전 시대에 비해 상당히 효율적인 시스템을 몽골제국이 구축했다고 할 수 있다.[6]

이상에서 언급한 몽골의 교통체계 잠치는 물론 몽골제국의 출현과 함께 급작스럽게 형성된 것은 아니었다. 몽골제국의 규모에 비할 수는 없겠지만, 앞선 시기 유라시아 각지에 존재했던 광역 국가의 통치 경험이 축적된 결과라고 하는 편이 옳을 것이다. 페르시아, 비잔틴, 쿠샨 등을 비롯하여, 몽골초원에서 중앙아시아에 이르는 동부 유라시아 초원 지대를 장악했던 흉노匈奴, 선비鮮卑, 투르크, 위구르 등의 활동과 깊이 연결되어 있었다고 할 수 있다. 이들 유목 정권과 중원中原, 특히 화북華北의 오랜 관계, 유목 정권 또는 유목민의 황하黃河 유역으로의 남하가 여러 차례 반복됐음을 고려할 때, 진한秦漢 이래 중국의 통일왕조가 마련했던 역전제도에서 유사성이 보이는 것도 의외의 일은 아닐 것이다.

비록 전근대 인류가 정보전달을 위해 고안할 수 있는 방식에 한계가 있었음을 인정하더라도, 특히 동아시아의 경우 북방 초원의 유목적 전통을 고려하지 않을 수 없는데, 말을 수단으로 한 정보의 전달 방식은 유목 사회를 중심으로 일찍이 발전하여 유목 정권의 영토 확장과 함께 주변 지역으로 전파됐을 것이라는 점, 이미 그 연원은 역사 시대 이전까지 거슬러 올라갈 수 있겠다는 점, 이것이 몽골 시대에 와서 획기적으로 광역화되는데, 몽골의 강력한 통치력 아래 역호가 체계적으로 편성되고, 중앙 정부의 재정적 후원으로 이것이 보다 안정적으로 유지될 수 있었다는 점은 인지해둘 필요가 있겠다. 마치 "(몽골의) 대군주가 완벽한 연금술을 행한다고 말하기에 충분할 정도"라고 마르코 폴로가 극찬했듯이, 강력한 통치력을 바탕으로 액면 가치를 보증하는 중통초中統鈔, 지원초至元鈔 등 지폐가 광범하게 유통될 수 있었던 점과 일맥상통한다고 할 수 있다.[7]

그간 잠치와 관련된 연구는 주로 몽골의 사회조직이나 중국의 교통, 조세 문제 등과 관련된 제도사적 측면을 강조하다가,[8] 하네다 도루羽田亨를 거쳐, 천더즈陳得芝에 이르면서 구체적인 역로의 추적에 관심이 집중되기 시작했다.[9] 이는 당대唐代 『원화군현도지元和郡縣圖志』에서 대강의 모습만 확인되던 중국의 교통로가 『영락대전永樂大典·참적站赤』에 와서는 역의 규모나 운영에 대한 자세한 정보는 물론 경유하는 역참의 이름까지 자세히 거론하고 있을 정도로 큰 변화가 보이기 때문이다. 당시 교통로와 잠치의 위치는 오늘날의 지명이나 유적을 통해 고증이 가능한 경우가 많아 연구자들의 관심이 더욱 집중되고 있다. 적어도 동아시아에서 근대 교통사를 논할 때 대부분 잠치가 그 첫 장을 장식하는 것은 아마도 이런 이유 때문일 것이다.

## 1. 몽골의 출현과 교통망의 정비
― 전치傳置에서 잠치Jamči로

**몽골제국 이전 중국의 교통망**

국가의 출현과 행정구역의 조정, 여기에 따른 교통망의 정비는 국가체제의 수립과정에서 필수불가결한 요건이다. 예를 들어 중국의 경우, 국가의 대소 규모에 관계없이 춘추春秋·전국戰國 이래로 중앙 정부는 전령傳令의 신속한 전달을 위해 육로와 수로를 정비하고, 교통로의 상태에 적합한 교통수단을 개발하고자 노력해왔다. 그러나 특히 교통사의 연구에서 한漢, 당唐, 원元 등의 시기에 관심을 갖는 이유는 교통망의 발전이 한, 당, 원과 같이 방대한 규모를 자랑하는 통일왕조인 경우 특히 돋보이기 때문인데, 중앙과 지방 관청 간에 빠른 정보의 유통을 가능하게 하는 교통망의 발전이 결국 이러한 방대한 규모의 국가가 출현, 유지될 수 있게 하는 요인이었기 때문이다.

진한대의 정우역전亭郵驛傳에서 수당대隋唐代의 우역郵驛을 거쳐, 원대元代의 참적站赤, 급체참포急遞站鋪와 명청대明淸代의 역전驛傳, 역참驛站에 이르는 중국의 교통체제는 1913년 북양北洋 정부가 이것을 철폐할 때까지 각지의 교통거점에서 공무 수행에 필요한 교통수단과 숙박시설 등을 갖추고 정부의 허가를 받은 관료들에게 이 시설을 제공함으로써 국가 운영에 중추적 역할을 수행해왔다. 후대로 갈수록 교통망이 조밀해지면서 그 수가 증대했고, 역의 운영방식에서도 변화가 보이기는 하지만, 군사 첩보나 기타 기밀의 빠른 전달, 관료의 정무 수행을 위한 보조수단으로서 이 제도가 갖고 있는 기본 목적에는 변함이 없었다.

진대秦代 직도直道에서도 보이듯이, 고대 중국에서 역의 출현은 군사적 활동과 깊은 관련을 갖고 있었다. 얼마나 빠른 시간 안에 군사 기밀과 물자를 전달하는가 하는 것이 관건이었는데, 한대에도 흉노와의 전쟁을 위해 서북 지방에 대한 역의 정비와 유지가 매우 중요한 사안이었음을 알 수 있다. 거연居延 갑거甲渠와 돈황敦煌 현천懸泉 유적에서 발견된 한간漢簡을 통해 흉노와의 전쟁을 위해 기원전 121(무제 원수元狩 2)년에 하서河西 무위武威와 주천군酒泉郡 일대에 역이 설치됐으며, 당시 장안長安에서 돈황에 이르는 지역에 무려 41개의 역이 설치됐음을 알 수 있다. 이러한 역은 실상 군영軍營이나 마찬가지여서 각 역에는 군대가 주둔했고 죄수가 배치되어 각종 잡역에 종사했다.

이외에 여객을 위한 정亭, 문서 전달을 위한 우전郵傳의 모습도 보이는데, 특히 전傳은 마차를 이용하여 관료들의 이동을 도왔으므로 관리 비용이 많이 들어 한의 동천東遷 이후 숫자가 급감했다고 한다.[10] 당시 우전의 내부는 숙식을 담당하는 전사傳舍와 정禎, 탈것을 관리하는 쟁竼, 부속 기구 창倉으로 구성되어 있었는데, 규모도 상당해서 돈황 현천치懸泉置의 경우, 약 400여 명이 상주했고, 말 120필, 마차 50승, 7,100석의 양식이 준비되어 있었으며, 1회에 많은 경우

300여 명을 접대할 수 있었다.¹¹ 그러나 한대의 경우, 전국에 대한 역전의 설치가 중앙 정부의 법령에 의해 규정되어 있었던 것은 아니어서, 군사적 요충 등 일부 특정 지역을 제외하면 지방관의 재량에 따라 우정郵亭이 설치 또는 폐지됐다. 이것이 지방관의 능력을 평가하는 평판의 기준이 되기는 했지만, 처벌의 대상은 아니었다는 점에서 당시 중앙 정부의 지방에 대한 장악 능력에 상당한 한계가 있었음을 알 수 있다.¹²

당대唐代에 이르면 30리마다 역을 설치한다는 규정이 등장하고,¹³ 전국에 설치된 1,639개소에 이르는 역에 대한 구체적인 통계가 행해지는가 하면, 역마가 널리 보급되어 중앙의 명령이 신속하게 전달될 수 있는, 앞 시대에 비해 체계적인 교통망이 등장했다.¹⁴

강남과의 연결을 위한 운하의 건설과 이에 따른 수역水驛의 발전이 돋보이는 동시에, 육역陸驛에 대한 정비도 활발히 전개되는데, 육역의 역마는 경성京城의 경우 정역亭驛마다 75필을 구비하도록 했고, 모든 도道는 6등급으로 나뉘어, 등급에 따라 60, 45, 30, 18, 12, 8필의 말을 구비했다. 또한 이용 기간과 방법을 명기한 통행증인 전부傳符를 발급하고, "전차傳車를 이용해 하루에 4개의 역驛을 이동하고, 역마驛馬를 타고 하루 6개의 역驛을 이동한다"고 규정하여, 각각 약 120리, 180리를 갈 수 있도록 했다.¹⁵ 역을 이용하여 명령을 전달하는 사람, 즉 역사驛使가 전부傳符의 내용을 어기거나, 규정된 무게 이상의 물품을 소지하면 처벌받도록 했다. 그만큼 역사의 이동 속도를 중시했다는 뜻인데, 『책부원구冊府元龜』에 의하면, 북제北齊의 경우 육역이 1일 200리로 규정되어 있었으며, 북주北周 선제宣帝가 장안에서 낙양洛陽까지 1일 300리를 순행했다고 전하고 있어, 이를 통해 대강의 속도를 가늠해볼 수 있다.

이것이 원대가 되면 대략 포병鋪兵이 하루를 꼬박 달려 400리를 이동하는 정도로 발전하게 되는데,[16] 대략 1리가 550미터 정도라고 한다면, 대략 220킬로미터에 해당된다. 이것은 100킬로미터 남짓 달렸던 당대의 역참에 비하면 약 2배 정도로 빨라진 것이었다.[17] 탈 것 자체에 획기적 변화가 일어나지 않은 시점에서 이러한 속도의 변화가 일어난 것은 역시 조직의 치밀함과 역로의 정비에서 시간 단축의 효과가 나타났다고 해야 할 것인데, 왜 몽골의 시대에 이러한 변화가 발생했을까.

### 잠치의 출현과 운영

잠치Jamči(站赤)의 정비는 칭기스 칸[18]을 이어 대칸의 자리에 오른 우구데이 칸에 의해 본격화됐다. 그러나 보급부대의 성격을 갖고 있었던 이와 유사한 제도는 유목 정권의 유지를 위한 기초 조직으로 몽골 사회에 줄곧 존재해왔다. 과거 몽골인의 세금은 크게 세 종류로 구분됐는데, 가축에 부과되는 홉초르qobčuri라고 하는 재산세와 기타 임시 잡세, 그리고 사신의 이동시 그에게 숙식과 이동수단을 제공하는 역전의 유지가 그것이었으니, 역참 조직의 유지는 유목민에게 부여된 일종의 부역인 셈이었다.

이러한 기능을 유지하기 위해 몽골 사회에는 옥록aγruq 또는 oγruq(阿兀魯, 奧魯)이라는 조직이 있었으며, 그 장을 옥록치aγruq i(奧魯赤)라고 했다. 이와무라 시노부岩村忍의 분석에 의하면, "(몽골의) 막북漠北 시대 옥록은 단순히 노톡nutuγ(營盤)에 남아 있던 가족집단을 의미했으나, 이로부터 발전하여 이들은 몽골 군대의 근거지, 후방 부대, 거기에 더해 출정군에 대한 보충 부대, 보급 부대의 성격을 갖

게 됐다."¹⁹

몽골제국 시대 초원 지역에서는 철렬간鐵烈干, 말린末鄰, 납린納鄰 등의 역도에 119개의 역이 운영되고 있었다. 철렬간은 수레를 의미하는 몽골어 터르근tergen, 말린은 말을 의미하는 몽골어 모린morin, 납린은 '가늘다, 좁다'의 뜻을 가진 나린narin을 음역한 것으로, 특히 나린 역참은 군사 기밀을 전달하는 데 이용됐다.²⁰

칭기스 칸 시기에 몽골은 예케 몽골 울루스, 즉 대몽골국이라는 국호를 재정하고 남동으로는 금金, 남서로는 서하西夏, 서로는 호레즘 등과의 전쟁을 수행했다. 국가의 체제정비는 대개 그의 아들 우구데이 칸 시대에 본격화됐는데, 『몽골비사』에서는 우구데이 칸이 칭기스 칸의 뒤를 이어 이룬 네 가지 업적을 열거하면서 '역참의 정비'를 빠뜨리지 않았다.²¹

우리는 사신들이 달릴 때 나라를 따라(백성들이 모여 사는 곳을 따라) 달리게 한다. 달리는 사신의 행함도 지체된다. 나라 백성들에게도 고통이다. 이제 우리는 완벽하게 정비하여 방방곡곡의 천호로부터 역참지기jamči와 역마지기ula' ačin를 내어 곳곳에 역참jam을 두어 사신이 쓸데없이 나라를 따라 달리지 않고 길로 달리게 하면 옳지 않겠는가. 이 일들을 차나이Čanai와 볼카다르Bolqadar가 알아보고 우리에게 제언하게 하면 옳을 것이다.²²

그 뒤에 곧바로 사신을 차가다이에게 보내 대칸의 역참과 차가다이의 역참이 연결되도록 했고, 차가다이는 다시 바투에게 사신을 보내 이를 따르게 했다.

(모두) 찬성하기를, "바다와 같은 카한의 나라를 위해서 두살바기 거세양을 무리당 1년에 한 마리 내는 것이 무슨 큰일이겠는가. 100마리의 양에서 두 살 난 양을 한 마리씩 내어 없고 부족한 자에게 주는 것은 좋은 일이다. 역참을 놓아 역참지기, 역마지기를 내면 여러 백성들도 편안하고 사신들도 다니기 편하다"라고 하고,…… "암말을 내게 하여 망아지치기를 앉혔다. 망아지치기, 고지기, 곡물지기를 내게 했다. 역참지기, 역마지기를 내게 하여, 자리마다 거리를 참작하여 역참을 두게 하고, 아라찬과 토코차르가 다스리게 하고 역참 한 자리에 20명의 역마지기를 두었다. 자리마다 20여 명의 역마지기를 두었다. 역마용 거세마, 식용의 양, 젖을 짤 암말들, 수레에 맬 소, 수레들이 여기서 우리가 정한 기준에서 짧은 끈 하나만 모자라도 명치에서 등허리 쪽으로 베어 처벌하라. 수저만한 바퀴살이 부족해도 코를 갈라 처벌하라"고 명을 내렸다.[23]

이상의 엄격한 규정을 바탕으로 몽골은 초원을 사이에 두고 동서로 길게 늘어선 제국을 하나의 유기적인 조직으로 재구성하고자 했다. 위에서는 당시 몽골에서 어떻게 역마를 수급했는지를 보여주고 있는데, 두 살 난 양, 암말 등의 내용이 대략 이하 『원사』의 기록과 유사하다.

조칙을 내려 말 백 마리가 있는 자는 암말 한 필을, 소 백 마리가 있는 자는 암소 한 마리를, 양 백 마리가 있는 자는 두 살 난 암양 한 마리를 납부하도록 했다. 이를 영원한 규정으로 삼았으며, 비로소 창고를 두고 역전驛傳을 설치했다.[24]

이는 대개 제국 초기의 상황을 전하는 것으로 보이는데, 역참의 유지를 위해 초원의 목민이 해야 했던 일은 여기에서 그치지 않았다. 『몽골비사』에서도 역마지기, 역참지기 등으로 목민이 충당됐음이 보이는데, 『원사元史』「병지兵志 · 마정馬政」에 의하면, 몽골초원과 감숙, 운남 등지에서 운영됐던 말떼의 관리를 위해 목마인牧馬人, 즉 합적哈赤, 합자적哈剌赤으로 차출되고, 관리를 위해 백호百戶, 천호千戶의 관직을 두어 부자가 세습하게 했다. 이들은 왼쪽 다리에 관인이 찍힌 말, 즉 대인자마大印子馬를 사육할 의무가 있었고, 매년 9 · 10월 중 태복시太僕寺[25]의 검열을 받았는데, 혹 병으로 죽었거나 잃어버린 경우 모두 자신의 가축으로 배상해야 했다.[26] 이외에도 유목민은 자신의 말 중 일부를 국가가 정한 가격으로 국가에 공급해서 소용에 충당하도록 했는데, 그 내용은 아래와 같다.

(1354년) 조칙을 내려 국가가 말을 사들이고 이를 북변에 군용으로 공급하도록 했다. 대개 말이 있는 사람은 열 필 중 두 필을 국가가 사들였는데, 한 필의 가격은 초鈔 10정錠으로 했다.[27]

이 말의 가격에 대해 혹자는 말의 가격이 터무니없이 낮아서 목민에게 큰 부담이었다고 보기도 했다.[28] 그러나 14세기 중엽의 저작으로 알려진 『노걸대老乞大』에서는 "나는 여기 다섯 마리 좋은 말을 50정定(錠), 그리고 저기 열 마리 하등 말을 70정으로 값을 매겼소"라는 구절이 등장하는데, 이에 의하면 순제順帝 연간 대도에서 거래된 말의 가격이 1필당 10정 내외였고, 하등의 경우 더 저렴했던 것을 알 수 있다.[29]

물론 말의 가격은 말의 용도, 질에 따라 차이가 있으며, 또한 『노걸대』가 언어를 배우기 위한 목적에서 편집된 중국어 학습서이므로 여기에 수록된 내용을 역사적 사실로 받아들이는 것이 조심스러운 것은 사실이다. 그러나 『노걸대』에 반영된 물가가 대개 13세기 말에서 14세기 전반의 상황을 반영하는 것으로 알려져 있어 국가가 목민에게 터무니없는 가격을 제시했던 것은 아닌 것 같다.[30]

역마의 수급 방식과 함께 유의해볼 만한 것은 역마지기와 역참지기의 수급과 관리에 대한 내용이다. 합적·합자적이라는 전문 사육인과 함께 백호·천호의 관직을 두어 말의 사육을 관장하게 했는데, 물론 이들은 유목 지역의 지방관이므로 말의 사육만을 목적으로 설치됐다고 볼 수는 없고, 다만 백호·천호가 수행한 주요 임무 중 하나가 바로 군마와 역마의 수급이었다고 보아야 할 것이다. 여기에서 흥미로운 점은 이와 유사한 제도가 원의 통치 지역 전역으로 확대되는데, 1311(지대至大 4)년 무종武宗의 명령으로 잠치에 제령提領 등 관직을 증설하는 동시에 참호站戶 100호마다 백호 1명을 두도록 했고, 잠치가 설치된 노부주현路府州縣의 관리를 선임할 때는 이들 참호 중에서 선출하도록 했다.[31] 이는 해당 지역의 지방관과 잠치의 사무를 긴밀하게 연결시킴으로써 잠치의 효율성을 극대화하고자 한 것이었다고 볼 수 있으며, 동시에 지방 세력호가 잠치 운영에 적극적으로 참여하게 하는 유인책이기도 했다.

**패자의 관리**

잠치의 원활한 운영을 위해서는 중앙과 지방 정부의 긴밀한 관계 속에서 참호가 관리되고, 역참과 역참을 연결하는 교통로가 유지되어야 했다. 여기에 또 하나 중요한 요건이 이용자에 대한 관리였다.

패자의 일종인 야순패(杭侶), 『중화문명전진(中華文明傳眞)』 8, 상해사서출판사, 2001, 149쪽에서 재인용.

역참의 수량과 기능은 물론 이용자의 편의에 따라야겠지만, 참호의 수량 또한 무한정 늘어날 수 있는 것은 아니었으므로 수요와 공급의 적절한 지점을 찾아야 했다.

원대 잠치의 이용자는 모두 정부에서 발급한 역전새서驛傳璽書, 즉 포마성지鋪馬聖旨를 소지해야 했는데, 급한 군무가 발생한 경우, 금자원부金字圓符, 은자원부銀字圓符를 따로 발급했으니 이것이 바로 패자牌子이다. 『동방견문록』에 대한 율Yule의 주석에서 패자에 대한 내용이 보이는데, 그는 몽골 지배지역에서 이것이 권력의 상징물로서, 칸의 명령서 역할을 했으며, 이것을 소지한 자가 잠치를 이용할 때 칸이 여행하는 것과 같은 대우를 받았고, 이들의 이동 속도는 하루에 700리(약 383킬로미터)라고 했으니, 매 시간 16킬로미터 정도를 주파한 셈이었다.[32] 이는 역시 교통로가 잘 정비되어 있고, 잠치가 조밀하게 배치되어 있는 경우 가능한 속도였을 것이다. 그러나 원대 잠치의 의미는 이처럼 칸의 특별한 명령을 신속하게 수행했다는 이유에만 그치는 것은 아니라고 생각된다. 당시 잠치를 이용한 대다수의 경우는 지방과 중앙 관청의 업무 전달을 위한 것이었으니, 지방과 중앙 정부의 물리적 거리를 단축시킬 수 있는 항시적이고 안정적인 소통수단을 확립했다는 점에 의미가 있지 않을까 한다.

원대 포마성지의 수량은 행성行省을 비롯한 전운사轉運司, 선위사宣慰司, 총관부總管府 등 지방 정부의 하부 기구가 갖춰지면서 급격하게 증가한다. 중앙 관서 중에 병부 때로는 통정원通政院이 잠치의 사무를 담당했으나, 이들은 각 잠치의 운영을 담당할 뿐 포마성지의 발급에는 직접 관여하지 않았다. 이는 중서성中書省과 같은 상급기관에서 담당했던 것으로 보이는데, 1314(연우延祐 1)년 중서성과 추밀원樞密院만이 포마성지를 발급할 수 있도록 한 것으로 보아 이전에는 다수의 기관이나 권력자에 의해 이것이 발급됐던 것으로 보인다.33 일찍부터 포마성지의 발급을 일원화하지 못했고, 참호가 몽골 상층 귀족의 투하投下에 흡수되는 일이 종종 발생하는가 하면, 가짜 포마성지가 사용되어 문서의 진위를 가리기 위한 탈탈화손脫脫禾孫을 주요 잠치에 배치해야 했으니, 이러한 점들은 분명 안정적인 잠치의 운영에 저해 요인으로 작용했다.

이러한 상황은 대원 울루스, 즉 원조 이외의 서방 한국에서도 보이는데, 쿠빌라이 칸의 동생으로 일한국의 기초를 마련한 훌레구(1256~65)의 증손 가잔 칸(1295~1304)은 호두대패虎頭大牌 등 패자를 중앙·지방 관료에게 지급하면서, 관직에서 물러나면 반납하도록 했다. 그러나 20여 년에 걸쳐 장기간 관직에 있었던 고관들이 이를 계속 보유했으므로, 이들의 패자를 모두 취소시켰다. 또한 지방에서 패자를 사사롭게 주조하는 것을 금지시키고, 오직 궁정의 장인 한 사람이 만들도록 하여 새로 발급할 때는 이 장인이 칸 앞에서 특별한 표식을 새기도록 했다.34 이러한 철저한 관리 규칙에도 불구하고, 패자 운용과정에서 문제점이 계속 도출됐음이 아래의 기사에서 확인된다.

이전에 페르시아의 몽골 칸들이 발급한 칙령과 패자는 그 수가 매우 많았다. 매번 새로운 군주가 즉위하면 사신을 보내 이전에 발급한 패령牌令을 회수했으나, 사신들은 몰래 뇌물을 받고, 칙령을 회수하지 않았다. 따라서 사신이 돌아와도 회수된 패령은 100개 중 하나도 되지 않았다. 그러나 여전히 새로운 패령을 받는 사람은 있었다. 신·구 패자가 충돌하는 것은 피하기 어려워서, (이로 인해) 소송이 발생했는데, 원고와 피고가 각자 패령을 제시하는 통에 판결은 난항을 거듭하게 된다. 어떤 때는 칙령을 취득한 사람이 서기에게 뇌물을 주고, 칙령 상에 숫자를 더하기도 한다.[35]

그러나 이상에서 지적한 문제점 때문에 잠치제도 전체를 부정적으로 볼 필요는 없다. 이러한 문제점에도 불구하고 분명 잠치와 포마성지, 패자로 이뤄진 교통망의 정비는 조직의 치밀함과 함께 여행객의 안전을 최대한 보장하고 있다는 점에서 13~14세기 동서 교통 발전에 획기적인 계기를 제공한 것은 분명하기 때문이다. 이 제도의 최대 수혜자 중 하나가 바로 마르코 폴로였을 텐데, 그가 일한국을 거쳐 고향으로 돌아갈 때 쿠빌라이 칸은 그에게 4개의 금패를 주어 여정에 필요한 탈것과 물자를 지급받도록 했다. 따라서 잠치의 실제 수혜자로서 그의 증언을 들어보는 것은 의미 있을 것이다.

키아카투는 대카안(칸)이 보낸 세 사신, 즉 니콜로님과 마페오님과 마르코님에게 권위의 상징인 네 개의 금패, 즉 매가 새겨진 패자 두 개, 사자가 새겨진 패자 하나, 그리고 보통의 패자 하나를 주었다. 거기에는 영원한 신의 힘에 의해 대카안의 이름은 영원히 경배되고 찬미되어야 하며 거역하는 사람은 모두 처형되고 그의 재물은 압류된다는 것과, 이 세 사람의 사신이 그의 전 영역 안에서는 마치 그 자신인 것처럼 존중되고 대접받아야 하며, 말과 모든 경비 그리고 호위대가 주어져야 한다는 글귀가 새겨져 있었다. 그리고 실제로 그대로

됐다. 그들은 그의 영역 어디에서든지 말과 경비와 필요로 하는 모든 것들을 풍부하게 그리고 마음대로 가질 수 있었다. 분명히 여러분에게 말하건대 그들은 기마병 200명의 호위를 받은 적이 여러 차례 있었는데, 한 지역에서 다른 지역으로 안전하게 여행하기 위해서는 대강 그 정도가 필요했다.[36]

이것은 물론 모든 여행자들에게 해당되는 것은 아니며, 당시 마르코 일행이 일한국의 칸 아르곤에게 새로운 왕후 코카친Cocacin을 호송하는 중요한 임무를 맡고 있었기 때문일지도 모르겠다. 어떻든 대칸의 패자는 필요한 물품의 지급과 함께 여행객의 안전을 지켜주고 있다는 점에서 여행자가 누릴 수 있는 완벽한 조건을 제공하고 있었다.

## 2. 유라시아 동서교통과 몽골
 — 제국의 심장으로 가는 여정

19세기 서구 학자들은 동서교통의 역사를 서술하면서 동쪽에서는 중국 고대 황제黃帝나 요순堯舜 시대에서 논의를 시작하여, 고대 메소포타미아의 칼데아Chaldea(기원전 625~538) 왕국과의 통교에 이르는 동서교통의 오랜 역사적 전통을 강조하곤 했다.[37] 그러나 해석의 근거가 그다지 분명치는 않아서 전설 속에 등장하는 어디인지 분명하지 않은 신비한 동방에 관한 단편적인 지식들이 주종을 이뤄왔을 뿐이다.

비록 인도와 메소포타미아를 거쳐 동방에 관한 지식들이 전해져,

프톨레마이오스의 기록에 등장하는 시나이가 분명 중국을 의미하고, 이외에도 감숙과 동부 투르키스탄(현 신장新疆), 다시 서부 투르키스탄(현 서부 중앙아시아 5개 공화국 일대)에 이르는 지역과 민족에 관한 많은 기록을 담고 있으나, 지리적으로 부정확한 기록들이 모호하게 인용되어 프톨레마이오스의 기술과 실제 상황은 분명 상당한 차이를 보이고 있었다. 이것은 어쩌면 알렉산드로스의 동방원정이 유라시아의 발견과는 아직 거리가 있었음을 의미하는 것일 수도 있겠다.

6세기 중엽 코스마스Cosmas는 지니스타Tzinista로, 7세기 초 비잔틴의 역사가 세오필락투스 시모코타Theophylactus Simocatta는 타우가스Taugas로 중국을 적고 있다. 후자인 타우가스는 선비계열로서 중원을 장악하고 북위北魏를 건립했던 탁발拓跋, 즉 타브가츠에서 온 말로, 키타이가 키탄Kitan(契丹)에서 비롯되어 중국을 뜻하는 말 캐세이Cathay로 널리 사용된 것과 같은 예이다.

이것은 두 가지 점에서 중요한 의미를 갖는데, 첫째는 타브가츠나 키탄 등이 모두 초원과 화북 지역, 즉 중원을 아우르는 국가를 건설한 경험이 있고, 이 때문에 대외적으로 동방을 대표하는 국가로 알려져 있었다는 점이다.

둘째, 그렇다면 왜 이들이 동방을 대표하는 국가로 알려졌는가 하는 점인데, 이는 역시 그들의 활동 영역과 관련이 있다. 몽골초원 동서에서 시작된 몇 개의 유목 정권이 파미르를 넘어 동서 투르키스탄에 넓게 분포하면서 파미르 동쪽의 세계를 페르시아와 그 서부세계에 직접 소개하게 됐다. 이는 타브가츠나 키탄에만 국한된 문제는 아니며, 이미 기원전 2세기 월지月氏를 뒤이어 오손烏孫, 투르크突厥, 위구르回鶻 등이 유라시아 중부에 위치한 부유한 오아시스 도시를 점령하면서 몽골초원에서 기원했던 이상의 여러 민족이 유라시아 동서 지역에서 실질적인 교류의 주체로 등장했던 것이다.

특히 서돌궐에 관해 관심을 가져볼 필요가 있겠는데, 6세기 중엽 유연柔然을 뒤이어 몽골초원을 장악한 돌궐의 부민 카간은 자신의 동생 이스테미(재위 552~575)에게 서부 영토를 분할하여 통치하게 함으로써, 이르티슈강 상류(하미, 투르판의 북부 초원)에서 발하쉬호, 추강, 아랄해 남부의 시르다리야와 아무다리야 유역, 카스피해 일대에 이르는 광활한 지역을 장악했다.[38]

서돌궐의 등장은 사실상 몽골제국 출현의 서막이 올랐음을 의미하는 것으로, 당시 서돌궐은 동으로는 당唐, 동돌궐東突厥, 서로는 페르시아 사산조, 비잔틴과 교섭하며 세력 확대를 꾀했다. 소그드 상인 출신의 마니악Maniakh이 이스테미의 사신으로 비잔틴에 파견됐다가 568년 비잔틴의 사신 제마르코스Zemarchos를 동반하여 쿠차와 카라샤흐르 북부에 있는 한정汗庭으로 귀환했다. 이때 귀환노선은 흑해 동남 연안 라지카에서 시작하여 카스피해 북안, 아랄해 남안, 계속해서 추강을 거슬러, 탈라스를 통과하고, 다시 일리강을 따라 오늘날 신강 우룸치 서부(천산산맥 북부의 하영지)에 위치한 한정汗庭에 이르는 노선이었다.[39] 이 노선은 13세기 중엽 마르코 폴로의 아버지 니콜로가 동생 마페오와 함께 대칸의 궁정에 이르기 위해 밟았던 여정과 거의 일치한다.[40]

이 노선은 카스피해로 흘러드는 볼가강과 우랄강, 그리고 아랄해로 흘러드는 아무다리야, 시르다리야 주변의 도시들을 연결하고, 계속해서 탈라스평원을 가로지르는 추강을 따라 신장 북부의 여러 오아시스 도시를 통과하고, 다시 동쪽으로 이어져 하서회랑河西回廊을 거쳐 몽골초원, 중국 북부로 연결된다. 이는 장건張騫이 대완大宛

(Farghanah. 파미르 서부), 대하大夏(Bactria. 아무다리야 남안)에 이르고, 현장이 구법여행을 떠났을 때 이용했던 타클라마칸사막과 타림강을 따라 형성된 신장 남부의 오아시스 도시들, 다시 인도 북부 힌두쿠시와 연접해 있던 불교 성지에 이르는 교통로와는 사뭇 달랐다. 이는 아마도 유라시아 중심부에서 발생한 세력 구도의 변화, 즉 동부 유목 정권의 발전과 깊은 관련을 갖는다고 할 수 있다.

추강과 일리강을 따라 신장 북부로 연결되는 교통로는 발하쉬호와 이식쿨 사이를 연결하게 되는데, 이곳은 몽골초원 서부 유목 정권의 주요 거점으로 발전하게 됐다. 철륵鐵勒, 투르크, 위구르, 카라키타이西遼를 거치면서 유목세계의 주요 거점으로 발전한 이 지역은 다시 서부의 부유한 오아시스와 연결됨으로써 동서교통의 간선을 형성하게 됐다. 몽골이 출현하기 전야에 유라시아는 이미 동서교통의 골격을 갖추고 있었던 셈이다.

이상에서 살펴본 대로, 앞선 시기 중앙유라시아의 동서에 걸친 유목국가들의 발전은 13세기 들어 동으로는 고려, 서로는 도나우강, 아나톨리아반도, 동지중해, 남으로는 인도양에 이르는 광대한 유라시아에 예케 몽골 울루스, 즉 몽골제국을 건설했다.

우구데이 칸이 잠치를 정비하던 시기에 제국의 중심은 오르콘강 연안에 위치한 카라코롬和林이었다. 10세기 위구르제국이 중심지로 삼았던 카라발가순이 인접한 이곳은 이후에도 몽골의 중심지로 남아 18세기 '이흐 후러(현 올란바토르)'가 건설되기 전까지 북부 할하 몽골의 중심지였다. 따라서 쿠빌라이 칸이 상도에서 즉위하고(1260), 이후 대도를 건설하여 강남과 연결된 운하를 새롭게 정비하는 13세기 후반 이전에는, 대개 대칸을 배알하고자 하는 많은 주변국 사신이나, 상인, 종교인들이 카라코룸과 그 인근의 초원으로 모여들

중앙유라시아 및 신장.

었다.

당시 대칸을 배알하기 위해 대칸의 오르도帳幕宮殿를 방문한 사람들 중에는 관료, 종친, 종교 지도자, 상인, 기술자 등 많은 계층의 사람들이 뒤섞여 있었지만, 오늘날 우리가 이용할 수 있는 여행기 자료를 남긴 경우는 그리 많지 않았고, 그나마 기독교세계의 사신으로 대칸의 오르도에 왔던 몇몇 수도사의 활동만이 기록으로 전해진다.

동유럽, 비잔틴 등지의 정세에 비교적 밝았던 카르피니John of Plano Carpini는 1245년 그의 여정을 시작하여 보헤미아, 슐레지엔, 키예프를 거쳐 드네프르 강변에 주둔하고 있는 몽골 군영에 도착했다.

이로부터 몽골이 제공한 말을 하루에도 여러 차례 갈아타고 볼가 유역에 있는 바투의 진영에 도착한 것은 1246년 4월의 일이었으니, 키예프에서 바투의 진영까지 약 2개월의 시간이 걸렸다. 이곳에서 카라코름과 반나절 거리에 있는 구육의 샤르 오르도Sira Ordo(황금 궁전)까지 약 100일 남짓 걸려 도착했다. 다시 귀환할 때는 11월 13일 출발하여 1247년 5월 바투의 영지에 도착하고, 키예프에는 6월 9일 도착했다고 하니, 바투의 진영에서 대칸의 진영까지만 고려한다면 여행 기간은 2배 이상 차이가 났다. 아마도 대칸을 배알하기 위해 카라코름으로 가는 여정에서 카르피니가 잠치의 혜택을 톡톡히 본 모양이다.

기욤 루브룩Guillaume Rubruck은 1253년에서 1255년 사이 유라시아를 횡단하여 카라코름을 방문했다. 먼저 그는 카르피니와는 달리 콘스탄티노플, 흑해를 거쳐 바투의 영지에 도착했고, 바투의 영지 안에서 선교할 수 있도록 허락해줄 것을 요청했으나, 바투는 먼저 대칸의 승인이 필요한 일이라고 여겨 이들을 뭉케의 동영지(카라코름 서부)로 보냈다.

이외에도 호르무즈항을 통해 바닷길로 북중국을 방문한 경우도 있었는데, 1320년대 프란체스코파 수도사 오도릭Odorico de Pordenone은 바닷길로 중국에 왔다가 몽골과 티베트, 그리고 중앙아시아, 이란을 경유하여 1330년 이탈리아로 돌아갔다.[41]

프란체스코파 수도사 몬테코르비노Montecorvino(1246년 혹은 1247년 출생)는 1280년 동방 선교를 위해 페르시아에 머물다가 일한국의 군주 아르곤의 편지를 가지고 교황을 만나기 위해 1289년 이탈리아로 갔다. 이에 교황은 그를 단장으로 몽골 대칸에게 사절단을 파견하기로 하여, 이들은 처음에 베네치아, 소아르메니아의 항구 라이아스, 안티오크, 타브리즈, 이란 북부, 중앙아시아를 거쳐 대칸의 오르도에 이를 계획을 세웠으나, 결국 호르무즈를 출발하여 인도양을 횡단해 중국 남부에 도착했다. 아마도 카이두와 쿠빌라이의 대결로 중앙아시아 정세가 불안했던 점이 주요한 원인이었을 것이다.

그러나 당시 몽골 황실에는 네스토리우스파 기독교(일명 '동방 기독교'), 티베트 불교, 도교, 이슬람 등 다양한 종교가 전파되어 각각 세력을 확대하고 있었고, 특히 네스토리우스파 기독교는 케레이트 출신의 황후들과 그들의 자손들을 독실한 신자로 확보함으로써 상당한 교세를 자랑했다. 그중에는 유명한 쿠빌라이와 아릭부케의 어머니 소르칵타니 베키(?~1252)와 그녀의 아들 훌레구 등도 포함된다. 이러한 상황을 반영하듯, 네스토리우스파 기독교도들의 교류도 활발했다. 사제 랍반 사우마는 대도에서 출생하여 웅구트 출신의 마르코스와 함께 서방여행을 떠났다. 나중에 마르코스는 네스토리우스파 기독교의 총주교가 되는데, 그가 야흐발라하 3세이다. 사우마는 일한국 아르곤 칸의 사신으로 교황청에 파견되어 서유럽을 여행하기도 했다. 이상의 교류보다 조금 앞선 시기이기는 하나 도교 교단인 전진교全眞教의 장로 장춘진인長春眞人이 알말리크, 탈라스, 사마르칸드를 거쳐 1222년 힌두쿠시 남록에서 휴식을 취하고 있던 칭기스 칸을 만난 경우도 있다. 당시 몽골의 영역이 아직 전체 중앙아시아나 동부 유럽에 이르지는 못했으므로 그의 여정은 유라시아 전체를 횡단하는 데에는 이르지 못했다.

이상에서 열거한 종교인들의 여행과는 달리 상인의 여행기는 지역의 독특한 풍속과 재화의 종류 등을 자세히 적고 있다는 특징이 있다. 마르코 폴로와 이븐 바투타의 기록이 대표적인데, 전자에 비해 후자의 여행은 훨씬 광범한 지역으로 아라비아반도, 중앙아시아,

인도, 중국, 에스파냐, 사하라 남부 아프리카를 포괄하고 있어, 당시 아랍인들의 활동 영역이 훨씬 광범위했음을 보여준다.

이븐 바투타Ibn Baṭūṭah(1304~68)는 30년간(1325~54)에 걸쳐 동유럽, 인도, 중국, 동남아시아를 비롯해 이집트에서 중앙아시아에 이르는 모든 무슬림 거주 지역을 순방하고 기록했는데, 거기에는 당시 대원大元 울루스를 방문하고 난 후의 소감을 적은 부분도 있다.

　　무슬림 상인이 중국에서 어떤 곳에 갈 때면 이미 정착한 무슬림 상인의 집이나 여인숙에 투숙하는 것이 좋다. 만일 상인집에 투숙하기로 했다면 그의 돈은 일단 차입되어 주인 상인이 보관하며, 주인은 손님을 위해 그 돈을 적절하게 사용한다. 손님이 떠나려고 해서 맡긴 돈을 되찾는데 조금이라도 축이 나면 그 돈을 보관했던 주인이 배상한다. 만일 여인숙에 투숙하려고 하면 돈은 미리 여인숙 주인에게 맡겨서 보관시킨다. 그러면 주인은 손님이 원하는 물건을 사다주고서는 나중에 결산한다.……여행자에게는 중국 지방이 가장 안전하고 가장 좋은 고장이다. 한 사람이 단신으로 거금을 소지하고 9개월간이나 돌아다녀도 걱정할 것이 없는 곳이다. 그들의 여행질서를 보면 전국의 모든 역참에는 여인숙이 있는데, 관리자가 몇몇 기병과 보병을 데리고 상주하고 있다. 해가 진 뒤나 저녁이 되면 관리자가 자신의 서기와 함께 여인숙에 와서 전체 투숙객의 이름을 등록하고는 일일이 확인도장을 찍은 다음 여인숙 문을 잠근다. 다음날 아침, 날이 밝은 후에 관리자가 서기와 함께 와서 투숙객을 점호하고 상황을 상세히 기록한다. 그러고는 사람을 파견해 다음 역참까지 안내를 한다. 안내자는 다음 역참의 관리자로부터 전원이 도착했다는 확인서를 받아온다. 만일 안내자가 그렇게 하지 않으면 여행자들이 그렇게 하도

록 한다.[42]

이븐 바투타는 당시 마르코 폴로와는 달리 육로가 아닌 해로를 통해 오늘날 광둥성廣東省 광저우廣州에 도착했다. 위의 단락은 그가 광저우에서 칸발릭, 즉 대도에 이르는 여정을 담고 있는데, 이것을 통해 당시 아랍계 상인들이 중국에서 활발한 경제활동에 종사하고 있었음을 확인할 수 있으며, 동시에 잠치의 운영 실태를 살필 수 있다는 점에서 의미가 있다. 이븐 바투타의 증언은 잠치의 관리 규정과 일치하며, 실제로 이 규정들이 잘 준수되고 있었고, 관료나 여행자 모두 이것이 자신들의 이익을 극대화시킬 수 있는 중요한 방편임을 인지하고 있었다는 점이 흥미롭다.

한편 마르코 폴로의 경우를 간략히 살펴보면, 마르코 일행이 초원길을 통해 쿠빌라이 대칸의 궁정에 온 것은 대략 1274년 상반기이며, 17년 동안 머물다가 1290년 말에서 1291년 초에 고향으로 떠난 것으로 알려져 있다. 일한국 아르곤Argon(1284~88)의 부인 볼가나 카툰Bolgana khatun(?~1286)이 사망하자 사신을 파견하여 그녀가 속했던 바야우트 씨족 출신의 여성을 부인으로 맞고자 청했고, 이에 간택된 코카친을 일한국으로 호위하는 일에 마르코가 발탁되어 고향으로 돌아올 수 있었다.[43]

이상의 다양한 사례가 출현할 수 있었던 가장 중요한 원인은 역시 세계의 군주로 등장한 대칸을 배알하고자 하는 정치·종교계 인사들의 움직임이 활발하게 전개됐기 때문이다. 여기에 더해서 인도와 함께 당시 유라시아 최대의 상품 생산지였던 원元이 안전하고 효율적인 교통망을 통해 유라시아 전역에서 가장 매력적인 시장으로 부상했기 때문인데, 여기에는 왕성한 구매력을 가진 몽골의 귀족과 몽골 정부가 지불을 보증하는 지폐, 즉 교초交鈔[44]도 한몫을 차지했다고 할 수 있다.

맘룩조 치하의 주요한 상인집단 카리미Karīmī 라든가[45], 몽골 정부의 관허 상인으로 활동했던 오르톡斡脫, 베네치아, 제노아를 근거지로 삼았던 이탈리아계 상인, 비잔틴계 상인들이 흑해에서 남러시아를 거쳐, 또는 카스피해 남부, 중앙아시아의 오아시스 도시를 관통해 동방으로 몰려들었다. 때로는 인도와 동남아시아 여러 나라를 거치는 해로를 선택하기도 했는데, 이들은 많은 이윤을 기대할 수 있었던 무역과 동방의 새로운 문화적 경험에 심취했다.

잠치의 이용자 중에는 물론 고려인도 포함되어 있었는데, 여행기를 남긴 경우는 그다지 많지 않아서 그 실태를 파악하는 데는 한계가 있다. 익재益齋 이제현李齊賢(1288~1367)은 『서정록西征錄』, 『후서정록後西征錄』을 통해 1314년에서 1323년에 걸친 그의 중국여행을 소개하고 있는데, 여러 차례 대도를 방문했는가 하면, 쓰촨성四川省 아미산과 저장성浙江省 보타산에서 머물렀고, 원 영종永宗(1320~23) 즉위 후 유배됐던 충선왕이 사면되자 간쑤성甘肅省 임하臨夏(간쑤 남부, 칭하이와의 교계 지역)에 가서 그를 마중하기도 했다. 이때에도 예외 없이 이제현은 원조의 잠치, 즉 역참을 이용했는데, 당시 고려 충선왕은 은자원패銀子圓牌 3개, 포마성지 6통을 발급받아 사용했음이 확인된다.[46]

실로 다양한 신분의 사람들이 잠치를 이용해 몽골제국의 동서와 남북을 오갔으며, 동시에 이를 통한 물자나 정보의 유통이 활발하게 전개됐음은 두말할 필요가 없을 것이다. 문제는 과연 이것이 이후 세계사의 흐름에 어떤 역할을 하게 됐는가 하는 점인데, 공간의 이동을 통한 체험이 개인과 집단에게 새로운 시야를 제공했고, 사회변동의 원동력을 제공했다면 몽골제국과 잠치에 대한 관심은 결코 지나친 것이 아닐 것이다.

## 3. 몽골제국의 분봉제와 동서교통

잠치의 설치와 유지를 위해서 몽골제국은 적잖은 재부와 공권력을 소모해야 했다. 지나친 부담으로 참호조직이 붕괴될 것을 우려하여 세제상 혜택을 준다든지, 중앙 정부가 직접 보조금을 지급하는 등 잠치가 유지될 수 있도록 가능한 모든 노력을 기울였다. 이는 역시 제국의 통치를 위해 잠치가 매우 유효한 수단이었기 때문인데, 이것이 잠치로 대표되는 몽골 시대의 교통망이 제국의 붕괴 이후에도 대강의 모습을 유지, 또는 그것을 기초로 더욱 발전하게 된 중요한 배경일 것이다.

앞에서 언급한 대로, 대부분 지배층에 편중되어 있기는 하나, 당시 잠치는 소통의 혈맥으로서 역할을 수행했다. 여기에는 다양한 내용이 포함될 수 있겠는데, 그중 하나가 징세徵稅이다. 각 지방에서 거둬들인 조부租賦의 안전하고 신속한 운송은 국가운영을 위한 요건으로, 각지의 관리는 잠치를 이용해 편리하게 이동할 수 있었고, 거둬진 세금은 중통초와 같은 화폐로 환산되어 다시 잠치를 통해 운반될 수 있었다. 당대 통제거通濟渠 등 운하와 이를 연결한 교통망의 발전도 실상 강회江淮 일대의 조세 수취와 깊이 연관됐음은 주지의 사실이다. 특히 몽골제국 시대에서 유의해볼 만한 점은 몽골 귀족이 소유한 분봉지가 제국 각지에 분산되어 있었다는 점이다.

당시 대원 울루스, 즉 원조의 대칸은 중원과 주변 몽골뿐만 아니라, 차가다이, 킵차크, 일한국에도 자신이 세금을 수취할 수 있는 영지를 확보하고 있었다. 차가다이, 조치, 훌레구 등 기타 제왕들도 예외는 아니어서, 당시 복리腹裏라고 불렸던 화북 일부 지방이나 남송 정벌 이후 확보한 강남에서 세금을 수취할 수 있는 봉지封地를 할당받았다.

이러한 독특한 분봉제는 칭기스 칸 이래 계속된 정복전쟁 때마다 모든 종왕宗王들이 자신의 군대 중 일부를 원정에 참가하게 했고, 그 대가로 각지에서 분봉지를 하사받은 데서 기인하는데, 즉 조치 가문의 바투가 서방 원정의 선봉에 있었다 하더라도 원정군을 구성하고 있는 여러 귀족들은 정복지에 대한 일정 권리를 갖게 되므로, 모든 종왕들은 전쟁 수행 이후 확보된 정복지 중 일부를 자신의 봉지로 분할받았다. 이러한 몽골의 독특한 분봉제도의 결과로 세금의 수취와 전달을 위한 관료의 원거리 여행은 필수적이고 상시적이어야 했다.

원대 사료에서 분봉지는 대개 투하投下[47]라고 하며, 크게 천호 위주의 군대투하軍隊投下, 분봉투하分封投下로 구분되고, 후자는 다시 제왕 울루스ulus투하와 오호사식읍투하五戶絲食邑投下로 구분된다. 주지하다시피, 칭기스 칸은 몽골초원의 중부 한정汗庭을 중심으로 서부에는 제자서도제왕諸子西道諸王을, 동부에는 제제동도제왕諸弟東道諸王을 분봉했다.[48] 또한 각 종왕들은 이상에서 언급한 자신의 분봉지를 제외하고 오호사라고 하는 식읍의 성격을 갖는 투하를 분급받았는데, 이 제도는 우구데이 칸이 금을 멸하고, 70여 만에 이르는 중원의 민호를 종왕과 공신들에게 분급하면서 시작됐고, 태종 우구데이를 거쳐 헌종 뭉케, 세조 쿠빌라이 시대에 걸쳐 집중적으로 이뤄졌다.[49] 그렇다면 각 종왕의 분봉지와 상당한 거리를 두고 분급된 오호사식읍투하를 비롯한 각종 봉지를 어떻게 관리했겠는가 하는 점이 의문인데, 그 대체적인 모습이 아래의 기사에서 확인된다.

> 대개 제왕 및 후비, 공주는 모두 채읍采邑이 있었다. 그 노부주현에 자신의 사인私人을 천거하여 관리를 삼도록 할 수 있었는데, 그들의 질록秩祿과 수명受命은 모두 국가의 관리와 같이 했으나, 근무 기간은 법률에 정해진 기간을 적용할 수 없었다. (채읍의) 부세는 오호가 사絲 1근을 납부하도록 했는데, 사사로이 징수할 수 없고, 모두 관아에 납부하면 정해진 수량에 따라 제왕 및 후비, 공주에게 전달됐다. 그들의 세사歲賜는 은폐銀幣로 지급되고, 그 수량에는 차이가 있었으며, 태종 때 시작되어 헌종 때 증가됐다. 세조가 강남을 평정하고, 또 각각 민호를 더해주었다. 당시에는 아직 세금 징수에 대한 조례가 정해지지 않아, 매 호가 중통초 5전에 해당되는 양을 납부했는데, 성종에 이르러 이것이 다시 2관으로 늘어났다. (황제가) 자신의 친속을 아끼는 뜻이 이와 같았으니, 진실로 두터움이 지극하다고 하겠다.[50]

투하의 운영은 일반 행정구역과 같이 다루가치daruɣači(達魯花赤)가 맡게 되지만, 투하에 파견되는 다루가치의 임명권은 중앙 정부가 아닌, 해당 지역을 분봉받은 종왕宗王에게 있었다. 따라서 대원 울루스의 바깥 지역에 거주하는 종왕일지라도 자신의 분봉지가 위치한 곳에 관리를 파견해서 징세가 원래 숫자에 맞게 거둬지고 있는지 감독할 수 있었다. 단, 이들은 징세 자체에 관여하지는 않았고, 대원 울루스의 관료가 징수한 것을 다시 중앙 정부로부터 화폐의 형태로 받은 것으로 보인다. 그러나 앞서 지적했던 것과 같이, 참호를 잠식하고 투하의 수를 속여 보고하는 등 종왕 소속 관료의 횡포가 만연했던 것에서 보이듯이, 지방 행정에 이들이 미치는 악영향이 적지 않았다. 특히 이들의 임명권이 종왕에게 있었음은 물론 부임 기간도 종왕의 뜻에 따라 정해져 있어, 이로 인한 문제점이 상당했던 것으로 보인다.

이에 중앙 정부는 첩목질아帖木迭兒 승상丞相 주도로 투하 다루가치의 임명권을 회수하여 중서성 이부가 직접 관할하게 하고, 대신 부다루가치副達魯花赤 이하 관료의 임명권을 투하에 부여하고자 했다. 그러나 이 정책은 투하 종왕의 반발을 불러일으켜 곧 옛 제도로 복귀할 수밖에 없었다.

연우延祐 4(1317)년 6월 17일, 어사대御史臺 관료가 한 건의 일을 주청했다. 감찰監察들이 문서에서 말하기를, "각 투하 다루가치는 태조가 북방에서 처음 일어났을 때 형제들과 논의하여 정했다. 천하를 얻자 토지를 분급하여 모두 부귀를 향유했다"라고 했다. 세조 즉위 이래, 제도를 정하여 제왕에게 나눠준 성城에 대해서는 그들 각자가 다루가치를 임명하도록 했다. 이 일을 행한 지 여러 해가 됐다. 근간에 첩목질아가 세조의 성지에 어긋나게 아무 까닭 없이 각 투하에 임명된 다루가치를 파면했다. 그리고 단지 부관만을 임명하도록 했기 때문에 제왕의 마음을 잃었다고 대관臺官들이 아뢰었다. 첩목질아가 다시 아뢰었다. "옛것에 의거하여 그들에게 다루가치를 임명토록 한다"라고 했다.……최근 대관들이 주청하여, 각 투하의 성에서 이미 이전에 행해졌던 방식을 따라 그들에게 다루가치를 임명토록 했다.[51]

그간의 투하 연구는 종실 또는 공신들에게 해당 지역 징세권의 일부를 부여한 이 제도를 중앙집권제의 확립에 역행하는 제도로 보고, 이를 중앙집권제와 부족적 봉건제의 절묘한 타협의 산물로 이해했다.[52] 그러나 필자는 여기에서 투하제도가 갖고 있는 지리적 특수성, 즉 제국의 동서에 널리 흩어져 있으며, 심지어 한 도시를 여러 종왕이 분할하고 있는 상황에 주의를 기울여 이것이 오히려 제국 내부에 갈등은 있으되 분열될 수는 없는 조건을 제공했음을 지적하고 싶다.[53]

투하의 내부 구조와 분봉과정에 대해서는 『원사元史』 「지리지地理志」 1과 『원전장元典章』 권 9, 이부吏部 3에 의해 그 대강을 알 수 있는데, 투하는 주로 "복리" 또는 "내지"로 일컬어지는[54] 중서성 관할 지역에 두어졌는데, 이는 대개 오늘날 산둥성, 산시성, 허베이성에 해당된다. 1236년 1차 오호사 식읍 분봉 이래, 쿠빌라이의 남송 정벌에 이르기까지 몇 차례에 걸쳐 식읍이 분봉됐다. 이하 몇몇 종왕의 식읍 분봉과정을 통해 그 대강을 살펴보도록 하겠다.

먼저 쿠덴Köden(闊端, ?~1251)의 예를 들어보면, 쿠덴은 우구데이(재위 1229~41)의 차자次子로서 1229년 우구데이가 칭기스 칸을 계승하여 내칸에 즉위한 후, 서량西凉(현 간쑤甘肅 우웨이武威)에 분봉되어, 서하西夏 고지와 티베트고원에 이르는 옛 토번吐蕃의 영역을 통치했다. 따라서 그는 몽골 황실이 티베트 불교교단과 접촉하는 데 일선에서 중요한 역할을 수행하기도 했다. 그의 분봉지는 오늘날 티베트자치구, 간쑤, 칭하이, 쓰촨 일부 지역에 해당되는데, 여기에 더해 1236년 동평로東平路(산둥성 둥핑東平)에 47,741호의 오호사를 분봉했으며, 1281년 다시 동정호洞庭湖 서안 상덕로常德路(후난성)에 47,740호를 분봉하여 1,909정의 호초戶鈔를 수취하게 했다.[55]

조치의 차자 바투Batu(拔都, 1237~56)의 경우를 살펴보면, 그는 우구데이 대칸의 명령으로 맹장 수베테이와 유럽 원정에 나섰다. 이 원정군을 흔히 왕자군王子軍이라고 하는데 그 이유는 당시 참가자 중에 우구데이의 아들 구육, 카다안, 손자 카이두, 톨루이의 아들 뭉케, 차가다이의 아들 바이다르, 손자 부리 등 종실의 자제들이 다수 참여했기 때문이다. 이 원정의 성공적인 수행으로 획득한 새로운 서방 영토에 대한 통치를 바투와 그의 형제들이 대칸으로부터 위임받음으로써 킵차크 한국金帳汗國의 기초가 형성됐다.[56] 그러나 이에 앞서 조치 가문이 분봉받은 오호사는 중서성 관할 평양로平陽路(현 산시성山西省 린펀臨汾시 부근)에 41,302호, 1238년 진정眞定 진주晋州(현 허베이성河北省 스자좡石家庄시 동부)에 1만 호, 1281년 영주永州(현 후난성湖南省 링링零陵)에 6만 호 등이 있으며, 여기에서 호초 2,400정을 수취했다.[57]

칭기스 칸의 차자 차가다이(1227~42)의 경우, 그의 분봉지는 이식쿨, 발하쉬호 동남부 일리계곡, 추강와 탈라스평원의 동부에 해당되는데, 점차 대칸의 직속령이었던 트란스옥시아나[58]로 영향력을 확대시켰다. 이는 곧 과거 거란의 일부가 서부로 이주하여 건국했던 카라 키타이西遼의 영역과 거의 일치한다. 이렇게 제국의 중앙부에 분봉지를 분급받은 차가다이 가문은 1236년 태원로太原路(현 산시성山西省 타이위엔太原)에 47,330호, 1238년 진정眞定 심주深州에 1만 호를 분급받았으며, 1319년까지 보유한 오호사는 17,211호로, 수취한 생사는 6,838근에 해당됐다. 다시 1281년 강남에서 분급받은 호초는 예주로澧州路(현 후난성湖南省 리현澧縣)에 67,330호로, 여기에서 2,693정을 수취했다.[59]

일한국의 설립자이며 쿠빌라이 칸의 동생이었던 훌레구는 1257년 그의 형 뭉케 칸으로부터, 중량은 분명하지 않지만, 매년 100개의 은괴와 300필의 옷감을 분배받고, 동시에 후난성 상덕에서 25,056호의 오호사를 분급받았다.[60]

이상의 예를 통해 당시 주요 종왕들이 제국의 각지에 분봉지를 확보하고 이의 수취를 위해 관료를 파견했으며, 수취된 세금이 대개 지폐 또는 은의 형태로 다시 각지의 종왕에게 보내졌음을 알 수 있다. 물론 보다 자세한 분석이 필요하겠으나, 잠치의 경우도 대체적으로 이들 분봉지가 집중된 지역에 밀집되어 있었는데, 대도와 항주를 연결하는 남북교통의 간선에 해당하는 중서성과 하남강북행성河南江北行省, 강절행성江浙行省에 대략 절반에 가까운 650여 개의 역참이 몰려 있고,[61] 이것을 제외한다면 호광행성湖廣行省과 강서행성江西行省의 잠치가 차지하는 비율이 가장 높아서 전체 잠치의 약 25퍼센트를 차지하고 있다.

이것은 중앙과 지방을 연결하는 업무의 대부분이 중서성 관할의 복리와 항주를 중심으로 집중되어 있었음을 의미하는데, 징세 또한 그 일부를 이루고 있었으니, 법률대로라면 지방에서 징수된 세금은 대도로 옮겨지고 다시 제국 각지에 흩어져 있는 종왕들에게 전해졌다. 이에 매년 오호사와 호초를 중원에서 멀리는 볼가강 유역 사라이까지, 또는 일한국의 중심지 아제르바이잔(카스피해 남서) 술타니야, 타브리즈까지 운반해야 했으니, 잠치는 조세 수취와 분급을 위해 중요한 역할을 수행하고 있었던 셈이다. 실상 운반에 편리한 지폐의 발행도 같은 맥락에서 이해될 수 있겠다.

## 4. 몽골제국의 분열, 잠치는 중단됐는가

쿠빌라이의 등극(1260)과 아릭부케의 항복(1264)으로 양자간의 계승 분쟁은 일단락되는 듯했지만, 종실 내부의 갈등은 또 다른 국면으로 접어들고 있었다. 엄격하게 말해서 당시의 갈등은 두 가지 측면에서 바라보아야 할 텐데, 첫째는 톨루이 가문 내부에서 발생한 쿠빌라이와 아릭부케의 분쟁, 즉 '쿠빌라이의 찬탈을 인정할 것인가'의 문제였고, 둘째는 그 이전에 발생했던 칭기스 칸의 계승 문제, 즉 차가다이의 전폭적인 지지 아래 이뤄진 우구데이의 칸위 계승이 지배층 전체의 지지를 얻지 못했다는 것이다. 이에 우구데이의 아들 구육의 사망, 뒤이은 톨루이의 아들 뭉케의 칸위 등극은 우구데이 가문에서 톨루이 가문으로 칸위의 계승 계통이 바뀌었음을 의미한다. 정치질서의 변화가 불가피한 상황이 전개되고 있었던 것이다.

예를 들어, 1250~60년대 발생한 차가다이 계열 내부의 복잡한 계승 분쟁은 실상 우구데이와 차가다이가 결탁하여 우구데이가 칭기스 칸을 계승하고 조치와 톨루이 계열을 배제시킨 사건에서 기인한다. 따라서 톨루이의 아들 뭉케가 칸에 등극하면서 차가다이 계열에 대한 숙청이 시작됐고, 차가다이의 계승자로 지목됐던 카라훌레구(재위 1242~46), 구육의 지지를 받았던 이수뭉케(재위 1246~52) 등이 그 희생자가 됐다.[62] 이에 차가다이와 우구데이 계열은 톨루이 계열 내부에 이상 징후가 보일 경우 곧바로 복권을 시도했는데, 알루구(차가다이의 여섯 째 아들 바이다르의 아들)가 아릭부케와 대립했던 것이나, 바락(차가다이의 장자 무투겐의 손자, 재위 1266~71)이 쿠빌라이가 지배하던 호탄을 접수하는 등 쿠빌라이에 반기를 들었던 등등의 일은 모두 이러한 맥락에서 설명될 수 있을 것이다.[63] 그러나 점차 문제의 핵심은 '왜 톨루이 가문인가'가 아닌, '왜 쿠빌라이의 찬탈을 좌시하는가' 하는 쪽으로 옮아갔다. 이에 쿠빌라이에 대한 반대세력이 점차 모습을 드러내기 시작하는데 그 중심인물이 바로 우구데이 가문의 후예 카이두였다.[64]

1269년 무렵부터 반反쿠빌라이 전선을 형성하고 서부에서 세력을 키우던 카이두에게 1294년 쿠빌라이의 사망은 절호의 기회를 안겨 주었다. 이에 카이두는 차가다이 계열의 두와(재위 1274년 무렵~1307년)와 연합하여 쿠빌라이의 손자 테무르(성종成宗)를 상대로 전쟁을 일으켰다. 1296년 카이두와 두와가 동진을 단행하여 카라코름과 타밀Tamir강 사이에서 일대 격전이 벌어지는데, 이 전쟁에서의 실패로 카이두는 사망하게 된다. 카이두의 장례식을 주재한 후 두와는 차가다이 계열의 영수로 발돋움하고, 두와의 지지 아래 카이두를 계승한 차파르는 그로부터 새로운 제안을 받게 되는데, 카이두가 끝까지 인정하지 않았던 쿠빌라이와 그의 후예에 의한 대칸 계승권을 인정하자는 것이었다.

두와가 (카이두의) 유지를 받들어, 그의 관 앞에 모든 왕들이 모이게 하고 카이두의 40명 아들 중에서 차파르가 장자이므로 그를 세우니, 모든 왕들이 동의했다. 앞서 바락이 죽은 후에 그의 인척 제왕들이 예에 따라 카이두에게 가서 새로운 군주를 세울 것을 청했는데, 두와도 역시 그 예에 따랐다. (과거에) 두와가 차가다이계의 제왕 중에서 최고 실력자가 아니었음을 고려하여, 차파르에 기대고 카이두에게 진언하여 (차가다이 칸을) 계승할 수 있었다. 두와는 차파르를 매우 덕이 있다고 여겨, 그 까닭으로 그를 지지하여 세웠다. 그때 마침 차파르가 일이 있어 자리를 비워 새로운 계승자에 관한 논의가 이미 정해졌는데, 제왕이 사신을 보내 장례를 마치기 전에 관이 있는 곳으로 돌아오도록 했다. 오래지 않아 차파르가 돌아왔고, 두와가 제왕을 이끌고 와서 받들어 그를 칸위에 오르게 했다. 차파르가 우구데이의 나라에서 군림할 때, 두와가 테무르를 주군으로 승인하자고 그에게 권하여, 30여 년 계속된 칭기스 칸 자손 간의 전쟁이 일단락됐다. 차파르가 이 말을 따르니, 기타의 제왕도 동의했다. 드디어 (1303년 8월) 사신을 테무르에게 보내 뜻을 전했다. 황제가 평화에 관한 보장을 얻고, 또한 군권을 다른 인척 제왕이 승인함을 보고, 매우 기뻐했다.[65]

이는 쿠빌라이를 이어 대칸을 계승한 성종 테무르(재위 1294~1307)에게 차가다이와 우구데이 계열의 제왕들이 충성을 맹세한 사건이었다. 물론 두와가 자신의 권력 확대를 위해 마련한 것이었음에는 분명하나, 여기에 주변 종왕들이 참여하게 된 것은 제국의 분열이 자신들의 권력 유지와 제국의 확대에 도움이 되지 않는다는 점을 확신하게 됐기 때문이다. 이에 1304년 테무르가 파견한 사절단이 훌레구 울루스의 울제이트, 조치 울루스의 톡타 등 주요 종왕의 거주지를 방문하며 통합의 의지를 분명히 했다.[66] 이를 계기로 분열의 양상을 보이던 제국은 다시금 테무르를 정점으로 하는 제국의 통합을 시도하게 됐다. 물론 이러한 상황은 1311년 카이샨(재위 1307~11. 테무르의 조카)의 갑작스러운 사망과 이후 대원 울루스의 정치적 불안으로 서서히 막을 내리지만 적어도 쿠빌라이 시대에 이미 제국이 분열되어 잠치의 기능이 대원 울루스 내부에 한정됐다고 볼 수 없음은 분명하다.

잠치는 분명 몽골제국의 정부가 운영한 관용 교통망이었고, 따라서 정치적 상황에 영향을 받는 것은 당연한 일이다. 그러나 몽골 정부의 약체화가 잠치에 미친 악영향을 곧 잠치의 중단 또는 그 역할의 단절로 보아서는 안 될 것이다. 적어도 잠치가 몽골의 세금 수취, 관영 상업망의 유지와 발전을 위한 요건이었던 만큼 그 중요성은 제국과 함께 했고, 그 영향은 제국의 존재를 넘어섰다.

몽골제국의 규모가 크게 감소하고 후예 정권이 각지에 등장하는 15세기를 전후하여 유라시아 각지의 교통망은 다시금 몇 개의 지역권으로 나눠지는 듯했다. 그러나 몽골제국 시대 전개됐던 광역 교통과 이를 통해 성장한 상인집단은 이후에도 유라시아 각지를 누비며 재화 획득의 욕구를 충족시키기 위해 노력했으니, 해상 유통의 발전과 유럽을 중심으로 전개되는 지리상의 발견 등은 모두 앞선 몽골제국 시대의 영광을 좇아 동분서주했기 때문이다. 여기에서 우리는 몽골제국 시대 잠치의 발전과 함께 유사한 교통시설, 즉 사적私的 교통망의 발전을 배제할 수 없을 것이다. 주로 상인에 의해 운영됐던 숙박시설과 창고업, 다시 금융업으로 발전하는 포괄적인 상업유통망을 아울러 의미하는 것인데, 이는 결국 공적 교통망 잠치의 발전과 궤를 같이 하는 것으로 제국의 유통망이 광역화됨에 따라 상인에 의한 사적 유통망도 확대되고 이를 뒷받침하기 위한 사적 교통망이 함께 발전했을 가능성이 크다. 자본주의의 발전은 아마도 이렇게 시작된 듯하다.

이상에서 살펴본 대로, 몽골인의 길jam은 유라시아 전역으로 연결되어, 유라시아 각지의 교통로 발전에 심대한 영향을 미쳤다. 중국에서는 참적站赤 그리고 역참, 티베트에서는 얌'jam, 일한국이 통치했던 페르시아 지역에서도 얌yām이라고 불리며, 해당 지역의 교통망을 조밀하고 광역화시키는 데 일조했다. 이렇게 제국의 길은 유라시아 동서를 누비며 인류에게 한층 확대된 열린 공간을 제공했던 것이다.

# 명청 교체기의 북경여행

유기游記 『북유록』의 교유와 여정

차혜원

## 1. 여행의 시대와 유기

중국 전통 문학형식의 하나인 유기游記(紀), 유록游錄은 현재의 여행기와 유사한 장르로 이해되어왔다. '유遊·游'라는 행위가 곧 명승고적을 비롯해, 사람의 발길이 미치지 않는 오지에 이르기까지 다양한 공간이동을 전제로 하고 있기 때문이다. '유기'라는 이름이 나타나기 이전에도 여행이나 유람과 관련된 글들은 쉽게 찾아볼 수 있었다. 일상의 시공간을 벗어나 여행지에서 접한 대자연의 모습, 혹은 타향에서 느낀 감회가 시인묵객들의 영감을 자극하면서 '유'의 경험은 오랜 옛날부터 문학작품의 좋은 소재가 되어왔다. 이런 종류의 시부詩賦는 특히 남북조 시기 귀족문화의 발전과 함께 진전을 보인 것으로 평가된다.[1]

유기의 성장은 당송대 문인들을 중심으로 기행문, 혹은 여행체험을 담은 글들이 발표된 것을 효시로 하며 특히 송대는 여행 관련 산문이 본격적으로 등장한 시기로 간주됐다.² 운하가 대중교통로로 이용되면서 여행의 기본 조건이 갖추어지고 과거를 매개로 문인집단이 형성되어 여행과 인사이동, 유람경험을 기록으로 남기는 풍조가 자연스럽게 형성됐다는 것이다. 그 뒤 유기는 명청 시대와 20세기 근대문학의 형성기를 거치면서 독립 영역으로 명맥을 유지해갔다. 유기라는 장르가 고대 이래로 자연스럽게 발전, 확산된 것으로 이해된 것은 바로 이런 연속성 때문이라고 할 수 있다. 특히 20세기 초반 민국 시대에 여행 관련 문예작품들을 순차적으로 모은 총서류가 편집되면서 유기 산문뿐만 아니라 여행과 유람에 관련된 역대 시가詩歌들이 모두 유기 범주에 포괄됐다.³

그러나 유기의 확산과정을 보면, 이 장르가 반드시 순차적으로 형성, 발전된 것은 아니라는 점이 드러난다. 사실 여행기에 해당하는 도서 분류는 『한서漢書』 「예문지藝文志」 이래 특정 영역으로 분류된 적이 없으며 어떤 작품을 유기라고 할지에 대해 명확하게 구분된 바도 없었다. 명대에 간행된 『국사경적지國史經籍志』의 '사류史類', 지리地理의 '조빙朝聘' 및 '행역行役' 등이 유기와 유사한 영역을 다루고 있을 뿐이었다. 청대에 이르러 『사고전서총목四庫全書總目』의 사부史部 지리류地理類에 '유기지속游記之屬'이 생기면서 비로소 여행기 종류의 글들이 유기라는 이름으로 엮이기 시작했던 것이다.⁴

명대 문집들을 분석한 최근의 연구는 15세기까지 극소수에 불과하던 유기들이 16세기 초 만력萬曆연간 무렵을 분기점으로 폭발적으로 늘어났다는 사실을 밝혀냈다.⁵ 16, 17세기의 유기류는 양적으로 크게 증가했을 뿐 아니라 종래 시부나 송대 산문에서 볼 수 없었던 다양한 내용들이 나타났다고 한다. 실제로 명말에 이르면 발견과 탐구, 전문적 조사활동이 포함된 여러 종류의 글들이 유기라는 이름으로 등장했다. 이전까지 독립 항목으로 구분되지 않았던 유기가 청대 『사고전서』 편찬과정에서 '유기지속'으로 구분된 데에는 명대 유기의 위상이 영향을 미친 것으로 보인다.

유기는 어디까지나 개인적인 동기에서 저술된 글로 서술형식과 소재, 내용 면에서 다양한 편차가 나타났다. 바로 이 때문에 여행정보의 필요성이나 여행에 대한 욕구, 무엇보다도 '유遊'를 뒷받침해 줄 사회적 인프라가 갖추어지지 않았다면 쉽게 발달하기 어려운 분야이기도 하다. 유기의 유행은 사회적 유동성이 활발해지면서 여행에 대한 사회적 수요가 증대된 점과 불가분의 관계가 있을 것이다. 최근의 연구들에서는 16세기 후반의 중국 사회가 전례 없는 '여유旅遊의 시대'를 맞고 있었다는 주장이 제기되고 있다. 종래 여행이 주로 관료들의 인사이동이나 상업활동 등과 관련되어 있었다면 이때는 각계각층의 사람들이 여행에 나섰고 강남 등 일부 지역에서는 관광과 레저 성격을 띤 오락성 여행까지 등장할 정도였다고 한다.[6] 또한 여행자의 편의를 위한 여행안내서류가 발간, 유포됐고 독자층 또한 상인과 하층 사인 등 광범위한 범위에 걸쳐져 있었음이 밝혀졌다.[7] 이런 현상들은 분명히 여행인프라의 성장과 여행의 수요를 나타내는 지표로 이해될 수 있다.

여기서 또 한 가지 명대 유기의 발달을 촉진시킨 주요 배경으로 지식인들 간의 교류가 확대된 점을 들 수 있다. 16세기 중반 이래 명대 문인들 사이에 시사詩社나 회맹會盟 등의 다양한 네트워크가 형성됐음은 잘 알려진 사실이다. 서원, 동학, 사제관계 등의 전통적 인맥은 물론 정치적 이상과 현실적 이해가 얽힌 단체들이 출현하면서 '교유'는 문인문화에서 보다 큰 비중을 차지하기 시작했다. 명승지를 유람하며 차를 즐기고 글을 짓는 '여유旅遊'는 붕우활동에 필수가 됐다.⁸ '유'의 범위 또한 확대되어 명대 초기 문사들의 여행은 대개 소주蘇州, 송강松江, 상주常州, 항주杭州, 남경南京 등 강남 5부가 중심이 됐지만,⁹ 점차 '오악五嶽' 주유가 하나의 목표가 될 정도로 여행 영역이 확장됐다고 한다.¹⁰ 이런 풍조가 여행을 스스로의 삶의 방식으로 표현하는 공안파公安派의 작품에 반영되면서 다시 많은 유기 작품이 생산됐다.¹¹ 자연의 생명력을 묘사하고 그 속에서 자유를 구가하는 이상을 제시했던 공안파 원굉도袁宏道(1568~1610)의 유기들이 이옥李鈺(1760~1813)을 비롯한 조선 후기 문인들에게 상당한 영향을 주었다는 점은 이 시대 유기의 전파력을 잘 보여주는 예이다.¹²

'유'의 체험이 확장되면서 인문지리적 탐구의 성격을 띤 유기가 출현한 것 역시 이 시기의 특기할 만한 수확으로 꼽힌다. 중국 역사상 최고의 여행가로 불리는 서굉조徐宏祖(1586~1641)의 『서하객유기徐霞客游記』는 방대한 편력과 세밀한 기록, 학술적 가치로 많은 주목을 받아왔다. 그러나 이 유기가 당시의 여행 열기를 증언하는 명백한 증거가 될 수 있다는 사실은 간과되어 왔다.¹³ 지리서의 성격이 뚜렷이 나타나는 왕사성王士性(1547~98)의 유기,¹⁴ 그리고 북경 서산西山의 지리 및 환경 요소 간의 상호관계를 탐구한 왕가모王嘉謨의 『북산유기北山游記』¹⁵ 등은 이 시대 유기들이 갖는 탐구정신을 보여주는 또 다른 예이다. 역사 문헌과 실제의 견문을 함께 섞은 전여성田汝成(1503~57)의 『서호유람지西湖遊覽志』와 『서호유람지여西湖遊覽志余』는 지리와 역사가 결부된 종합안내서로 평가되기도 한다.¹⁶ 이런 유형의 유기들은 종교활동이나 상업, 과거시험과 관련된 현실적 동기가 아니라 환경과 지리에 대한 순수한 탐구서라는 점에서 종래의 '사장지학詞章之學'과는 완전히 계통을 달리하는 것으로 평가된다.¹⁷

지식인들의 교유에서 파생된 유기, 그리고 세계에 대한 탐구를 목적으로 한 새로운 유기들이 성행했던 사실을 통해볼 때, '유'는 이 시대를 읽는 하나의 주요 지표로 이해된다. 이 글은 이런 관심에서 지금까지 주목받지 않았던 17세기 후반의 여행기록을 분석해보고자 한다. 명청 교체기를 살아간 역사가 담천談遷이 남긴 『북유록北遊錄』은 청조 건국 후 10년 뒤인 1653년, 강남의 해녕海寧에서 북경을 여행한 기록이 담긴 유기이다. 이 책자는 여행 출발부터 북경 체류, 도착에 이르기까지 강남 출신 문인들 사이의 교류가 그대로 반영된 '유'의 결과물이었다. 또한 왕복여로와 수도 북경에 관련된 사실들은 저자 담천의 다각적인 탐구와 조사가 없이는 불가능한 구체적인 정보를 담고 있다는 점에서 주목된다. 지금까지 이 기록은 청대 순치順治연간(1644~61)의 정국과 파벌에 관련된 자료로 이용됐을 뿐,[18] 본격적인 여행기로 검토된 바는 없었다. 종래 고립적으로 이해되던 명말의 유기들은 당시 사회의 요구와 정서를 배경으로 새로이 조망될 수 있다고 본다.

명청 교체의 동란기 직후에 집필된 이 기록은 청조라는 이질적인 신체제 아래의 공간에서 펼쳐진 강남 지식인들의 '교유'를 증언해주는 한편, 새 도읍 북경의 모습을 생생하게 그려낸 현장 탐방기로 이해된다. 명대 말기 복사復社 동인들의 활동과 함께 최고조에 달했던 교유는 청조에 이르러 급격히 쇠퇴한 것으로 평가된다.[19] 유기가 청대에 이르러 어떤 면에서 후퇴를 보였다는 것은 이 현상을 가리킨 것일 터이다. 담천의 북유는 명에서 청으로 체제가 전환되는 과도기에 두 시대의 접점과 차이점을 시사해주는 실마리로, 그리고 교유와 발견의 시대가 청대 초기에 어떻게 명맥을 이어갔는지 밝혀주는 증거가 될 것으로 기대된다.

## 2. 유기로서의 『북유록』[20]

### '북유'에 대한 갈망

『북유록』의 저자인 담천(1594~1657)은 관직에 오르지 않은 포의 布衣 신분으로 평생을 지냈고 당시 기록상으로는 생몰연대조차 정확히 남아 있지 않은 빈한한 문사에 불과했다.[21] 그러나 일찍이 역사 저술에 뜻을 둔 이래 친분 있는 관료들의 막우幕友로 생계를 이어가는 한편 방대한 역사자료들을 수집하여 1657년 초 편년체 역사서 『국각國榷』을 완성하는 업적을 남겼다.[22] 108권으로 구성된 이 역사서는 방대한 자료를 기초로 한 치밀한 고증이라는 점에서 담천을 불후의 역사가 반열에 오르게 한 저작이었다. 『국각』 편찬은 명조의 역사기록을 정확히 남기려는 애국심의 발로로 이해됐고 담천 역시 명청 교체의 비운 속에 명조에 끝까지 충절을 지킨 역사가로 평가되어 왔다. 1959년 역사학자 오함吳晗이 '애국사학자'라는 별칭을 붙인 이래,[23] 담천에 대한 평가는 명조의 유민으로 고정됐다. 국내 연구 역시 담천의 역사가로서의 활약상과 함께 그의 지사적 면모를 밝히는 데 집중됐다.[24]

이런 연구 경향으로 인해 담천의 여행기 『북유록』은 주로 명대 역사서 편찬을 위한 담천의 사료수집 작업의 부산물로 이해됐다. 물론 담천이 북유에 나선 주된 목적 중 하나가 역사자료 이용에 있었음은 의심할 바 없다. 『북유록』에는 담천이 북경에서 명대의 역사 사실이 담긴 많은 진본들을 열람하면서 이를 일일이 필사하여 자신의 역사서를 위한 자료로 삼았던 사실들이 상세히 기재되어 있다.[25] 그러나 이 책이 지닌 다양한 성격, 무엇보다도 체제와 목적 면에서 전형적인 여행기라는 점은 거의 언급되지 못했다.²⁶ 『북유록』에서 가장 주요한 비중을 차지하는 내용은 길을 떠나 북경에 도착하기까지 교통로, 각지의 지리와 연혁에 대한 인문지리적 고찰, 그리고 갖가지 노력을 통해 파악한 북경의 모습이었다.

담천이 1653년 북경행에 나서면서 쓴 「자서自序」에는 이 여행길이 역사자료 수집과 북경여행이라는 두 가지 목적이 한데 어우러져 실행된 것이라고 밝히고 있다.²⁷ 담천은 27세 되던 1623년 처음 여행을 꿈꾼 이래 '북유'가 필생의 소망이었다고 토로한다. 당시 심각한 위기에 처한 명조의 현실에 대한 고민과 개인적 불우로 인해 담천은 북경행을 일단 접을 수밖에 없었다. 그러나 그는 그 뒤로도 북경여행을 갈망한 나머지 당대의 시인 두보杜甫(712~770)와 동시대에 이름을 떨치던 문인 왕치등王穉登(1535~1612)을 동경하여 꿈에서까지 이들을 만날 정도였다. 강음江陰 출신의 문사 왕치등은 북경에 장기 체류하던 중 1593(만력 21)년 조칙으로 국사를 편수할 때 대학사 조지고趙志皋(1521~1601)의 천거로 편찬작업에 참여했으나 편수작업이 중단되면서 책을 완성하지 못한 채 세상을 떠났다.²⁸

담천은 왕치등이 못다한 역사 편찬작업을 완수하려는 이상을 갖고 있었고 다른 한편 당조의 명운이 기울어가는 역사의 변동기에 수도 장안과 각지를 떠돌며 세상을 직접 체험하고 이를 불후의 시문으로 남긴 두보의 삶을 꿈꾸기도 했다. 두보와 왕치등 두 사람 모두 벼슬하지 않은 포의 신분으로 수도에 머물며 글쓰기로 연명했던 것도 자신과 유사한 점으로 보았다. 담천은 곧 이들 두 사람의 행적에 비추어 길 떠남의 의미를 부여했던 것이다. 한편 그는 자신이 원래 북방체질인 탓에 '북유'의 열망이 필연적이라는 해석을 덧붙이기도 했다. 체격이 비만했던 담천이 친우의 조롱을 받자 그가 상사로 모시던 장신언張愼言은, "그대는 북방인 기질로 태어났다. 태생은 남쪽이지만 체질은 북쪽이니 남에게 놀림을 당한 것이다"라며 위로한 적이 있다. 담천은 일생의 기회로 다가온 북유를 앞두고 이런 일화를 끄집어내며 거듭 감회를 토로했다. 장신언은 담천이 평생 동안 선생으로 공경했고 그 밑에서 막료로 일한 바 있는 명말의 지사였다.

20여 년간 갈망해 마지않던 담천의 북유는 1653년 지인인 홍문원 편수弘文院編修 주지석朱之錫(1623~64)의 요청을 받고,29 그의 막료로 일하기 위해 북경에 동행하면서 실현될 수 있었다. 길을 떠난 담천은 여행에서 만나는 과거의 흔적과 현재의 모습을 조금이라도 놓치지 않으려 애썼다. 함께 길을 떠난 주지석은 담천과의 여행길에 대해, "염관鹽官(현 저장성 하이닝海寧) 출신의 담유목談孺木은 지금 지팡이를 짚고 다녀야 할 나이이다. 그럼에도 함께 북경에 갈 때 매번 조금이라도 쉬어갈 때면 유적을 찾아나섰다. 그 일에 너무 몰두한 나머지 종종 길을 잃곤 했는데 목동이나 시골 농부에게 물어 겨우 길을 찾았다. 즐거운 나머지 피곤한 줄을 몰랐고 주변 사람들이 눈을 흘기며 몰래 비방해도 개의하지 않았다"라고 여행가로서의 면모를 전한다.30 이런 모습은 그의 마지막 여행길이 된 평양平陽으로 가는 도중에도 한결같았다. 1657(순치 14)년 담천은 동향 친구 심중가沈仲嘉의 초청으로 역시 해녕 출신 전조위錢朝瑋(일명 전대구錢大球)와 함께 산서성 평양平陽(현 린펀臨汾)을 향해 길을 떠났다. 가는 곳곳마다 이름있는 산천과 빼어난 인물들의 자취가 남아 있는 곳을 일일이 찾아내며 열중하는 모습이 전조위의 기록을 통해 전해진다.31 담천은 결국 이 여행을 마치지 못하고 도중에 병사한다.

『북유록』은 총 다섯 부분으로 이루어졌다. 담천이 1653년 여행을 출발하면서부터 도착에 이르기까지 여정 및 각지의 풍속을 소개한 '기정紀程'과 '후기정後紀程'을 필두로 2년 4개월간의 북경 체재 때 보고 들은 정보와 교우관계를 일기로 남긴 '기우紀郵', 여행지에서의 시문을 담은 '기영紀詠', 산문과 서간문으로 이루어진 '기문紀文', 그리고 북경에서 보고 들은 바 사람들의 언행, 제도, 고적 등을 밝힌 '기문紀聞 상·하'로 구성됐다. 이중에서 수도 북경에서 수집한 정보를 기록한 '기문'이 내용의 절반 이상을 차지하고 있다. 『북유록』의 주요 집필 목적이 북경의 현실을 탐구, 기술하는 데 있었음을 짐작하게 한다. 특히 164항목의 기문(하)은 청초의 정치, 사회를 증언하는 주요 사료로 여타 필기에서 볼 수 없는 진귀한 내용들이 수록되어 있다.

'기문'의 서序에는 담천이 만주족이 통치하는 세상에 대해 얼마나 지대한 관심을 갖고 집요하게 자료를 모았는지 잘 드러나 있다.

북상하는 도중, 신분이 낮은 처지라 거의 정보를 얻을 수 없었다. 그렇다고 그냥 포기할 수는 없어서 언제나 한두 가지 일이라도 귀를 곤두세워 들었다. 수레에 앉은 귀인의 이야기는 높은 곳에 너무 멀리 떨어져 있어 어리석은 나로서는 바라기가 어려웠다. 빼어난 큰 선비는 만나기 힘들었고 만났다 해도 나 자신, 스스로의 우매함을 부끄러이 여겨 제대로 이야기를 나눌 수 없었다. 원래 바탕이 아둔하니 지척에 접근하고도 싫어할까 두려워하다가 헤어지고 나면 마음만 서글프고 한스러울 따름이었다. 나머지 이야기들은 거리거리의 담과 벽 사이에서 얻어들은 바여서 정확치 않았기 때문에 무척 답답했다. 다행히 북경에 이르러 약간의 사실을 듣고 알게 됐다. 설혹 나를 울타리 안에 가둔다고 해도 동물들의 소리나 벌레 노래라도 들으려 했을

터, 조금이라도 들은 바를 어찌 기록하지 않겠는가. 다만 내가 직접 '유'하며 체험한 바가 아닌 까닭에 기문, 곧 들은 내용을 기록한다고 제목을 붙인다.

— 『북유록』, 기문紀聞 상, 277쪽.

담천은 스스로 '유'의 경험을 통해 알아낸 지식을 가장 중요하게 여겼지만 여의치 못하면 담벼락 사이에 흐르는 이야기라도 알아내서 기록하려 했다. 길을 떠난 담천 앞에는 이민족이 건립한 체제가 막 정착하고 있었지만 세상을 체험하고 탐구하려는 그의 의지에는 별다른 영향을 주지 못한다.

### 북경으로 가는 길

이 책이 여행기로 주목을 끄는 또 하나의 이유는 왕복 여행로가 날짜별로 상세히 기록됐기 때문이다. 뿐만 아니라 '기정'과 '후기정'에서는 강남과 북경을 잇는 당시의 유일한 간선교통로인 운하의 하도와 갑문, 연변의 자연경관과 풍속 등이 서술되어 이 시기 여행의 자세한 실태를 보여준다. 담천이 이용한 경항京杭운하는 절강, 강소, 산동, 하북, 천진을 거쳐 북경에 이르며 총 거리 약 1,800킬로미터에 달하는 장거리 여정이었다. 담천은 각 역참과 교통요지를 거친 일정과 함께 운하 연변의 민생에도 주의를 기울이면서 자연경관을 '기영'의 시편에 담았다. 이 연구에서는 여정의 개략만을 소개하지만 앞으로 지리, 교통연구의 필요에 따라 이 책의 더 많은 정보들이 주목받을 것으로 기대된다.

담천의 기록은 향리인 해녕에 인접한 가흥에서 시작된다. 1653년

음력 6월 갑자(양 7월 29일)³², 담천은 가흥에 도착했고 5일 후 주지석이 배편으로 도착하자 그와 합류하여 운하를 따라 북상했다. 가흥에서 북경까지는 126일이 소요됐는데 강소성 비현邳縣과 산동성의 경계에 닿기까지 66일이 걸렸다. 명대에 운하를 이용하여 강남에서 북경으로 가는 여행로 및 소요 시간 등 교통 관련 정보는 몇 종류의 여행기를 통해 확인된다.³³ 명대 전반에 걸쳐 운하 왕복에는 기후나 수로 변화, 여행자 각각의 개인 사정 등 많은 변수가 작용하여 일정의 편차가 컸다. 15세기 초 중국 남부 해안에 표착했던 조선의 최부 崔溥(1454~1504)는 귀국을 위해 1489(홍치弘治 2)년 2월 13일, 절강성 태주부台州府 도저소桃渚所를 출발하여 3월 28일 북경에 도착했다. 그의 일행은 항주를 지나 소주, 양주, 회안, 제령, 임청, 덕주, 천진을 거쳐 북경에 이르렀고 담천과 마찬가지로 운하의 전 여정을 거쳤는데, 총 46일이 소요됐다.³⁴ 최부가 각종 화물을 실은 다양한 배들과 여행자들의 모습을 전했던 운하 연변의 성시들은 명청 교체기를 지난 담천의 여행길에서도 '백화百貨가 모여드는' 번화한 모습을 거의 회복하고 있었다.³⁵

한편 1539(가정嘉靖 18)년 일본 승려 책언策彦은 항주를 떠나 12월 초 양자강을 건너 다음해 1월 서주徐州를 거쳐 3월 2일 북경에 도착했다. 가는 길은 118일, 오는 길은 112일이 소요됐다.³⁶ 각 관문마다 여러 절차와 공식 일정을 밟아야 했던 외국인과는 달리 공무로 인해 여정을 단축하는 경우, 여행 기간은 훨씬 줄어든다. 명말의 문인관료 기표가祁彪佳(1602~45)는 1627(숭정崇禎 8)년 4월 9일 북경을 출발하여 35일 만에 항주에 도착한 적이 있다.³⁷ 일정에 쫓기던 그는 각 지점을 연결하는 가장 빠른 배를 수배하고 여점 등 민간 교통시설을 이용하면서 여정을 단축시킬 수 있었다. 특기할 것은 기표가가 일반인과 같이 민간 교통편을 이용했고 정부 운영시설이 아닌 사설 여관을 선택했던 점이다. 명대 말기에는 민간 교통의 비중과 편의성이 높아져 관영 교통의 위치가 상대적으로 저하하고 있었고 재정 위기로 인해 1629년부터 전체 역의 3분의 1에 해당하는 역이 폐쇄된 상황이었다.[38]

기표가의 여행으로부터 20여 년이 지난 담천의 여행길은 고난의 연속이었다. 명대 전성기와 비교할 때 관영 교통이 완전히 복구되지 않았고 민간 교통편 역시 활발하지 않아서 번번이 배를 갈아타고 육로와 병행해야 하는 고된 여정이었다. 치안 면에서는 안정을 되찾았지만 교통편과 숙박시설 이용은 이전보다 엄청난 불편을 감수해야 했고 많은 비용이 소모됐다. 담천과 같은 배에 탔던 영해寧海 출신의 갈생葛生은 천계天啓연간(1621~27) 초반에 진강鎭江을 거쳐 상경하는 데 들었던 경비 내역을 보여주었는데 3민緡, 즉 동전 3천 문(은 3냥) 정도가 들었다고 한다. 30년이 지난 1653년 여정의 어려움은 비할 바 없이 심각해졌고 양자강을 건너 북상하는 돈은 거의 10배가 넘게 지출됐다.[39] 명청대 여행자는 거의 은을 휴대했고 도중에 동전으로 바꾸면서 여비로 충당했다고 한다.[40]

그러나 이 여정이 크게 지체된 것은 교통상의 애로뿐만 아니라 이르는 곳마다 친우와 지인들을 만나면서 상당한 시간을 보냈기 때문이었다. 특히 강남 지역을 벗어나기 전까지 주지석의 지인들이 연이어 방문했고 면회를 청하는 자들도 쇄도했다. 가흥과 호구虎丘, 무석 등에서는 2~3일 이상을 머물며 명승지를 유람했고 찾아온 사람들과 주연과 다회는 물론 뱃놀이와 시회를 가지기도 했다.[41] 여기서는 지방 관료들에 대한 평판이나 정보가 화제에 오르는가 하면 관료생활의 어려움을 토로하는 대화도 오갔다.[42] 절강 문인들의 교제망은

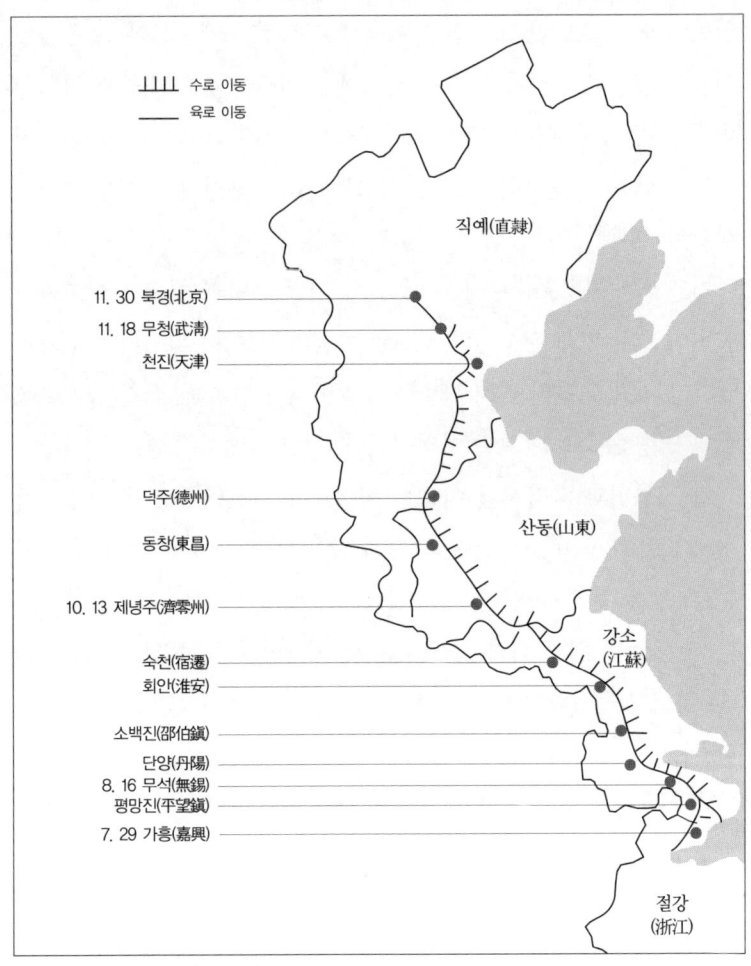

1653년 담천의 여정.

운하를 따라 펼쳐지고 있었고 여행길에서 소개를 주고 받으며 다시 그 범위가 확장되어갔다. 찾아온 손님들은 대개 주지석을 위해 송별 연회를 베풀거나 선물을 마련하여주었다. 56일째인 9월 21일에 만난 조운총독漕運總督 심문규沈文奎(1598~1654)는 주지석에게 소라문양의 술잔 12개를 선물로 주었다. 이것은 금과 옥을 아로새긴 진귀한 보물로 가격이 무려 120냥에 달하는 고가품이었다. 고위 관료의 교유는 많은 비용이 요구되는 중대사였음을 짐작하게 한다. 절강성 회계會稽 출신인 심문규는 숭정 초기에 청조에 귀항해, 팔기군 양백기鑲白旗에 소속되어 정복사업에 앞장섰던 인물로 1653년 당시 회양淮揚조운을 총괄하는 조운총독직을 맡고 있었다.[43]

북경으로 부임하는 동행 주지석에게 이런 교유는 일상적인 교제 이상의 정치적 성격을 띠고 있었다. 여행 85일째인 10월 20일 주지석은 강남 지방으로 남하중인 고관 홍승주洪承疇(1593~1665)를 알현하기 위해 하루 앞서 가벼운 배를 빌려 대기하러 떠났다.[44] 이해에 손가망孫可望, 이정국李定國이 이끄는 반청세력이 운남·귀주 지역에서 계왕桂王에게 귀항하자 병부상서 홍승주는 다시 호광·광동·광서·운남·귀주 오성五省총독으로 임명되어 부임지로 향하는 도중이었다. 담천은 여기서 명조에서도 병부상서 겸 계요보정총독薊遼保定總督을 맡아 국경 방어의 최고책임자로 있었던 홍승주의 약력을 담담하게 기술했다. 담천은 명조에서 절대적 신뢰를 얻었던 홍승주가 청조에 항복, 남하하는 청군과 함께 강남 지방의 공략에 나서자 민간에서 분노와 원한이 터져나왔던 사실을 충분히 알고 있었다.[45]

딩대 권력자의 여로에는 주지석과 같은 목적으로 접근한 배들이 꼬리에 꼬리를 물고 끊이지 않았다고 한다. 주지석이 3년간의 복상을 마치고 북경으로 가는 여정은 결코 한가로운 친교의 장이 아니었다. 앞으로의 관료생활을 위한 교분맺기, 인맥의 확장이 '교유'의 주요한 목적으로 드러난다. 한 가지 특기할 만한 것은 53일째 8월 18일의 여정에서 만주 필첩식筆帖式[46] 선복善福이란 인물을 만난 사실이다. 그는 10년 전, 청조 통치가 시작된 순치원년(1644) 17세에 북경에 들어가서 조운총독 아문을 거쳐 지금은 산서성에서 일하고 있다고 했다. 담천은 그의 용모와 언어가 중국인과 다름없으며 한문에 능한 데 놀라는 한편, "큰 배에 깃발이 즐비하고 가족과 기마를 함께 태웠는데 다들 명주 귀걸이와 비단옷을 뽐낸다. 그들인들 어찌 오늘이 있을 줄 예상이나 했으랴"라며 씁쓸한 감회를 표시한다.[47]

호화로운 모임과 교유가 오가는 여정은 한편으로는 황하 수로의 변화에 대응하여 배를 갈아타고 때로는 육로를 이용하는 고된 여행길이었다. 담천은 오가는 길에서 본 수부와 역졸들의 고통으로 가득 찬 삶에 대해서도 무심할 수 없었다. 그는 고우高郵 북쪽 20리에 있는 수역참首驛站에서 지은 「역졸행驛卒行」이라는 시에서 "오래 굶주려 학처럼 여윈 역졸이 배를 끌어당겨 죽음을 면하기를 간구하네" 하며 그 비참한 형용을 마음 아파했다.[48] 여행 115일째를 맞은 11월 18일 산동성 무청현武淸縣 서북쪽에서 운하가 얼기 시작하자 담천은 나귀를 타거나 걸어서 북경까지 가야 했다. 동행한 주지석은 이에 앞서 10월 28일 빠른 배로 갈아타고 11월 14일에 북경에 도착한 상태였다.

담천은 11월 30일, 4개월 5일 만에 4천 리의 여정을 마치고 북경에 도착해 2년 4개월여를 체류하다가 향리로 돌아갔다. 1656(순치 13)년 3월 1일에 북경을 출발했는데 3월 7일에야 황하의 얼음이 녹아 배를 이용할 수 있었다고 한다. 운하 주행을 합쳐서 107일이 걸렸는데 산동 지역 운하에서 50일이 지체됐다. 귀로에는 동행을 찾으려다가 실패하고 결국 조운선을 타고 돌아오게 된다. 타고난 강직함으로 남의 도움을 받지 않았고 대관 귀인들의 선물도 거절한 터라 돌아오는 길은 병졸들과 빈민들의 고통을 더욱 실감하게 된 힘든 여행이었다. 여기서 담천은 산동 지역 운하에 관련된 시부 40여 수를 남겼고 명대보다 10배나 부담이 늘어난 조운의 실정에 대해 따로 기록하겠다고 했지만 결국 완성하지는 못했다.

## 3. 북경의 두 얼굴

『북유록』에는 당시 도시 북경의 모습과 담천의 '교유' 관계가 자세히 서술되어 있다. 담천은 북경에 체재하는 동안 거의 매일 일기를 남겼고 특기할 사항은 따로 기록했다. 여기 묘사된 청조 통치와 북경의 사회상에 대한 담천의 입장에 대해서는 북경 체류를 다룬 짧은 수필을 제외하면 별도의 연구는 찾기 어렵다.[49] 담천의 일상은 역사 자료를 열람, 수집하는 작업과 함께 신체제 아래에서의 북경의 모습과 사람들의 생활상을 파악하는 데 초점이 모아졌다. 담천은 명13릉을 참배했고 역대의 유적지를 찾아다니는 한편, 숭정제를 모시던 태감을 만나 당시의 사정과 함께 숭정제의 장지를 탐문하여 무덤에 참배하기도 했다.[50] 또한 명조의 관료와 환관, 궁녀 등 각계각층의 사람들과 접촉하여 명말, 특히 숭정연간 당시의 사정을 청취하는 데 정열을 기울였다.

그러나 담천은 '과거의 기억과 분석'만을 위해 북경의 이모저모를 담은 것은 아니었다. 당시 동악묘東岳廟에는 민중들의 축제가 벌어졌고 담천도 친우들과 연극을 보고(기우 상 92, 60쪽), 수도에 모여든 많은 강남 출신 문인들과 매일같이 만나 시와 역사, 현재의 정치를 논하는 술자리를 벌였다. 북경은 지나간 시대의 기억이 담긴 역사의 장인 한편 새로운 시대가 펼쳐지는 현실공간이기도 했다. 그는 직접 현장을 방문하고 신체제의 실상에 대한 많은 기록을 남겼다. 순승문順承門 안편 대로에는 마시馬市, 우시牛市, 양시羊市와 함께 인시人市

즉 인신매매 시장이 열려 팔기의 부녀들이 노예를 사러 모여드는 참상이 벌어지고 있었지만[51] 전체적으로 북경은 이미 평온을 회복했고 서민들의 일상생활은 변함없이 진행되고 있었다.

그는 새로운 북경의 실체를 알기 위해 가능한 모든 방법으로 정보를 수집하려 애썼다. 141항목으로 이루어진 '기문(상)'에는 역대 인물, 지리, 관제, 유적, 민간종교, 전승 등이 포함되어 있다.[52] 특히 담천은 금석문 자료 및 금석학에 대해 많은 관심을 기울였다. 유실된 금석 관계 자료집, 역대 비문명 및 소재지를 찾아 기록한 정보는 상당 분량에 달한다.[53] 담천이 이처럼 오랜 과거의 흔적을 남기려 노력을 기울인 것은 역사에 대한 그의 관심이 비단 명대明代에 국한되는 것이 아니라 그 체제와 함께 망실될지 모르는 문화 그 자체였음을 짐작케 한다.

담천이 수집한 정보를 기록한 '기문'에는 청조 건국 초의 사회상이 생생히 드러나 있다. 담천은 북경에서 다양한 사람들을 찾아다녔고 여러 가지 사실들을 알게 됐다. 담천은 북경에 온 다음날, 바로 아담 샬Adam Shall을 방문해 중국에 이른 여정에서부터 마테오 리치 Matteo Ricci를 비롯한 유럽사람들의 도래, 천주교 관련 정보에 이르기까지 광범위한 이야기를 나누었다.[54] 이 만남 이후에도 새로 접하게 된 서방관련 정보들을 '기문(하)' 첫 부분에서 「탕약망湯若望」이라는 제목으로 별도로 다루었다.[55] 이역에서 온 선교사들에 대한 담천의 지대한 관심은 이들의 종교, 문화, 풍속, 특히 과학과 천문학 방면의 지식에 대한 경이로움과 호기심에서 우러나온 것으로 풀이된다.[56]

청조 치하의 현실을 주로 다룬 '기문(하)'는 총 164편의 기사로 이루어졌다. 여기서는 입관 전 청조 건국의 역사, 만주족의 풍속과 달력, 순치제의 국혼, 섭정왕 도르곤의 죽음을 둘러싼 정세 변화, 만주

고유의 제도들에 대해 자세히 서술했다.[57] 당시까지 복명운동을 벌이고 있던 정성공의 내력과 전쟁의 참화 등을 다룬 기록도 실려 있지만[58] 새로 구축된 청조체제의 모습과 정치 흐름에 대한 정보가 대부분이다. 특히 강남 출신의 저명한 이신貳臣 및 이들이 연루된 정치사건에 대해서는 담천의 기록만큼 자세한 언급은 찾아보기 어렵다.[59] 1654(순치 11)년 북경 체류중에 담천은 강남 문인 사회의 총아인 진명하陳名夏(?~1654)가 재기와 문장력으로 정계의 핵심까지 부상했다가 정쟁에서 패배하고 처형되는 과정을 지켜보게 된다. 진명하는 복사復社 출신들을 비롯한 강남의 저명 문사들을 정계로 끌어들이는 과정에서 만주 귀족과 화북 출신 관료집단의 경계의 대상이 됐고, 결국 북당의 영수 풍전馮銓과 영완아寧完俄의 공격을 받아 실각하여 사형에 처해졌다. 절강성 출신의 담천은 진명하와 관련된 한인 문관들과 바로 연결되어 있어서 그의 기록에는 현장감 넘치는 구체적인 정보들이 담겨 있다.[60]

당시 정치과정에서 담천이 특히 관심을 가진 부분은 명대의 감찰 및 인사제도가 청조에서 어떤 식으로 운영됐는가 하는 점이었다. 명대 지방과 중앙 언론의 연결통로가 되던 순안巡按어사제가 청조 치하에서 존립이 위태로워진 점, 언관의 인사권 상실 등의 사정은 여타 기록보다 상당히 자세하게 서술됐다. 이 기록들은 흔히 명의 제도를 그대로 이어받았다고 지적되는 공적 체제 개편의 이면에 존재하는 명청 양 체제의 갈등 요소들을 날카롭게 포착하고 있다.[61] 명대 지방 민정장관인 순무巡撫와 함께 지방 행정의 구심점 역할을 하던 순안어사가 청조 강희연간 초년에 갑자기 폐지된 사실은 청대의 어떤 기록에서도 자세히 언급되어 있지 않다. 담천이 남긴 순안어사 고인顧仁과 하승렬賀繩烈의 피소 및 처형에 대한 기록은 순안어사제 폐지의

배경에 깔린 청조 정치계의 갈등을 잘 증언해주는 자료이다.[62]

청조 치하에서 한인 엘리트집단이 명말의 부패상을 재연하는 데 대해서도 담천은 비판적인 시선을 던졌다. 만주 귀족들에게 말을 공급해주는 중개업자인 이응시李應試라는 인물이 실제로는 불법조직의 우두머리로서 권력 핵심에 접근하려는 많은 한인 진신 사대부들로부터 청탁을 받고 이들을 만주인과 연결해주는 역할을 했다는 기록은 당시 북경 정계의 실태를 생생하게 증언해준다.[63]

담천이 남긴 견문담과 정보들에서는 청조 치하의 현실을 보는 그의 시선이 잘 드러난다. 담천의 눈에 비친 청조 위정자는 결코 야만적인 파괴자가 아니었고 이들이 신체제를 건설하려는 노력과 선의 역시 편견 없이 받아들였다. 특히 순치제의 성장배경을 소개하면서 1654(순치 11)년 친정을 시작한 황제가 선정의 의지를 밝히며 한화정책을 추진한 점을 높이 평가했다.[64] 담천은 순치제가 저술한 책 제목은 물론 황제의 어제문서를 수집해 서문 및 실록기사를 그대로 기재하는 열성을 보였다.[65] 이와 관련된 정보는 『내정집요內政輯要』 및 『효경연의孝經衍義』의 찬수를 맡았던 오위업吳偉業(1609~72)에게서 직접 입수한 것으로 보인다.[66]

나아가 순치제가 언관들의 간언을 받아들여 전통적인 유교 군주상을 재현하려 애쓴 점, 그리고 강남 문인의 문아함을 아꼈고 진명하에 대해서 마지막까지 호의를 갖고 있었다는 사실을 간과하지 않았다. 사실 담천 자신은 진명하에 대해, "재기는 있지만 비열하고 공명심이 강하다"라며 비판했고 강남 출신만을 중시하는 태도 역시 부정적으로 보고 있었다.[67] 『북유록』에는 이처럼 건국 초기에 문치를 추진하는 군주와 강남 인맥, 수구적 태도를 보이는 만주 귀족과 화북 출신 환관 등 청조의 미묘한 갈등구도가 드러나 있다. 담천은 어느 쪽에 대해서도 무조건적인 부정이나 지지를 표명하지 않았다.

담천의 이런 활동을 뒷받침해준 것은 청조의 관료가 되어 새로운 체제를 위해 복무하던 명의 옛 관료들이었다. 절강성 출신의 담천은 원래 알고 있던 지인들의 소개로 많은 인물들을 만났고 당시 문인사회의 중심인물인 조용曹溶(1613~85)에게는 편지로 자신을 소개하고 교제를 했다.[68] 조용은 당시 장서가들이 가장 많이 포진했던 가흥 출신들 중에서도 최고 수준의 장서를 보유한 것으로 유명하며 특히 송원본 소장가로 명성을 얻었다.[69] 담천은 역사자료 수집에 있어 조용에게 많은 부분을 의지했다. 한편 조용 역시 명초 이래의 인물들을 평한 전기에서 『국각』 편찬자로 담천을 소개하며, "중년에 화재를 만나 원고가 소실된 후, 다시 깊이 생각하여 기억해내고 여러 책들을 거듭 참고하며 노인들에게 두루 물어보았다. 전심전력을 다해 집필하느라 굶주려도 제대로 먹지도 못하는 고생 끝에 마침내 책을 완성하고야 말았다"라고 그의 업적과 노력을 높이 평가하고 있다.[70]

또한 조용의 소개로 오위업, 곽달霍達 등을 알게 됐고 이들로부터 많은 귀중본들을 빌려보고 문학과 역사, 시국에 대한 이야기들을 나누었다. 북경 체류 기간 동안 담천은 당시 편수관으로 있던 오위업을 62차례, 조용을 15차례, 곽달을 20차례 방문했다. 오위업의 저택에는 하루에 몇 번씩 방문하기도 했다. 오위업은 희귀본인 『만력실록萬曆實錄』과 『유구집략流寇輯略』을 빌려주어서 『국각』의 원고와 일일이 대조할 수 있도록 했고 다시 그 원고의 교정을 보는 등 『국각』 집필에 비상한 관심을 보이며 협조했다.[71]

한편 이런 활동을 펼친 유객은 비단 담천 한 사람만이 아니었다. 조용의 집에는 명말의 명사, 유민, 그리고 청조에서 관료가 된 사람들이 모여 주연을 베풀고 환담을 나누었으며 각종 자료와 지식들을 교환했다.⁷² 역시 장서가로 유명한 손승택孫承澤(1592~1676)의 만권루萬卷樓에도 오위업과 주이존朱彝尊, 왕사정王士禎 등의 명사가 모여들었고 담천도 그 대열에 끼어 있었다. 명대 말기 문인들의 네트워크는 여러 형식으로 가동되고 있었지만, '반청복명反淸復明'을 위한 회합이 아니라 새로운 시대에 대한 탐색과 전망을 위한 교유의 성격을 띠고 있었다.

명대의 역사와 그 멸망과정, 원인에 대해 비상한 관심을 갖고 역사서 집필에 나선 것도 담천 혼자만이 아니었다. 청대 초기는 역사 저술의 전성기를 이룬 시대로 이때 기록된 명대의 야사가 1천여 종이 넘는다고 할 만큼 성황을 이루었다. 특히 절강성에서는 담천을 필두로 『죄유록罪惟錄』을 남긴 사계좌查繼佐, 열전 형식의 『석궤서石匱書』를 지은 장대張岱(1597~1685) 등 세 명의 뛰어난 역사가가 탄생한 것으로 유명하다.⁷³ 담천은 편년체 형식의 역사서로, 그리고 장대는 열전 형식으로 각각 가장 빼어난 업적을 남긴 것으로 평가된다. 청조에 출사한 손승택 역시 지나간 시대의 공과를 있는 그대로 저술하는 작업에 몰두했다. 명대의 제도, 인물, 전고典故 등을 고증한 손승택의 『춘명몽여록春明夢餘錄』과 북경의 세시기를 다룬 『천부광기天府廣記』는 담천의 저술과 같은 배경에서 씌어졌다.

16세기 후반경에 펼쳐지는 명말의 격동기는 역사편찬의 시기이며 또 직접 발로 체험하며 세상을 이해하고 정보와 지식을 넓혀가는 여행의 시대이기도 했다. 『북유록』은 두 작업이 결코 고립적으로 이루어지지 않았다는 사실을 보여주는 증거였다.

위에서 살펴본 바와 같이 이 시대의 '유'에는 독특한 시대정신이 담겨 있는 것으로 보인다. 담천과 비슷한 시기 고염무顧炎武(1613~

82) 역시 '북유'에 나선다. 고염무는 중년 이후 20여 년간 중원의 각지를 여행했고 여생의 대부분을 경세의식이 담긴 지리서 집필로 보냈다. 『천하군국이병서天下君國利病書』, 『조역지肇域志』와 같은 명저가 고염무 자신의 여행체험 이후에 완성됐다는 사실은 최근에 이르러 주목받기 시작했다.[74] 1639(숭정 12)년 집필에 뜻을 둔 이래 오랜 기간 방치됐던 자료들은 북방여행을 거친 뒤 청조가 건국한 지 20여 년이 지난 강희 초년에 완성될 수 있었다. 고염무의 후기 저술에서 나타난 각지의 자연과 환경의 장점利과 단점病을 분석하여 사회적 조건과의 적응상태 및 장단점을 결정한 '군국이병' 사상은 왕사성의 유기 및 지리서로부터 영향을 받은 것으로 평가된다.[75]

종래 고염무의 북방행은 그가 벌인 반청활동의 여파와 향리의 오랜 원한관계를 피하기 위한 개인적 이유에서 주로 이야기되어왔다. 그러나 이 '북유'는 담천과 마찬가지로 경세의지를 담은 탐구서라는 결과물로 연계됐다. 명대 말기, 지방행정 재편에 대한 관심과 지역에 대한 의식변화로부터 '사장지학詞章之學'과는 별도의 '여지지학輿地之學' 즉 지리서의 편찬이 활발해졌다는 사실은 이미 지적된 바 있다.[76] 유기와 지리서의 접근은 변모하는 세계에 대한 이해가 이 시대 지식인들의 절박한 문제의식이었음을 대변해준다.

명말 지식인들의 교유 속에서 경세의식을 발견하기는 어려운 일이 아니다. '지식'이야말로 학문의 본질이라는 주장과 함께 전통의 틀을 뛰어넘는 경세의 학풍을 탄생시킨 진자룡陳子龍(1608~47)은 기사幾社의 설립자이며 교유交遊의 명인이기도 했다.[77] 진자룡이 자신의 주장을 실현할 목적으로 펴낸 『명경세문편明經世文編』과 『농정전서農政全書』는 광범위한 인맥으로 연결된 정보와 지식의 집대성이 없이는 불가능한 작업이었다. 명대 말기 우후죽순처럼 생겨난 문학

결사들은 과거 수험용 저서의 출간이라는 현실적인 요소를 부정하기 어렵지만, 다른 한편 경세의지를 같이 하는 지식인들의 횡적 연대의 산물이기도 했다.[78] 이들을 묶은 가장 직접적인 수단은 발달한 운하교통을 따라 이루어지던 교유였다.

직접 체험과 간접 체험을 통한 인문, 역사지리의 발견은 청대 고증학의 한 영역으로 정착되어 특히 18세기 후반에 이르면 높은 학문적 경지와 실증을 통한 엄밀성을 갖추게 된다. 그러나 명말의 사회변동기를 살아간 지식인들이 가졌던 자기시대에 대한 문제의식, 넓은 세계에 대한 강렬한 관심에서 발생한 '교유'의 자취는 청대 유기에서는 찾아보기 어렵다. 청초에 완성된 담천의 『북유록』은 명말의 문제의식과 시각에서 출발한 명청 두 역사공간의 체험기였고 두 세계가 갈라지는 간극을 오고간 자취이기도 했다.

명청 교체의 동란기를 살아남은 자들에게 이민족 지배라는 가혹한 현실이 다가왔다. 그러나 망국은 체험했지만 이것이 곧 '망천하亡天下'의 상태는 아니라는 자각과 일국과 천하를 분리해서 천하를 위한 경세의식을 탐구와 저술 속에 담으려는 삶의 방식이 남아 있었다. 과연 현재의 세계를 '천하'로 인정할 수 있을 것인가. 언젠가는 다가올 새로운 천하를 위해 무엇을 해야 할 것인가. 이 시기 일군의 지식인들의 행동과 저작 속에서 좌절과 불안 가운데 미래를 예측하고 대비하려는 자세를 발견할 수 있다. 담천의 '북유' 역시 같은 세계관, 시대정신에서 탄생한 산물이었다. 그에게 역사란 지나간 시절에 대한 향수와 복고의 집적이 아니라 천하의 향방에 대한 문제의식 속에서 과거를 분석하는 작업이었고, 직접 체험과 견문을 통해 검증해야만 하는 진행중인 현실이기도 했다.

# 메이지 관료의 유럽 '지식순례'

방광석

메이지유신明治維新 이후 부국강병을 국시로 삼은 일본에서는 새로운 국가건설을 위한 지식 수용의 필요성이 절실해짐에 따라 정치, 법률, 군사에서 재정, 철도, 상공업까지 각 분야에서 많은 관료들이 지식과 정보의 원천을 찾아 미국과 유럽으로 떠났다. 메이지 관료의 대표적인 해외시찰로는 1871년 11월에 출발하여 1873년 9월에 귀국한 이와쿠라岩倉사절단이 유명하다. 폐번치현廢藩置縣 직후 조약개정 예비교섭을 직접적인 계기로 출발한 이와쿠라사절단은 정부의 주요 관료들이 대거 참가하여 1년 10개월에 걸쳐 미국, 영국, 프랑스, 독일, 러시아, 이탈리아 등 구미 12개국의 실상을 직접 견문한 세계사적으로 유례없는 집단적 서양문명 체험이었으며, 이후 메이지 정부의 정책에 다대한 영향을 끼쳤다.

이와쿠라사절단 외에도 19세기 후반 일본에서는 개별적인 시찰이나 유학 등의 목적으로 구미를 향한 해외여행이 다양하게 이루어졌다. 특히 1881년 정변을 통해 입헌제의 도입이 정해진 이후 1880년대에는 의회 개설과 입헌정치의 실시를 앞두고 구미의 입헌정치를 직접 배우고 체험하기 위해 유럽으로 떠나는 움직임이 붐을 이루었다. 정부 관료를 비롯해 '자유민권운동'의 지도자, 군인, 학자, 실업가 등 많은 엘리트들이 새로운 정보를 습득하기 위해 구미를 향해 떠났다. 이러한 현상은 새로운 국가건설에 필요한 정보를 찾아나서는 일종의 지식순례 형태를 띠었으며, 지식공간의 범위를 동아시아에서 구미로 확장시킨 근대적 공간체험의 대표적인 사례라고 할 수 있다. 이 글에서는 이러한 1880년대 정치엘리트의 유럽 '지식순례'를 대상으로 메이지 시기 해외여행의 실태를 분석 검토하고 그 역사적 의미를 살피고자 한다. 이것은 근대적 공간체험의 특징을 밝히고 근대 일본의 정보와 지식의 네트워크를 해명하는 데도 도움이 될 것이다.

유럽 '지식순례'의 붐을 일으킨 직접적인 계기는 1882년부터 1883년에 걸친 이토 히로부미伊藤博文의 입헌제도 조사였다. 이후 그 직·간접적인 영향을 받아 민권파의 영수인 이타가키 다이스케板垣退助와 고토 쇼지로後藤象二郎의 '외유(1882. 11. 11~83. 6. 22)'를 비롯해 오야마 이와오大山巌(1884. 2. 16~85. 1. 25), 무쓰 무네미쓰陸奥宗光(1884. 4. 27~86. 2. 1), 다니 다테키谷干城(1886. 3. 16~87. 6 24), 구로다 기요타카黒田清隆(1886. 6. 23~87. 4. 21), 사이고 쓰구미치西鄉從道(1886. 7. 13~87. 7. 1), 야마가타 아리토모山縣有朋(1888. 12. 2~89. 10. 2) 등 정치엘리트들의 유럽행이 줄을 이었다. 이들은 대체로 이토가 입헌제도 조사 때 오스트리아의 빈에서 사사師事했던 로렌츠 슈타인을 잇달아 찾아가 입헌정치론을 청강하는 이른바 '슈타인 참예參詣'에 나선 사람들과 대체로 중복된다. 지금까지 이토의 입헌제도 조사에 관해서는 어느 정도 연구가 진전됐으나[1] 그 이후의

'지식순례'에 대해서는 본격적인 연구가 이루어지지 않고 있다.[2]

따라서 이 글에서는 먼저 '슈타인 참예'[3]를 중심으로 1880년대 유럽 '지식순례'의 실태와 특징을 검토한 뒤, 구체적인 고위관료의 '지식순례' 사례로서 구로다의 세계일주여행을 분석하고자 한다.

## 1. 새로운 지식공간을 찾아서
―'슈타인 참예'

메이지 정부에서 서양의 제도와 지식을 흡수하기 위해 구미 지역으로 인재를 파견한 것은 메이지유신 직후부터이다. 재정, 화폐제도를 연구하기 위해 이토 히로부미가 미국으로 떠났고 서양의 군사제도를 시찰하기 위해 야마가타 아리토모와 사이고 쓰구미치가 유럽으로 향했던 것은 잘 알려져 있다. 그러한 흐름은 이와쿠라사절단을 정점으로 1870년대에 일단락되고 1880년에 접어들어 새로운 양상을 보이게 된다. 1881년 정변을 계기로 입헌제의 도입이 기정 사실화되면서 새로운 국가체제의 수립과 입헌정치의 실시에 필요한 지식과 정보를 찾아 유럽으로 떠나는 움직임이 활발해지게 된 것이다. 그 시초는 이토의 유럽 입헌제도 조사였으며 그 이후 정부 관료와 민간에서 유럽행이 줄을 이었다.[4] 이러한 유럽 '지식순례'의 핵심을 이루는 것은 슈타인 등 권위 있는 학자를 찾아가 그들의 입헌정치론을 배우는 것이었다. 따라서 여기서는 먼저 슈타인과 일본의 관계를 중심으로 '슈타인 참예'가 왜 일어나게 됐으며 그 실태가 어떠했는지를 살펴보고자 한다.

슈타인Rorenz von Stein(1815~90)은 독일 출신의 빈대학 교수이자

국가학, 행정학, 사회학의 대가로 사회과학 전반에 걸친 해박한 지식과 국가유기체설에 입각한 입헌군주론 등을 통해 이토를 비롯한 일본정부 지도자에게 다대한 영향을 끼쳤다. 1882년 여름 슈타인을 처음 만난 이토는 그의 강의에 감명을 받고 일본의 입헌제 수립에 자신감을 나타냈을 뿐만 아니라, 유럽을 방문하는 황족과 관료 등에게 슈타인을 만나 강의를 듣도록 적극적으로 권하기도 했다. 이후 유럽으로 건너와 슈타인의 가르침을 구하는 정부와 민간의 유력자가 끊이지 않았다. 그렇다면 슈타인은 언제부터 일본과 관련을 맺고 있었으며 일본인의 각별한 관심을 받은 이유는 무엇일까.

슈타인이 급변하는 일본의 모습과 역사에 관심을 갖게 된 것은 1873년 이와쿠라사절단이 구미시찰 도중 만국박람회가 열리고 있던 빈을 방문했을 때부터인 것으로 보이는데, 직접적인 인적 교류는 이다 유즈루井田讓, 혼마 기요오本間淸雄 등 오스트리아 주재 일본공사관의 외교관들을 통해서 이루어졌다.[5] 그들은 일본 정부 혹은 슈타인의 요청을 받아 슈타인과 일본을 연결하는 파이프 역할을 맡았다. 즉 일본 정부의 관계자가 보낸 편지, 서적, 선물을 슈타인에게 전달하고 빈을 방문하는 일본인을 그에게 소개하거나 강의를 주선하는 등 일본인과 슈타인 사이를 중재하고 있었다.

1881년 4월 프랑스 주재 공사로 파리에 머물고 있던 이다井田는 1882년 8월 이토가 슈타인을 방문한다는 소식을 듣자 당시 빈 공사관에 있던 혼마에게 다음과 같은 편지를 보냈다. "이토 참의參議가 슈타인 선생을 면회하게 되어 실로 의미 있는 논의가 이루어질 것으로 보입니다. 이번 일로 이토 참의의 유럽방문이 매우 유익할 것으로 생각합니다."[6] 이전부터 슈타인과 친교를 맺으며 그의 이야기에 감명을 받아온 이다 등 빈 주재 공사 관원들은 이토의 방문을 슈타인을 일본에 소개할 기회로 보았다. 이다는 다시 이토에게도 편지를 보내 "슈타인 선생은 실로 일본의 스승으로서 지난해 겨울의 변혁 때에는 외무경 이노우에井上 공에게(슈타인 선생을) 반드시 초빙해 국가의 조직을 상담하기 바란다고 말씀드린 적이 있습니다"라고 밝히고,[7] 이토에게도 슈타인 초빙을 제안했다.[8] 이렇듯 빈의 일본공사 관원들은 이토의 입헌제도 조사를 앞두고 슈타인과 깊은 교류를 하고 있었으며 그러한 관계를 통해 자신을 과시하려 했던 것이다.

여기에는 슈타인이 일본인과의 교류에 적극적이었다는 측면도 작용했다. 슈타인은 직접 일본을 방문한 적은 없으나 일찍부터 일본의 역사와 정치체제에 관심을 갖고, 급속히 서양화하는 일본을 통해 자신의 학설을 전파하려 했다. 그는 1883년 10월에는 오스트리아 주재 일본공사관 고문으로 일본 정부에 고용됐다. 공사관에서 그의 역할은 '법률제도의 자문'에 한정되지 않았다. 그는 공사 관원에게 사적인 강의를 하는 등 그들의 교사였을 뿐만 아니라, 그들의 활동을 다양한 측면에서 원조하고 있었다. 공사관이 슈타인을 일본과 연결시키는 역할을 하고 있었다면 슈타인 쪽도 공사관 사람들과 오스트리아 사회를 중재하고 있었다. 그의 역할은 공사관의 고문이자 나아가서는 후견인을 방불케 할 정도였다.[9]

이밖에 슈타인과 밀접한 관계를 유지했던 일본공사 관원으로서는 우에노 가게노리上野景範, 가와시마 준河島醇, 와타나베 겐키치渡邊廉吉가 있다. 가와시마는 외무성 일등서기생으로서 1879년 3월 오스트리아 일본공사관에 부임했으며, 그로부터 2년 뒤인 1881년 6월 귀국할 때까지 빈에서 생활했다. 그 이전에는 독일·러시아 대사관에서 근무했는데, 특히 독일에서는 베를린대학에 다니는 등 유럽의 경제와 법제를 공부한 것으로 보인다. 가와시마는 오스트리아에 부임한 뒤에도 빈대학에 다니며 계속 공부했다. 그러한 그가 빈대학의 '간판교수'였던 슈타인의 강의를 청강하고, 일본에 특별한 관심을 갖고 있던 슈타인과 깊은 관계를 맺게 된 것은 자연스러운 일이다. 가와시마는 귀국한 지 1년 뒤인 1882년 8월에는 이토 히로부미를 수행해 입헌제도 조사차 슈타인을 다시 방문했다.[10] 이토가 슈타인을 입헌제도 조사의 '교사'로 선택하게 된 데는 이전부터 슈타인과 깊은 관계를 맺은 가와시마의 움직임이 배경에 있었다. 이토의 수행원이었던 요시다 마사하루吉田正春에 따르면 이토 일행이 베를린에서 그나이스트Rudolf von Gneist(1816~95)에게 냉대를 받았을 때 분개한 가와시마가 빈으로 슈타인을 방문하러가자고 말했으며,[11] 또 조사단에 동행한 고바 사다타케木場貞長는 가와시마가 직접 이토에게 슈타인을 추천했다고 한다.[12]

슈타인을 이토에게 소개하는 데 중요한 역할을 한 사람이 가와시마였다면, 슈타인의 국가학을 일본에 도입하는 데 실질적인 역할을 담당한 것은 와타나베였다. 와타나베도 가와시마와 마찬가지로 공사관 근무시절 빈대학에 재학했고, 슈타인을 직접 찾아가 개인적으로 가르침을 받기도 했다. 그 열성은 가와시마도 감탄할 정도였다고 한다.[13] 슈타인의 학설에 정통한 와타나베의 존재는 빈을 방문한 이토에게 큰 인상을 남긴 것으로 보인다. 1883년 8월 귀국한 와타나베는 이토에게 발탁되어 제도취조국制度取調局에 취직해, 이토 아래서 각종 입법제도의 책정에 관여하게 됐다. 그리고 그와 동시에 슈타인의 저술을 앞장서 번역함으로써 슈타인을 일본에 소개하는 데 적극 노력했다.

이상에서 살펴보았듯이 슈타인과 일본의 접촉은 1870년대 전반까지 소급되지만 그것은 아직 현지 외교관과의 상호교류에 머물고 있다. 그런데 1880년대에 접어들면 그 접촉의 성격이 크게 바뀌게 된다. 즉 슈타인의 명망을 듣고 머나먼 바다를 건너 슈타인을 만나러가려는 행렬이 이어지는 현상이 벌어졌던 것이다. 최초의 '참예자'는 1882년 입헌제도를 조사하기 위해 유럽으로 건너간 이토 히로부미 일행이었다. 베를린을 방문한 이토 일행은 먼저 그나이스트를 만나 담화하고 그의 제자 못세Albert Mosse(1846~1925)에게 독일헌법학 강의를 듣고 있었는데,¹⁴ 가와시마의 제안을 받아들여 여름휴가에 빈을 방문해 슈타인을 만나기로 결심한다. 8월 8일 빈에 도착한 이토는 슈타인을 방문한 뒤 곧바로 강의를 듣기 시작했다.¹⁵

슈타인은 이토에게 국가유기체설을 이용해 영국, 프랑스, 독일의 입헌정치의 특징을 알기 쉽게 설명해주었다. 그는 군주와 의회, 행정 세 기관이 상호 독립하여 서로 견제하면서 조화를 이루는 입헌제를 이상적인 정치체제로 보고, 군주입헌정체에서는 입법과 행정을 병립시키고 군주가 이 양 조직위의 불가침적인 지위에서 국가를 통괄해야 한다고 말했다.¹⁶ 슈타인의 강의는, 전제군주에 대항해 입헌제를 쟁취한 구미 국가들과는 달리 일본에서는 '자유과격론'에 이끌려 입헌제를 도입할 것이 아니라 군주제(천황제)를 중심으로 기존의 여러 국가기구를 입헌적으로 바꿈으로써 입헌체제의 수립이 가능하다는 확신을 이토에게 안겨주었다. 슈타인의 강의를 들은 이토는 "국가조직의 큰 틀을 이해하게 되어 황실의 기초를 굳게 하고 대권大權을 손상시키지 않을 큰 안목眼目을 충분히 얻어 (중략) 더이상 여한이 없다"며 매우 감동받았음을 우대신右大臣 이와쿠라 도모미岩倉具視에게 나타냈다.¹⁷ 슈타인을 통해 일본의 입헌제 수립에 자신감을 갖게 된 이토는 귀국 후 국가체제 개혁에 본격적으로 나서게 된다.

그런데 이러한 이토의 슈타인 방문은 '슈타인 참예'의 시작을 알리는 것이었다. 이토가 귀국한 뒤 빈의 슈타인에게 일본인 방문자가

'천객만래千客萬來'하는 양상을 보이게 된다. 여기에는 이토의 권유와 추천이 크게 작용했다. 이토는 유럽을 방문하는 관료 등에게 슈타인의 강의를 듣도록 적극적으로 권하고 직접 슈타인에게 추천하기도 했다. 그럼으로써 자신의 국가체제 구상을 이해하고 입헌제 수립에 협조하는 세력을 키우려고 했다 할 수 있다. 1880년대 주요한 '슈타인 참예'의 내용을 연표로 정리하면 다음과 같다.

| 연도 | 월일 | 관련 내용 |
|---|---|---|
| 1882 | 8월 8일 | 이토 히로부미伊藤博文, 빈의 슈타인을 방문. |
| | 9월 18일 | 이토 히로부미, 슈타인의 헌법강의를 수강(~10월 31일). |
| | 10월 | 빈을 방문한 아리스가와노미야 다루히토 친왕有栖川宮熾仁親王 일행, 슈타인에게 청강(4일, 7일). |
| | 11월 이후 | 이토 히로부미의 수행원 고바 사다타케木場貞長, 스에오카 세이이치末岡精一, 빈에 남아 슈타인에게 재정학, 경제학, 행정학을 배움. |
| | 12월 말 | 고토 쇼지로後藤象二郎, 이토의 권유로 슈타인을 방문. |
| 1883 | 8월 | 기타바타케 도류北畠道龍, 기타오 지로北尾次郎, 9월까지 슈타인의 별장에 체재하며 청강. |
| 1884 | 4월 | 미요시 다이조三好退藏, 혼다 야스나오本多康直, 2주일간 슈타인에게 사사. |
| | 9월 | 스에마쓰 겐초末松謙澄, 이토의 소개장을 갖고 슈타인을 방문했으나 만나지 못함. |
| 1885 | 4월 | 기쿠치 다이로쿠菊池大麓, 슈타인과 만나 대학론大學論에 대해 의견을 나눔. |
| | 6월 20일 | 무쓰 무네미쓰陸奧宗光, 빈에서 슈타인의 지도를 받음(~8월 15일). |
| | 6월 말 | 사이온지 긴모치西園寺公望, 오스트리아 주재 전권공사로 부임. 슈타인과 교류. |
| | 8월 | 후지나미 고토타다藤波言忠, 87년 11월까지의 구미시찰 기간 중 86년 9월경부터 약 9개월간 슈타인의 강의를 들은 뒤 귀국하여 천황에게 진강進講. |

| 연도 | 월일 | 관련 내용 |
|---|---|---|
| | 11월 | 미시마 미치쓰네三島通庸, 슈타인을 만남. |
| 1886 | 7월 | 사이고 쓰구미치西郷從道 유럽 시찰(~87년 6월) 기간중 슈타인을 방문. |
| | 7월 26일 | 다니 다테키谷干城, 슈타인의 강의를 수강(~12월 12일, 총 34회). |
| | 10월 | 도리오 고야타鳥尾小彌太, 이노우에 데쓰지로井上哲次郎, 이토의 소개장을 갖고 슈타인을 만남. |
| 1887 | 1월 | 노기 마레스케乃木希典, 독일 유학(~88년 6월) 기간중 슈타인과 체육교육에 대해 의견교환. |
| | 1월 | 구로다 기요타카黑田淸隆, 세계일주 여행기간중(1월 4일~19일) 슈타인에게 사사. |
| | 2월 11일 | 고마쓰노미야 아키히토 친왕小松宮彰仁親王, 슈타인의 강의를 청강(~21일.) |
| | 7월 | 가이에다 노부요시海江田信義, 이토의 소개로 슈타인의 강의 수강(~88년 1월). |
| | 10월 | 가와시마 준河島醇, 슈타인을 재차 방문해 예산제도, 조세제도 개혁에 대해 배움. |
| 1888 | 4월 | 도쿄일일신문東京日日新聞의 세키 나오히코關直彦, 이토의 소개로 슈타인에게 사사. |
| | 9월 | 와타나베 노보루渡邊昇, 슈타인을 방문해 재무행정에 관해 교시를 받음. |
| 1889 | 1월 | 나라하라 시게루奈良原繁, 유럽 철도제도 조사를 위해 슈타인을 방문. |
| | 6월 | 야마가타 아리토모山縣有朋 일행, 슈타인을 방문. |
| | 11월 27일 | 가네코 겐타로金子堅太郎, 메이지헌법의 영역본에 대한 슈타인의 감상을 요청. |
| | 12월 16일 | 아리스가와노미야 다케히토 친왕有栖川宮威仁親王, 슈타인을 만나 청강. |
| 1890 | 9월 23일 | 슈타인 사망. |

* 이 연표는 데즈카 아키라(手塚晃)의 『막말 메이지 해외도항자 총람(幕末明治海外渡航者總攬)』과 다키이 가즈히로(瀧井一博)의 「슈타인 참예(シュタイン詣で)」 등을 참고해 작성.

이상은 슈타인 '참예자' 가운데 주요한 인물만 열거한 것이고 이 밖에도 많은 학자, 군인, 관료 등이 참가했다. 그 무렵 "유럽시찰을 떠난 자가 슈타인을 만나지 못하면 아리마有馬(효고현兵庫縣에 있는 유명한 온천지)에 가서 목욕을 하지 않은 것 같은 기분"[18]이라고 평할 정도로 '슈타인 참예'가 붐을 이루었다. 슈타인에게 보낸 와타나베의 편지는 그 실상을 잘 나타내주고 있다.

> 유럽을 시찰 여행하는 정치가는 모두 빠짐없이 당신의 얼굴을 한 번이라도 뵙고 당신의 고명高名한 학설을 향수享受하려 합니다. 예를 들면 구로다黑田, 다니谷, 사이고西鄕, 미요시三好, 무쓰陸奧 등이 그렇습니다. 이들은 귀국 후 당신의 복음Evangelium을 전파하며, 매우 저명한 학자와 알게 된 것을 자랑으로 느끼고 있을 것입니다.[19]

또 정부 내외의 유력자 가운데는 후쿠자와 유키치福澤諭吉를 비롯해 이노우에 가오루井上馨, 마쓰카타 마사요시松方正義 등 슈타인을 직접 만나지는 않았지만 편지나 인편을 통해 의견을 구한 자들도 많았다.

당시 일본에서는 헌법 초안의 기초 외에도 내각제도, 궁중제도, 지방제도, 대학제도의 창출과 개혁이 진행되고 있어서 유럽에 간 관료들은 각자 담당 분야에 맞추어 지적 '순례'를 했는데 누구보다 일본인들에게 권위가 있었던 슈타인을 방문하는 것은 일종의 필수 코스로 여겨졌다고 할 수 있다. '슈타인 참예'에 대한 열기가 어느 정도였는지 잘 드러내주는 것으로써 무쓰 무네미쓰의 예를 들어보자.

무쓰는 세이난전쟁西南戰爭 때에 정부전복계획에 가담한 죄로 투옥됐다가 풀려난 뒤, '유럽 각국의 헌법과 행정법을 학습'하기 위해

양행洋行을 한다. 출옥한 무쓰에게 구미여행을 권하고 자금 면에서도 원조한 사람은 이노우에 가오루와 시부사와 에이이치澁澤榮一였다. 이토도 슈타인의 강의를 듣도록 권하며 소개장을 써주었다. 무쓰는 1884년 4월 27일 일본을 출발한 뒤 아메리카대륙을 횡단해 대서양을 건너 영국에 도달했다. 7월 8일 영국에 도착해 먼저 영국의 입헌제를 연구했다.[20]

무쓰가 당초부터 염두에 둔 것은 빈에 있는 슈타인의 강의 청강이었다. 단기간이라도 한 차례 슈타인을 방문하려 했으나 슈타인이 병중이었기 때문에 일단 영국헌법과 국제법 연구에 전념하기로 결정했다. 9월 런던에 있던 무쓰는 연내에 빈을 방문하고 싶다고 알리고 2~3주라도 좋으니 하루 몇 시간이라도 자신을 위해 강의해주기 바란다는 편지를 보냈다. 이에 대해 슈타인은 신병身病을 이유로 연내 강의는 무리라는 답장을 보냈지만, 무쓰는 그렇다면 다음해 봄에는 꼭 만나고 싶다며 조급한 마음을 드러내고 있다.[21] 결국 영국에서의 연구를 일단락지은 무쓰는 1885년 3월 말 파리를 거쳐 베를린으로 건너가 연구를 계속한 뒤, 마침내 6월 20일에 빈으로 슈타인을 찾아가 지도를 받을 수 있게 됐다.

슈타인의 강의는 무쓰에게 큰 의미가 있었다. 행정권의 독립성을 강조하는 슈타인의 강의는 원래 권력지향이 강했던 무쓰가 귀국 후 정부에 참여하기로 결의하게 하는 충분한 요인을 제공했다. 무쓰의 입장에서 보면 출옥 이후 막연했던 장래에 대한 방황에 종지부를 찍게 한 것이 '슈타인 참예'였다고 할 수 있다. 무쓰는 빈에서 슈타인의 강의를 들은 뒤 8월 15일 빈을 출발해 러시아의 상트페테르부르크로 향했다. 그 후 베를린을 거쳐 런던으로 되돌아와 12월 중순까지 머물다가 귀국길에 올랐다.[22]

무쓰의 사례에서 알 수 있듯이 슈타인의 강의는 일본 정부 지도자들에게 큰 감화를 주었을 뿐만 아니라 유럽으로의 '지식순례', 그중에서도 '우상화'된 '슈타인 참예' 자체가 귀국 후 귀중한 정치적 자산으로 작용했다고 할 수 있다.[23]

## 2. '지식순례'와 정치자산
― 구로다 기요타카의 세계일주여행

이토의 입헌제도 조사 이후 1880년 중반 이후 일본 정부의 고위관료들 사이에서는 유럽으로의 '지식순례'가 일종의 붐을 일으킨다.[24] 그 가운데 하나가 이토와 정치적 경쟁관계에 있던 구로다 기요타카(1840~1900)의 세계일주여행이다. 여기서는 구로다의 여행을 이 시기 '지식순례'의 대표적인 사례로 파악하고 그 경과와 의미를 검토한다.[25]

1878년의 오쿠보 도시미치大久保利通 사후 사쓰마 번벌의 영수領袖가 된 구로다는 1881년 홋카이도北海道 개척사의 관유물 불하사건으로 타격을 입고 정치의욕을 상실한 채 내각 고문이라는 한직에 물러나 있었다. 그는 1885년 3월부터 9월까지 청국과 동남아시아 시찰여행[26]을 마치고 돌아온 뒤 그해 말의 내각제 창설과정에 말려들어 또 한 차례 물의를 일으켰다.[27] 실의에 빠져 있던 구로다는 이토의 조각組閣과정을 지켜보면서 재차 해외여행을 계획했다. 1886년 5월 '전지요양轉地療養'이라는 명목으로 5개월간 시베리아 방면을 여행하고 싶다는 뜻을 밝혔고, 이후 유럽여행도 포함해 정부로부터 7개월간의 여행허가를 받았다. 해외여행을 통해 심기일전하고 싶었을 것이고 또 자신이 처한 정치적 입장에서도 구미의 정치 상황을 실제로 견문하는 것이 필요했을 것이다. '외국사정'을 시찰 연구하는 것은 막말幕末 이래 구로다의 숙원이었으며 귀국 후 여행경험이 그의 정치력을 향상시키는 자산으로 유리하게 작용할 것이라고 기대했기 때문이다.

구로다가 문부대신 비서관 고마키 마사나리小牧昌業와 홋카이도청北海道廳 이사관 스즈키 다이스케鈴木大亮, 육군 공병대위 이주인 가네오伊集院兼雄, 외무성 어용괘御用掛 이치카와 분키치市川文吉(통역 겸 가이드), 우편선회사 지배인 마에다 기요테루前田淸照, 가고시마현 사족 데라다 히로시寺田弘 등을 대동하고 요코하마를 출발한 것은 6월 23일이었다. 이후 약 10개월에 걸쳐 시베리아, 유럽, 미국을 둘러본 여행 내용은 『환유일기環游日記』[28]에 상세히 기록되어 있다.

구로다가 부산과 원산을 거쳐 첫 여행지로 도착한 곳은 블라디보스토크(7. 7)였다. 그는 먼저 러시아 연해주 지방의 관료와 군인들의 융숭한 접대를 받으며 연해주와 사할린의 군사, 항만시설을 시찰했다(7. 7~13). 이어서 사할린을 둘러본 뒤(7. 17~21) 흑룡강 입구의 니콜라예프스크에서 흑룡강을 거슬러 올라감으로써 본격적인 시베리아여행을 시작했다. 시베리아철도가 아직 개통되지 않은 상태에서 주된 이동수단은 '타란타스'라는 여행용 마차였다. 또 강을 통해 이동할 때는 기선汽船에 승선했고 치우멘부터는 기차를 이용했다. 구로다 일행이 하바로프스크(7. 27)에서 스트레텐스크(8. 16), 이르쿠츠크(8. 28), 톰스크(9. 11), 모스크바(9. 28) 등 주요 도시를 거쳐 수도 상트페테르부르크에 도착한 것은 9월 30일이었다. 여행지에서는 현지의 관리와 유력자들과 교류하고 학교, 극장, 박물관, 동물원, 공장, 시장 등을 견학했다. 사프스크(8. 23) 체재중에는 근처의 캬흐

타를 방문해 중국과의 무역 상황을 직접 살펴보기도 했다.²⁹

한편 8월 16일에는 본국의 이토 총리와 이노우에 외상에게 편지를 보내 러시아여행의 경과를 보고하고 산조 사네토미三條實美 내대신의 아시아와 구미 시찰을 제안했다. 아울러 산조에게도 같은 날 보낸 편지에서 해외시찰을 적극적으로 권유했다.

(전략) 각하는 오랫동안 내외의 중임을 맡아 시정施政을 충분히 경험하신 것은 말할 필요도 없으나, 이번에 해외를 유력遊歷하시어 아시아 동부의 대세를 통람한 뒤 구미 각국의 현재 정세를 친히 시찰하고 각국의 유명한 인물과도 만나보신다면 장래를 위해 참고가 될 부분도 적지 않을 것으로 생각합니다. 바야흐로 밖으로는 러시아, 영국, 청국, 한국의 사건이 우리에게 큰 관계가 있고 안으로는 재정이 곤란한 시기에 특히 1890년 국회 개설의 기한도 점점 다가와 그를 위한 준비도 필요합니다. 또 국회가 개설된 뒤에도 만족할 만한 결과를 얻기 어려울 것이고 다른 나라에도 거의 사례가 없는 일이므로 반드시 여러 가지 어려움이 있을 것입니다. 그러므로 오늘날 해외 사정을 연구하시는 것은 국가 장래를 위해 크게 유익할 것으로 생각합니다. (후략)³⁰

구로다는 자신의 여행경험을 바탕으로 산조에게 러시아 연해주를 시작으로 조선 연안, 중국의 개항장, 홍콩, 사이공, 싱가포르를 거쳐 유럽으로 건너가 각국을 순방한 뒤 미국을 통해 귀국하는 것이 이상적인 여행코스라고 추천하면서 해외시찰을 권했다. 그는 메이지유신의 공신으로 오랫동안 정부의 중심에 있었으면서도 아직 해외 경험이 없었던 산조가 입헌제 실시를 앞두고 해외를 시찰하는 것이 국정에 큰 도움이 될 것이라고 보았던 것이다.

9월 30일 상트페테르부르크에 도착한 구로다 일행은 시베리아 사정 조사에 착수했다. 구로다의 세계일주여행은 요양을 위한 개인여행이라고는 하지만, 정부 최고위급 관료였던 그의 입장에서 진정한 의미의 사적 여행이 될 수는 없었을 뿐더러 구로다 스스로도 여행지에 관해 상세히 조사해서 기록으로 남기기를 원했다. 구로다는 시베리아 여행중에도 견학과 현지 관리들에 대한 사정청취를 통해 조사를 했으나, 본격적인 조사활동은 러시아 수도에 도착한 뒤에 시작됐다.

상트페테르부르크에 도착한 직후 구로다는 외무장관 기르스에게 시베리아 사정 조사에 적당한 인물을 추천해달라고 요청했고, 일본공사관 소속 오마에大前 교제관 시보의 추천으로 『동양잡보東洋雜報』의 주필 야드린체프를 만나 시베리아 지방의 사정을 청취 조사했다. 또 러시아 외무장관의 추천을 받은 대장성 칙임 4등관 포프라프스키에게도 시베리아에 관한 의견을 들었으며, 육군장관에 부탁해 참모본부 대위 베베르에게 군사에 관한 조사를 부탁하는 등 수행원들과 함께 정력적으로 조사활동을 벌였다.[31] 이후 러시아를 떠나면서 철도 조사를 위해 수행원인 고마키를 베를린, 덴마크, 노르웨이, 스웨덴으로, 해산海産 조사를 위해 데라다를 베를린, 런던으로 출발시키고, 스즈키는 난파구조 조사를 위해 체류하게 하는 등 조사활동은 유럽 각국을 순회하면서 계속 이어졌다.

10월 21일 이주인, 이치카와, 마에다를 대동하고 상트페테르부르크를 출발한 구로다는 키예프(10. 23), 오데사(10. 24~26)를 거쳐 흑해를 통해 10월 28일 콘스탄티노플에 도착한 이후 12월 말까지 터키, 그리스(11. 19. 아테네 도착), 이탈리아(11. 29. 로마 도착)의 3개국을 방문했다. 구로다는 각국의 황제를 알현하고 외교관들과 교류하는 한편 용수저장소, 경마장, 공업학교, 박물관, 군부대, 의사당, 유적지 등 각지를 견학하고 관광했다. 그러나 그가 무엇보다도 주력한 것은 조사활동이었다. 터키에서는 '금요제전'을 관람하며 제전에 참가하는 부대의 종류와 병사 수를 계산해 터키의 육해군 군사제도의 조사결과를 기술했고, 그리스에서는 육군 포병국장인 마네시스 소령의 도움을 받아 그리스 육해군을 시찰 조사했다. 이탈리아에서는 재무성에 요청해 재정에 관해 조사하는 한편 육해군에 관해서도 조사했다. 12월 15일에는 수행원들이 현지 조사를 마치고 로마에 도착했다. 고마키는 덴마크, 스웨덴의 국세, 철도, 육해군에 관해, 스즈키는 네덜란드, 벨기에의 국세, 육해군, 철도, 영국의 조선, 대포제작소, 탄광, 제철소, 기관차제작소 등에 관해 보고했다. 이탈리아를 떠나기 직전에는 다시 고마키, 스즈키, 마에다를 스위스와 프랑스, 그리고 이주인과 데라다를 독일로 파견하고 런던에서 재회할 것을 약속했다.

이렇듯 각지에서 조사에 주력하다보니 자연스럽게 여행일정이 길어지고 여비 조달에도 어려움을 겪게 됐다. 이러한 사정은 구로다가 본국에 있는 이토와 이노우에에게 보낸 편지에 잘 드러나 있다.

(전략) 이번 여행은 신병 요양을 위한 만유漫遊이지만 지난번에도 말씀드린 대로 각국에서 융숭한 대접을 받고, 또 수행원들도 많습니다. 그리고 머무르는 곳에서 정부에 참고가 될 만한 사항을 조사하고 싶습니다. 따라서 조사하는 해당 관청에 의뢰할 일도 있어 만유라는 명의로는 불편한 점이 많으므로 공용여행으로 해주시기를 원해 지난번 전보로 명의를 변경해주십사 부탁드렸더니 즉각 원하는 대로 허

가해주신 점 감사드립니다. 귀국 날짜도 임박해오고 있으나 각지에서의 조사가 의외로 예정대로 이루어지지 않고 연기되는 점 이해해 주기 바랍니다. 가능한 한 서두를 예정입니다.(후략)[32]

한편 구로다 역시 '슈타인 참예'에 나섰는데 이토의 권유에 의한 것으로 보인다. 1887년 1월 1일 오스트리아의 빈에 도착한 구로다는 당일 곧바로 슈타인을 방문해 헌법정치에 관해 강의해줄 것을 의뢰해 승낙을 받았다. 2일에는 로마에 있는 고마키에게 슈타인 강의 청강을 위해 급히 빈으로 오도록 타전했다. 슈타인의 강의는 4일부터 20일까지 휴일을 제외하고 총 13회에 걸쳐 오후 4시부터 매일 2시간씩 행해졌는데, 황실, 의회로부터 군사, 예산, 관리시험, 종교, 지방자치 등 입헌정치의 구체적인 사항에 대해 구로다가 질문하고 슈타인이 답하는 형식으로 진행됐다.[33] 슈타인의 강의에 대해 구로다는 1월 18일 이토와 이노우에에게 편지를 보내 슈타인의 강의가 매우 유익했다고 전했다.

(전략) 현재 슈타인 씨와 시간을 정해 매일 입헌정치에 관한 강설 講說을 듣고 있는데 이제 거의 마쳤습니다. 유익한 점이 적지 않다고 생각합니다. 우리나라에 국회가 개설될 날도 점점 다가오고 있는데 헌법조사 등으로 애쓰고 계시리라 생각합니다. 이토 참의는 예전에 (슈타인을) 만나본 적이 있어 슈타인의 견해를 잘 알고 있으리라 생각합니다. 부디 국회개설 전에 황실재산 및 육해군의 취급 등 각 규정을 만들고 또 궁중에서는 오로지 내대신이 보익輔翼하도록 해 후일 국회가 개설됐을 때 큰 틀이 흔들리지 않도록 근본을 다짐으로써 확고한 헌법이 발포되기를 바랍니다.(후략)[34]

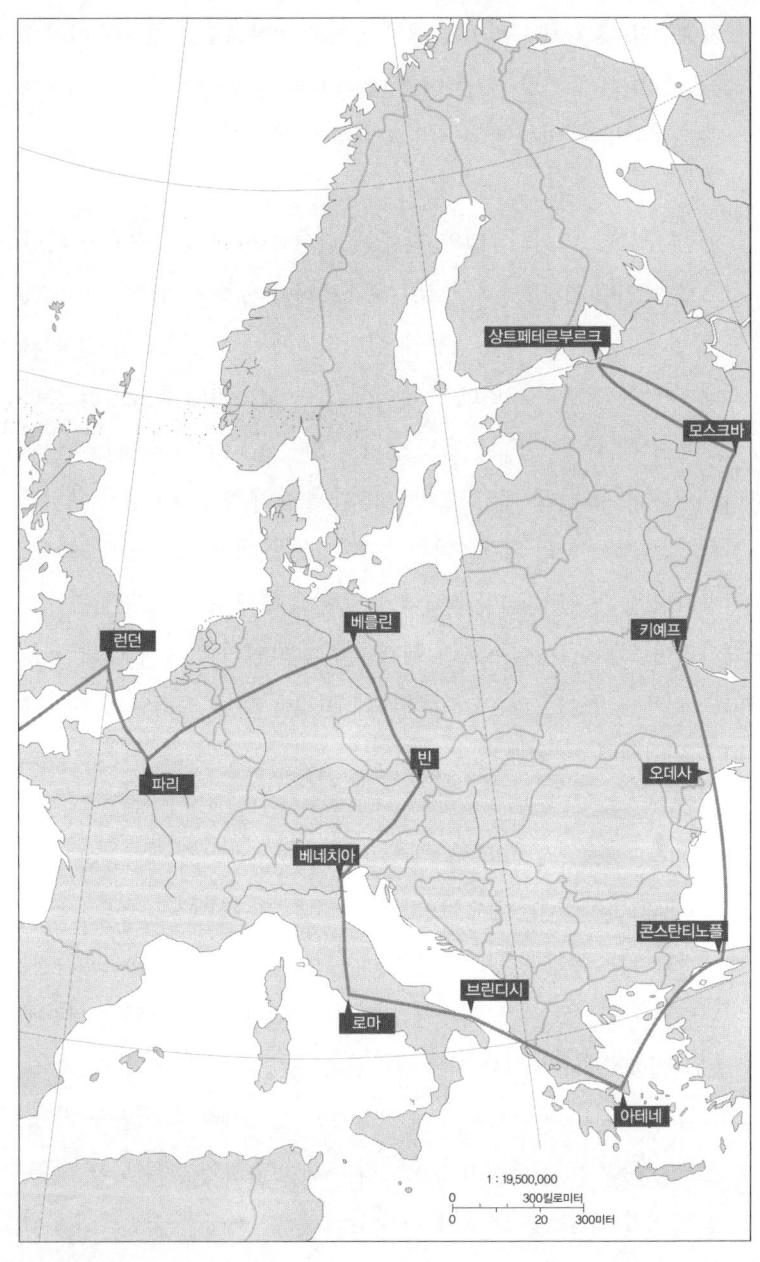

구로다의 유럽여행 경로.

구로다는 이 여행에서의 적극적인 조사활동과 슈타인 강의 청강을 통해 정치활동 재개에 대한 자신감을 회복한 것으로 보인다.[35] 미시마 미치쓰네三島通庸에게 보낸 편지에서는 "멀리 해외에서 일본을 회상하니 지난날에 비해 오히려 보국報國의 염念이 크게 일어나, 만약 후일 국가 유사시에는 일개 병졸이 되어서라도 몸을 바칠 각오"[36]라고 적어 자신의 정치의욕이 왕성함을 나타내고 귀국 후에는 정치에 진력하겠다고 약속했다.

앞에서 서술한 바와 같이 '슈타인 참예'는 일본 정부의 고위관료들에게 특별한 의미를 갖는 것이었으나 이 시기의 '참예' 대상이 오직 슈타인 한 사람뿐이었던 것은 아니다. 베를린에 있던 그나이스트 역시 '참예'의 대상으로 슈타인과는 다른 측면에서 일본인에게 큰 영향을 끼쳤다. '그나이스트 참예'에 나선 대표적인 사례로는 후시미노미야 사다나루 친왕伏見宮貞愛親王(1885. 10~86. 3)과 고마쓰노미야 아키히토 친왕小松宮彰仁親王(1887. 1~9)[37] 등 황족과 이토 내각의 내무대신이었던 야마가타 아리토모山縣有朋의 경우를 들 수 있다. 특히 의회 개설 후 무단파의 영수領袖로서 일본 정부 안에서 큰 세력을 갖게 되는 야마가타는 군사제도, 지방제도의 시찰을 목적으로 유럽에 체재하던 1889년 5월 3일부터 15일까지 매일 2시간씩 그나이스트에게 개인강의를 받았다.[38] 그나이스트 강의는 국회개설 상조론尙早論과 극단적인 관치官治정치를 권하는 보수적인 내용으로, 정부의 강대한 권한과 행정의 효율성을 추구한다는 의미에서 전형적인 개발독재론이라고 할 수 있다. 그러나 1889년 1월 파리에 도착한 뒤 '불랑지즘boulangisme'이라 불리는 국회를 중심으로 한 프랑스 대중정치의 혼란상, 의회제 민주주의의 어두운 측면에 강한 인상을 받은 야마가타는 슈타인보다도 그나이스트의 주장을 더 설득력 있게 받아들인 것으로 보인다.³⁹ 야마가타는 또 빈을 방문한 1889년 5월 말 오스트리아 농무장관과 상무장관을 역임하고 뒤에 국회의장이 되는 클루메츠키Johann F. von Chlumecky를 찾아가 의회 대책 등의 의견을 들었다고 한다.⁴⁰ 이렇듯 '지식순례'에 나선 사람들은 슈타인뿐만 아니라 자신의 필요에 의해 또 다른 '참예' 대상을 찾아나서기도 했다.

구로다는 유럽여행중에 다수의 일본 정부의 고위관리들과 마주쳤다. 구로다와 달리, 공적 여행이나 시찰로 유럽에 온 사람들이 대부분이었지만 '지식순례'라는 면에서는 마찬가지였다. 먼저 11월 28일 이탈리아의 로마로 향하던 중 브린지시항에서 조슈번長州藩 출신의 육군중장 도리오 고야타鳥尾小彌太를 우연히 만나 담화했다. 당시 도리오는 유럽여행을 마치고 이집트를 통해 귀국하던 길이었다. 또 1월 초 오스트리아의 빈으로 슈타인을 찾아갔을 때에는 메이지 천황의 시종인 후지나미 고토타다藤波言忠가 전년부터 강의를 듣고 있었다. 후지나미는 1885년 8월 8일 일본을 출발해 미국과 유럽 각국을 순시한 뒤 1886년 9월 경 빈으로 슈타인을 찾아와 약 1년 동안 제왕학帝王學을 비롯한 강의를 들었다. 이것은 천황의 신임이 두터운 후지나미에게 슈타인의 학설을 배우게 한 뒤 이를 바탕으로 천황을 교육하려는 이토 히로부미의 권유로 이루어진 것이다.⁴¹ 1887년 11월 8일 귀국한 후지나미는 12월부터 이듬해 3월까지 33회에 걸쳐 메이지 천황에게 슈타인의 국가학을 진강進講했다.⁴²

역시 구로다가 빈에 체재하던 1월 6일에는 로마에 있던 해군대위 사이토 마코토齋藤實가 찾아와 만찬을 같이 했다. 1월 26일 베를린에 도착하자 그곳에는 고마쓰노미야 아키히토 친왕親王과 사이고 쓰구미치 해군대신을 비롯해 대장성 참사관, 주세국장, 은행국장, 수산국장 등 많은 일본 정부의 고위관료가 머물고 있었다. 사이고는 구로다가 세계여행에 나선 직후인 1886년 7월 일본을 출발해 1887년 6월 일본에 귀국할 때까지 유럽 각지를 시찰하고 슈타인을 '참예'했다. 고마쓰노미야도 구로다를 만난 후인 2월 중순 슈타인을 찾아가 강의를 수강한 뒤 귀국했다. 프랑스에서는 대장성의 가토加藤 은행국장과 유학중인 아리스가와노미야 다케히토有栖川宮威仁 친왕이 찾아오기도 했다. 길지 않은 체류 일정중에 이렇게 많은 일본인과 조우했다는 것은 당시 일본인들 사이에 유럽 '지식순례'가 얼마나 붐을 이루고 있었는지 짐작하게 한다.

　슈타인의 강의 청강을 끝낸 구로다는 오페라를 관람하고 박물관과 귀족학교 등을 견학한 뒤 베를린(1. 26)을 거쳐 1월 31일 파리에 도착했다. 파리에서 파나마해협 굴삭을 관장한 레세프를 방문하고, 상원 부의장인 테이스란드 볼을 만나 철도의 군사적·재정적 효용에 관해 의견을 청취하는 등 일주일 동안 체재한 뒤 2월 7일 런던에 도착했다. 런던에서는 수행원인 스즈키, 이주인, 마에다, 데라다와 만나 그동안의 조사 보고를 들었다. 스즈키는 스위스 국세 등을, 이주인은 독일의 철강회사 크루프제조소 등에 관해 보고했다. 또한 구로다는 서커스를 관람하고 의회를 견학하는 한편, 이전부터 계획하고 있던 어유魚油제조와 상수도공사에 관한 조사에 주력했다. 9일에는 스즈키를 노르만회사에 파견해 어유제조에 관해 질문했고 21일에는 소노다園田 영사와 함께 수산학자 시몬트를 방문해 어유제조에 관해 청취했다.[43] 또 15일부터 18일 사이에는 상하이上海에서 상수도 공사를 맡았던 기사 하트에게 수도공사에 관해 자문을 받았다.

　2월 26일 리버풀항을 출발해 3월 8일 뉴욕에 도착한 구로다 일행은 요시다吉田 영사의 안내로 센트럴파크, 증권거래소 등 시내 견학을 하고 워싱턴으로 이동해 클리블랜드 대통령을 '알현'한 다음, 구키九鬼 공사와 함께 박물관, 식물원, 인쇄국 등을 견학했다. 18일 뉴욕으로 돌아와 관광을 하며 머물던 일행은 23일 뉴욕을 출발해 나이아가라폭포, 시카고, 샌프란시스코를 순방하며 시민집회소, 도살장, 조폐국, 경마장, 차이나타운 등을 견학했다. 4월 2일 샌프란시스코 항을 출발한 구로다 일행은 약 10개월에 걸친 세계일주여행을 마치고 4월 21일 요코하마를 통해 귀국했다.

　이상에서 살펴본 바와 같이 1880년대 일본에서는 많은 정치엘리트들이 새로운 지식과 정보의 원천을 찾아 구미를 여행하는 '지식순례'가 일대 붐을 이루었다. 그들은 구미의 입헌제도를 비롯해 군사, 교육, 산업, 문화 등을 직접 체험하고 전문분야의 지식을 적극적으로 조사했을 뿐만 아니라, 슈타인과 그나이스트 등 유력자를 '참예'함으로써 그 경험을 자신들의 정치적 자산으로 삼으려 했다. 물론 스스로의 필요에 따라 순례의 대상을 취사선택하기도 했으나 대부분 근대 서양문명을 적극적으로 수용하려는 입장에서 이루어진 현상으로, '지식순례'의 경험과 성과는 일본의 입헌체제 수립과 운용 과정에 큰 영향을 끼쳤다고 할 수 있다.
　구로다의 경우 세계일주 형태로 장기간의 '지식순례'를 통해 구미 입헌정치에 대한 이해를 심화했고 그를 바탕으로 정치활동 재개에 대한 자신감을 갖게 되면서 1888년 4월 이토의 뒤를 이어 내각을 조직했다. 야마가타의 경우에도 자신이 줄곧 담당해왔던 군사분야를 뛰어넘어 행정과 정치에 대한 넓은 시야를 확보함으로써 귀국 후 지방행정제도 정비를 주도함과 아울러 1889년 12월 총리의 지위에 올랐다. 이밖에 무쓰 등 다른 정치가나 관료의 경우에도 정도의 차이는 있으나 유럽 '지식순례'가 정치적 자산으로 작용했다. 이 시기의

'지식순례'는 지식공간의 범위를 동아시아에서 구미로 확대시킴으로써 근대국가 수립을 위한 지식의 원천을 공급했을 뿐만 아니라, 참가자 자신들의 정치적 위상을 강화시키는 것으로 이어졌다고 할 수 있다. 그러한 의미에서 메이지 관료의 유럽 '지식순례'는 근대적 공간체험의 전형적인 모습을 보여주는 것이라 하겠다.

물론 당시 '지식순례'에 나선 것은 정치인과 관료들만이 아니었다. 민권운동가, 학자, 종교인, 실업가 등도 다수 순례에 참가했는데 그들이 주목한 것은 다소 상이했다고 할 수 있다. 슈타인 등이 오로지 체제 쪽 인물들에게 중용됐던 반면, 운동가나 학자 등 반체제 인사들에게는 제러미 벤담Jeremy Bentham 등이 주목을 받은 것이 그 한 예이다.[44] 또한 이 글에서는 '지식순례'의 외형적 실태를 중심으로 살펴보았으나 '순례' 참가자의 경험이 귀국 후 일본에 어떻게 반영되고 작용했는지 등 앞으로 근대 일본의 지식네트워크의 해명과 관련해 이 시기 '지식순례'에 대한 다각적인 검토가 이루어질 필요가 있다.

# 미주

## 총설 동아시아사에서의 경계넘기와 정보·교류

1 江紹源, 『中國古代旅行之硏究』, 臺灣商務印書館, 1966.
2 이성규, 「前漢末 郡屬吏의 숙소와 여행」, 『경북사학』 21, 1998.
3 何玆全, 「漢簡『鄕里志』及其硏究」, 甘肅省 文物考古硏究所 編, 『秦漢簡牘論文集』, 甘肅人民出版社, 1989.
4 高敏, 「秦漢郵傳制度考略」, 『歷史硏究』, 1985. 3.
5 彭衛, 『中國風俗痛史』(秦漢卷), 上海文藝出版社, 2002, 291~304쪽. 중국사에서 여행에 대한 기본적인 내용은 이 시리즈의 내용이 가장 자세하고 구체적이다. 이 글의 서술에서 역사적 사실과 관련된 내용은 주기 없이 이 시리즈를 이용한 경우가 많음을 밝혀둔다.
6 이성규, 「한 무제의 서역원정 봉선(封禪) 황하치수와 우(禹) 서왕모(西王母)신앙」, 『동양사연구』 72, 2000.
7 여행을 '환유(宦游)'와 '만유(漫遊)'로 구분하는 것은 중국 전통 시대 여행에 관해 중국학계에서 일반적으로 분류하는 방법이다. 그 구분기준은 사람에 따라 미세한 차이가 있지만 여행 동기와 경비조달 방법에서 전자는 군주와 국가권력이 개입된 것을, 후자는 개인적 차원에서 이루어진 것으로 구분한다. 이 경우 승려나 도사의 구법여행은 크게 보아서는 만유에 속하지만, 이 역시 당말송초에 유행하기 시작하는 본격적인 만유와는 일정 정도 구분된다(張楊, 「淺議中國宦游文化及其現實作用」, 『中華文化論壇』 2007-1).
8 Cong Zhang, *The Culture of Travel in Song China*, Doctor Dissertation of University of Washington, 2003.
9 方豪, 「宋代佛敎對旅遊之貢獻」, 『宋史硏究集』 8輯, 1976.
10 Gimmello, "Chang Shang Ying on Wu Tai Shan," Susan Naquin ed., *Pilgrims and Sacred Sites in China*, University of California, 1992.

11 貝原辰・葉幼明,『歷代遊記選』, 湖南人民出版社, 1980 ; 王立群, 「論宋代遊記多樣化的原因」, 『河南大學學報』 31, 1991.

12 趙燁, 「中國近代婦女旅游第一人」, 『社科縱橫』 22-2, 2007. 2.

| 제1부 경계넘기 |

### 현장의 구법여행과 당대(唐代) 정치

1 結城令聞, 「初唐佛敎の思想史的矛盾と國家權力との交錯」, 『東洋文化研究所 創立二十周年記念論集』 1, 1961. 3, 27쪽.

2 이것은 현장에 관한 대부분의 연구에서 언급되고 있다. 서구학계도 같은 시각을 갖고 있다. Stanley Weinstein, "Imperial Patronage in the Formation of T'ang Buddhism," Arthur F. Wright(ed), *Perspectives on the T'ang*, Yale University Press, 1973, 294~295쪽(A. 라이트, D. 트위체트 엮음, 위진수당사학회 옮김, 『당대사(唐代史)의 조명』, 아르케, 1999).

3 結城令聞, 앞의 글, 23쪽.

4 『續高僧傳』(『大正新脩大藏經』 第50卷, 史傳部 2) 卷 4, 譯經篇 4, 「京大慈恩寺釋玄奘傳」, 455쪽.

5 현장과 태종의 관계를 국내 정치세력 구도 속에서 분석한 연구도 있다. 현장의 귀국시점인 645(정관(貞觀) 19)년을 전후하여 태종의 인사정책에 변화가 엿보이는데, 즉 기존 세력집단인 공신들을 견제하기 위한 대항세력 형성의 한 수단으로서 그들 집단과는 전혀 별개의 성격을 가진 인물이 필요했고 마침 외국에서 갓 돌아온 승려 현장을 이용하고자 했다는 것이다. 임대희, 「7세기 후반기의 당대 정치와 종교에 관한 일고찰」, 『김갑주교수화갑기념논총』, 1994.

6 山崎宏, 『支那中世佛敎の展開』, 淸水書店, 1942, 제6장 「隋の高祖文帝の佛敎治國策」 참조.

7 예를 들면, 662(고종, 용삭(龍朔) 2)년 4월 15일의 「사문등치배군친칙(沙門等致拜君親勅)」에 대하여 불교계의 반대가 비등하자 문무 9품 이상의 백관 1천여 명을 소집하여 의논케 했는데 상당수 관료들이 불교계 주장에 지지하는 의견을 올렸고 결국 6월 8일 군주에 대한 배례를 철회하는 「정사문배군조(停沙門拜君詔)」가 발포된 사건이 있다.

8 任繼愈, 「法相宗哲學思想略論」, 『漢唐佛敎思想論集』, 人民出版社, 1998, 175~176쪽.

9 『大慈恩寺三藏法師傳』(孫毓棠·謝方 點校本), 中華書局, 2000, 140~141쪽.
10 『大唐西域求法高僧傳』(王邦維 校注本), 中華書局, 1988 참조.
11 『大唐西域求法高僧傳』에 수록된 57인의 여정을 분석해보면, 후기에는 전체의 3분의 2 가량이 해로를 이용하고 있다(같은 책, 6~12쪽 참조). 이러한 교통노선의 일변은 육로여행이 돌궐을 비롯한 북방민족의 정치적 성쇠 및 중국과의 외교관계에 따라 많은 장애를 동반하는 데 반해, 해로여행은 풍랑만 순조로우면 비교적 안전하게 목적지까지 훨씬 빠른 속도로 도달할 수 있기 때문이다.
12 과소(過所) 혹은 공험의 발급절차에 관해서는 실제 발급과정을 생생하게 보여주는 서북 변경 지역 관청의 공문서가 다수 출토되고 있어 그 대략을 알 수 있다. 이에 대하여는 程喜霖, 『唐代過所研究』, 中華書局, 2000에 상세히 연구되어 있다.
13 당초 승니를 관장하는 중앙기구는 홍려시(鴻臚寺) 예하의 숭현서였다가 이후 694년 홍려시에서 예부의 사부(祠部)로 이관됐다. 『唐六典』卷 16, 宗正寺 참조.
14 승니가 스승과 도를 구하러 국내를 여행하는 경우 본주(本州)의 공험을 소지하면 원근의 여행이 비교적 자유로웠던 것으로 보인다. 당 후기 무종의 폐불 뒤에 즉위한 선종의 칙령 참조. 『唐會要』, 中華書局, 1955, 卷 48, 議釋教下, 843~844쪽, "(大中 6年 12月) 其僧中有志行堅精, 願尋師訪道, 但有本州公驗, 卽任遠近游行, 所在關防切宜覺察, 不致眞僞相雜, 藏庇奸人, 制可."
15 『大慈恩寺三藏法師傳』, 128쪽.
16 『續高僧傳』卷 4, 譯經篇 4, 「京大慈恩寺釋玄奘傳」, 447쪽, "詣闕陳表, 有司不爲通引……會貞觀三年時遭霜儉, 下勅道俗逐豊四出, 幸因斯際, 徑往姑藏, 漸至燉煌……"; 『開元釋敎錄』卷 8下.
17 과주에서 이오(伊吾)로 가기까지의 여정은 『大慈恩寺三藏法師傳』卷 1, 12~16쪽에 자세히 기술되어 있다.
18 『大慈恩寺三藏法師傳』卷 5, 123쪽.
19 『大慈恩寺三藏法師傳』卷 2-4 및 『續高僧傳』券 4, 譯經篇 4, 「京大慈恩寺釋玄奘傳」, 455쪽 참조.
20 任繼愈, 앞의 책, 176~178쪽.
21 현장의 인도행 동기는 중국에 일부만 전하는 大乘論部 『瑜伽師地論』을 완벽히 알고 싶어서였다. 『大慈恩寺三藏法師傳』卷 2, 26쪽 및 券 3, 6쪽.
22 『佛祖歷代通載』(元 釋念常撰, 『大正新脩大藏經』第49卷, 史傳部 1) 卷 12, 579쪽, "時奘公道震天下, 謀欲禁止舊經唯弘新典. 有禪師法沖者, 善楞伽宗旨, 雅爲房梁公所重, 因見奘而諫之曰, 聞君將廢罷舊經不許弘宣, 此未可也. 法師頃依舊

經入道, 今若棄舊崇新, 則法師亦當返初復依新經出家可乎. 奘悟而止."
23 이에 대하여는 김선민, 「당초 군주의 노자숭배와 『노자』의 정치적 운용」, 『동방학지』 115집, 2002, 165~186쪽 참조.
24 6세기경 불교의 세력확대에 따라 도교 쪽은 교단의 조직화와 교리정비에 힘을 쏟게 되는데, 특히 6, 7세기 도교신의 계보상 서열 3위였던 태상노군(太上老君. 노자)이 서열 1위인 원시천존(元始天尊)과 2위인 태상도군(太上道君)과 일체시 되는 경향이 나타난다. 이것은 곧 원시천존과 태상도군이 지녔던 모든 권능이 노군(老君)에게 귀속됨을 의미한다는 점에서 노자를 시조로 받드는 당대의 정치사에도 중요한 의의를 갖는다.
25 『唐會要』 卷 49, 僧道立位, 859쪽 ; 『廣弘明集』(『大正新脩大藏經』 第52卷, 史傳部 4) 卷 25, 「令道士在僧前詔幷表」, 283~284쪽.
26 『續高僧傳』 卷 24, 護法下, 「法琳傳」, 638쪽. 이에 대하여는 礪波護, 「法琳の事蹟にみる唐初の佛教 : 道教と國家」, 『中國古道教史硏究』, 同朋舍, 1992 참조.
27 『集古今佛道論衡』(『大正新修大藏經』 第52卷, 史傳部 4) 卷 丙, 「文帝幸弘福寺立願重施叙佛道先後事」, 386쪽, "比以老君是朕先宗, 尊祖重親有生之本, 故令在前."
28 『文館詞林』(『日藏弘仁本文館詞林校證』本, 中華書局, 2001) 卷 613, 「唐太宗文皇帝施行遺教經勅」, 213~214쪽, "勅旨 : …… 然僧尼出家. 戒行須備, 若縱情淫佚, 觸塗煩惱, 關涉人間, 動違經律, 旣失如來玄妙之旨, …… 宜令所司, 差書手十人, 多寫經本, 務盡施行. 所須紙筆墨等, 有司準給. 其京官五品已上及諸州刺史, 各付一卷. 若見僧尼業行, 與文不同, 宜公私勸勉, 必使遵行." ; 『全唐文』 卷 9, 太宗, 「佛遺教經施行勅」, 42쪽 ; 『續高僧傳』 卷 24, 「法琳傳」, 638쪽.
29 『佛祖歷代通載』 卷 11, 569쪽, "(乙未九年) 十一月詔曰, …… 比聞, 多有僧徒溺於流俗, 或假託鬼神妄傳妖怪, 或謬稱醫巫左道求利, 或灼鑽膚體駭俗驚愚, 或造詣官曹囑致贓賄. 凡此等類大虧聖教. 朕情在護持, 必無寬貸. 自今宜令所司, 依附六律, 參以金科明爲條制." 이보다 앞서 편찬된 『佛祖統紀』(宋 志磐撰, 『大正新脩大藏經』 49卷, 史傳部 1) 卷 39, 364쪽에는 좀더 간략히 나와 있다.
30 부혁(傅奕)의 배불론(排佛論)의 배경에 관해서는 礪波護, 앞의 글 ; 吉川忠夫, 「中國における排佛論の形成」, 『六朝精神史硏究』, 同朋舍, 1984 참조.
31 『舊唐書』 卷 79, 「傅奕傳」, 2,716쪽.
32 수당시대 응보신앙의 특징에 관해서는 山崎宏, 『隋唐佛敎史の硏究』, 法藏館, 1967, 14장 「報應信仰」을 참조.
33 『廣弘明集』 卷 5, 「令道士在僧前詔幷表」, 283쪽, "至如佛教之興 …… 人冀當年之

福, 家懼內生之禍, 由是滯俗者聞玄宗而大笑, 好異者望眞諦而爭歸. 始波湧於閭里, 終風靡於朝庭"에도 그 같은 불만이 우회적으로 표현되어 있다.
34 『全唐文』卷 9, 太宗, 「佛遺敎經施行敕」, 42쪽.
35 예를 들면 『廣弘明集』卷 25, 「令道士在僧前詔幷表」, 283~284쪽, "老君垂範義在淸虛, 釋迦貽則理存因果……至如佛敎之興,……神變之理多方, 報應之緣匪一."
36 『舊唐書』卷 63, 蕭瑀傳, 2,402~2,404쪽.
37 대승불교 전반과 유식학 이론에 관해서는 김동화, 『대승불교사상』, 불교사상사, 1974 ; 김동화, 『유식(唯識)철학』, 보련각, 1988 ; 任繼愈, 앞의 책 참조.
38 『大慈恩寺三藏法師傳』卷 2, 26쪽 및 卷 3, 6 쪽.
39 『大慈恩寺三藏法師傳』卷 6, 140~141쪽.
40 結城令聞, 「玄奘とその學問の成立」, 『東洋文化研究所紀要』 11, 1956 참조.
41 영윤(靈潤)의 글은 일본승려인 사이초(最澄, 767~822)의 『法華秀句』卷 2(『日本大藏經, 天台宗顯敎場疏』卷 1, 554a쪽)에 인용되어 있다. Stanley Weinstein, 앞의 글, 296쪽, 각주 97 ; A. 라이트, D. 트위체트 엮음, 앞의 책, 401~402쪽.
42 김동화, 『불교유심사상의 발달』, 뇌허불교학술원, 2001, 278~280쪽.
43 같은 책, 232~234쪽.
44 『大慈恩寺三藏法師傳』卷 6, 140쪽.
45 『大慈恩寺三藏法師傳』卷 6, 140쪽. 현장에 관한 기존 연구들은 대체로 이 사실을 간과하는 경향이 있다. 앞의 책 Perspectives on the T'ang에 수록된 아서 라이트의 "T'ang T'ai-tsung and Buddhism," 255쪽에서도 불교 쪽 기록이 현장과 태종의 친밀한 관계와 태종의 때늦은 불교에 대한 관심을 과대평가하고 있는 데 반해 다른 일반적인 기록들은 정반대로 이 두 가지 사실에 대해 일체 언급하지 않고 있음을 지적하면서 불교 쪽 기록의 신빙성에 의문을 표했다. 그러나 불경의 전국 보급에 관한 칙령과 같은 중대한 사건을 불교 쪽에서 날조했다고 보기는 불가능하다. 현장과 동시대인으로 현장에 대해 객관적 태도를 견지하고 있는 도선(道宣)의 『속고승전(續高僧傳)』 권 4, 「현장전(玄奘傳)」에도 사본(寫本)의 전국 9주 반여 사실을 기록하고 있다.
46 불경을 전국에 유포한 예로는 734(개원 22)년 현종이 『금강경』에 직접 주석을 단 『어주금강반야바라밀경(御注金剛般若波羅密經)』을 유포한 사실을 들 수 있다. 현종은 『금강경』뿐만 아니라 『노자』를 직접 주석한 『어주도덕경(御注道德經)』을 전국에 유포시키고 집집마다 『노자』 한 권씩을 두게 했다. 『宋高僧傳』, 中華書局, 1987, 卷 14, 「唐越州法華山寺玄儼傳」, 343쪽, "開元二十四年, 帝親注金剛般若

經, 詔頒天下, 普令宣講."
47 『續高僧傳』卷 4, 「那提三藏傳」, 458쪽.
48 Stanley Weinstein, 앞의 글, 296~297쪽 ; A. 라이트, 앞의 책, 401~402쪽.
49 현장 자신도 불성의 유무 문제로 갈등이 컸던 것으로 보인다. 『大慈恩寺三藏法師傳』卷 3, 78쪽, "聖教稱衆生界中有一分無佛性者, 玄奘今自疑不知有不, 若有佛性, 修行可成佛者, 願華貫掛脣頸項."

### 당대唐代 문인여행의 의미와 경계인식
1 『漢語大辭典』, 漢語大辭典出版社, 1994, 5책, 1,497쪽. 유(游)는 ① 걷다, ② 왕래하다, ③ 유람하다, ④ 놀다, ⑤ 유유자적하다, ⑥ 유설(遊說)하다, ⑦ 교왕하다, ⑧ 밖으로 나가 학문을 구하다 등 여러 가지 의미가 담겨 있다. 유(游)는 종종 '유(遊)'자와 혼용되기도 했다.
2 (淸) 董誥 等編, 『全唐文』, 中華書局, 1996, 卷 177, 「靑苔賦」, 1,806쪽, 吾之旅游數月矣. 卷 274, 「自敍」, 2,790쪽, 旅游京洛. '여유(旅游)'는 현대 중국어에서 여행의 의미로 사용되고 있다.
3 『全唐文』卷 598, 「南陽孝子傳 : 幷論」, 6,050쪽 ; 맹교(孟郊)의 시 「여행(旅行)」 등이 있다(『孟郊詩集校注』, 人民文學出版社, 1995, 「旅行」, 259쪽).
4 여행의 현대적 의미는 유람, 자기성찰, 미지 세계의 탐구 혹은 업무상의 일을 수행하기 위해 자신이 거주하고 있는 곳을 떠나서 다른 지역으로 갔다가 다시 돌아오는 것을 말한다. 즉 볼일이나 유람의 목적으로 다른 고장이나 외국에 가는 일을 말한다(『민중엣센스국어사전』, 민중서림, 1995).
5 (唐) 長孫無忌 等撰, 『唐律疏議』卷 8, 「衛禁」, 中華書局, 1993, 172쪽.
6 같은 책, 174쪽, 불응관도자(不應關度者)는 역에 징발되어 순번을 기다리는 자나 죄를 받아 견책된 자들이다.
7 日野開三郎, 『續唐代邸店の研究』(上), 九州大學文學部東洋史硏究室, 1968, 78쪽. 당대 여행객은 대부분 상인이었다고 지적했다.
8 (宋) 李昉 等編, 『太平廣記』, 中華書局, 1994, 卷 437, 「田招」. 전초의 신분과 관련해서 그의 외종질이 극진히 대접한 것 외에는 특별히 언급한 것이 없는 걸로 보아 그는 아마 농민이었던 것 같다.
9 이 글에서 말하는 문인은 관료를 포함한 지식인을 의미한다.
10 황제가 직접 돌아다니는 순유(巡游), 관리가 천자의 명을 받아 임무를 수행하기 위한 환유(宦游), 상인이 이익을 위해서 떠나는 상유(商游), 사인들이 여러 곳을 유람하는 만유(漫游), 구법을 위해서 떠나는 승려의 운유(雲游), 각 절기마다 즐

기는 경유(慶游) 등으로 나누었다(鄭本法・曾敏,「中國古代的旅游活動」,『甘肅社會科學』, 1996, 5期), 물론 표현과 유형의 구분에 다소의 견해차가 있지만 그 대체적인 관점은 비슷하다. 石秀華(「中國古代旅游文化類型及其特徵」,『武漢科技大學學報』, 2002, 第4卷 1期)는 고대 여행을 고대 제왕의 여행, 고대 상인의 상무여행, 문인과 사대부의 유학과 행락, 하층 군중의 여행 등으로 나누었다.

11 李斌城 等編,『隋唐五代社會生活史』, 中國社會科學出版社, 2004, 290~293쪽 참조. 劉菊湘(「唐代旅游硏究」,『寧夏社會科學』, 2005, 6期)은 당대 여행을 제왕・귀족・관리유, 지식분자유, 보통백성・종교신도유로 분류했다.

12 日野開三郎, 앞의 책, 78~87쪽 참조.

13 김선민,「현장(玄奘)의 구법여행과 당대 정치」,『중국사연구』38집, 2005.

14 梅新林・兪樟華 主編,『中國游記文學史』, 學林出版社, 2004.

15 『太平廣記』卷 357,「東洛張生」, 2,824쪽.

16 『太平廣記』卷 195,「京西店老人」, 1,464쪽.

17 『太平廣記』卷 350,「歐陽敏」, 2,776쪽.

18 『太平廣記』卷 255,「格輔元」, 1,984쪽.

19 『太平廣記』卷 105,「李惟燕」, 707쪽.

20 『全唐文』卷 389,「撫州南城縣客館新亭記」, 3,952쪽.

21 『新唐書』(중국 정사는 中華書局 표점교감본을 이용함) 卷 46,「百官志」, 1,198쪽.

22 陳沅遠(「唐代驛制考」,『史學年報』, 1933, 5期)에 의하면 역의 업무는 13가지로 나눈다. 공적인 업무로는 (1) 군무, (2) 경사 제사(諸司)의 업무, (3) 제주(諸州)의 긴급한 일, (4) 황제의 등극 등 국가의 경사, (5) 제도(諸道)의 조용정(租庸丁)이 제색(諸色)으로 이동할 때, (6) 지방 장관이 감사의 표를 올릴 때, (7) 상참관(常參官)이 한식날 성묘하러갈 때, (8) 제외의 중경빅사(中經博士)가 응거하기 위해서 경사로 올 때, (9) 비서성(秘書省) 태사관(太史官)이 관측을 하러갈 때, (10) 신임 도독과 자사가 임지로 갈 때 역의 도움을 받을 수 있었다. 사적으로는 (1) 안찰사(按察使) 식솔이 안찰사를 찾아갈 때, (2) 임기가 끝난 관원의 식솔이 돌아갈 때, (3) 여관(女官)・승니・도사 등이 천자를 배알할 때 역의 도움을 받을 수 있었다.

23 (淸) 顧炎武,『日知錄』(四庫全書本) 卷 10,「驛傳」.

24 (唐) 李吉甫,『元和郡縣圖志』卷 18, 中華書局, 1983, 515쪽.

25 『全唐詩』卷 198,「初過隴山途中」, 呈宇文判官, 中華書局, 1992.

26 『太平廣記』卷 220,「陳寨」, 1,684쪽.

27 (宋) 王溥,『唐會要』卷 73,「安西都護府」, 中華書局, 1998, 1,322~1,323쪽.

28 『唐律疏議』 卷 26, 「雜律」, 492쪽. 잡령에는 직사 5품 이상, 산관 2품 이상, 작이 국공 이상인 자에 한해서 허락하고, 변경 지역 등 먼 곳에는 9품 이상, 훈관 5품 이상과 작이 합당한 자에게 허락했다.

29 『太平廣記』 卷 364, 「李鵠」, 2,890쪽.

30 『太平廣記』 卷 433, 「崔韜」, 3,514~3,515쪽.

31 『新唐書』 卷 48, 「百官志」, 1,240쪽.

32 『舊五代史』 卷 18, 「敬翔傳」, 247쪽.

33 『柳河東集』 卷 26, 「館驛使壁記」, 上海人民出版社, 1974, 440쪽.

34 日野開三郞, 앞의 책, 28쪽.

35 『太平廣記』 卷 242, 「蕭穎士」, 1,866쪽. 당 현종 초 소영사가 영창(靈昌)을 유람할 때 조현(胙縣) 남쪽 20리에 호인이 운영하는 호점(胡店)이 있었다고 한다.

36 『太平廣記』 卷 429, 「張逢」, 3,490쪽.

37 (唐) 杜佑, 『通典』 卷 7, 「歷代盛衰戶口」, 中華書局, 1988, 152쪽.

38 『太平廣記』 卷 384, 「朱同」, 3,062~3,063쪽. 이야기는 비록 허구적이지만 당대의 현실세계를 토대로 꾸며진 것이므로 점이 50리마다 있었다는 것은 신빙성이 있다.

39 『太平廣記』 卷 398, 「藏珠石」, 3,193쪽.

40 『太平廣記』 卷 348, 「牛生」, 2,758쪽.

41 『唐律疏議』 卷 3, 「流配人在道會赦」, 68쪽. 이 규정은 958(후주(後周) 세종(世宗) 현덕(顯德) 5)년에도 동일하게 적용했다((宋) 王溥, 『五代會要』, 中華書局, 1998, 卷 15, 「度支」, 199쪽).

42 『太平廣記』 卷 85, 「華陰店嫗」, 553쪽.

43 『太平廣記』 卷 33, 「馬自然傳」, 211~213쪽. 마상(馬湘)은 염관(소리) 출신이었다.

44 『全唐文』 卷 518, 「周公謹墓下詩序」, 5,263쪽.

45 『太平廣記』 卷 159, 「定婚店」, 1,142~1,143쪽.

46 『太平廣記』 卷 85, 「蔣舜卿」, 557쪽.

47 『全唐文』 卷 340, 「晉紫虛元君領上眞司命南岳夫人魏夫人仙壇碑銘」, 3,452~3,454쪽.

48 『太平廣記』 卷 37, 「韋仙翁」, 233~234쪽.

49 『太平廣記』 卷 85, 「張武」, 555쪽.

50 『唐律疏議』 卷 15, 「廐庫律」, 282쪽.

51 주 37과 같음.

52 『唐律疏議』 卷 4, 「名例律」, 93쪽.

53 王仲犖 遺著, 『金泥玉屑叢考』, 中華書局, 1998, 卷 5, 「絹布價」, 136쪽. 1필은 대략 4장이며, 1장은 10척이다.
54 『唐律疏議』 卷 5, 「廐庫律」, 279쪽.
55 오대 시기의 당나귀 및 낙타 임대비용이지만 당대의 비용을 대략적으로 가늠해 보는 데 도움이 될 것 같다.
56 『五代會要』 卷 15, 「度支」, 199쪽. 958(후주 세종 현종 5)년 3천 호 이상이 되는 현의 현령 봉료는 12관과 미맥 4석이었다. 『五代會要』 卷 28, 「諸色料錢下」, 341쪽.
57 張傳璽 主編, 『中國歷代契約會編考釋』, 北京大學出版社, 1995, 202쪽.
58 鄭炳林, 「晚唐五代敦煌貿易市場的物價」, 『敦煌研究』, 1997, 3期.
59 『太平廣記』 卷 273, 「洛中擧人」, 2,154쪽.
60 『全唐文』 卷 383, 「出規」, 3,888쪽.
61 『太平廣記』 卷 470, 「謝二」, 3,870쪽.
62 『唐會要』 卷 29, 「追賞」, 540~541쪽.
63 (宋) 司馬光, 『資治通鑑』 卷 213, 中華書局, 1956, 6,788쪽.
64 『全唐文』 卷 962, 「謝許常參官追胜宴樂表」, 9,994쪽. 755(현종 천보(天寶) 1)년의 조처에 대해서 누군지 명확하지 않지만 감사의 표를 올리고, 관료도 1관씩을 내어서 연회에 충당하도록 청하기도 했다.
65 『唐會要』 卷 29, 「追賞」, 541쪽.
66 『舊唐書』 卷 13, 「德宗下」, 366쪽.
67 『唐會要』 卷 29, 「追賞」, 541쪽.
68 朱金城 箋校, 『白居易集箋校』 卷 57, 「答百寮謝許追遊集宴表」, 上海古籍出版社, 1988, 3,280쪽.
69 1민(緡)은 1천 전(錢)이고, 1관(貫)은 1천 문(文)이다. 단위는 다르지만 값은 같다.
70 『舊唐書』 卷 137, 「于公異傳」, 3,767~3,768쪽.
71 『舊唐書』 卷 131, 「李皐傳」, 3,637쪽.
72 『唐會要』 卷 82, 「休暇」, 1,518쪽.
73 陶敏·王友勝 校注, 『韋應物集校注』 卷 8, 「休暇東歸」, 上海古籍出版社, 1998, 494쪽.
74 『韋應物集校注』 卷 8, 「休暇日訪王侍御不遇」, 361쪽.
75 『唐律疏議』 卷 9, 「職制律」, 185쪽.
76 『全唐文』 卷 81, 「定州縣官請假勅」, 846쪽.
77 『全唐文』 卷 274, 「自叙」, 2,790쪽.
78 『錄異記』(『唐五代筆記小說大觀』本, 上海古籍出版社, 2000) 卷 5, 「異魚」, 536쪽.

79 『全唐文』卷 503,「再從叔故試大理評事兼徐州蘄縣令府君墓志銘」, 5,117쪽.
80 『全唐文』卷 598,「有唐故朝議郎行鄂州司倉參軍楊公墓誌銘」, 6,048쪽.
81 『全唐文』卷 568,「祭虞部張員外文」, 5,749쪽.
82 『全唐文』卷 804,「雲谿友議序」, 8,459쪽.
83 『全唐文』卷 348,「上安州裴長史書」, 3,532쪽.
84 『全唐文』卷 384,「夢遠游賦」, 3,900쪽.
85 『太平廣記』卷 311,「韋騶」, 2,465쪽.
86 『全唐文』卷 181,「越州永興李明府宅送蕭三還齊州序」, 1,838쪽.
87 『全唐文』卷 676,「吳郡詩石記」, 6,908쪽.
88 『全唐文』卷 578,「送李渭赴京師序」, 5,840쪽.
89 이동의 성격이 강하지만 현대처럼 교통수단이 매우 발달한 것이 아니었으므로 여행의 성격을 충분히 가지고 있었다.
90 『通典』卷 40,「職官22」, 1,106쪽. 내외 문무 관원은 대략 18,805명으로 문관은 14,774명, 무관은 4,031명, 내관은 2,620명이며 외관은 16,815명이다.
91 『唐律疏議』卷 9,「職制律」, 187쪽.
92 『太平廣記』卷 77,「胡蘆生」, 490쪽.
93 『唐會要』卷 4,「斷屠釣」, 735쪽.
94 楊世明 校注, 『劉長卿集編年校注』, 人民文學出版社, 1999,「長沙過賈誼宅」, 214쪽.
95 錢仲聯 集釋, 『韓昌黎詩繫年集釋』, 上海古籍出版社, 1998,「左遷至藍關時姪孫湘」, 1,097쪽.
96 陶敏·陶紅雨 校注, 『劉禹錫全集編年校注』, 岳麓書社, 2003, 上冊,「秋晚題湖城驛池上亭」, 55쪽.
97 『柳河東集』卷 43,「溪居」, 722쪽.
98 傅璇琮, 『唐代科擧與文學』, 陝西人民出版社, 1995, 47~50쪽.
99 『全唐文』卷 355,「擧選議」, 3,603쪽.
100 吳宗國, 『唐代科擧制度研究』, 遼寧大學出版社, 41~42쪽.
101 『太平廣記』卷 127,「盧叔敏」, 902쪽. 예를 들면, 덕종 때 재상 최우보(崔祐甫)의 외종질 노숙민은 최보우가 명경과에 응거하라는 편지를 받고 과거에 응거하기 위해서 고향인 구씨현(緱氏縣. 하남부 관할)을 떠나 경사로 갔다.
102 『舊唐書』卷 147,「高郢傳」, 3,976쪽.
103 『唐摭言』(『唐五代筆記小說大觀』本),「知己」, 1,641쪽.
104 李立朴, 『許渾研究』, 貴州人民出版社, 1994, 61쪽.

105 같은 책, 70쪽.
106 李潤强, 『牛僧孺硏究』, 甘肅人民出版社, 2002, 93쪽.
107 『鄭谷詩集編年校注』, 華東師範大學出版部, 1993, 253~285쪽.
108 『舊唐書』 卷 123, 「王紹傳」, 3,520쪽.
109 『舊唐書』 卷 136, 「齊抗傳」, 3,735쪽.
110 『太平廣記』 卷 165, 「李勉」, 1,203쪽.
111 『全唐文』 卷 534, 「上賈僕射書」, 5,420쪽.
112 『全唐五代小說』, 陝西人民出版社, 1998, 제2책, 「掠剩使」, 913쪽.
113 『李賀詩集』, 「客遊」, 人民文學出版社, 1998, 198쪽.
114 『本事詩』(『唐五代筆記小說大觀』本), 「征咎第六」, 1,251쪽.
115 李誼 校注, 『韋莊集校注』 卷 1, 「關河道中」, 四川省社會科學院出版社, 1986, 25쪽.
116 『論語』 卷 4, 「里仁」, 『十三經注疏』, 中華書局, 1996, 2,471쪽.
117 『太平廣記』 卷 344, 「安鳳」, 2,727쪽.
118 『全唐文』 卷 181, 「送劼赴太學序」, 1,838쪽.
119 『舊唐書』 卷 137, 「于公異傳」, 3,767~3,768쪽.
120 『舊唐書』 卷 40, 『地理志』 3, 1,649~1,650쪽.
121 『舊唐書』 卷 40, 『地理志』 3, 1,647쪽.
122 王仲犖, 『隋唐五代史』 上冊, 上海人民出版社, 1992, 654쪽.
123 『新唐書』 卷 202, 『文藝中』, 5,762쪽. 예를 들면, 이백의 선조는 수말에 이곳으로 유배 갔다가 당 중종 신룡(神龍) 초기에 다시 돌아와 파서(巴西)에 머물렀다.
124 『舊唐書』 卷 83, 「郭孝恪傳」, 2,774쪽.
125 주 112와 같음.
126 胡問濤·羅琴 校注, 『王昌齡集編年校注』, 巴蜀書社, 2000, 406쪽.
127 『王昌齡集編年校注』 卷 1, 「從軍行七首」, 47쪽.
128 이병한 외 22인 공저, 『중국시와 시인 : 당대편』, 사람과책, 1998 참조.
129 張志烈, 『初唐四傑年譜』, 巴蜀書社, 1993, 100쪽과 128쪽. 이때 바친 시의 제목은 「詠懷古意上裴侍郞」이다.
130 『全唐詩』 卷 78, 「從軍行」, 840쪽.
131 『全唐詩』 卷 79, 「在軍中贈先還知己」, 856쪽.
132 陳鐵民, 『王維新論』, 北京師範學院出版社, 1992, 108쪽.
133 (淸) 趙殿成 箋註, 『王右丞集箋注』, 上海古籍出版社, 1998, 卷 8, 「送趙都督赴

代州得靑字」, 142쪽.
134 劉開揚, 『高適詩集編年箋注』, 中華書局, 2000, 「塞上」, 29쪽.
135 『舊唐書』 卷 111, 「高適傳」, 3,328쪽.
136 『高適詩集編年箋注』, 「登壟」, 284쪽.
137 『高適詩集編年箋注』, 「塞下曲」, 269쪽.
138 劉開揚 箋註, 「初過隴山途中呈宇文判官」, 『岑參詩集編年箋註』, 巴蜀書社, 1995, 156쪽.
139 『岑參詩集編年箋註』, 「銀山磧西館」, 179쪽.
140 『全唐詩』 卷 50, 「從軍行」, 611쪽.
141 『舊唐書』 卷 134, 「馬燧傳」, 3,689쪽.
142 齊文榜 校注, 『賈島集校注』 卷 2, 「代邊將」, 61~62쪽.
143 『岑參詩集編年箋註』, 「磧中作」, 175쪽.
144 『岑參詩集編年箋註』, 「輪臺卽事」, 323쪽.
145 『書經』(『十三經注疏』本) 卷 6, 「禹貢」, 53쪽.
146 『全唐詩』 卷 81, 「出塞」, 879쪽.
147 『全唐詩』 卷 23, 「胡笳十八拍」 중 第十七拍, 303쪽.
148 『全唐詩』 卷 36, 「出塞」, 471쪽.
149 『全唐詩』 卷 348, 「從軍行」, 3,896쪽.
150 『全唐詩』 卷 585, 「古出塞」, 6,779쪽.
151 『全唐文』 卷 979, 「對兩貫判」, 10,138쪽.
152 『全唐詩』 卷 164, 「塞下曲六首」, 1,700쪽.
153 『全唐詩』 卷 334, 「從軍詞五首」, 3,750쪽.
154 의종(860~874) 때 인물이다.
155 『全唐詩』 卷 647, 「玉門關」, 7,425쪽.
156 『全唐詩』 卷 133, 「古從軍行」, 1,348쪽.
157 『王右丞集箋注』 卷 8, 「送劉司直赴安西」, 142쪽.
158 『全唐詩』 卷 128, 「渭城曲」, 1,307쪽.
159 『岑參詩集編年箋註』, 「寄宇文判官」, 187쪽.
160 『全唐詩』 卷 603, 「塞下二首」, 6,967쪽.
161 『王昌齡集編年校注』 卷 1, 「出塞」, 20쪽.
162 『全唐文』 卷 149, 「諫戍高昌疏」, 1,509~1,510쪽.
163 『舊唐書』 卷 89, 「狄仁傑傳」, 2,889쪽.
164 『全唐詩』 卷 250, 「出塞」, 2,824쪽.

165 『岑參詩集編年箋註』,「登涼州尹臺寺」, 196쪽.
166 『全唐詩』卷 133,「古從軍行」, 1,348쪽.
167 『全唐詩』卷 218,「前出塞九首」, 2,292쪽.

## 에도 시대의 여행환경

1 橋本俊哉,「江戸後期のお伊勢参りの旅にみる行動特性」,『應用社會學研究』37, 1995, 61쪽.
2 교통사 입장에서의 대표적 연구는 山本光正,「旅日記にみる近世の旅について」,『交通史研究』13, 1985;櫻井邦夫,「近世における東北地方からの旅」,『駒澤史學』34, 1986;深井甚三,「關所破りと女旅」,『交通史研究』27, 1991;深井甚三,『江戸の旅人たち』, 吉川弘文館, 1997;深井甚三,『幕藩制下陸上交通の研究』, 吉川弘文館, 1994;柴桂子,『近世おんな旅日記』, 吉川弘文館, 1997;田中智彦,「愛宕越えと東國の巡禮者:西國巡禮路の復元」,『人文地理』39-6, 1987;田中智彦,「大阪廻りと東國の巡禮者」,『歷史地理學』142, 1988;田中智彦,「道中記にみる金比羅參詣經路」,『日本宗教文化史研究』1-2, 1997;小野寺淳,「道中記にみる伊勢參宮ルートの變遷」,『筑波大學人文地理研究』14, 1990;小野寺淳,「伊勢參宮道中記の分析」,『東洋史論』2, 1981;山田由香里,「江戸時代の伊勢參宮:旅の移り變わり」,『伊勢道中日記』, 平凡社, 1999;坂部哲之,「伊勢參宮交通路に關する考察」,『地方史靜岡』17, 1989;田村貞雄,「近世のお伊勢参り道中記一覽」,『地方史靜岡』29, 2001 등을 들 수 있다. 그리고 이세참궁과 관련한 도카이도의 교통에 대해서『交通史研究』49(2002)는 통일 주제로「東海道の交通:旅人の目で見た江戸時代の旅」라는 특집을 싣고 있다.
3 山本光正,「諸國人にとっての江戸:社寺参詣を中心として」,『國立歷史民俗博物館研究報告』14, 1987;山田浩之,「近世大和の參詣文化」,『神道宗教』146, 1992;田中智彦,「道中記にみる畿內・近國からの社寺參詣」,『交通史研究』49, 2002;橋本俊哉,「江戸後期のお伊勢参りの旅にみる行動特性」,『應用社會學研究』37, 1995;小野寺淳,「東播磨における近世の伊勢參宮」,『交通史研究』35, 1995;高橋陽一,「多樣化する近世の旅」,『歷史』97, 2001 등을 들 수 있다. 한편 사사순례에 관한 대표적이고 종합적인 연구로는 新城常三,『新稿社寺參詣の社會經濟史的研究』, 塙書房, 1982를 들 수 있다.
4 주 2, 주 3에서 언급한 연구 외에도 여성의 여행에 대한 연구를 보면, 金森淳子,『關所拔け 江戸女たちの冒險』, 昌文社, 2001;『交通史研究』27, 1991. 11 所收 여러 논문;青柳周一,「近世後期富士山麓における地域社會像:女人登山禁制を

めぐって」,『日本歷史』601, 1998;小暮紀久子,「近世における女性の關所通行について」,『論集近世女性史』, 吉川弘文館, 1986;深井甚三,『近世女性旅と街道交通』, 桂書房, 1995;柴桂子,「近世女性の西國三十三カ所巡禮」,『交通史硏究』55, 2004 등을 들 수 있다

5 澤博勝,「吉崎をめぐる'交通':地域社會論の一視点」,『福井縣歷史の道調査報告書』1집, 福井敎育委員會, 2001;橫田冬彦 編,『シリーズ近世の身分的周緣』2, 吉川弘文館, 2000;吉田正高,「江戶近郊の鎭守祭禮と地域住民」,『民衆史硏究』64, 2002;山本光正,「近世における地域旅行圈と長期の旅」,『幕藩制支配と地域動向』, 文獻出版, 1996 등.

6 高木博志,『近代天皇制の文化史的硏究』, 校倉書房, 1997;羽賀祥二,『史跡論:19世紀日本の地域社會と歷史意識』, 名古屋大學出版會, 1998;谷川成一,『失われた景觀』, 吉川弘文館, 1996 등. 근세 여행사 연구의 연구사로서, 靑柳周一,「近世旅行史硏究の成果と課題」,『歷史評論』642, 2003. 10 참조.

7 에도 시대의 여행에 관한 전반적 내용을 다룬 단행본은 新城常三,『庶民と旅の歷史』, 日本放送出版會, 1971;神崎宣武,『江戶の旅文化』, 岩波書店, 2004;金森敦子,『江戶庶民の旅』, 平凡社, 2002;深井甚三,『江戶の旅人たち』, 吉川弘文館, 1997;高橋千劍破,『江戶の旅人』, 時事通信社, 2002;今野信雄,『江戶の旅』, 岩波書店, 1986 등이 있다.

8 그러한 의미에서 최근 박진한,「연대기를 통해 살펴본 에도 시대 상층 농민의 여행과 여가」(제42회 '일본사학회연구발표회' 초록, 2005. 12)는 대단히 귀중한 논문이다.

9 따라서 이 글은 논리성의 추구보다는 역사적 사실을 설명하는 것이 중심이다.

10 西山克編,『伊勢御師と來田文書』, 思文閣出版, 1990, 27~28쪽.

11 같은 책, 29쪽.

12 오무라번의 오시관계에 대한 내용은 久田松和則,『伊勢御師と旦那』, 弘文堂, 2004 참조.

13 中村孝也,『德川家康文書の硏究』下卷之一, 日本學術振興會, 1960, 333쪽.

14 『德川禁令考』前集 第5, 創文社, 1968, 1쪽, 문서 2530.

15 같은 책, 문서 2531.

16 같은 책, 2쪽, 문서 2533.

17 大西源一,『伊勢參詣の今昔』, 神宮文庫, 1986, 136~137쪽.

18 新城常三,『新稿寺社參詣の社會經濟史的硏究』, 塙書房, 1982, 758~759쪽.

19 宮本常一,『伊勢參宮』, 社會思想社, 1971, 125쪽.

20 같은 책, 144~145쪽에 전국에 걸친 단가 수가 기록되어 있다.
21 大西源一, 앞의 책, 134쪽.
22 西垣晴次, 『お伊勢まいり』, 岩波書店, 1983, 109쪽.
23 같은 책, 109쪽.
24 久田松和則, 『伊勢御師と旦那』, 弘文堂, 2004 참조.
25 결국, 오시와 오시와의 상하관계를 맺고 있는 센다쓰 혹은 데다이의 활동만으로 는 서민의 이세참궁 참여를 설명할 수 없다고 생각된다.
26 西垣晴次, 앞의 책, 154~155쪽.
27 마에노촌의 이세코에 관한 것은 板部哲之, 「伊勢參宮と東海道」, 『東海道交通史 の研究』, 清文堂, 1996에 의한다.
28 이상의 기비타촌의 고와 이세참궁에 관해서는 山田正雄, 「近世における農民の 伊勢參宮について: 播磨國加東郡黍田村の場合」, 『史學研究』 80 참조.
29 같은 책, 34~35쪽.
30 五島敏芳, 「幕府法令にみる百姓移動への對應」, 『學習院史學』 37, 1990, 29쪽.
31 『御觸書寬保集成』, 문서 1341.
32 金森敦子, 『江戶庶民の旅』, 平凡社, 2002, 49~50쪽.
33 주 2, 주 3의 논문들 참조.
34 그러나 이세참궁의 여행에서 같은 길을 다시 가지 않는다는 점, 그리고 도중에 많은 사사에 들러 참배를 한다는 점은 일본 근세의 여행이 가지고 있는 종교적 순례의 성격을 보여준다. 그렇다고 이세진구의 성격과 관련지어 이세참궁의 역 사적 성격을 규정하는 것은 무리이다. 또한 이세진구를 전적으로 유락여행이라 고 규정하는 것도 곤란하다. 따라서 근세 서민의 이세참궁 여행은 근세 일본인의 이세신앙과 더불어 복합적 종교관에 입각한 순례적 성격과 유락의 성격이 있다 고 보아야 할 것이다. 이에 대해 小松芳郎, 「道中記にみる伊勢參詣」, 『信濃』 38, 1986 ; 橋本俊哉, 「江戶後期の'お伊勢參り'の旅にみる行動特性」, 『應用社會學硏 究』 37, 1995 참조.
35 검문소 일반에 대해서는 五十嵐富夫, 『近世關所制度の研究』, 有峰書店, 1975 ; 兒玉幸多, 『近世交通史の研究』, 筑摩書房, 1986 ; 渡邊和敏, 『東海道交通施設と 幕藩制社會』, 岩田書院, 2005 ; 渡邊和敏, 『東海道の宿場と交通』, 靜岡新聞社, 2000 ; 近藤恒次, 『東海道新居關所の研究』, 橋良文庫, 1969 등을 참조.
36 『御觸書寬保集成』, 문서 58.
37 『德川禁令考』前集 4, 197쪽, 문서 2166.
38 『御觸書寬保集成』, 문서 71.

39 今井金吾, 『江戶の旅風俗』(道中記集成別卷3), 大空社, 1998, 44쪽.

40 『德川禁令考』後集 第2, 25쪽, 문서 20.

41 山本光正, 「旅と關所: 旅日記を中心としてみた庶民男子の關所通行」, 『國立歷史民俗博物館硏究報告』36집, 1991, 242쪽.

42 같은 책, 249쪽.

43 같은 책, 249~250쪽.

44 같은 책, 250쪽.

45 같은 책, 250쪽.

46 같은 책, 248쪽.

47 주 2, 주 3의 논문들 참조.

48 兒玉幸多, 『近世交通史料集』8권, 吉川弘文館, 1970, 14~15쪽, 문서 33.

49 같은 책.

50 같은 책, 114쪽, 문서 178.

51 宇佐美ミサ子, 『宿場の日本史』, 吉川弘文館, 2005, 15~16쪽.

52 같은 책, 51쪽, 문서 92.

53 같은 책, 문서 92.

54 같은 문서. 숙박업소의 영업형태에 대해 기친숙에서 아침식사를 제공하는 하다코야로 발전했다는 학설과 위의 두 가지 영업 형태가 에도 시대를 통해 병존했다는 학설이 있다. 기본적으로 에도 시대를 통해 두 영업 형태는 병존하고 있으나, 에도 중기 이후에는 아침식사 제공의 하다코야가 일반적이었다. 대부분의 이세 참궁자들도 아침식사를 제공하는 하다코야에 머문다.

55 『民間省要』中卷之三(瀧元誠一 編, 『日本經濟叢書』卷 1, 日本經濟叢書刊行會, 1914, 560쪽).

56 『德川禁令考』前集 第5, 443쪽, 문서 3361, 3362.

57 宇佐美ミサ子, 『宿場と飯盛女』, 同成社, 2000, 12쪽. 그러나 『德川禁令考』前集 第6, 59쪽, 문서 3519에 따르면, 1660년에 유녀의 성매매행위 금지 명령이 전국적으로 내려졌다. 이후 위와 같은 명령이 수없이 내려진다.

58 宇佐美ミサ子, 앞의 책, 2000, 12~13쪽.

59 兒玉幸多, 앞의 책, 1970, 381쪽, 문서 481.

60 『德川禁令考』前集第五, 444쪽, 문서 3366.

61 로카코, 나니와코에 대한 기술은 今井金吾, 『江戶の旅風俗』에 의함.

62 小野寺淳, 「道中記にみる東海道の景觀イメージ」, 『交通史硏究』49, 2002.

63 金森敦子, 『伊勢詣と江戶の旅』, 文藝春秋, 2004, 36~41쪽.

64 『伊勢參宮獻立道中記』(『日本庶民生活史料集成』 20, 三一書房, 1973, 604~610 쪽).

65 山本光正, 『江戶見物と東京觀光』, 臨川書店, 2005 ; 池上眞由美, 『江戶庶民の信仰と行樂』, 同成社, 2002 등 참조.

66 도시관광의 정형화가 기억의 정형화와 집단적 기억의 동일화를 가져올 것인지에 대한 논의는 대단히 중요하다. 그러나 동일 형상에 대한 기억이 동일한 집단기억으로 환원되기 위해서 또 다른 계기가 필요한 것은 아닌가 생각된다. 즉 집단기억의 동일화는 필요에 따른 이데올로기가 작용하여 형성되는 것으로, 단순한 개인 경험이 무매개로 집단기억으로 환원되지는 않을 것이다. 결국 이세참궁은 일본 전체에 대한 동일 집단기억을 창출하기에 필요조건이기는 하지만, 충분조건이라고는 할 수 없다. 다만 촌공동체에서의 동일 기억 창출에는 충분한 역할을 하고 있었다고 보인다.

## 20세기 전반기 중국인의 홍콩여행과 근대 체험

1 필자는 20세기 전반기를 대상으로 삼고 있는데, 엄밀하게 따지면 영국에 이어 일본이 홍콩을 식민지로 삼은 1942년 2월 일본 대본영직할(大本營直轄)의 홍콩총독부가 세워진 때부터 일본제국이 패망하기까지의 3년 반의 기간도 포함해야 하지만, 중국인의 근대체험의 분석에 초점을 맞춘 이 글에서는 이 시기를 제외했다. 그렇지만 일본제국 통치 아래의 홍콩이란 주제는 '아시아인을 위한 아시아'를 명분으로 한 일본 지배의 성과와 한계란 점에서 연구자의 흥미를 끌 만하다. 이 시기를 문화지배의 측면에서 분석한 기존 연구에 의하면, 그 명분은 홍콩 주민에게 커다란 지지를 받지 못했다고 한다. Yue-him Tam, 「"Asia for Asians" : Cultural Control During the Japanese Occupation of Hong Kong, 1941~45」, 中央研究院近代史研究所 編, 『第三屆近百年中日關係研討會論文集』下冊, 1986.

2 홍콩사 연구 동향 개관은 李培德 編, 『香港史研究書目題解』, 三聯書店, 2001 및 蕭國健, 「九十年來之香港史研究」, 周桂榮·劉詠聰 主編, 『當代香港史學研究』, 三聯書店, 1994 참조.

3 陳湛頤, 『日本人與香港:十九世紀見聞錄』, 香港敎育圖書公司, 1995.

4 李培德 編著, 『日本文化在香港』, 香港大學出版社, 2006.

5 盧瑋鑾 編, 『香港的憂鬱:文人筆下的香港(1925~1941)』, 襄風書局, 1983.

6 여기서 말하는 경계란 엄밀한 의미에서의 국가 간 국경은 아니다. 왜냐하면 초기 홍콩과 본토 사이의 이동은 '국가 안의 이주'로 간주되어 제약이 없었기 때문이다. 자유로운 이주가 가능했기 때문에 대륙에 동란이 있을 때마다 대규모 이동이

발생했다. 1923년에 외국인에게 비자를 요구하는 호조조례(護照條例, Passport Ordinance)가 선포됐지만, 중국인은 면제됐다. 1930년대에 일본의 중국 침략이 심각해지면서 대규모 이민이 홍콩에 유입됨에 따라 1940년 입경관세조례(入境關稅條例, Immigration Control Ordinance)가 도입됐고, 이때부터 중국인도 비자가 있어야 입경이 허가됐지만, 그다지 엄격하게 시행된 것은 아니라고 한다. 장정아(張禎娥), 「중국 본토인의 시기별 홍콩 이주와 그 특징」, 『중국근현대사연구』 25집, 2005. 3, 117쪽. 그러나 본토의 중국인에게 영국 지배 아래의 홍콩은 지리적으로 먼 변경일 뿐만 아니라 (본문에서 보게 되듯이) 문화적 · 정치적 · 사회경제적으로 중국 안의 '외국' 곧 '낯선 곳'이었다. 이에 비하여, 중국 영토의 일부로서 일본에 넘겨진 대만에 거주하는 주민의 경우 일본 신민(臣民)이 됐기 때문에 1897년 이후 대륙에 여행하려면 여권이 필요했다. 그런데 일본 신민으로서 일본 여권을 갖고 대륙을 여행하면 일본 국민처럼 특혜를 받을 수 있을 뿐만 아니라 대륙의 반일풍조에 영향받을까봐 대만총독부는 여권 발급을 엄격히 제한했다. 그래서 일부 대만인들은 일본 본토를 경유해 대륙을 여행하는 좀더 간편한 방법을 종종 사용했다. 梁華璜, 「日據時代臺民赴華之旅券制度」, 『臺灣風物』 39卷 3期, 1989. 9 참조.

7 이 연구를 여행의 비유로 말하면, 신유(神游)에 해당할 수 있지 않을까. 여행을 여유(旅遊) · 행유(行游) · 신유(神游)로 구별한 발상은 郭少棠, 『旅行 : 跨文化想像』, 北京大學出版社, 2005에서 빌려왔다.

8 二難, 1936, 盧瑋鑾 編, 『香港的憂鬱 : 文人筆下的香港(1925~1941)』, 襄風書局, 1983, 75쪽(이하 여행기의 저자, 초출연도, 쪽수만 명기한 것은 모두 이 자료집에 실려 있다).

9 張若谷, 1933, 39쪽.

10 楊彥岐, 1941, 210쪽.

11 胡適, 1935, 56쪽.

12 산상(山上) 전차 이외에 또 하나 여행자의 시선을 끄는 명물은 거리를 달리는 이층 전차이다. 바진도 "홍콩의 이층 전차가 나의 흥미를 끈다"라고 언급한 바 있다(巴金, 1933, 37쪽). 또한 徐鴻濤, 『西南東北』, 大風社, 1935, 49쪽. 당시 상층은 상등석, 하층은 삼등석이었다고 한다. 그 여파로 오늘날도 홍콩의 이층 버스는 여행객의 눈길을 끈다.

13 巴金, 1933, 36쪽.

14 巴金, 1927, 19쪽.

15 巴金, 1927, 21쪽.

16 "홍콩은 시 외관이 정말 괜찮다. 비록 인구는 상하이만큼 많지 않고 시 규모가 상하이만큼 크지 않지만 시 모습은 상하이의 번성한 구역처럼 웅장하다. 좀더 분명하게 말한다면, 홍콩은 이미 하나의 완전한 근대화된 대도시가 됐다." 徐鴻濤, 『西南東北』, 大風社, 1935, 49쪽.

17 康有爲, 「康南海自編年譜」, 『中國近代史資料叢刊 戊戌變法(四)』, 1970, 115쪽.

18 張若谷, 1933, 42, 44쪽. 그가 여행중 불편하게 느낀 것은 편지 부칠 때 영국 식민지 우표인 홍콩 우표를 붙여야 하므로 가지고 있던 중국 우표를 쓸 수 없다는 정도였다.

19 老向, 1939, 150쪽.

20 穆時英, 1938, 88쪽.

21 楊彦岐, 1941, 210쪽.

22 培淞, 1935, 65쪽.

23 培淞, 1935, 65쪽.

24 錫金, 1939, 189쪽.

25 文兪, 1940, 192쪽.

26 徐鴻濤, 『西南東北』, 大風社, 1935, 51쪽.

27 王志成, 1932, 32~33쪽.

28 梁得所, 「香港印象記」, 趙君豪 編, 『當代游記選』, 中國旅行社, 1935, 244쪽.

29 聞一多, 「七子之歌」의 일부, 1925, 1~2쪽.

30 홍콩을 중화민족 모체(母體)에서 떨어져나간 일부로 파악하는 것은 오늘날까지 이어져 중국대륙의 지배적 담론이 되어 있다. 이것을 중화민족의 향심력적(向心力的) 관섬이라 할 수 있는데, 이 관점을 150년의 홍콩 역사에 적용하면 모두 식민지 역사가 되고 만다. 이것은 홍콩인의 현실감과 거리가 있는 중국대륙 위주의 '대역사(大歷史)'일 뿐이라는 것이 홍콩 본토의식(本土意識)에 입각한 비판이다. 이런 주장에 대해서는 王宏志, 『歷史的沈重 : 從香港看中國大陸的香港史論述』, 牛津出版社, 2000 참조. 그런데 2004년 10월부터 홍콩 텔레비전에서 중화인민공화국 국가가 방영되는 등 홍콩인에게 국가의식을 심어주려는 시도가 이뤄지고 있다. 이에 대한 홍콩인의 반응을 조사한 한 연구는, 홍콩인이 자신을 중국 '대역사' 속에서 파악하려고 하지만, 그들은 아직 다원적 역사관을 갖고 있고 국가적 정체성도 탄력적인 것이지 무조건적인 충성으로 치단지는 않는다("不至走向僵化的無條件效忠")고 결론짓는다. 周佩霞・馬傑偉, 『愛國・政治審査』, 次文化堂, 2005.

31 友生, 1934, 49쪽.
32 杜重遠, 1936, 79쪽.
33 홍콩섬 산 위의 주택에는 중국계 주민이 아예 들어와 살지 못하게 막았다는 관찰도 있다. 友生, 1934, 50쪽.
34 영국이 홍콩주민을 분열시켜 엘리트 위주의 정책을 취한 것은 인도인과 산둥인(山東人)으로 경찰을 구성한 데서도 드러난다. 그들은 언어상 광동어를 사용하는 다수 주민들과 의사소통할 수 없어 그들로부터 영향받을 가능성이 적었던 것이다.
35 魯迅, 1927, 12, 17쪽.
36 徐鴻濤, 『西南東北』, 大風社, 1935, 49쪽.
37 魯迅, 1927, 12, 17쪽.
38 陸丹林, 1939, 170쪽.
39 王宏志·李小良·陳淸僑, 『否想香港 : 歷史·文化·未來』, 麥田出版, 1997, 29~30쪽. 그간의 인구변동을 보면, 1841년 5월 7,450명(홍콩섬), 1842년 3월 12, 361명, 1844년 4월 19,009명, 1845년 6월 22,860명, 1851년 31,463명, 1853년 39,017명, 1854년 55,715명, 1855년 72,607명, 1860년 94,917명, 1861년 119,321명(주룽반도 인구 5,105명 새로 추가), 1871년 119,477명(홍콩섬 및 주룽반도), 1881년 152,858명, 1891년 217,936명, 1901년 368,987명(신계(新界) 인구 8만 5천 명 새로 추가).
40 許地山, 1939, 133쪽.
41 吳志森·李正儀·曲阿陽, 『香港居民的國籍和居留權』, 香港大學亞洲研究中心, 1997, 52~54쪽.
42 李廉俊, 1941, 217쪽.
43 후스는 홍콩에서 다섯 차례 강연을 하면서 세 번은 영어, 두 번은 국어를 사용했는데, 국어로 한 강연 요지가 현지 신문에 보도되면서 요지는 대체로 전달됐지만 인명 등 오기가 있었다고 한다. 胡適, 1935, 59~60쪽.
44 같은 곳.
45 友生, 1934, 51쪽.
46 魯迅, 1927, 3~10쪽.
47 이 과정은 王齊樂, 『香港中文教育發展史』, 三聯書店, 1996, 270~283쪽 참조.
48 陸鴻基, 「戰前香港市區私塾教育的一環」, 『香港中文大學教育學報』, 10卷 2期, 1982.
49 李廣健, 「鉅觀與微觀因素對早期大學中文教育的影響(1912~1935)」, 『臺南師院

學報』, 國立臺南師範學院, 27期, 1994, 246쪽. 후스의 추천으로 홍콩대학에 온 쉬디산은 종래의 고전 암기 위주의 중국문화 교육을 개혁하기 위해 과학적 방법론으로서 분과학문제도를 도입해 중국문화를 문학·역사·철학의 세 분야로 나눠 가르치기 시작했다.
50 당시 여행이 중산층 소비문화의 일부가 됐다는 사실을 상하이 중산층의 사례를 분석해 제시한 글로 趙河, 『民國時期大衆消費文化的一個側面 : 1927~1937年的 『旅行雜誌』』, 南京大學碩士學位論文, 2004. 5 참조. 이 자료를 구해준 천흥민(陳紅民) 교수에게 감사드린다. 그런데 이 공동연구에 참여한 박경석의 연구에 따르면, 여행에 관한 관심은 높았을지라도 실제 여행을 한 사람은 극히 소수에 제한된 것, 바꿔 말하면 중국의 근대여행은 '허울은 멀쩡한데 알맹이가 없는 것'이 된다. 박경석, 「근대 중국의 여행인프라와 이식된 근대 여행」(『동아시아 역사 속의 여행 1』, 2008, 산처럼).
51 培淞, 1935, 64쪽.
52 따라서 홍콩 사회를 위로는 정부로부터 밑으로 사회 말단에 이르는 상하계통적 통치질서로서 파악하기에는 어려운 점이 많다는 것이 하마시타 다케시(濱下武志)의 주장이다. 하마시타 다케시, 하세봉 외 옮김, 『홍콩』, 신서원, 1997, 62쪽.
53 이 문제는 식민지근대성 논의와 직결되는데 여기서는 더 깊이 들어가지 않겠다. 다만, 반제민족주의가 아니면 식민통치 긍정론이라는 이분법에 구속된 평면적인 관점에서 홍콩의 근대 이행의 문제를 해석해서는 안 된다는 점만을 강조하고 싶다. 전 지구적 근대성(global modernity)이 오늘날까지 전세계적으로 확장하는 데 식민주의가 주요한 동인으로 작동해왔음을 전제하면서, 비서구 사회의 근대화과정에 대한 검토를 통해 근대성이 다양한 시기와 지역집단 속에서 지닌 의미와 효과를 이해할 필요가 있다. 이에 대한 이론적 논의로는 Arif Dirlik, "The End of Colonialism? : The Colonial Modern in the Making of Global Modernity," Boundary 2, Vol. 32, No.1(Spring 2005) 참조.
54 黃文達, 「南洋諸邦의 見聞記(二)」, 『朝鮮日報』1930. 4. 30.

## 근대 중국의 여행인프라와 이식된 근대 여행

1 빈프리트 뢰쉬부르크, 이민수 옮김, 『여행의 역사 : 오디세우스의 방랑에서 우주여행까지』, 효형출판, 2003, 217~220쪽.
2 닝왕, 이진형·최석호 옮김, 『관광과 근대성 : 사회학적 분석』, 일신사, 2004. 참조.
3 張俐俐, 『近代中國旅遊發展的經濟透視』, 天津大學出版社, 1998 ; 王淑良·張天

來, 『中國旅遊史(近現代部分)』, 旅遊敎育出版社, 1999 ; 鄭焱, 『中國旅遊發展史』, 湖南敎育出版社, 2000. 이후에도 많은 연구가 이루어졌지만, 논조 자체가 크게 변하지는 않는다.

4 易偉新, 「中國近代旅遊業興起的背景透視 : 兼析中國第一旅行社誕生的條件」, 『求索』 2004-3, 38쪽.

5 '동방여행사(東方旅行社)'라는 것이 있으나, 이는 1931년 만주사변에 이어 체결된 「탕구(塘沽)협정」에 따라 관내외(關內外) 열차 통행을 위해 설립한 여행사로서 여행사라기보다는 운송회사의 성격이 짙을 뿐만 아니라 그 운영을 중국여행사가 맡았다는 점에서 별개의 여행사라고 볼 수 없다. 薛念文, 「東方旅行社與關內外通車問題」, 『同濟大學學報(社會科學版)』 13-5, 2002. 10 ; 易偉新, 「東方旅行社述論」, 『湖南大學學報(社會科學版)』 16-6, 2002. 11.

6 賈鴻雁, 「略論民國時期旅遊的近代化」, 『社會科學家』 106, 2004-2, 86쪽.

7 李占才, 「曆年鐵路興建裏程表」, 『中國鐵路史』, 汕頭大學出版社, 1994, 590~593쪽.

8 진시원, 「동아시아 철도 네트워크의 기원과 역사 : 청일전쟁에서 태평양전쟁까지」, 『국제정치논총』 44-3, 2004.

9 津浦鐵路管理委員會 總務處 編查課 編, 「規章摘要 : 中華國有鐵路客車運輸通則-附. 來回遊覽票發行規則」, 『津浦鐵路旅行指南』, 編者刊, 1933, 58~59쪽.

10 李占才, 앞의 글, 494~498쪽.

11 鐵道院, 「日中聯絡運輸及各種週遊路線」, 『日本鐵道省 遊覽日本旅客指南』, 編者刊, 1922. 1, 83~93쪽 ; 津浦鐵路管理委員會 總務處 編查課 編, 앞의 책, 75~79쪽에서 그 운영방식을 파악할 수 있다.

12 일본국제관광국(Japan Tourist Bureau)은 외국인 관광객 유치 및 각종 여행 편의 제공을 목적으로, 1912년 3월에 일본 철도성이 각 철로공사 및 윤선공사, 서양식 여관과 공동으로 세운 반관반민(半官半民) 성격의 공익사단법인이다(鐵道院, 앞의 책, 15~17쪽 ; 李不同, 「世界各國之旅行事業」, 『旅行雜誌』 4-5, 1930. 5, 68쪽). 이와 별도로 철도성 산하의 외국(外局)으로서 '국제관광국(國際觀光局)'이 있는데, 이는 1930년 4월 일본 정부가 무역 역조를 해소하기 위한 방안으로 설치한 행정기관이다(砂本文彦, 「'國際觀光委員會'の組織と都市施設整備課題」, 『日本建築學會計劃系論文集』 503, 1998, 187~188쪽). 양자는 동명이기는 하나 별개의 기관이다.

13 戈公振, 「國外旅行常識」, 『旅行雜誌』 4-7, 1930. 7.

14 金士宣·徐文述, 『中國鐵路發展史(1876~1949)』, 中國鐵道出版社, 1986. 11,

290~291쪽.
15 같은 책, 346쪽.
16 朱福枝,「試述中國近代航運的誕生與發展」,『武漢交通管理幹部學院學報』1994-2.
17 1913년 6월 모스크바에서 열린 시베리아철도 국제연운회의(國際聯運會議)가 열렸다. 여기에 중국의 경봉로(京奉路) 당국자가 대표로 참석했고, 계약이 성사됐다. 1914년 5월 1일부터 중국에서도 아시아와 유럽을 잇는 연운표(聯運票)를 발매하기 시작했다(金士宣・徐文述, 앞의 책, 347쪽).
18 「赴歐船期表」,『旅行雜誌』5-1, 1931. 1, 97쪽.
19 日本郵船有限公司,『東遊嚮導:起日遊歷指南』, 編者刊, 1936. 10, 18~20쪽.
20 朱福枝, 앞의 글, 30쪽.
21 胡忠良,「從檔案談晩淸歐洲在華遊歷」,『歷史檔案』2002-2.
22 『南京國民政府外交部公報』3卷 5號;3卷 10號.
23 戈公振, 앞의 글, 1쪽.
24 제1차 세계대전 이후, 1920년과 1926년 두 차례에 걸쳐 국제여권회의(International Passport Conference)가 열렸다. 1920년 회의에서는 모든 나라에 ① 소책자 타입 여권(a booklet type passport)의 채용, ② 적어도 2개 국어로 표기(본국어와 프랑스어), ③ 유효기간을 적어도 2년, 가능한 5년으로 할 것을 권고했다. 제2차 세계대전 후에는, 세계 각국이 보편적으로 '국경 넘기'에 대해 더욱 엄격한 관리제도를 실행했다. 동시에 국제적으로 통일된 여권제도를 수립하려는 노력이 있었다. 여권 양식, 내용 및 방법을 통일함으로써 최대한 국제여행을 편리하게 하고자 했다. 특히, 1947년 국제연합(UN) 산하에 조직된 ICAO(International Civil Aviation Organization. 국제민간항공기구)의 활약이 두드러졌다. 국경을 넘는 (관광)여행객의 급증과 함께, 세계대전이 여권 및 출입국 관리제도의 변천에 큰 영향을 미쳤음을 알 수 있다(Doreen Steidle (Chief Executive Officer of Canada), "History of passport", Homepage of Canada Passport Office).
25 寧滬杭甬鐵路編査課,『滬寧滬杭甬鐵路第三期旅行指南』, 滬寧滬杭甬鐵路管理局, 1922. 1;平漢鐵路管理委員會總務處編譯課,『平漢鐵路旅行指南』, 編者刊, 1933. 1;姚逸雲・金式如,『京滬路旅行指南』, 世界書局, 1933. 10 등 8종.
26 李珍甫,『東三省旅行指南』, 上海銀行旅行部, 1926. 7;中國旅行社,『首都導遊』, 編者刊, 1931. 10;胡時淵,『西北導遊』, 中國旅行社, 1935. 8;中國旅行社,『常熟導遊』, 編者刊, 1947. 1 등 16종.
27 商務印書館編譯所,『中國旅行指南』, 商務印書館, 1926. 7;孫宗復,『上海遊覽指南』, 中華書局, 1935. 1;葛綏成・喩守眞・周白棣・姚鍾聲・黃聽秋,『全國都

會商埠旅行指南』, 中華書局, 1936. 3 등 15종.

28 徐芳田, 「中國旅行社與早期的北京旅遊」, 中國人民政治協商會議 北京市委員會 文史資料委員會 編, 『文史資料選編』29輯, 北京出版社, 1986, 185~186쪽; 潘泰封, 「早期之中國旅行社」, 中國人民政治協商會議 全國委員會 文史資料研究委員會 編, 『文史資料選輯』71輯, 中國文史出版社, 1980. 10, 134쪽.

29 易偉新, 앞의 글, 2004, 참조.

30 趙河, 『民國時期大衆消費文化的一個側面: 1927~1937年『旅行雜志』』, 南京大學歷史系 碩士學位論文, 2004. 5, 4~6쪽.

31 「春遊紀盛: 春遊之意義」, 『申報』1926. 4. 5.

32 熊月之 主編, 羅蘇文・宋鉆友 著, 『上海通史 第9卷 民國社會』, 上海人民出版社, 1999, 179~180쪽.

33 張旗, 「西風東漸: 論晚淸旅遊風尙」, 『華夏文化』2004-4, 47~48쪽.

34 唐渭濱, 앞의 글, 93쪽.

35 「環遊世界歸來之黃膺白夫婦」, 『申報』1922. 6. 23; 「西人之西藏旅行談」, 『申報』1922. 7. 6; 「西藏探險家之來華期」, 『申報』1922. 8. 19; 「乘遊艇環遊半地球之創擧」, 『申報』1922. 12. 3; 「英旅長步遊中國記」, 『申報』1922. 12. 6; 「美國世界周遊團將抵滬遊覽」, 『申報』1923. 1. 6; 「美國世界遊歷團遊滬歷程」, 『申報』1923. 1. 7; 「美人之世界環遊團」, 『申報』1923. 1. 8; 「何使通令保護世界週遊團」, 『申報』1923. 1. 8; 「紐約二次世界遊歷團之出發」, 『申報』1923. 1. 12; 「世界週遊團今日抵滬」, 『申報』1925. 3. 27; 「世界旅行家馮讓君到滬」, 『申報』1926. 4. 16.

36 唐渭濱, 앞의 글, 93쪽.

37 易偉新, 앞의 글, 2004, 40쪽.

38 같은 글 참조.

39 여행부는 5년 동안 총 2만 6천 원이 넘는 적자를 보았고, 이는 모두 은행에서 부담했다(張俐俐, 앞의 책, 236쪽).

40 中國人民銀行 上海市分行 金融研究所 編, 『上海商業儲蓄銀行史料』, 上海人民出版社, 1990. 6, 827쪽.

41 같은 책, 826~827쪽.

42 陳光甫, 앞의 글, 1980, 吳經硯, 『陳光甫與上海銀行』, 中國文史出版社, 1991.

43 潘泰封, 앞의 글, 137쪽; 潘泰封, 「中國旅行社從孕育到誕生」, 陸堅心 等編, 『2世紀上海文史資料文庫』4輯, 上海書店出版社, 1999, 334~335쪽. 필자 판타이펑(潘泰封)은 중국여행사의 동인(同人)이었고 항전 시기에는 책임자까지 맡았

으며(潘泰封,「抗戰時期中國旅行社在西部的業務活動」, 龔育之 主編/全國政協 文史資料委員會 編,『西部開發歷史回顧』, 中國文史出版社, 2000, 158쪽), 1943 년 '중국여행사'가 발행한 여행안내서인『천강유종(川康遊蹤)』,『서북행(西北 行)』과『중국여행사사(中國旅行社社史)』를 쓰는(潘泰封, 앞의 글, 1999, 328 쪽) 등 중국여행사에 직접 관여했던 인물이었다. 따라서 그의 설명이 가장 신빙 성 높다고 할 수 있겠다.

44 「【廣告】上海銀行旅行部於六月一日起改稱中國旅行社乃在原址辦理旅行業務特 此通告」,『申報』1927. 6. 1.

45 唐渭濱, 앞의 글, 92쪽.

46 같은 글, 91쪽.

47 같은 글, 91~100쪽. 아래의 서술에서 특별한 언급이 없는 경우는 이 자료를 참 조한 것이다.

48 孫慧選 編,「檔案架:中國旅行社的過去和現在(上海檔案館 中國旅行社檔案 全 宗Q368-1-37號案卷, 1953. 4)」,『檔案與史學』2003-2, 24쪽.

49 唐渭濱, 앞의 글, 92~93쪽.

50 서비스센터에서는 열차표 판매와 환전(匯兌) 서비스를 제공했는데, 여행객으로 부터 매우 편리하다는 칭송을 받았다고 한다(記者,「中國旅行社要訊」,『旅行雜 誌』2卷 夏季號, 1928).

51 鄭焱,「中國近代第一家旅行社:中國旅行社述論」,『史學月刊』1999-4, 57쪽.

52 張俐俐, 앞의 책, 252쪽.

53 우성여행단에 대해서는 友聲旅行團 編,『友聲旅行團簡史』, 編者刊, 1947; 박경 석,「民國時期 上海 友聲旅行團과 '레저여행'」,『중국근현대사연구』38, 2008. 6 참 조.

54 中國旅行社,『由上海至麥加』, 編者刊, 1932. 11에 그 전말이 잘 기록되어 있다.

55 唐秦,「中國近代紙幣槪覽」,『中國農村信用合作月刊』2000-10;蔡惠茹,「民國貨 幣市場發展狀況, 特征及其原因分析」,『黨史硏究與敎學』2005-5, 82~83쪽.

56 唐渭濱, 앞의 글, 94쪽.

57 1931년부터 1936년까지 주요 도시 및 관광지에 모두 21곳의 숙박시설을 건립해 운영했다(張俐俐, 앞의 책, 254쪽).

58 中國旅行社,『津浦鐵路委托中國旅行社承辦津浦餐車小營食堂賓館營業報告及 今後計劃意見書』, 出版者 未詳, 1936. 11.

59 여행을 통해 "개인적으로는 신체를 단련하고 지식을 흡수하여 인생을 풍성하게 하고, 국가적으로는 애국심을 갖게 하고 화하(華夏)의 광화(光華)를 발양하고

여행 서비스업을 발전시켜 나라를 부강하게 할 수 있다"는 것이다(唐渭濱, 앞의 글, 91쪽).

60 「旅行部略史」, 『旅行雜誌』 春季 1卷 1號, 1927 ; 記者, 앞의 글.

61 『여행잡지(旅行雜誌)』의 창간, 발행, 구성, 집필, 독자 등에 대해서는 趙河, 앞의 논문 참조.

62 같은 논문, 10쪽 ; 蔣湘妮, 「『旅行雜誌』與中國旅行社」, 『滄桑』 2005年 1期. 『여행잡지』의 전모에 대해서는 黃芳, 『中國第一本旅行類刊物』, 湖南師範大學 博士學位論文, 2005 참조.

63 상하이도서관 목록과 『민국시기총서목(民國時期總書目)』에서 확인한 바, 중국여행사가 발행한 여행안내서로는 『南京導遊』, 『無錫導遊』, 『常熟導遊』, 『旅行導遊 : 國貨展覽會紀念刊』, 『遊滇須知』, 『杭州導遊』, 『西南導遊』, 『西北導遊』, 『粵港澳導遊』, 『東三省旅行指南』, 『昆明導遊』, 『首都導遊』, 『國民大會代表記事冊』, 『南洋導遊』 등이 있다.

64 여행기로는 『西湖兒童旅行記』, 『歐遊追憶錄』(褚民誼), 『蒙德卡羅』(宋春舫), 『陝西雜詠』(淩鴻勛), 『儀水流年』(張恨水), 『浙東景物記』(鬱達夫), 『黔遊記略』(曹鎰廷), 『當代遊記選』, 『旅行談薈』 등이 있다(張俐俐, 앞의 책, 260~261쪽).

65 기본적으로 Mitchell, B. R, *International historical statistics, Africa, Asia and Oceania, 1750~1993*, Macmillan Reference, 1998을 통해 대략적인 윤곽을 잡을 수 있다. 또한, 앞서 언급한 張俐俐의 연구서에 해관자료(海關資料)를 이용한 관련 통계가 있으며, 중국교통사에 관한 연구서에서도 관련 통계자료를 찾아볼 수 있다.

66 張俐俐, 앞의 책, 250~252쪽 ; 唐渭濱, 앞의 글.

67 李占才, 「鐵路運載旅客統計表」, 앞의 책, 499~500쪽.

68 趙君豪, 「旅行講座 : 沈君怡先生訪問記」, 『旅行雜誌』 9-6, 1935. 6.

69 友聲旅行團出版股 編, 『旅行月刊 : 華北旅行志號』, 編者刊, 1931. 8, 1쪽.

70 劉佛丁 等著, 『近代中國的經濟發展』, 山東人民出版社, 1997, 71쪽.

71 張俐俐, 앞의 책, 89~91쪽.

72 같은 책, 236쪽.

73 같은 책, 267쪽.

74 唐渭濱, 앞의 글, 92쪽.

75 중국여행사가 펴낸 『여행잡지』의 편집인 자오쥔하오(趙君豪)가 상하이의 명사 19명을 인터뷰하고 그 내용을 시리즈로 낸 「여행강좌」를 전체적으로 살펴볼 때, '산업으로서의 여행'에 대한 인식은 매우 애매했다. 예컨대, 외국인 여행객을 적

극 유치할 필요성에 대해 거론하면서, 대개는 중국의 위대함이나 아름다움을 알게 해 중국의 국제적 위상을 높일 수 있다는 측면을 강조했고(趙君豪, 「旅行講座 : 潘公展先生訪問記」, 『旅行雜誌』 9-5, 1935. 5), 그 경제적 효과에 대해서는 거의 언급이 없었다.

### 팽창하는 경계와 제국의 시선

1 '경계'라는 용어는 예컨대 '경계인'의 경우처럼 반드시 공간적·지정학적 차원만이 아니라 에스니시티나 아이덴티티의 차원에서도 사용되지만, 이 글에서는 공간적 의미(border나 frontier 등)로 제한해서 사용한다.

2 木畑洋一, 『支配の代償 : 英帝國の崩壞と '帝國意識'』, 東京大學出版會, 1987, 224쪽.

3 같은 책 외에도 木畑洋一 編, 『大英帝國と帝國意識』, ミネルヴァ書房, 1998 ; 北川勝彦·平田雅博 編, 『帝國意識の解剖學』, 世界思想社, 1999 등이 현재까지 지속되고 있는 영국의 제국의식 문제를 집중적으로 조명한 바 있다.

4 현지 상공인을 대상으로 波形昭一 編, 『近代アジアの日本人經濟團體』, 同文館出版, 1997 ; 柳澤遊·木村健二 編, 『戰時下アジアの日本經濟團體』, 日本經濟評論社, 2004 등의 연구가 있다. 조선에 관해서는 木村健二, 『在朝日本人の社會史』, 未來社, 1989 ; 高崎宗司, 『植民地朝鮮の日本人』, 岩波書店, 2002(다카사키 소지, 이규수 옮김, 『식민지 조선의 일본인들』, 역사비평사, 2006). 만주에 관해서는 柳澤遊, 『日本人の植民地經驗 : 大連日本人商工業者の歷史』, 靑木書店, 1999 ; 塚瀨進, 『滿洲の日本人』, 吉川弘文館, 2004 등이 있다.

5 1903년 오사카박람회의 인종전시를 분석한 松田京子, 『帝國の視線 : 博覽會と異文化表象』, 吉川弘文館, 2003이 대표적인 성과이나. 하세봉, 「모형의 세국·1935년 타이완박람회에 표상된 아시아」, 『동양사학연구』 78, 2002도 참조.

6 대표적 연구로는 미디어 분석을 시도한 有山輝雄, 『海外觀光旅行の誕生』, 吉川弘文館, 2002가 있다. 조선에 관해서는 박양신, 「19세기 말 일본인의 조선여행기에 나타난 조선상」, 『역사학보』 177, 2003 ; 高崎宗司, 「日本知識人의 朝鮮紀行」, 『한국문학연구』 27, 동국대 한국문학연구소, 2004 등이, 타이완에 대해서는 曾山毅, 『植民地台灣と近代ツーリズム』, 靑弓社, 2003 등이 선구적인 연구이다. 만주에 관해서는 荒山正彦, 「戰前期における朝鮮·滿州へのツーリズム : 植民地視察の記錄『鮮滿の旅』から」, 『關西學院史學』 26, 1999 ; 「戰跡とノスタルジアのあいだに : '旅順'觀光をめぐって」, 『人文論究』 50-4, 關西學院大學, 2001 ; 高媛, 「'樂土'を走る觀光バス : 1930年代の'滿洲'都市と帝國のドラマトゥルギー」, 『岩

波講座 近代日本の文化史 6』, 岩波書店, 2002 ; 「記憶産業としてのツーリズム : 戰後における日本人の'滿洲'觀光」, 『現代思想』 29-4, 2001을 참조하라.

7 「避暑旅行の大進步」, 『團團珍聞』 1906. 7. 7 ; 한정선, 「제국에의 초대 : 근대 일본 만화저널리즘을 통해 본 한일관계, 1876~1910」, 『아세아연구』 47-4, 2004, 191쪽에서 재인용.

8 의화단사건 이후 만한교환론에서 만한불가분론으로의 정책전환에 관해서는 최문형, 『국제관계로 본 러일전쟁과 일본의 한국병합』, 지식산업사, 2004, 119~122쪽.

9 朝日新聞百年史編修委員會 編, 『朝日新聞社史(明治編)』, 朝日新聞社, 1995, 500쪽.

10 「滿韓地方巡航」, 『東京朝日新聞』 1906. 6. 22.

11 有山輝雄, 『近代日本ジャーナリズムの構造』, 東京出版, 1995 참조.

12 每日新聞社 編, 『每日新聞百年史, 1872~1972』, 每日新聞社, 1972, 83~99쪽 ; 朝日新聞百年史編修委員會 編, 앞의 책, 446~453쪽.

13 津金澤聰廣, 『近代日本のメディア・イベント』, 同文館, 1996 참조.

14 有山輝雄, 앞의 책, 2002, 40쪽.

15 濱野兼一, 「明治期における埼玉縣師範學校の遠足・行軍・修學旅行について」, 『早稻田大學大學院敎育學硏究科紀要 別冊』 11-1, 2003 참조.

16 「學生滿韓旅行の便」, 『東京朝日新聞』 1906. 6. 27.

17 예컨대 요미우리신문은 사설을 통해서 "우리는 각급 학교 학생들이 지금부터 만한이나 타이완으로 수학여행을 시도하는 행동에 나서기를 바란다. 아울러 관헌쪽은 이들에게 가능한 한 편의를 제공하기를, 이를테면 사설 철도나 항업자들이 무상 혹은 대폭할인의 특전을 제공하기를 바라마지 않는다"고 주장했다. 「修學旅行區域擴張」, 『讀賣新聞』 1906. 6. 20.

18 『時事新報』 1906. 7. 23.

19 廣島高等師範學校, 『滿韓修學旅行記念錄』, 廣島高等師範學校, 1907.

20 日比谷高校百年史編集委員會 編, 『日比谷高校百年史』, 日比谷高校百年史刊行委員會, 1979 ; 東京高等師範學校修學旅行團記錄係, 『遼東修學旅行記』(東京高等師範學校), 1907.

21 東京高等師範學校修學旅行團記錄係, 앞의 책, 46쪽.

22 有山輝雄, 앞의 책, 2002, 65~67쪽.

23 山本信良・今野敏彦, 『近代敎育の天皇制イデオロギー : 明治期學校行事の考察』, 新泉社, 1987 참조.

24 塚瀨進, 『滿洲の日本人』, 吉川弘文館, 2004.

25 戶水寬人, 『東亞旅行談』, 有斐閣, 1903 ; 영인본은 小島晋治 監修, 『幕末明治中國見聞錄集成 14』, ゆまに書房, 1997.
26 박양신, 「러일전쟁 개전론과 '7박사'」, 『진단학보』 95, 2003 참조.
27 若尾祐司・羽賀祥二 編, 『記錄と記憶の比較文化史 : 史誌・記念碑・鄕土』, 名古屋大學出版會, 2005 참조.
28 川村湊, 「'戰跡'というテーマ・パーク」, 小森陽一・成田龍一 編, 『日露戰爭スタディーズ』, 紀伊國屋書店, 2004, 217쪽.
29 李光洙, 「滿洲에서」, 『東亞日報』 1933. 8. 9-23, 소재영 편, 『間島 流浪 40년』, 조선일보사, 1989, 180쪽에서 인용. 高木正實, 『滿洲戰跡巡禮畵集』, 財團法人忠靈顯彰會, 1939.
30 上田恭輔, 『旅順戰跡案內の記』, 大阪屋號書店, 1927 ; 이하 이 책의 내용은 木下直之, 「日露戰爭を語るもの」, 小森陽一・成田龍一 編, 앞의 책, 22~24쪽에서 재인용.
31 日本修學旅行協會 編, 『修學旅行のすべて』 14, 日本修學旅行協會, 1995, 84쪽.
32 都商同窓會記念事業委員會 編, 『都商創立七十周年記念誌』, 都商同窓會, 1974.
33 都商同窓會記念事業委員會 編, 앞의 책.
34 滿鐵東京支社運輸課 編, 앞의 책.
35 滿鐵東京支社運輸課 編, 『鮮滿の旅』, 滿鐵東京支社, 1929.
36 예컨대 신징은 아시아에서 수세식 화장실이 최초로 전면 도입된 획기적인 계획도시였다. 일본 도시에서 수세식이 보편화되기 시작한 것이 1960년대 이후의 일이다. 越澤明, 『滿州國の首都計劃』, 日本經濟評論社, 1988, 136쪽.
37 高媛, 앞의 책, 2002 참조.
38 高媛, 「滿洲都市を彩る觀光バス」, 『彷書月刊』 215, 2003, 28쪽.
39 高媛, 앞의 책, 2002, 242~244쪽.
40 夏目漱石, 「滿韓ところどころ」, 『漱石全集 16』, 岩波書店, 1956, 133~135쪽.
41 與謝野寬・與謝野晶子, 『滿蒙遊記』, 大阪屋號書店, 1930.
42 伊藤武雄, 『滿鐵に生きて』, 勁草書房, 1964, 292쪽.
43 小林英夫, 『滿鐵調査部事件の眞相』, 小學館, 2004.

| 제2부 정보 · 교류 |

**고대 중국의 출행의식과 여행금기**

1 일서란 시일의 길흉을 오행의 상극(相剋)과 상생(相生) 관계를 따져 점치는 것으로 오늘날 택일서의 원형이라고 할 수 있다. 택일서인 일서류(日書類)는 『수호지진간(睡虎地秦簡)』 외에 『구점초간(九店楚簡)』, 『천수방마탄진간(天水放馬灘秦簡)』, 『포산초간(包山楚簡)』 등에도 보이지만, 가장 상세하고 다양한 내용으로 구성되어 있는 『수호지진간 일서(睡虎地秦簡 日書)』를 중심으로 분석했다. 이하에서는 『일서』로 약칭하여 표기했다.

2 『후한서(後漢書)』 「문원전(文苑傳)」에 의하면, 이 축문은 후한 영제 때 경조윤(京兆尹) 제오영(第五永) 독군어사가 되어 유주(幽州)를 감독하러 떠나게 되자 백관들이 모두 모여 장락관(長樂館)에서 조전을 베푸는 자리에서 당시 의랑(議郎)인 채옹(蔡邕)이 시부를 지은 것이라고 한다(鄭安生, 『蔡邕集編年校注』, 河北教育出版社, 2002).

3 劉增貴, 「秦簡日書的出行禮俗與信仰」, 『中央研究院歷史語言研究所集刊』 72-3, 2001.

4 반지일에는 상서문을 접수하지 않아 민원을 샀던 사례(『후한서』 「왕부전(王符傳)」)나 도적이 들이닥칠 줄 뻔히 알면서도 반지일에 걸린다는 이유로 움직이지 않아 살해당한 에피소드((『한서(漢書)』 「유협전(游俠傳)」의 이기주(李奇注))를 보면 "장송(張竦)이 도적을 만날 줄 미리 알아 떠나야 된다는 것을 알면서도 반지일에 걸려 가지 않았다. 그리하여 도적에게 살해당했다. 환담(桓譚)이 이것을 가리켜 아는 자의 병폐라고 했다"라고 했는데, 바로 그러한 예이다.

5 李學根, 「睡虎地秦簡中的「艮山圖」」, 『文物天地』 1991-4.

6 劉樂賢, 『睡虎地秦簡日書研究』, 文津出版社, 1994.

7 '우수유'를 납음의 택일 원리와 관련지어 밝혀낸 이가 饒宗頤(「秦簡中的五行說與納音說」, 『古文字研究』 14輯, 1986)이다. 그에 의하면, 오성(五聲)은 서로 다른 오행(五行)의 속성을 가지고 있는데, 궁(宮)은 토(土), 상(商)은 금(金), 각(角)은 목(木), 징(徵)은 화(火), 우(羽)는 수(水)이다. 오음(五音)의 오행속성은 또한 십이율(十二律)을 결정하여 각자 음양오행의 속성을 가지게 된다. 1율에 오음을 포함해 12율은 모두 60음을 받아들이게 된다. 납음오행의 추연 방식은 예를 들어 오음은 궁에서 시작해 간지는 갑자에서 시작하는데, 궁은 토에 속하므로 토생금(土生金), 때문에 갑자는 금의 중(仲)이 된다. 을축(乙丑)은 갑자(甲子)의 음(陰)으로 반드시 양(陽)을 따라야 하므로 갑자의 처(妻)가 되고 이 때문에 을축(乙丑)도 금

(金)이 된다. 격팔생자(隔八生子)는 임신(壬申)이 되므로 임신(壬申)은 금의 맹(孟)이 된다. 임신(壬申)의 취(娶) 동위는 계유(癸酉), 역시 금이 되고 임신의 격팔생자는 경진(庚辰)이 되고 이것은 금의 계(季)가 된다. 경진의 취 동위가 신사(辛巳)이며 역시 금에 속하고 경진의 격팔생자는 무자(戊子)가 된다는 식이다.

8 劉樂賢, 앞의 책, 465쪽.
9 출행에 즈음에서 행하는 출행의식은 『일서』 갑종의 「출방문(出邦門)」편과 「행(行)」편, 을종의 「행기(行忌)」와 「행사(行祠)」편 등의 사료를 바탕으로 재구성했다.
10 胡新生, 「禹步初探」, 『文史哲』 1996-1.
11 같은 책.
12 조셉 캠벨, 이진구 옮김, 『신의 가면 : 동양신화』, 까치, 1999에서 캠벨이 인용한 로버트 그레이브스의 '하얀 여신'에서 재인용.
13 江紹源, 『中國古代旅行之硏究』, 臺灣商務印書館, 1934.
14 장광직, 이철 옮김, 『신화 미술 제사』, 1990(초판), 동문선.
15 '조(祖)' 제사에 대해서는 『풍속통(風俗通)』 「사전(祀典)」에 '조'라는 항목으로 처음 등장하는데, 조신에 대해서는 『예전』을 인용하며 공공(共工)의 아들인 수(脩)가 멀리 놀러다니길 좋아하여 그의 발길이 닿지 않는 곳이 없었기 때문에 그를 조신으로 했다고 조신의 유래를 설명하고 구체적인 조 제사의 사례에 대해서는 『시(詩)』와 『좌전(左傳)』 등을 인용하여 한 이전부터 길 제사로서 '조' 제사가 행해져 그 연원이 오래됐음을 설명하고 있다.
16 『후한서』 「순욱전(荀旭傳)」에 순욱이 죽자 황제가 그를 애도하여 "조일(祖日)에 연회를 취소했다"고 한 것이나 『의례(儀禮)』 정현주(鄭玄注)에, "오늘날 민가에서는 봄가을에 사명(司命), 행신(行神), 산신(山神), 문(門), 호(戶), 조(竈)에 제사를 지낸다. 봄에는 사명에 제사를 시내고 가을에는 려(厲)에 세사를 시내며 혹자는 이 둘을 합해 제사를 지내기도 한다"라고 하여 후한대 민간에서 봄과 가을에 행신에 정기적으로 제사하는 관행을 전하고 있다.
17 『居延漢簡釋文合校』 2408 : 合 104.9, 145.14.
18 『사기(史記)』 권 126 「골계열전(滑稽列傳)」의 저소손보문(褚小孫補文)을 보면 빈한했던 동곽(東郭) 선생이 이천석의 벼슬에 임명됐을 때 청수를 달고 궁문을 나서며 주인에게 감사인사를 했는데, 이 때문에 같은 급의 대조(待詔)자들은 도문 밖에서 조도와 같은 예를 행했다고 한 예나, 『한서』 권 71 「소광전(疏廣傳)」에 선제(宣帝)에게 은퇴를 요청한 소광이 귀향할 때 공경대부와 고향사람들이 나와 맞이했는데, "조도를 진설하고(그것이) 동도문(東都門) 밖까지 이어졌다"고 한 예나, 『한서』 권 99 「왕망전(王莽傳)」에 왕망이 태사(太師)인 왕광(王匡)

과 갱시장군(更始將軍) 염단(廉丹)을 파견할 때에도 도문 밖에서 조도를 행해주었던 예를 들 수 있다.

19 信立祥,「漢代畵像中的車馬出行圖考」,『東南文化』1991-01가 대표적이다. 그밖에 馮沂,「臨沂漢畵像石中所見車馬出行圖考釋」,『文博』2004-1 ; 李淸泉,「繪畵題材中意義和內涵的演變: 以宣化遼墓壁畵中的車馬出行圖爲例」,『中山大學學報』, 社會科學版, 2003, 2期, 43卷 ; 劉克,「漢代車騎出行羽化升仙畵像石葬俗論略」,『文博』2004-5 ; 李立·譚思梅,「漢畵車馬出行畵像的神話學詮釋」,『理論與創作』2004-6 등도 크게 이러한 의미분석에서 벗어나지 않는다.

20 信立祥, 앞의 글.

21 화상석에서 경계를 상징하는 '문(門)', '궐(闕)' 등이 간혹 '천문(天門)'이라는 제목이 있거나 '문'과 '궐' 위에 길조를 그려넣음으로써 지상과는 다른 천상 혹은 신선세계임을 표시하고 있는 데에서 알 수 있다.

22 李立·譚思梅, 앞의 글. 그러나 전통 두루마리에 있는 그림은 방향이 우에서 좌로 펼쳐지며 전개되는 것을 상기할 때 과연 이것이 서방에 대한 추구라고 할 수 있는지는 의문이다.

23 동문(東門)과 시정(市井), 그리고 조도와의 관념적 연관성에 대해서는 보다 면밀한 분석이 필요하다. 다만 여기에서는 이성구(「중국 고대의 시(市)의 관념과 기능」,『동양사학연구』36, 1991)는 고대 사회에서 동문에 위치했던 성소로서의 시가 후대 북문으로 장소 이동되면서 성소의 분화가 이루어졌다는 가설에 의하면, 동문과 시정, 이곳에서의 더러움을 씻어내는 불제(祓除)의식이 가지는 상징성은 모두 중첩된다고 해도 틀리지 않을 것이다.

24 『예기(禮記)』「증자문(曾子問)」의 '도이출(道而出)'에 대해 정현은 조도라고 하면서『빙례(聘禮)』를 근거로 "출행할 때 조도를 행하면서 술과 포로 제를 지낸다"고 하여 조도에 술과 제물을 언급하고 있고『한서』권 66「유굴리전(劉屈氂傳)」주에 인용된 안사고에 의하면, "조(祖)라는 것은 길 떠나는 사람을 보내는 제사로 이때 연회를 베푼다"라고 하여 조도에는 연회가 베풀어진다고 한 데에서 알 수 있다.

25 『후한서』권 54「오우전(吳祐傳)」의 이현주(李賢注)에 "조도의 예는 흙을 쌓아 발제의 단을 만든다"라고 했다.

26 白川靜,『中國古代の民俗』, 講談社, 1980 초판(2002년 재판).

27 『사기』「오종세가(五宗世家)」의 사마정(司馬貞)의 주에 "조란 행신을 말한다.……요즘 제례에 비추어보면 흙을 쌓아 길에 단을 만들고 개를 써서 그 피를 왼쪽 바퀴에 바른다"라고 하여 당대(唐代) 조도에서 왼쪽 수레바퀴에 피를 바르

는 흔례를 행하고 있음을 전하고 있다.

28 工藤元男,「埋もれていた行神」,『東大東洋文化硏紀要』106, 1988. 뒤에『睡虎地秦簡よりみた秦代の國家と社會』, 創文社, 1998에 재수록.

29 劉增貴,「秦簡日書의出行禮俗與信仰」,『中央硏究院歷史言語硏究所集刊』72-3. 유증귀(劉增貴)는 행신(行神)을 우(禹)가 아니라『일서』와『포산초간(包山楚簡)』에 보이는 '대상행(大常行)', '궁행(宮行)'이라고 보는데, 이 역시 추정에 불과하다.

## 송대의 여행과 사대부의 교유

1 물론 훌륭한 여행기를 남긴 현장, 혜초, 마르코 폴로, 이븐 바투타와 같은 유명인들뿐만 아니라 많은 승려나 상인 등이 '미지의 세계'로 여행에 나섰지만 그러한 여행이 일반적인 것은 아니었다.

2 張碧惠,「中國宋における旅の形態」,『立敎大學觀光學部紀要』4, 2002, 89~92쪽은 송대 여행의 형태에 대해 육로 교통, 수상 교통, 숙박시설의 관점에서 접근하고 있는데, 실은 제목에 보이는 송대 여행의 형태나 유형에 관한 논술이 아니라 송대 교통, 숙박 즉 여행의 여건에 관해 매우 개괄적으로 다룬 소략한 연구노트에 불과하다.

3 이에 대한 간략한 개괄로는 王立群,「論宋代游記多樣化的原因」,『河南大學學報』(社會科學版) 31-2, 1991이 있다.

4 이 제도는 북송 중기 신법에 반대하다가 파직된 구법당 계열의 정적들을 처리하는 과정에서 남용됐는데 제도 자체는 신법이 전면적으로 부정된 남송대에도 계승됐다. 더욱이 남송대에는 늘어나는 관료들의 적체를 해소하기 위해서도 확대 실시됐을 뿐만 아니라 질병이나 실권자와의 정견상의 차이 등으로 인해 사관을 스스로 원하는 자도 적지 않았다.

5 물론 '유배여행'을 다룬 것으로 岡本不二明,「夷陵への旅 : 歐陽修『于役志』を讀む」,『人文』(鹿兒島縣立短期大學) 16, 1992와 같은 연구를 들 수 있는데, 이는 북송 인종대 범중엄(范仲淹)이 주도한 '경력신정(慶曆新政)'에 가담한 구양수가 탄핵을 받아 협주(峽州) 이릉현령(夷陵縣令)으로 유배되어 수도인 개봉(開封)에서 유배지 이릉현(현 후베이성(湖北省) 이창시(宜昌市))으로 가는 도중의 공안현(公安縣. 현 후베이성 징저우시(荊州市) 궁안현(公安縣))까지 3개월여의 여정을 기록한「우역지(于役志)」(『歐陽文忠公集』卷 125)를 토대로 구양수의 행적을 다루고 있다.

6 『입촉기(入蜀記)』와『오선록(吳船錄)』은『사고전서총목(四庫全書總目)』사(史)

부7 전기류4 잡록지속(雜錄之屬)에 분류되어 있다. 그 제요(提要)에는 각각 "(육)유는 문장에 솜씨가 있어서 산천, 풍토에 대한 서술이 자못 우아하고 깔끔하다. 그리고 고적의 고정(考訂)에 더욱 유의했다"라고 했고, 『오선록』에 대해서는 "······고적의 뛰어난 형세나 풍경에 대해 가장 잘 표현하고 있으며 또한 때로 고증하는 곳도 있다"라고 평하고 있다. 이처럼 두 여행기의 '고적에 대한 고정(考訂) 또는 고증'이라는 점에 주목하고 있는 것이다. 그러나 필자가 보기에 두 책은 이 점보다 전형적인 유기(遊記)로서의 가치가 훨씬 크다고 하겠다. 『입촉기』는 육유의 『위남문집(渭南文集)』 권 43~48에도 수록되어 있는데 필자는 이 『위남문집』을 비롯해, 『검남시고(劍南詩稿)』, 『남당서(南唐書)』, 『노학암필기(老學庵筆記)』 등 그의 주요 저작을 함께 모은 『육방옹전집(陸放翁全集) 상·중·하』(中國書店, 1986)를 이용했다. 『오선록』은 『총서집성』본을 이용했다. 한편 『사고전서총목』 사부11 지리류 9 유기지속(游記之屬)에는 오직 3편의 저서가 수록되어 있는데 이 분류의 타당성은 차치하더라도 송대의 유기로는 장례(張禮)의 『유성남기(遊城南記)』가 실려 있다. 그 제요에 "유성남기 1권은 송의 장례가 지었다.······장안의 성 남쪽에서 노닐면서 당대 도읍의 옛터를 방문하여 이 유기를 지어 스스로 주를 달았다"라고 했다. 실제 이 책은 송대 남아 있던 장안의 옛터에 대해 '장주왈(張注曰)'이라는 형식을 빌려 고증으로 일관하고 있기 때문에 우리가 다루는 여행기와는 거리가 멀다.

7 『입촉기』와 『오선록』에 대한 역서가 일찍부터 나왔던 것은 그러한 관심의 일환인데 그 대표적인 것으로 陸游 撰, 岩城秀夫 譯, 『入蜀記』, 平凡社, 1986 ; 范成大 撰, 小川環樹 譯, 『吳船錄·攬轡錄·驂鸞錄』, 平凡社, 2001 ; 陳新 譯註, 『宋人長江游記 : 陸游『入蜀記』·范成大『吳船錄』今譯』, 春風文藝出版社, 1987을 들 수 있다.

8 송대 일기체 여행기의 선구로는 주 5에서 언급한 구양수의 「우역지」를 들 수 있다. 그러나 이것은 내용이 너무 소략하여 송대 여행의 실상을 파악하기에 미흡하다. 한편 범성대는 『오선록』을 쓰기 전에 『남비록(攬轡錄)』과 『참란록(驂鸞錄)』이라는 일기체 여행기를 쓴 바 있다. 전자는 범성대가 금나라에 사절로 오가는 도중의 모습과 심경, 그리고 금의 수도인 중도(中都, 북경) 체재중의 관찰을 기록한 것이고(현행본은 초록), 후자는 그가 지정강부(知靜江府)로 발령받아 고향인 오현(吳縣)을 출발하여 계림으로 가는 4개월여의 여정을 기록한 것인데 둘 다 『오선록』에 비해 주목을 받지 못하고 있다.

9 古林森廣, 「宋代長江における舟航の實態」, 宋代史硏究會 編, 『宋代社會のネットワーク』, 汲古書院, 1998은 송대 장강 주행(舟行)에 장애와 제약이 되는 자연조건으로 탄(灘)과 기(磯), 수위, 풍향을 설정하여 다루고 있고 또 이를 극복하기

위한 사람들의 인위적 대응을 잘 정리하고 있다.
10 육유의 이력에 관해서는 주로 劉維崇, 『陸游評傳』, 正中書局, 1966과 于北山, 『陸游年譜』, 上海古籍出版社, 1985에 의거했다.
11 『入蜀記』 제1, 건도 5년 12월 6일조.
12 劉馨珺, 「從墓誌銘談宋代地方官的赴任」(2003년 10월, 타이베이시 둥우대학(東吳大學)에서 열린 '宋代墓誌史料文本分析與實證運用' 학술회의 제출논문), 2~3쪽 참조.
13 뒷날 육유가 임지인 기주에서 박봉으로 인해 궁색한 생활을 할 수밖에 없었다고 하면서 "나의 식솔들은 손가락 수로 치면 백수(百數)가 됐다(『渭南文集』卷 13, 「上虞承相書」)"라고 하는 것으로 보아 이때 동행한 가족은 동복(僮僕)을 포함해서 10명 안팎이었을 것으로 추정된다.
14 斯波義信, 『宋代商業史研究』, 風間書房, 1968, 64쪽.
15 劉馨珺, 앞의 논문, 14쪽 참조. 그리고 송대 관료의 이동시 승선 규정에 대해 보다 자세한 것은 曹家齊, 『宋代交通管理制度研究』, 河南大學出版社, 2004(재), 47~52쪽을 참조할 것.
16 『入蜀記』 제1, 6월 29일조.
17 吳自牧, 『夢梁錄』 卷 12, 「江海船艦」.
18 송대 해선의 규모나 조선기술 등에 대해 보다 자세한 것은, 彭德淸 主編, 『中國航海史：古代航海史』, 人民交通出版社, 1988, 108~117쪽；房仲甫・李二和 共著, 『中國水運史』, 新華出版社, 2003, 178~181쪽 및 189~192쪽을 참조할 것.
19 『劍南詩稿』 卷 10, 「乘大風發巴陵」.
20 『入蜀記』 제5, 9월 20일조.
21 『入蜀記』 제5, 9월 20일조.
22 『入蜀記』 제5, 9월 11일조.
23 송대 내하선(內河船)의 종류나 규모 등에 대해서는 斯波義信, 앞의 책, 64~70쪽을 참조할 것.
24 周去非, 『嶺外代答』(楊武泉 校注, 『嶺外代答校注』本, 中華書局, 1999), 卷 6, 「藤舟」, 218쪽.
25 『入蜀記』 제4, 8월 23일조.
26 일례로 『入蜀記』 제1, 6월 25일조에 보면, 장강 상행이 시작되기 직전 조수 때문에 뱃사람이 출항을 하지 않아 육유는 출발을 늦춰야 했다.
27 『入蜀記』 제5, 9월 10일조.
28 古林森廣, 앞의 논문.

29 예를 들어『入蜀記』第4, 8월 22일조에 보면, 기와 탄이 많은 곳에서는 물길이 육로보다 2, 3배 더 소요되는 경우도 있었다.
30 『吳船錄』卷 下, 7월 경술조.
31 『吳船錄』卷 下, 7월 계축조.
32 『吳船錄』卷 下, 8월 정해조.
33 『吳船錄』卷 下, 9월 기해조.
34 『吳船錄』卷 下, 9월 경자조.
35 송대 지방관이 임지로 부임할 때는 기본적으로 숙식은 '역권(驛券)'을 지급받아 해결했으나 돈이나 양식 등 현물을 받는 '지사(支賜)'도 허용됐으므로 부임하는 지방관은 '역권'과 '지사' 중에 하나를 선택할 수 있었다(劉馨珺, 앞의 논문, 14쪽 참조). 그리고 송대 관료에 대한 역권 발급과 숙박에 관해 보다 상세한 것은 曹家齊, 앞의 책, 59~67쪽을 참조.
36 『劍南詩稿』卷 2, 「水亭有懷」.
37 『入蜀記』第3, 8월 2일조.
38 『吳船錄』卷 下, 7월 기묘조.
39 古林森廣, 「宋代の長江流域における水神信仰」, 『中國宋代の社會と經濟』, 國書刊行會, 1996, 89~94쪽. 이 논문은 상원수부(上元水府), 중원수부(中元水府), 하원수부(下元水府) 신앙뿐만 아니라 장강 연안에 산재한 여러 사묘(賜廟)를 중심으로 확산된 수신(水神)신앙의 실태를 잘 정리하고 있다. 이 절은 이 논문을 많이 참조했다.
40 『入蜀記』第1, 6월 25일조.
41 『入蜀記』第5, 9월 26일조. 한편 범성대는 강독묘(江瀆廟) 앞에서 숙박했다고만 했을 뿐 여기서 제사를 올렸다는 기록은 없다.
42 古林森廣, 「宋代の長江流域における水神信仰」, 앞의 책, 97쪽. 또 후루바야시 모리히로(古林森廣)는 남송 고종연간 강독묘의 신조(神助)에 의해 금군의 남침을 저지할 수 있다고 여겨 그 공적으로 왕의 칭호가 수여됐다고 한다.
43 『入蜀記』第6, 10월 13일.
44 강독북묘(江瀆北廟)에 대해서는『入蜀記』第6, 10월 13일조, 강독남묘(江瀆南廟)에 대해서는『入蜀記』第6, 10월 14일조.
45 『入蜀記』第5, 9월 26일조.
46 『劍南詩稿』卷 2, 「初寒」.
47 『吳船錄』卷 下, 8월 무진삭조.
48 『入蜀記』第4, 9월 4일조.

49 『入蜀記』第5, 9월 22일조.
50 『入蜀記』第5, 10월 2일조.
51 『入蜀記』第4, 8월 13일조.
52 『入蜀記』第4, 8월 21일조.
53 탄자(灘子)에 관한 서술은 『入蜀記』第6, 10월 14일조에 의거함.
54 『入蜀記』第4, 8월 14일조.
55 『吳船錄』卷 上, 7월 경술조에 보면, 범성대는 공주(恭州. 중경)를 경계로 서천(西川. 서부 사천)과 동천(東川. 동부 사천)으로 나누면서 풍속이 서로 다르다는 점을 지적했다.
56 『入蜀記』第5, 9월 27일조.
57 『入蜀記』第5, 9월 17일조.
58 『入蜀記』第5, 8월 28일조에 "(악주는) 사방의 상인이 모여드는 곳인데 촉인이 많다"라고 했다.
59 송대 지역사 연구의 한 사례로 유성시(類省試)를 통해 사천 지방의 지역성 문제를 다룬 논고에는 近藤一成, 「南宋四川の類省試からみた地域の問題」, 『史觀』 151, 2004. 9가 있다.
60 『渭南文集』卷 5, 「辭免賜出身狀 又」.
61 『渭南文集』卷 13, 「上虞丞相書」에 "옛날 친구들이 돈을 갹출하여 (나를) 보내주었다"라고 했다.
62 劉馨珺, 앞의 논문, 12~17쪽 참조.
63 『渭南文集』卷 13, 「上虞丞相書」.
64 『入蜀記』第1, 6월 28일조.
65 『渭南文集』卷 4, 「范待制詩集序」.
66 『入蜀記』第1, 윤 5월 28일조.
67 『吳船錄』卷 下, 7월 무신조.
68 佐伯富, 「宋代の公使錢について:地方財政の研究」, 『中國史研究』第2, 東洋史研會, 1971 (원재는 『東洋學報』 47-1・2, 1964) 참조. 특히 佐伯富, 「宋代の公使庫について:地方財政の研究」(同上書 所收, 원재는 『史林』 53-1, 1970)는 공사전이 실제 지방정치 운영을 위해서라기보다 오히려 관료의 연회비나 상사에 대한 전별금으로 사용되거나 혹은 사적인 목적으로 쓰였다고 했다.
69 『入蜀記』第5, 9월 15일조.
70 『吳船錄』卷 下, 7월 갑자조 ; 『石湖詩集』卷 16 「麻線堆」에 자신이 쓴 주에도 같은 내용이 씌어 있다.

71 『渭南文集』卷 7,「鎭江俯城隍忠祐廟記」;『老學庵筆記』(『陸放翁全集』上 所收) 卷 2.
72 『至元嘉禾志』卷 15,「淳熙八年黃牛榜」에 문인강의 이름이 등재되어 있는 것으로 보아 육유를 만난 이후 과거에 합격했음을 알 수 있다.
73 『渭南文集』卷 14,「京口昌和序」.
74 같은 곳.
75 韓元吉,『南澗甲乙稿』卷 14,「送陸務觀序」에서 한원길은 융흥부 통판시절의 육유의 행정 능력을 오나라 주유와 노숙의 그것에 견주어 극찬하고 있다.
76 『南澗甲乙稿』卷 14,「送陸務觀序」.
77 『渭南文集』卷 30,「跋徐待制詩稿」.
78 『渭南文集』卷 14,「京口昌和序」.
79 『吳船錄』卷 上, 6월 을해조 및 6월 병신조 참조.
80 예컨대『입촉기』제5, 8월 28일조에 보면, 육유는 수재(秀才) 장보(章甫)와 함께 악주의 명소를 탐방하고 있는데 장보의 동행은 단순한 길안내 이상의 역할을 했을 것이다.
81 육유는『남당서(南唐書)』18권을, 범성대는『오군지(吳郡志)』50권을 남겼다.
82 『南澗甲乙稿』卷 14,「送陸務觀序」에는 육유가 장강을 항행했을 때에 배가 파손되어 빠져죽을 뻔해서 평생 장강에는 가지 않겠노라고 했음을 전하고 있다.

**몽골제국 시기 유라시아의 광역 교통망 잠치**

1 藤井讓治・杉山正明・金田章裕 編,『大地の肖像 : 繪圖・地圖が語る世界』, 京都大學學術出版會, 2007, 54~71쪽 ; 宮紀子,『モンゴル帝國が生んだ世界圖』, 日本經濟新聞出版社, 2007, 2~18쪽, 98~119쪽.
2 이하에서 '잠치'로 적음.
3 몽골어에서 잠(jam)은 도로 또는 길을 의미하며, 잠치(jamči)는 그곳에서 일하는 사람을 뜻한다. 잠치를 음역하여 한자로 적은 것이 참적(站赤)인데, 한문 사료에서는 역참(驛站)의 뜻으로 사용됐다.『원사(元史)』「병지(兵志)」에 별도의 항목으로 기재되어 있으며,『영락대전(永樂大典)』권 19416에서는 참적(站赤)을 역전(驛傳)의 번역이라고 명기하고 있다. 특히 후자에 수록되어 있는 잠치에 대한 기록은 몽골제국 시대의 법률과 규범을 집대성했으나 현재 전하지 않는『경세대전(經世大典)』중 일부로 알려져 있어 사료적 가치가 높다.
4 榎一雄著作集編集委員會 編,『榎一雄著作集』中央アジアII, 2卷, 汲古書院, 1992, 313~315쪽.

5 *The Book of Ser Marco Polo : the Venetian Concerning the Kingdoms and Marvels of the East*, translated and edited, with notes, by Colonel Sir Henry Yule, R.E.,C.B, K.C.S.I., CORR. INST, Charles Scribner's Sons, 1903, 434쪽.

6 당시 기마 전령이 하루에 이동하는 거리에 대해『원사』「병지」4에서는 400리(里, 약 200킬로미터)로, 마르코 폴로, 김호동 역주, 『마르코 폴로의 동방견문록』 98장, 사계절, 2000, 275~281쪽에서는 200~300마일, 즉 320~480킬로미터로 기록하고 있다. 후자인 마르코 폴로가 300마일로 적은 기록에 대해서는 과장된 점이 없지 않은 것으로 보인다.

7 마르코 폴로, 앞의 책, 96장, 270쪽.

8 白壽彝,『中國交通史』, 商務印書館, 1937 ; 岩村忍,『モンゴル社會經濟史の硏究』, 京都大學人文科學硏究所, 1968 ; 羽田亨, 「蒙古驛傳考」, 「元朝驛傳雜考」, 「站」,『羽田博士史學論文集』上卷 歷史篇, 同朋社, 1975 ; 李云泉, 「略論元代驛站的職能」,『山東師大學報』, 1996, 2期. 연구사와 관련하여, 王子今,「中國交通史硏究一百年」,『歷史硏究』, 2002, 2期, 169쪽을 참조.

9 원대의 역로를 추적하는 이유는 두 가지 점에서 설명될 수 있는데, 첫째는 원대 역로의 정비를 통해 근대 중국 교통로의 대강이 정비됐다고 보기 때문이며, 둘째는 현존하는 가장 오랜 역참이 대개 원대에 만들어져 오늘에 이르고 있기 때문이다. 羽田亨,「蒙古驛傳考」, 앞의 책, 25~31쪽에서 카라코름(和林)에서 대도(大都)에 이르는 교통로에 대해 설명은 陳得芝,「元岭北行省諸驛道考」,『元史及北方民族史硏究集刊』, 1977, 1期 ; 顔廣文,「元代粵西驛道驛站考略」,『中國邊疆史地硏究』, 1996, 1期 ; 胡小鵬,「元甘肅行省諸驛道考」,『西北史地』, 1997, 4期 ; 顔廣文,「元代隆興至潮州新驛道的開闢及對贛閩粵三省省界開發的影響」,『中國邊疆史地硏究』, 1998, 2期 ; 龐琳,「元代入藏驛道考述」,『西藏硏究』, 1999, 4期 ; 吳小紅,「元代江西驛站及站戶考」,『江西師範大學學報』 33-3, 2000 ; 羅建軍,「我國現存最完整的古代大型驛站 : 鷄鳴驛」,『檔案天地』 1999-3 등을 참조.

10 白壽彝, 앞의 책, 99쪽.

11 何雙全, 「漢代西北驛道與傳置 : 甲渠候官·懸泉漢簡『傳置道里薄』考述」, 『中國歷史博物館館刊』, 1998, 1期. 물론 지역이나 시기로 보아 여기에서 언급한 상주인구나 이동 인구의 대부분은 군인이었던 것으로 보아야 할 것이다.

12 『漢書』卷 83,「薛宣傳」, 3,385~3,398쪽.

13 주대(周代)에는 역(驛)을 전(傳)이라고 하고, 전역 사무를 담당하는 사람을 행부(行夫)라고 하며, 각 역간의 거리는 30리로 했다. 이것은『좌전·장공삼년(左傳·庄公三年)』에서 매일 군대가 행군할 수 있는 거리를 30리로 규정하고, 30리 즉

1사(舍)라고 한데서 비롯됐는데, 전사(傳舍), 객사(客舍), 관사(館舍) 등의 명칭도 여기에서 유래했다. 30리 규정 이외에 20리와 40리를 단위로 한 경우도 있었다. 전진(前秦) 부견(符堅)이 장안에 도읍한 이후, 이를 중심으로 한 역전체계의 정비가 단행됐는데, 이것이 여기에 해당된다. 『晋書』 卷 113, 載記 13, 符堅上, 2,895쪽. "自長安至于諸州, 二十里一亭, 四十里一驛, 旅行者取給于途, 工商貿販于道."

14 劉開揚, 『高适詩集編年箋注』, 中華書局, 1981, 387쪽.
15 李彬, 『唐代文明與新聞傳播』, 新華出版社, 1999, 47쪽.
16 『元史』 「兵志」 4, 2,596~2,597쪽.
17 당대 1리는 대략 534미터이며, 청대는 576미터에 해당한다. 송·원·명의 경우도 대략 이 범위를 넘지 않는다고 보아야 할 것이다. 이에 이상에서 대략 550미터로 가정하여 계산했으니, 일정 정도의 오차는 피하기 어려울 것이다. 朴興秀, 『韓·中度量衡制度史』, 성균관대학교 출판부, 1999, 357, 418, 452쪽.
18 한국에서는 문교부 고시에 의한 외래어 표기법의 원칙에 의해 '칭기즈 칸'으로 통일하여 적고 있다. 그러나 이것은 몽골어 칭기스(Činggis)의 s가 투르크어의 영향으로 일부 언어에서는 z로 발음됐기 때문이지 원래 몽골어 발음은 칭기스였으므로 이 책에서는 칭기스로 표기했다.
19 岩村忍, 앞의 책, 251쪽.
20 胡小鵬, 「元甘肅行省諸譯道考」, 『西北史地』, 1997, 4期, 42쪽.
21 우구데이 칸의 네 가지 업적은 금을 정벌하고, 사신 왕래와 물품의 운반을 위한 역참 정비, 물이 없는 초원에서 우물을 찾아 초원의 효율적 이용을 제고했고, 각 도시에 알긴치(전방 정찰, 수색 담당), 탐마치(점령지 물자 징발, 수송 담당) 등 관료를 파견하여 점령지에 대한 중앙 정부의 장악력을 확대시켜갔다. 유원수 역주, 『몽골비사』, 사계절, 2004, 301쪽.
22 같은 책, 299~300쪽.
23 같은 책, 300~301쪽.
24 『元史』 「太宗本紀」 卷 2, 29쪽.
25 쿠빌라이 시기에 이 기구는 태부감(太府監)이라고 불리다가, 이후 상목감(尙牧監, 1279), 태복원(太僕院, 1282), 위위원(衛尉院, 1283)을 거쳐 태복시(太僕寺, 1287)로 승격됐고, 1288년부터 중서성이 관할했다. 장관은 종이품(從二品)으로 통정원(通政院), 도호부(都護府)의 장관과 동급이었다.
26 『元史』 「兵志」 3·馬政, 卷 100에 의하면 3필의 말이 병사한 경우, 자신의 큰 암말(大母馬) 1필로, 2필이 병사한 경우, 자신의 세마(歲馬) 2필, 1필이 병사한 경

우, 자신의 암양(母羊) 한 마리로 배상했다.
27 『元史』,「順帝本紀」卷 43, 914쪽.
28 波·少布,「元朝的馬政制度」,『黑龍江民族叢刊』, 1995, 3期, 43쪽.
29 정광 역주·해제,『원본노걸대(原本老乞大)』62장 '말 흥정', 김영사, 2004, 252쪽. 많은 판본 중에서 가장 고본으로 알려진『원본노걸대』를 통해, 이것이 1346년 원(元)의 대도(大都)에 장사하러갔던 상인의 기록을 중심으로 내용이 편성됐음을 알 수 있다.
30 船田善之,「元代史料としての舊本 '老乞大' : 鈔と物価の記載を中心として」,『東洋學報』83-1, 2001.
31 『元史』,「兵志」4·站赤, 卷 101.
32 *The Book of Ser Marco Polo : the Venetian concerning the Kingdoms and Marvels of the East*, translated and edited, with notes, by Colonel Sir Henry Yule, R.E., C.B, K.C.S.I., CORR. INST. Charles Scribner's Sons, 1903, 351~354쪽.
33 『元史』,「兵志」4·站赤, 卷 101.
34 D'Ohsson, *Histoire des Mongols*, 馮承鈞 譯,『多桑蒙古史』下冊, 上海書店出版社, 2001, 341~342쪽. 이하에서『多桑蒙古史』로 적는다.
35 『多桑蒙古史』下冊, 342쪽.
36 마르코 폴로, 앞의 책, 95~96쪽.
37 헨리 율·앙리 꼬르디에, 정수일 옮김,『중국으로 가는 길』, 사계절, 2002, 43~45쪽.
38 르네 그루쎄, 김호동 옮김,『유라시아 유목제국사』, 사계절, 1998, 139~153쪽.
39 헨리 율·앙리 꼬르디에, 앞의 책, 337쪽. 제마르코스의 여정에 관해 비잔틴의 역사가 메난토로스의 기록을 참조.
40 마르코 폴로, 앞의 책, 76~79쪽.
41 김호동,『동방 기독교와 동서문명』, 까치, 2002, 84~88쪽.
42 이븐 바투타, 정수일 역주,『이븐 바투타 여행기』2, 창작과 비평사, 2001, 327쪽.
43 마르코 폴로, 앞의 책, 91~93쪽.
44 같은 책, 271~272쪽. "이 모든 지폐에는 대군주의 인장이 찍혀 있다. 그리고 그것들은 마치 순금이나 순은인 것처럼 강력한 권위와 절차를 거쳐 제조된다. 이같은 일을 책임지는 많은 관리들이 화폐 위에 자신들의 이름을 써서 표지를 남긴다. 모든 것들이 응당한 절차대로 이루어지면 군주가 임명한 총책임자는 자신에게 맡겨진 인장을 인주에 묻혀 화폐 위에 찍어서 인주가 묻은 인장의 문양이 거기에 인쇄되도록 한다. 그러면 그 화폐에는 권위가 부여되는 것이다. 이것을 위조하는 자는 극형으로 처벌된다. 대군주는 세상의 모든 재물들의 값을 지불할 수

있을 정도로 많은 지폐를 보유하고 있다."

45 고마츠 히사오 외, 이평래 옮김, 『중앙유라시아의 역사』, 소나무, 2005, 230~231 쪽. 훌레구 울루스(일한국)의 가잔 칸 시기부터 이슬람화가 가속화되면서 인근 맘룩조와도 14세기 이래 적대적 관계가 해소되기 시작했다. 이러한 정치적 상황의 변화를 배경으로 이집트의 상인들에 의해 인도를 거쳐온 상품이 유럽으로 전매됐다. 이들은 초기에는 지중해와 홍해를 중심으로 활약하다가 인도양에 이르는 광범한 교역망을 구축했다. 특히 이 카리미 상인집단은 14세기 초 맘룩조의 적극적인 지원 아래 발전했는데, 정부로부터 자금을 지원받아 유럽과 아시아 사이의 상품교역에서 중매인으로 활동하여 상당한 부를 축적했다.

46 지영재, 『서정록을 찾아서』, 푸른역사, 2003, 15~37쪽.

47 투하의 의미에 대해서는 여러 해석이 있는데, 몽골의 사회조직 중 하나인 아이막(ayimaγ, 愛馬)의 한역으로 두하(頭下), 두정(頭頂)으로도 쓴다는 주장과 투하(tou-xia)가 '담당하다, 맡다'의 몽골어 tusiya(qu)의 음역이라는 두 가지 설로 나눠볼 수 있다. 李治安, 『元代分封制度研究』, 天津古籍出版社, 1992, 5~9쪽.

48 本田實信, 『モンゴル時代史研究』, 東京大學出版會, 1991, 72~73쪽에 의하면, 전통적으로 칸의 숙영지가 정해지는 위치에 따라서 왕자들은 그 오른쪽에 자리를 잡고, 신하들은 왼쪽에 거처를 정할 수 있었다고 한다. 따라서 계절과 머무는 목적에 따라 칸의 숙영지가 어디에 정해질 것인지를 정하고 왕자나 신하들에게 미리 알리는 유르트치(yurtchi)와 같은 관료도 있었다. 이러한 전통에 따라 칭기스 칸도 자신의 아들들은 오른쪽 즉 서부에, 동생과 관료들은 왼쪽 즉 동부에 분봉했다.

49 宮脇淳子, 「草原の覇者：モンゴル民族の形成と發展」, 護雅夫・岡田英弘 編, 『中央ユーラシアの世界』(民族の世界史 4), 山川出版社, 1990, 314~318쪽에 의하면, 우구데이는 야율초재(耶律楚材)의 반대에도 불구하고, 유목적 전통에 따라 금의 정복을 통해 확보된 지역을 각 종왕들에게 공평하게 분배했다. 쿠빌라이도 남송 정벌 이후 같은 방식으로 강남 각지를 종왕들에게 분급했는데, 이러한 유목적 전통 때문에 국가 성립 초기에는 귀족들이 정복전쟁에 적극적으로 참여하여 국가 발전이 급속히 진행되지만, 정복지 확보가 한계에 이르면 국가가 쉽게 와해되는 경향이 있음을 지적했다.

50 『元史』 「食貨志」 3, 2,411쪽.

51 『元典章』 卷 9, '改正投下達魯花赤/延祐四年六月十七日'條.

52 岩村忍, 앞의 책, 405~406쪽.

53 Thomas T. Allsen, *Culture and Conquest in Mongol Eurasia*, Cambridge

University Press, 2001, 41~50쪽. 이 연구에서 앨센(Allsen)은 그간 몽골학계에서는 분봉제와 경제적 관계에 대한 연구가 결여되어 있었음을 지적하고, 원과 훌레구 울루스 사이의 관계를 중심으로 분봉이 전체 몽골제국의 경제 유통 문제와 긴밀한 관계를 형성하고 있었음을 지적했다.

54 『元史』「地理志」1, 1,349쪽에 보이는 복리(腹裏)는 내지의 의미로, 각각 외두(外頭)와 행성(行省)에 상대되는 개념으로 흔히 사용됐다.

55 『元史』「食貨志」3, 2,416쪽.

56 칭기스 칸의 유언에 따라 조치와 그의 자손들은 이르티쉬 서쪽 영역을 분봉받았다. 그러나 칭기스 칸 사후 바투와 수베테이의 원정으로 이르티쉬 서쪽 영역은 다뉴브 하구까지 이르게 되어 광범한 지역으로 통치 지역이 확대됐다.

57 『元史』「食貨志」3, 2,414쪽.

58 시르다리야, 아무다리야 유역의 오아시스 지역으로 사마르칸드, 부하라, 우르겐치, 히바, 타슈켄트 등 주요한 도시들이 자리하고 있다. 트란스옥시아나(Transoxiana)는 'Oxus강(아무다리야) 너머의 땅'을 의미하는 그리스어에서 기원한다. 이것을 아랍어로 마 와라 알 나흐르(Ma warā' al-Nahr)라고도 하는데, 이는 '큰 강(아무다리야) 건너의 땅'을 의미한다.

59 『元史』「食貨志」3, 2,414쪽.

60 Thomas T. Allsen, 앞의 책, 2001, 46쪽에서는, 훌레구가 분급받은 오호사의 수량이 1319년 통계에 따르면 2,929호로 급격히 감소했다고 한다. 그리고 이에 대해 앨센은 원조가 종왕의 봉지에 대해 영향력을 계속 확대시킨 결과일 것으로 추측했다.

61 『元史』「兵志」4, 2,591~2,594쪽.

62 杉山正明, 『モンゴル帝國と大元ウルス』, 京都大學學術出版會, 2004, 290~293쪽.

63 『多桑蒙古史』上冊, 291쪽.

64 杉山正明, 앞의 책, 2004, 116~121쪽에서는, 1266년 서부 3한가(汗家)를 대표하는 훌레구, 알루구, 베르케(조치 계열)가 참석하는 쿠릴타이의 개최가 예정됐으나, 1265년 훌레구가 사망하고, 1266년 베르케, 알루구가 사망하면서 제국통합을 위한 시도가 무산됐다고 보았다. 이때 차가다이 내부에서 발생한 계승 분쟁을 틈타 등장한 것이 카이두였다.

65 『多桑蒙古史』上冊, 336쪽.

66 杉山正明, 『モンゴル帝國の興亡』下, 講談社, 1996, 165~187쪽.

**명청 교체기의 북경여행**

1 貝遠辰・葉幼明,『歷代游記選』, 湖南人民出版社, 1980에서는 남북조 시기를 여행 관련 문예작품의 효시로 보고 특히 유송(劉宋) 사영운(謝靈運)의 작품을 산수유기의 시조로 간주했다. 呂洪年・李孝華,「我國游記的淵源和發展」,『語文戰線』, 1984, 12期 ; 張文武,「試析游記的史料價値」,『首都師範大學學報』 2003-4 ; 黃卓才,「略論游記的寫作特點」,『曁南學報』 4, 1982 ; 方臘全,「游記文學的發展芻議」,『中南民族學院學報』 14卷, 1994 ; 崔承運,「論古代山水游記的藝術成就」,『天津師大學報』 5號, 1990의 경우도 같은 이해방식을 보인다. 명대의 유기에 대해서는 이전에 비해 높은 성취도와 함께 많은 업적물을 남겼지만 기본적으로 당송대 유기의 계승에 지나지 않는다고 평가했다.

2 주 1의 각 논고들은 송대를 유기의 변화기로 설정하고 그 이유로 (1) 작가층의 다양화, (2) 왕안석의「유포선산기(遊褒仙山記)」와 같이 이학(理學)의 성행으로 유기를 통해 철학을 논하는 풍조, (3) 일기체 유기가 나타난 현상 등을 들었다. 王立群,「論宋代游記多樣化的原因」,『河南大學學報』 31, 1991 참조.

3 민국(民國) 시기에는 '고대 유기(游記)'라는 이름으로 여행 관련 문예작품의 정리, 출판이 이어졌다. 역대 유기 500편을 실은 王惲,『古今游記叢鈔』, 中華書局, 1924와 100여 명이 넘는 작자의 유기 187편을 실은 陳善煒 編,『新游記彙刊』, 中華書局, 1924를 필두로『天下名山游記』, 中央書店, 1936와『天下名山勝景記』, 彙文堂書局, 1923 등도 여러 차례 재간행되면서 인기를 얻었다. 賈鴻雁,「中國古代游記的整理與出版」,『山西師大學報(社會科學版)』 32-6, 2005 참조.

4 『사고전서총목(四庫全書總目)』에서는 송대의 대표적 여행기인 범성대(范成大)의『오선록(吳船錄)』과 육유(陸游)의『입촉기(入蜀記)』를 '사부전기(史部傳記)'류로 분류했다. 다니이 도시히토(谷井俊仁)는 그 이유를 여행보다는 지리적 측면이나 개인 경력을 보다 중시했기 때문으로 풀이했다. 谷井俊仁 編,『歷史學事典』 6卷, 「歷史學的方法」, 641~642쪽, 旅行記(中國) 項目, 弘文堂, 2001. 그러나 한편 명대에는『서하객유기(徐霞客游記)』등 지리서와 유사한 성격의 글들이 모두 유기(游記, 遊錄) 등의 이름으로 정리되는 경향을 보인다는 데 주목할 필요가 있다.

5 周振鶴,「從明人文集看晚明旅遊風氣的形成」,『明人文集與明代學術研討會』, 臺灣中央研究院, 2000, 2~4쪽.

6 巫仁恕,「晚明的旅遊活動與消費文化 : 以江南爲討論中心」,『生活, 知識與中國現代性』, 國際學術研討會, 中央研究院近代史硏究所, 2002. 이 연구는 여행가이드(導遊)가 출현하고 일종의 패키지 여행인 투장행정(套裝行程)이 나타나는 등 놀이로서의 여행이 대중적으로 확산된 점에 주목했다. 북경, 항주, 남경으로의 도시

여행, 성황신참배, 불교행사 참가 등도 역시 같은 종류의 여행으로 분류된다.

7   종래 상업서와 같은 범주로 이해되던 노정서(路程書)가 본래 지리적 목적으로 간행된 책이라는 점을 규명해냈다. 노정서 뒤에 각지의 명승고적에 대한 설명서가 부록으로 실린 것을 볼 때, 관광여행의 목적으로 이용되기도 했다는 것이다. 출판업자가 판매를 위해 상업서와 한 세트로 묶어 출간, 유포하여 전 사회적으로 확산됐다고 한다. 谷井俊仁, 「路程書の時代」, 小野和子 編, 『明末淸初の社會と文化』, 京都大學人文科學硏究所, 1996.

8   원중도(袁中道)의 『동유기(東遊記)』에 실린 31편의 유기는 여행과 교우가 불가분의 관계였음을 보여주는 좋은 예이다. 傅德林, 「淺談袁宏道的游記散文」, 『北京師院學報』 4, 1987.

9   吳智和, 「晚明文人集團旅遊·交往的飮茶生活」, 『明史硏究小考』, 1992에서는 강남 지역을 중심으로 주연을 통한 접대와 뱃놀이, 시작(詩作)을 함께 하는 놀이문화, 다도와 시부(詩賦) 창작 등이 어우러진 난숙한 문인문화가 발전했다는 사실을 지적했다.

10  동시대 사람 주국정(朱國禎)은 당시 사대부들 중 가장 여행을 좋아하고 많이 한 사람으로 왕사성(王士性)을 꼽으면서 그의 오악편유(五嶽遍遊)를 여행의 이상으로 들었다. 朱國禎, 『湧幢小品』, 明淸筆記叢刊, 中華書局, 1959, 卷 9, 221쪽 ; 李日華, 『味水軒日記』 卷 6, 385쪽.

11  谷井俊仁, 앞의 책, 1996, 428~432쪽, 및 주 4 ; 谷井俊仁 編, 앞의 책, 2001. 이들 논고에서는 공안파 문인 원중도(袁中道)의 예를 들어 당시 사인(士人)들이 각지를 주유하면서 지역성을 탈피한 전국적 사인 사회를 형성했다는 점을 강조했다.

12  원굉도, 심경호·박용만·유동환 역주, 『역주 원중랑집』 10권, 「해제—조선 후기 한문학과 원굉도」, 소명출판, 2004, 431쪽.

13  서광조(徐宏祖)는 30여 년간 각 지역을 탐험하면서 상세한 여정과 함께 지리, 지질, 식물 등에 대한 탐구 기록을 유기에 담았다. 양자강의 연원을 밝히는 탐사에서 시작하여 귀주, 운남의 산악지대를 거쳐 1640년에는 미얀마 국경지대의 사르윈강 상류에까지 도달한 서굉조의 여행에 대해서는 역사뿐 아니라 지리, 교통, 문학 방면에서도 방대한 양의 연구들이 진행되고 있다. 周寧霞, 「關於『徐霞客游記』的主要增訂資料」, 『中國科技史料』 1, 1989 ; 馮歲平, 「十年來『徐霞客游記』硏究槪覽」, 『中國史硏究動態』 9號, 1990 ; 鍾成模, 「徐霞客游記鈔本流傳始末」, 『貴州文史叢刊』 1號, 1992 ; 馮鏡吾, 「徐霞客游記與晚明交通的硏究」, 『文博』 2, 1995 ; 木鏡湖·葉向東, 「徐霞客游記中的雲南明末」, 『思想戰線』 2, 1995 등 참조.

14 周振鶴 編校,『王士性地理書三種』, 上海古籍出版社, 1993, 「前言」, 1~12쪽. 주진학(周振鶴)은 왕사성이 남긴『오악유초(五嶽游草)』가 지리학의 독립으로 볼 수 있는 수준이며『광유지(廣游志)』와『광지역(廣志繹)』은 현지 조사에서 얻은 재료를 취사선택하여 이론적으로 재배치한 정통 지리학 논고로『서하객유기(徐霞客游記)』와 비교하여 조금도 손색이 없다고 평가했다.

15 于希賢, 「明代地理學家王嘉謨和他的'北山游記'」,『自然科學史研究』1988, 1-4期.

16 『사고전서 총목제요(四庫全書總目提要)』에서는 이를 평하여 직접 견문과 문헌 고찰이 혼재되어 지방지와 잡사(雜史)의 중간 위치에 있는 특별한 유기로 평가했다.

17 周振鶴 編校, 앞의 책, 1993, 9~12쪽.

18 대표적인 예로 F. Wakeman, Jr. *The Great Enterprise*, University of California Press, 1985, Chap 13, "The Shunzhi Court"에서『북유록』을 주요 사료로 이용한 바 있다.

19 周振鶴, 앞의 책, 2000, 4~7쪽.

20 이 글에서는 淸代史料筆記叢刊, 汪江平 點校,『北遊錄』, 中華書局, 1960을 텍스트로 했다.『북유록』은 출판되지 않은 채 초본(抄本)이 전해지다가 1947년 북경대학 교수인 정즈청(鄭之誠)이 이를 찾아내서 감정작업을 거쳤고 1960년에 초판이 발간됐다.

21 역사학자 오함(吳晗)과 사전『사해(辭海)』에서는 모두 담천 자찬의『육십자수서(六十自壽序)』를 근거로 출생연도를 1593년으로 보았지만 일력과 대조해보면 다음해인 1594년이 타당하다고 한다. 죽은 해에 대해서도 황종희(黃宗羲)의 「담유목묘표(談孺木墓表)」에 기원을 둔 1656년 10월설과 지방지 기사를 근거로 한 1657년 12월설이 있지만 같은 읍 출신인 허삼례(許三禮)가 편집한『해녕현지(海寧縣志)』에 의거한 후자 쪽이 보다 신빙성이 있다고 한다. 羅仲輝, 「談遷生卒年月訂誤」,『浙江學刊』1982, 4期.

22 담천은 절강성 해녕현 조림촌(棗林村)의 한미한 집안에서 태어나 과거에 번번이 실패하다가 20대 후반에 응시를 포기했다. 1621년에 6년의 노력 끝에『국각(國榷)』의 초고를 완성했다. 1642년 남경도찰원우도어사(南京都察院右都御史) 장신언(張愼言, 1577~1645) 및 예부상서(禮部尙書) 겸 동각(東閣)대학사 고홍도(高弘圖, ?~1645)의 막료로 일하다가 홍광 정권의 몰락 후 귀향한다. 이후 역사서술에 몰두하던 중 1647년, 원고를 모두 도둑맞은 뒤 다시 저술에 착수해 1657년에『국각』을 완성한다. 그외의 저서로는『棗林雜俎』,『棗林外索』,『棗林

集』12권, 『棗林詩集』3권, 『海昌外志』8권, 『史論』2권 등이 있다. 羅仲輝, 「談遷 及其『國榷』」, 『史學史研究』, 1983, 3期 ; 김택중, 「談遷의 史料蒐輯과 그 동기」, 『인문논총』7집, 서울여대 인문과학연구소, 2000. 12 참조.

23 중화서방(中華書局)에서 펴낸 1960년판의 『북유록』에서는 오함의 동의를 얻어 그가 1959년에 발표한 「애국적역사가담천(愛國的歷史家談遷)」이라는 논고를 서문으로 대신했다. 『北遊錄』, 1~7쪽.

24 국내 연구로는 김택중, 「담천의 숭정제 평가」, 『명청사연구』 11, 1999와 김택중, 2000 등이 있다. 여기서는 담천이 스스로를 강좌(江左) 유민(遺民)으로 자처했던 점, 사마천의 뒤를 잇는다는 의미에서 본명인 '이훈(以訓)'을 '천(遷)'으로 개칭한 사실 등을 들어 담천이 각고의 노력 끝에 방대한 역사서를 저술한 점을 높이 평가했다.

25 조용(曹溶)의 집에서 유약우(劉若愚)의 『작중지(酌中志)』, 손승택(孫承澤)의 『숭정사적(崇禎事迹)』 등을 빌려 보았고 오위업(吳偉業)에게 이자성(李自成) 반란과 관련된 『유구집략(流寇輯略)』, 곽달(霍達)에게서 희귀자료인 『숭정실록(崇禎實錄)』과 『숭정저보(崇禎邸報)』를 빌려 열람했다. 앞의 주 22 참조.

26 臧嶸, 「談遷游北京」, 『今昔談』 54-2, 1982.

27 『北遊錄』 「自序」, 2쪽.

28 왕치등(王穉登)은 자(字)는 백곡(百穀), 강음(江陰) 출신으로 가정(嘉靖)연간 말엽부터 북경에 체류하며 문명을 떨쳤다. 『明史列傳』 第176, 文苑 4.

29 주지석(朱之錫)은 청조에서 처음 치러진 과거인 순치 3년 병술과에 합격, 이듬해 홍문원(弘文院) 편수(編修)를 제수받았다. 1650년에 부친 주삼봉(朱三鳳)이 별세하자 향리로 돌아가 복상을 마치고 북경으로 돌아가는 길이었다.

30 『北遊錄』 「朱序」, 1쪽.

31 錢朝瑋, 「談孺木先生傳」, 『棗林詩文集』 卷 1, 遼寧敎育出版社, 1998, 70쪽. 담천의 저작은 생전에는 인쇄된 적이 없으며 사후에 초본이 돌아다닐 뿐이었다. 『조림시문집(棗林詩文集)』은 북경도서관과 복건도서관에 소장된 초본을 근간으로 중국사회과학원 역사연구소 뤄중후이(羅仲輝)의 교점과 정리를 거쳐 시작을 중심으로 편집한 것이다.

32 담천의 '기정(紀程)'에서는 출발일을 1653년 윤6월 갑자(甲子)로 기록했고 6, 7월 모두 이에 따라 날짜를 산정했다. 그러나 이해의 음력 6월은 평달이고 7월이 윤달인 관계로 날짜가 맞지 않는다. 음력 8월부터는 양력 날짜와 일치하며 여행의 전 일정이 126일인 것은 확실하므로 이 글에서는 양력을 기준으로 여행 일정을 구성했다.

33 谷井俊仁, 앞의 책, 1996, 432~441쪽. 명대 운하교통에 대한 국내 연구로는 김성한, 「명중기 대운하 노정 : 『圖相南北兩京路程』을 중심으로」, 『명청사연구』 19, 2003. 10 참조.
34 최부, 박원호 옮김, 『최부 표해록 연구』, 고려대학교 출판부, 2006 ; 서인범·주성지 옮김, 『표해록』, 한길사, 2004 참조.
35 『北遊錄』, 41쪽, 104 庚戌.
36 谷井俊仁, 앞의 책, 1996, 438~439쪽. 책언의 일정이 길어진 이유를 주로 관영 교통조직의 경직성에서 찾았다.
37 祁彪佳, 『祁忠敏公日記』, 「壬午日曆」, 書目文獻出版社, 1991.
38 Timothy Brook, *The Confusions of Pleasure : Commerce and Culture in Ming China*, University of California Press, 1998(티모시 브룩, 이정·강인황 옮김, 『쾌락의 혼돈』, 이산, 2005, 229쪽).
39 『北遊錄』 紀程 126.
40 당대까지의 여행자들은 주로 가벼운 비단을 여비로 지참했는데 송대 이래 점차 줄어들어 은냥과 동전을 함께 사용했고 명청대에는 모두 은을 지참하게 된다. 尙秉和, 『中國社會風俗史』, 東洋文庫, 1969, 321쪽.
41 『北遊錄』, 1~6쪽, 紀程上. 가흥(嘉興)에서는 이초유(李楚柔)와 해녕현 출신의 복사(復社) 동인 주방암(朱方庵. 昇), 유군승(兪君升. 雲來) 등이 찾아와 전별 모임이 있었고 호구(虎丘)에서는 구동황(裘東皇. 龍)을 만나 계당선음(戒幢禪院)을 방문했으며 무석(無錫)에서는 주천구(周天球. 公瑕), 학헌(學憲) 추적광(鄒迪光) 등과 시회를 가졌다.
42 『北遊錄』, 11쪽, 紀程上 29戊戌. 의흥(宜興)의 편수(編修) 진실암(陳實庵. 于鼎)은 주태사(朱太史)를 찾아와 전별하는 자리에서 순대(巡臺) 이성기(李成紀)를 호평하는 등 정치 관련 이야기들을 나누었다. 16쪽 42 무신(戊申)에서 왕편수(王編修)는 총조(總漕) 심문규(沈文奎)의 양해를 얻어 주태사의 배로 올라와 유숙(留宿)했는데 관료생활의 어려움을 서로 이야기했다.
43 『清史稿』 239, 「列傳」 26, 沈文奎.
44 『北遊錄』, 33~34쪽, 紀程上.
45 談遷, 『棗林雜俎』, 中華書局, 2006, 141쪽, 仁集, 305. '강녕요(江寧謠)'는 홍승주(洪承疇)가 남경에 강남대학사로 부임했을 때, 충신 사가법(史家法)과 그를 대비시켜 조롱하는 시구가 담긴 대련(對聯)이 내걸렸다는 사실을 전한다.
46 국서, 곧 만주문에 능통한 필첩식(筆帖式)들은 청조 입관 전, 성경(盛京)에서 설치되기 시작하여 그 뒤 지방의 총독, 순무아문까지 배치됐다. 『北遊錄』, 紀聞下,

369쪽.
47 『北遊錄』, 紀程上 17쪽.
48 『北遊錄』, 紀詠下, '驛卒行', 204쪽.
49 주 26 참조.
50 『北遊錄』, 246~249쪽, 紀文, '思陵記'.
51 『北遊錄』, 386쪽, 紀聞下, 102 人市.
52 그밖에 기괴한 사건(278쪽, 5 人梟), 민간종교(318, 56 玄狐敎), 바닷길에 대한 정보(280쪽, 14 海運新攻), 숭정제 공주의 운명(322~323쪽, 75 長平公主誅) 등의 내용은 주목되는 정보를 제공해준다.
53 『北遊錄』, 288~296쪽, 紀聞上1, 15 趙崅游略 ; 296~311쪽, 16 王弘慶片石語.
54 『北遊錄』, 45~46쪽, 紀郵上, 正月 癸巳.
55 『北遊錄』, 277~278쪽, 여기에서는 아담 샬의 내력 및 진명하가 그에게 연금술을 배우고자 했으나 얻지 못했다는 이야기, 숭정 갑신 3월, 진명하가 명조의 멸망을 알고 천주당에 피신하여 목을 매려는 것을 만류했다는 등 새로운 내용이 기재되어 있다.
56 담천은 여행 78일째 산동성 제녕주 유적의 분포와 내력을 기술하면서 남아 있는 천주교 관련 비석을 탐사, 『일통지(一統志)』의 기사 내용 및 자신의 견문과 일일이 비교하여 기술한 바 있다. 『北遊錄』, 27~28쪽, 紀程上, 乙酉.
57 『北遊錄』, 49~350쪽, 紀聞下(5 滿官, 6 朝饗), 354~355쪽(13 生日, 14 辮髮, 15 騙疹) 등이 여기 해당된다.
58 『北遊錄』, 384~396쪽, '99 정지룡(鄭芝龍)'에서는 정성공의 부친인 정지룡이 원래 해적 출신으로 막대한 재화로 귀족들과 교분을 맺었다는 사실과 청조로의 귀순, 아들 삼(森, 성성공)의 출생경위, 삼이 일본에서 데려온 생모가 청병에게 비참하게 피살된 뒤 군사를 일으킨 사정, 남명 정권과의 관계, 초무(招撫) 실패 등의 정보를 담았다. '124 병화(兵禍)'에서는 임진년 장주에서 벌어진 전란의 참상을, '126신락현남관제벽(新樂縣南關題壁)'에서는 무자년 강남 출신의 여성이 만주인에게 잡혀 북으로 끌려갔다가 임진년 다시 남쪽으로 함께 내려오면서 자신의 박명을 한탄한 시구를 옮겨 적었다.
59 『北遊錄』, 362쪽, '31 張瑄'에서는 진명하와 홍승주가 당파를 결성, 도찰원 인사와 관련해서 화신묘(火神廟)에서 비밀리에 회합을 가졌다는 사실을 고발한 장선의 이야기를 전한다. 어사 장선은 그 뒤 갑자기 외직으로 축출되자 두 사람을 밀고했다가 오히려 무고 혐의로 사형에 처해졌다. 또한 388~391쪽, '110 진명하'에서는 진명하가 만주귀족 색니(索尼, 소니)와의 친분이 두터웠기 때문에 색니

가 외지에 나가 있는 틈을 타서 처형했다는 소문을 전한다. 진명하는 이때 이부(吏部)의 전권을 휘두르며 권력을 남용하고 문단의 후진들로 하여금 상서 류정종(劉正宗)을 능멸하도록 조장했다는 혐의를 받았다.

60 처형이 있은 뒤, 담천은 진명하의 문집 『석운거집(石雲居集)』을 구해 읽었다. 나흘 뒤 아침 일찍 선무문으로 산보 나가 진명하가 감금됐던 장소를 찾아다녔지만 길을 잃어서 찾을 수 없었다고 한다. 『北遊錄』, 57쪽(63申丑, 67乙巳).

61 『北遊錄』, 355~356쪽, '19 계전(計典)'에는 병술년에 대계(大計)가 시작됐고 진명하가 언로 보호를 위해 습유제(拾遺制) 부활을 주도했지만 만주인들의 강한 반발에 부딪혔던 사실이 기록되어 있다.

62 『北遊錄』, 407~409쪽, '140 고인(顧仁)'에서는 순안어사 폐지 전야에 발생한 어사에 대한 의옥(疑獄)사건이 소개됐다. 이 사건에 대해서는 차혜원, 「청초 고과(考課)제도의 성격 변화 : 순안어사의 폐지를 전후하여」, 『동양사학연구』 66집, 1999년 4월호 참조.

63 『北遊錄』, 374쪽, '55 李應試'.

64 『北遊錄』, 391~392쪽, 111 修省. 순치제가 5세 때 부친을 잃고 섭정왕 아래에서 자랐던 사정과 함께 친정 후 백성들의 고통과 만주군대의 횡포를 알게 되면서 정치 혁신을 꾀한 점을 높이 샀다. 황제는 상유를 통해 그동안 만주 의정왕 대신들이 좋은 일만 보고한 까닭에 관료정치의 타락과 부패로 민생이 피폐해졌고 군량 부족과 교화가 미치지 못하여 군대의 기강이 서지 않았다고 회고했다. 나아가 앞으로의 쇄신을 위해 간절히 좋은 의견을 구하면서 숙정의 의지를 밝혔다. 담천은 이를 그대로 기록했다.

65 『北遊錄』, 393~396쪽(114 御製, 115 內政輯要序). 순치제가 내정집요(內政輯要), 권선요언(勸善要言), 범행항언(範行恒言), 자정요람(資政要覽), 순치대훈(順治大訓)을 찬술하는 한편 태상감응편(太上感應編), 당시오칠언(唐詩五七言)의 주술(注述)에 관련했다는 사실도 밝혔다.

66 『北遊錄』, 94쪽, 紀郵下, 45 庚午. 담천이 2월 15일 오위업을 방문했을 때 그는 정월 말 순치제가 있는 남원(南苑)에 불려들어가 내정집요(內政輯要)를 찬수하는 작업을 마치고 돌아온 참이었다. 128쪽, 343 丙戌. 이때도 담천은 오위업이 효경연의(孝經衍義)의 찬술 때문에 남해자로 불려들어갔음을 알게 됐다. 담당관은 6인, 총재는 풍전(馮銓)이었다.

67 주 59 참조. 순치제는 진명하를 아끼고 좋아했으며 사후에도 그의 처자에게 관용을 베풀려 했다. 또 진명하의 파벌인 남당으로 지목된 문인관료 41인에 대해서도 끝까지 죄를 묻지 않았다. 그해 겨울 황제는 대학사 풍전에게 진명하의 독서를

많이 하여 고금의 일에 밝았고 보지 않은 책이 거의 없었다고 말했다. 풍전은 학문은 뛰어날지 몰라도 나머지는 볼 바가 없다고 하자 황제는 대답을 않다가 이윽고 진명하는 역시 좋은 인물이었다고 탄식, 풍전은 할 말을 잃었다고 한다.

68 담천이 조용(曺溶)에게 인사와 함께 자료 대여를 청한 서신이 266쪽 紀文, 「上太僕曹秋壑書」에서 확인된다. 그밖에 紀文, 232쪽 ; 「賀御史中丞曹秋壑榮任序」(代), 244쪽 ; 「壽一品夫人曹太母七十序」(代)는 담천이 주지석을 위해 대필해준 증서문들이다.

69 王士禎, 『池北偶談』下, 中華書局, 1997, 386~387쪽, 735 宋元人集目.

70 『稀見明史史籍輯存』, 國家圖書館編, 北京線裝書局, 2003, 20冊, 曺溶, 「明人小傳」卷 3, 33쪽, 談遷.

71 張宗原, 「談遷和吳偉業」, 『華東理工大學學報』 1994, 2-3기, 김택중, 앞의 논문, 168~169쪽.

72 조용의 집에 모인 문객 및 이들의 성향에 대해서는 (美) 謝正光, 「淸初貳臣曺溶及其 '遺民門客'」, 故宮博物院, 『明淸論叢』 3輯, 2002, 5 참조.

73 장대(張岱)는 제독양절학정첨사(提督兩浙學政僉使)로 부임한 곡응태(谷應泰)의 요청으로 숭정 17년 저보(邸報)를 정리, 편집하여 곡응태가 『명사기사본말(明史紀事本末)』을 편찬하는 데 결정적인 기여를 했다. 陳仰光, 「張岱及其史學」, 『浙江學刊』 77期, 1992.

74 袁伯誠, 「顧炎武北游與山東(下):顧炎武北游與淸初實學思潮系列之一」, 『靑島師專學報』 1992, 2期 ; 趙剛, 「顧炎武北游事迹發微」, 『淸史硏究』 1992, 2期 참조.

75 周振鶴 編校, 앞의 책, 1993, 9~12쪽.

76 周振鶴, 「從明人文集看晩明旅游風氣及其與地理學的關係」, 『復旦學報 社會科學版』 2005-01.

77 李越深, 「松江幾社與雲間詞派」, 『浙江大學學報』 34, 2004 ; 姚蓉, 『明末雲間三子硏究』, 附錄 「陳子龍交游考」, 廣東高等敎育出版社, 2004.

78 井上進, 『顧炎武』, 白帝社, 1994, 123~134쪽.

### 메이지 관료의 유럽 '지식여행'

1 대표적인 연구로는 淸水伸, 『明治憲法制定史(上):獨墺における伊藤博文の憲法調査』, 原書房, 1971 ; 瀧井一博, 「伊藤博文の滯歐憲法調査」, 『ドイツ國家學と明治國制』 5장, ミネルヴァ書房, 1999 ; 坂本一登, 「伊藤博文と『行政國家』の發見」, 沼田哲 編, 『明治天皇と政治家群像』, 吉川弘文館, 2002 ; 鳥海靖, 「伊藤博文の立

憲政治調査」, 鳥海靖・三谷博・西川誠・矢野信幸 編, 『日本立憲政治の形成と變質』, 吉川弘文館, 2005 등이 있다.

2 정치사상이나 법제사 시점에서 단편적으로 이루어진 기존 연구는 주로 1880년대 정치엘리트의 '양행(洋行)'을 통해 서양의 정치사상이나 제도가 일본에 어떻게 도입, 변화됐는지에 초점을 맞추고 있다. 이와 달리 이 글에서는 문화사적 입장에서 1880년대의 '양행'을 새로운 지식과 정보 습득을 위한 '지식순례'로 파악하고 '순례'의 내용과 방식에 주목한다.

3 '슈타인 참예(シュタイン詣で)'라는 용어는 오사타케 다케시(尾佐竹猛)가 처음으로 사용했는데(「須多因の觀たる日本の國體と風俗」, 『昭德』, 1941. 9), 1880년대 '지식순례'의 특징을 잘 드러내주는 상징적인 표현이므로 이 글에서도 그대로 사용한다.

4 1880년대, 특히 1884년 이후 '지식순례'가 얼마나 붐을 이루었는지는 연도별 해외 도항자의 추이를 보더라도 짐작할 수 있다.

| 출국연도 | 1880 | 1881 | 1882 | 1883 | 1884 | 1885 | 1886 | 1887 | 1888 | 1889 | 1890 | 1891 | 1892 |
|---|---|---|---|---|---|---|---|---|---|---|---|---|---|
| 인원(명) | 61 | 23 | 62 | 46 | 168 | 154 | 170 | 133 | 94 | 89 | 77 | 60 | 40 |

* 手塚晃, 『幕末明治海外渡航者總攬(전3권)』(柏書房, 1992)을 바탕으로 작성했다.

5 瀧井一博, 「シュタイン詣で」, 앞의 책, 4장, 121~124쪽.

6 1882년 8월 10일 혼마에게 보낸 편지(佐藤孝, 「明治初期一外交官の軌跡 本間淸雄」, 『橫濱開港資料館館報』12, 1985).

7 1882년 8월 19일자 편지(『伊藤博文關係文書』1, 東京大學出版會, 1973, 114쪽).

8 실제로 이토 히로부미는 일본 정부에 슈타인 초빙을 요청했으나 고령을 이유로 슈타인이 완곡히 거절함으로써 실현되지는 못했다.

9 堀口修, 「ローレンツ フォン シュタインの雇傭經緯について」, 『政治經濟史學』 263, 1988 참조.

10 가와시마의 경력에 대해서는 河野弘善, 『河島醇傳』, 河島醇傳刊行會, 1981 참조.

11 尾佐竹猛, 『日本憲政史』, 日本評論社, 1930, 338~339쪽.

12 淸水伸, 앞의 책, 37쪽.

13 『渡邊廉吉傳』, 渡邊廉吉傳記刊行會, 1934 참조.

14 그나이스트는 베를린대학의 교수로 헌법학, 행정학, 헌법사 등의 분야에서 큰 업적을 올려 명망이 컸으며 독일 황제의 신임이 두터웠다. 학자로서의 경력뿐만 아

니라 국회의원과 재판관을 역임하는 등 정치적 경력도 있었다. 못세는 1886년부터 일본 정부의 고용외국인으로 초빙되어 지방제도 수립에 크게 공헌한 것으로 잘 알려져 있는 인물인데, 당시는 베를린 시재판소, 주재판소 등의 판사를 거쳐 1879년부터는 일본공사관의 고문을 맡고 있었다. 淸水伸, 앞의 책, 부록, 99~107쪽 참조.

15 이토의 유럽 입헌제도조사에 관해서는 방광석, 『근대 일본의 국가체제 확립과정 : 이토 히로부미와 '제국헌법체제'』, 혜안, 2008, 3장 참조.

16 「大博士斯丁氏講義筆記」(淸水伸, 앞의 책, 부록) 참조.

17 8월 11자 이토의 편지(春畝公追頌會 編, 『伊藤博文傳』中卷, 統正社, 1943, 296~297쪽). 이토가 슈타인의 강의를 명확히 이해하고 감명을 받은 것은 그나이스트와 달리 영어로 강의했던 이유도 있다.

18 林董, 『後は昔の記他 : 林董回顧錄』, 平凡社, 1970, 214쪽.

19 1887년 5월 23일자 와타나베 겐키치(渡邊廉吉)의 편지, 독일 슐레스비히 홀슈타인 주립도서관 소장, 「슈타인문서(der Nachlaβ Lonenz von Steins)」 4.2 : 04. 96-5(瀧井一博, 앞의 책, 142~143쪽에서 재인용).

20 무쓰의 양행 경위에 대해서는 上野隆生, 「陸奧宗光講義ノート: シュタインとの出會い」, 『金澤文庫硏究』 291, 1993 참조.

21 1884년 9월 27일 10월 15일자 슈타인에게 보낸 편지, 瀧井一博, 앞의 책, 138쪽 참조.

22 무쓰는 9월 14일 런던으로 되돌아와 12월 16일까지 런던에 머무른 뒤 파리를 경유해 육로로 마르세유에 도착했다. 그곳에서 배를 타고 출발해(12월 20일) 홍콩을 거쳐(1886년 1월 25일) 일본에 귀국한 것은 2월 1일이었다.

23 1890년 9월 슈타인이 사망하사 도쿄에서 이토 히로부미(伊藤博文), 야마가다 아리토모(山縣有朋), 다니 다데키(谷干城), 가이에다 노부요시(海江田信義), 이토 미요지(伊東巳代治), 쓰즈키 게이로쿠(都筑馨六) 등 수십 명이 참석한 가운데 신도식(神道式)으로 '슈타인 옹 추도회'가 열렸다는 사실은 일본 사회에 끼친 슈타인의 영향을 짐작하게 해준다.

24 앞의 '슈타인 참예' 연표 참조.

25 여기서 구로다의 '지식순례' 사례를 검토하는 것은 구로다가 메이지 정부의 최고위급관료였다는 중요성뿐만 아니라, 특정한 목적을 띠고 정부에서 파견된 것이 아니고 자발성이 강한 '사적'인 여행이었으며 상세한 여행기록이 남아 있어 자료적 접근이 비교적 용이하기 때문이다.

26 표면적인 여행의 목적은 홋카이도 물산의 판로개척과 군사시찰이었다.

27 당시 메이지천황과 산조(三條) 태정대신(太政大臣)은 이토가 주장하는 내각제 개혁을 보류하고 이와쿠라 도모미(岩倉具視) 사후에 공석으로 있던 우대신(右大臣)을 보임(補任)함으로써 태정관제(太政官制)를 보강하려 했으나, 어렵사리 우대신 취임 요청을 승낙했던 구로다가 갑자기 결정을 번복해 정부 안에 혼란을 야기했다. 이 일을 계기로 내각제를 창설하는 쪽으로 상황이 급변했다. 이에 관해서는 井黑彌太郞, 『黑田淸隆』, 吉川弘文館, 1977, 197~212쪽 ; 坂本一登, 『伊藤博文と明治國家形成』, 吉川弘文館, 1991, 141~163쪽 참조.

28 『明治歐米見聞錄集成』(5, 6, 7권), ゆまに書房, 1987, 원본은 1887년 간행.

29 『環游日記(上·中·下)』(明治歐米見聞錄集成 5, 6, 7권);「黑田淸隆關係年譜(稿)」,『黑田淸隆關係文書 '鹿兒島縣歷史資料センター黎明館所藏'』, 北泉社, 1993 참조. 이하 구로다의 여행경로에 대한 서술은 위의 사료에 의거.

30 『伊藤博文關係文書』4, 東京大學出版會, 1976, 393~394쪽.

31 시베리아에 관한 상세한 조사기록은『環游日記(上)』, 318~541쪽에 실려 있다.

32 1886년 12월 19일자 구로다 편지(『伊藤博文關係文書』4, 396쪽).

33 슈타인의 강의기록은『環游日記(下)』부록에「スタイン氏講述筆記」라는 제목으로 실려 있다.

34 『伊藤博文關係文書』4, 397쪽.

35 슈타인과 관계는 구로다의 총리 재직 때에도 이어져 88년 3월 구로다가 유럽 정세에 대한 자문을 구해 슈타인이 의견서를 제출하기도 했다. 앞의『黑田淸隆關係文書』所收.

36 빈에서 1월 19일 발송한 편지.「三島通庸關係文書」(日本國會圖書館 憲政資料室 所藏) 所收.

37 후시미노미야(伏見宮)의 강의기록은「グナイスト氏談話」라는 제목으로 일본 국회도서관 헌정자료실의『伊東巳代治關係文書』에 포함되어 있는데, 이것이 1887년 10월『西哲夢物語』이라는 제목으로 비밀 출판되어 민권운동가들을 크게 자극한 사실은 유명하다. 고마쓰노미야(小松宮)의 강의기록은『クナイスト師講義聞書』로서 궁내청서릉부(宮內廳書陵部)에 소장되어 있다.

38 「巡歐日誌」,「グナイヒト氏講義」(東京大學法學部附屬 近代日本法政史料センター 所藏,『中山寬六郎關係文書』) 참조.

39 야마가타는 1889년 2월 16일 파리에서 요시카와 아키마사(芳川顯正)에게 편지를 보내 프랑스의 정치 상황에 대해 "중앙집권을 국회에 방임하는 폐해가 여기까지 이르러서야!"라며 그 정치적 혼란상을 전하고 있다(日本國會圖書館 憲政資料室 所藏,「井上馨關係文書」639-4).

40 瀧井一博, 『文明史のなかの明治憲法』, 講談社, 2003, 176~180쪽.
41 『明治天皇紀』 제6, 吉川弘文館, 2005, 1885년 7월 22일조, 443~444쪽.
42 이에 관해서는 堀口修, 「侍從藤波言忠とシュタイン講義 : 明治天皇への進講에 關連して」, 『書陵部紀要』 46, 1994. 참조.
43 『環游日記』(下)에는 이에 대한 상세한 보고서가 실려 있다.
44 上野隆生, 앞의 글, 3~4쪽.

### 수록논문 중 발표된 글의 출처

- 김선민,「현장(玄奘)」의 구법(求法)여행과 당대(唐代) 정치」,『중국사연구』38, 2005. 10.
- 김성수,「몽골제국 시기 유라시아 광역 교통망 잠치」,『몽골학』25, 2008. 8.
- 김종섭,「당대(唐代) 문인(文人) 여행의 의미와 경계인식」,『동방학지』136, 2006. 12.
- 박경석,「근대 중국의 여행 인프라와 이식된 근대 여행」,『중국사연구』53, 2008. 4.
- 방광석,「메이지(明治) 관료의 유럽 '지식순례'」,『일본역사연구』23, 2006. 6.
- 백영서,「20세기 전반기 중국인의 홍콩여행과 근대 체험」,『중국근현대사연구』34, 2007. 6.
- 이계황,「에도(江戶) 시대의 여행환경—이세(伊勢)참궁과 관련하여」,『일본역사연구』23, 2006. 6.
- 임성모,「팽창하는 경계와 제국의 시선—근대 일본의 만주여행과 제국의식」,『일본역사연구』23, 2006. 6.
- 차혜원,「명청 교체기의 북경여행—유기(遊記)『북유록(北遊錄)』에 나타난「교유와 여정」,『동양사학연구』98, 2007. 3.

## 지은이 약력

**김선민**
연세대 사학과 졸업, 연세대 사학과 석사·박사
현재 연세대 국학연구원 연구교수
주요 논저 「수(隋)·당초(唐初) 군신(君臣)의 공도(公道)의식 변화―위징(魏徵)의 지공군주론(至公君主論)」, 『고대중국』, 『아시아 역사와 문화 2 중국사 중세』(이상 번역), 『역주 당육전』(공역)

**김성수**
연세대 사학과 졸업, 연세대 사학과 석사, 중국 난카이(南開)대 역사계 박사
현재 연세대 국학연구원 연구원
주요 논저 「동아시아론의 전개와 역사 텍스트 속의 동아시아」, 「티벳 불교권의 형성과 청조(淸朝) 번부지배체제(藩部支配體制)」, 『明淸之際藏傳佛敎在蒙古地區的傳播』

**김영진**
연세대 사학과 졸업, 연세대 사학과 석사·박사
전 연세대 사학과 강사
주요 논저 「송대 사대부 연구에 대하여」, 「남송대 지역사회에 있어서 사인(士人)의 활동과 그 이념」, 「육유―남송대 향거사대부의 생활과 활동」

**김유철**
서울대 동양사학과 졸업, 서울대 동양사학과 석사·박사
현재 연세대 사학과 교수
주요 논저 『균전제와 균전제도』, 『역사학과 지식정보사회』(이상 공저), 『중국 고대

정사(正史) 예악지(禮樂志) 역주』, 『당대사(唐代史)의 조명』(이상 번역)

**김종섭**
연세대 사학과 졸업, 연세대 사학과 석사, 중국 난카이대 역사계 박사
현재 서울시립대 국사학과 교수
주요 논저 「당(唐)·오대(五代) 막직관(幕職官)의 임용방식과 역할」, 「오대(五代) 과거(科擧)의 시행과 작용」, 「오대(五代) 문관 인식의 단면」, 「오대(五代) 관제(官制) 운영의 특징」, 「당대(唐代) 중앙과 연안 번진(藩鎭)의 관계」

**문정희**
연세대 사학과 졸업, 연세대 사학과 석사·박사
현재 연세대 국학연구원 연구교수
주요 논저 「중국 고대 교사의 성격과 변화」, 「진한 제례와 국가 지배」, 『천공의 옥좌』(공역)

**박경석**
연세대 사학과 졸업, 연세대 사학과 석사·박사
현재 동북아역사재단 연구위원
주요 논저 「청말의 '의진활동가(義賑活動家)'와 구재(救災)의 근대적 변모」, 「남경국민정부의 '공자탄신기념'과 민족주의」, 「남경국민정부 구재행정의 근대적 변모와 민간의진」, 『공자 현대중국을 가로지르다』, 『一九三〇年代的中國』(이상 공저)

**방광석**
연세대 사학과 졸업, 연세대 사학과 석사, 일본 릿쿄(立敎)대 박사
현재 고려대 동아시아문화교류연구소 연구교수
주요 논저 「1880년 대 초 일본의 국가체제구상」, 「'제국헌법'과 메이지천황(明治天皇)」, 「침략의 표상―한국에서 본 이토 히로부미(伊藤博文)」, 『근대일본의 국가체제 확립과정―이토 히로부미와 '제국헌법체제'』, 『일본 우익의 어제와 오늘』(공저), 『민족은 없다』(번역)

**백영서**
서울대 동양사학과 졸업, 단국대 사학과 석사, 서울대 동양사학과 박사
현재 연세대 사학과 교수

주요 논저 『동아시아의 귀환』,『중국 현대 대학문화 연구』,『동아시아의 지역질서』(공저),『중국 국민혁명의 분석적 연구』(공저)

**이계황**
연세대 사학과 졸업, 연세대 사학과 석사, 일본 교토(京都)대 박사
현재 인하대 일어일본학과 교수
주요 논저 「近世武家官位制の成立過程について」,「'근세천황제' 연구 서설」,『文祿慶長の役と東アジア』,『천황과 일본문화』(공저),『새로 쓴 일본사』(공역)

**임성모**
연세대 사학과 졸업, 연세대 사학과 석사 · 박사
현재 연세대 사학과 교수
주요 논저 『패전 전후 일본의 마이너리티와 냉전』,『동아시아의 민족이산과 도시』(이상 공저),『번역과 일본의 근대』,『전장의 기억』(이상 번역)

**차혜원**
연세대 사학과 졸업, 연세대 사학과 석사, 일본 교토대 박사
현재 연세대 사학과 교수
주요 논저 「유동적 역사공간—근세 동아시아로의 접근」,「明末, 地方官の人事異動と地方輿論」,『명청시대 사회경제사』(공저),『옹정제』,『중국사의 대가, 수호전을 역사로 읽다』(이상 번역)

# 찾아보기

## |ㄱ|

가도(賈島) 96, 121
가서한(哥舒翰) 94
가유(假有) 60
가의(賈誼) 87
가합(假合) 66
간 문제(簡文帝) 58
간산도(艮山圖) 227
강독남묘(江瀆南廟) 262
강독묘(江瀆廟) 261, 262
강독북묘(江瀆北廟) 260
객유(客游) 73, 74, 90
「거마출행도(車馬出行圖)」 235~238
「거마행렬도(車馬行列圖)」 18, 224
거연한간(居延漢簡) 235
건제(建除) 226
검교심승사(檢校尋勝使) 81
검문소(關所, 세키쇼) 9, 106, 119, 122~128, 132, 133
격보원(格輔元) 75
고선지(高仙芝) 75, 74, 90
고염무(顧炎武) 28, 76, 337~339
고인(顧仁) 335
고적(高適) 28, 94, 326
고증학(考證學) 340
공(空) 60
공사전(公使錢) 272
공용전(公用錢) 272
공종(空宗) 60, 65, 68
공험(公驗) 48~50
과소(過所) 23, 24, 48, 71, 73, 74
과주(瓜州) 50
곽효각(郭孝恪) 92
관역사(館驛使) 77
관역순관(館驛巡官) 78
광동(廣東) 244, 249, 331
광서(廣西) 244, 249, 330
광역 교통망 29
광저우(廣州) 149, 165, 182, 305
광주(廣州) 23, 48, 153
교비(喬備) 97
교지(交阯) 48
구당협(瞿唐峽) 248, 255
구도 모토오(工藤元男) 241, 242
구로다 기요타카(黑田淸隆) 10, 33, 342, 352
구법승(求法僧) 48, 74, 92
구역(舊譯) 52, 61, 62, 286, 309
구자(龜玆) 92, 97
구정(九鼎) 233, 234, 242
구주(九州) 183, 233, 234
『국각(國榷)』 323, 337
『국사경적지(國史經籍志)』 319
국치(國恥) 33, 139, 141, 154

궁행(宮行) 241
권유방(權有方) 85
귀주(歸州) 272, 331
귀행(歸行) 227
근대 경험 154
근유(近游) 73
금기(禁忌) 17~19, 221, 223~226, 228, 229, 249
금석문(金石文) 334
기(磯) 248, 253
기문(紀聞) 326, 327, 334
기억장치 202
기영(紀咏) 326
기욤 루브룩(Guillaume Rubruck) 302
기우(紀郵) 326, 333
기정(紀程) 326, 327
기주(夔州) 78, 245, 249, 253~256, 258, 268, 272
기주통판(夔州通判) 248, 268, 270
기창윤선공사(旗昌輪船公司) 164
기표가(祁彪佳) 328

| ㄴ |

나린(narin, 納鄰) 29, 290
나쓰메 소세키(夏目漱石) 214
나제(那提) 68
낙빈왕(駱賓王) 93
낙양(洛陽) 75, 288
난징(南京)조약 139, 162
납일(臘日) 235
낭유(浪游) 73
『노걸대(老乞大)』 292, 293
노자(老子) 41, 43, 53, 54
『노자도덕경』 43

노조린(盧照鄰) 93
노헌경(盧獻卿) 90
농서(隴西) 54
농우도(隴右道) 90, 93,
누(累) 241

| ㄷ |

단가(檀家) 107, 108
단체관광 34, 193, 199, 205, 211, 217
담천(談遷) 28, 322~326, 328
대강(大江) 248, 252, 264, 284, 288, 297, 307, 311
『대당서역구법고승전(大唐西域求法高僧傳)』 47, 48
『대당서역기(大唐西域記)』 22, 47
대도(大都) 284, 292, 300, 303, 305, 306, 313
대비천(大非川) 93
대상행(大常行) 241
『대원대일통지(大元大一統志)』 282
대인자마(大印子馬) 292
대자은사(大慈恩寺) 50, 68
『대자은사삼장법사전(大慈恩寺三藏法師傳)』 50
대행(大行) 180, 226
도관(道觀) 244, 247, 256, 277, 278
도미즈 히론도(戶水寬人) 200
도사 24, 26, 30, 53, 54
도선불후(道先佛後) 53~55
도승(度僧) 45, 53, 56, 68
도실(到室) 227
도점(道店) 78
도정(都亭) 237
도추테가타 126, 127, 133

독각지(獨覺地) 62
독고급(獨孤及) 76, 86
돈(沌) 253
동곽선생(東廓先生) 236
동년진사(同年進士) 268
동림사(東林寺) 276
동문(東門) 236~238
동악묘(東岳廟) 333

| ㄹ |
러일전쟁 34, 191, 192, 194, 196,
    198~200, 202~206, 211, 212, 215,
    217
런던 350, 355, 356, 360, 361
루단린(陸丹林) 150, 151
루쉰(魯迅) 149, 153
뤼순(旅順) 192, 194, 197
류종원(柳宗元) 74, 78, 86, 87
리훙장(李鴻章) 154, 172

| ㅁ |
마당산(馬當山) 254, 255, 260
마루마루친분(團團珍聞) 192, 193
마르코 폴로 4, 28, 284, 296, 299, 302,
    304
마상(馬湘) 79
마시(馬市) 333
『마왕퇴백서(馬王堆帛書)』 230
마테오 리치(利瑪竇. Matteo Ricci) 28,
    334
만유(漫游) 24, 73, 74, 358
만주(滿洲) 5, 10
만주국 191, 203, 210~212, 216~218
만주사변 35, 190, 191, 203, 214, 217,
    218
만철(滿鐵) 35, 190, 211, 212, 214~216
만한관광(滿韓觀光) 193, 194, 196, 197
만한교환론(滿韓交換論) 192
만한불가분론(滿韓不可分論) 192, 201
망일(亡日) 227
망자(亡者) 227
맥가조성단(麥加朝聖團) 183
메이지 관료 10, 32, 341, 363
메이지 천황 342, 350
명당(明堂) 222
모간산(莫干山) 181
모린(morin. 末鄰) 290
모문(毛文) 273
『몽골비사』 290, 292
몽골제국 10, 28, 282, 284, 286, 290,
    299, 300, 306, 307, 312, 316, 317
무루종자(無漏種子) 66, 67
무쓰 무네미쓰(陸奧宗光) 342, 350
무아(無我) 60, 71
무여의지(無餘依地) 62
『무왕수유(武王須臾)』 228
무협(巫武) 248, 255
묵가(墨家) 232
문(門) 222, 235
문인강(聞人綱) 273
문화실천 10, 141, 142
미디어 이벤트 196, 199, 217
미야코노조(都城) 206, 209

| ㅂ |
바진(巴金) 143
바투(Batu. 拔都) 302, 310
박유(薄游) 73, 74, 90

반가선(搬家船) 251
반지일(反支日) 227
발제(祓祭) 239
방유복(房孺復) 86
방자(方滋) 272, 273, 357
백거이(白居易) 86
범로(范攄) 85
범발(犯軷) 239
법림(法琳) 54, 55, 59, 69
법현(法顯) 22, 47
『법화경(法華經)』 69
베를린 83, 345, 346, 347, 351, 355, 359, 360, 361
베이다이허(北戴河) 174, 181
벽지불(辟支佛) 67
『변정론(辯正論)』 54
보강답두(步罡踏斗) 230
보살지(菩薩地) 62
복리(腹裏) 308, 311, 313
봉(烽) 50
부정종성(不定種姓) 67
부혁(傅奕) 56~58
『북유록(北遊錄)』 10, 27, 28, 318, 322~324, 326, 327, 332, 336, 338, 340
분봉제(分封制) 11, 307, 308
불력(佛力) 57
불성론(佛性論) 42
「불유교경시행칙(佛遺敎經施行敕)」 55
불제(祓祭) 238, 240
『불조역대통재(佛祖歷代通載)』 55
비자 32, 166~169, 188, 197
빈 32

|ㅅ|
사관(祠官)제도 244
사묘(祀廟) 260~262, 264
사문(司門) 49
사시(沙市) 251, 261~263, 265, 267, 359
사이고 쓰구미치(西鄕從道) 342, 343, 360
사인(士人) 247, 273, 278
사장지학(詞章之學) 28, 320, 338
사험외인입경호조규칙(查驗外人入境護照規則) 167
사호(史浩) 268
산점(山店) 78
『산해경(山海經)』 19, 234
산해도(山海圖) 234
산행(山行) 226
살해된 왕 232
삼승(三乘) 66
삼협(三峽) 248, 251, 252, 254, 255, 261, 264, 272, 280
상도(上都) 284, 300
상원수부(上元水府) 260
상트페테르부르크 351, 353, 355
상하이(上海) 37, 145, 158, 162, 164, 165, 171, 172
상하이상업저축은행 여행부(上海商業儲蓄銀行 旅行部) 158, 172
서간(徐偘) 90
서굉조(徐宏祖) 320
서릉협(西陵峽) 248
서림사(西林寺) 278
서역(西域) 21
서왕모(西王母) 21, 236, 237

찾아보기 • 427

서장(西藏) 48
『서정록(西征錄)』 306
서주(西州) 51, 80, 254, 255, 328
서주(敍州) 20, 85, 254, 329
『서하객유기(徐霞客記)』 321
서화관(西華觀) 54
선만조감도(鮮滿鳥瞰圖) 211
선평문(宣平門) 236
선행(船行) 10, 65, 246, 248, 253
섬주(陝州) 75
성문(聲聞) 67
성문지(聲聞地) 62
성항대파공(省港大罷工) 153
소우(蕭瑀) 58, 59
소정방(蘇定方) 77
송주(宋州) 90
쇄청시(鎖廳試) 268
수 문제(隋文帝) 44
수소성지(修所成地) 62
수신(水神) 241, 246, 260, 261, 263
수신(水神)신앙 246
수신 공공(水神共工) 241
수재(秀才) 278
수학여행 35, 193, 197~199, 205, 206, 211
수행(水行) 226
『수호지진간일서(睡虎地秦簡日書)』 18, 223 ⇨ 『일서』
숙장(叔將) 81
숙주(肅州) 50
순례공간 217
순치제(順治帝) 334, 336
숭정제(崇禎帝) 333
숭현서(崇玄署) 49

쉬디산(許地山) 154
쉬홍타오(徐鴻濤) 149
슈타인(Rorenz von Stein) 11, 32, 42, 342~348, 350, 351, 356, 357
슈타인참예(參詣) 11, 32, 342, 347, 348, 350
시점(市店) 78
식민지 10, 140, 147, 150, 155, 161, 190, 191
신역(新譯) 52, 61, 62
심문규(沈文奎) 330, 331
씨족지(氏族志) 69, 72

|ㅇ|

아담 샬(湯若望. Adam Shall) 28, 334
아라한(阿羅漢) 67
아뢰야식(阿賴耶識) 61~64, 68, 70, 71
아마라식(阿摩羅識) 61
American Express Co.(運通) 172
『아사히신문(朝日新聞)』 194, 196, 197, 212
아시아·태평양전쟁 217, 218
아편전쟁 139, 158, 167, 187
안록산(安祿山) 76, 77, 82
안진경(顔眞卿) 89
야마가타 아리토모(山縣有朋) 342, 343, 359
야점(野店) 78
양관(陽關) 99~101, 103
양 무제(梁武帝) 58, 70
양백기(鑲白旗) 331
양수(陽遂) 224, 225
양숙(梁肅) 79
양언백(楊彦伯) 79

양옌치(楊彦岐) 145
양주(涼州) 50, 81, 100, 250, 328
양주(揚州) 50, 81, 100, 250, 328
양형(楊炯) 95
업보(業報) 57, 59
여관(女冠) 53
여권 32, 166~168, 186
여래장(如來藏) 62
여유(旅遊) 73, 320
여지지학(輿地之學) 28, 339
『여행가(旅行家)』 155, 175, 184, 321, 325
여행기 6, 25, 27~29, 37, 47, 106, 119, 120
여행안내서 31, 168~170, 185, 320
『여행잡지(旅行雜誌)』 161, 163, 165, 184, 185
『여행편람월간(旅行便覽月刊)』 185
역경(譯經) 43, 103
역권(驛券) 268
역졸행(驛卒行) 332
역호(驛戶) 283
연각(緣覺) 67
연기(緣起) 66
연운표(聯運票) 162, 163
『열반경(涅槃經)』 68
염관(鹽官) 324
영령조순왕(英靈助順王) 259
영윤(靈潤) 61
영호초(令狐楚) 98
예종(睿宗) 84
오도릭(Odorico de Pordenone) 302
오라이테가타 118, 119
오르톡(斡脫) 306

오사(五祀) 223, 238
『오선록(吳船錄)』 11, 23, 243~245, 248, 249, 254, 256, 258, 264, 277
오성각별설(五姓各別說) 67, 68, 72
오시(御師) 9, 26, 106~109
오식신상응지(五識身相應地) 62
『오십이병방(五十二病方)』 230
오악주유(五嶽周遊) 321
오위업(吳偉業) 336~338
오일(午日) 235
오자목(吳自牧) 251
오종성설(五種姓說) 66, 67
옥문관(玉門關) 50, 97~103
왕도낙토(王道樂土) 10, 211, 212
왕발(王勃) 86, 90
왕소(王紹) 89
왕손만(王孫滿) 233
왕유(王維) 94, 99
왕즈청(王志成) 147
왕창령(王昌齡) 93, 99
왕치등(王穉登) 324
외유(外游) 73, 74, 342
요사노 아키코(與謝野晶子) 214, 215
용문(龍門) 75
용사(龍祀) 206, 262
용신(龍神) 262
우공이(于公異) 83, 91
우교부(禹蹻符) 231
우구데이 가문 314
우보(禹步) 10, 17, 221, 229
우부(禹符) 18, 229~232, 241
우사(雨師) 224, 225
우생(牛生) 78
우성여행단(友聲旅行團) 182, 183, 186

우세남(虞世南) 98
우수유(禹須臾) 18, 223, 228, 229, 232, 241
우승유(牛僧孺) 75, 89
우에다 교스케(上田恭輔) 205
우(禹)의 이일(離日) 223, 228
우적(于頔) 89
우전국(于闐國) 51, 92
운유(雲游) 73
운하(運河) 245, 249, 256, 270, 277, 288, 300, 307, 319, 327, 328, 331, 332, 340
원방(元方) 90
원유(遠游) 73, 74, 85, 86
원행(遠行) 48, 52, 226
월령(月令) 222
위고(韋固) 79
위령공간 10, 35, 199, 200, 202, 204, 206, 211, 212, 216, 218
위선옹(韋仙翁) 79
위응물(韋應物) 84, 86
위장(韋莊) 90
위행유(韋行規) 75
유가(劉駕) 57
유가계(瑜伽系) 60, 61
『유가사지론(瑜伽師地論)』 9, 46, 60~62, 64, 65, 69~72
『유교경(遺敎經)』 55, 56, 59, 64, 65, 69
유기(游記. 游紀) 10, 11, 27, 28, 244, 318~322, 338, 344, 347
유라시아 10, 29, 282~284, 296, 300, 302~304, 316, 317
유력호조교섭안(游歷護照交涉案) 167
유식학(唯識學) 23, 42~47, 60~64, 66~68
유심유사지(有尋有伺地) 62
유여의지(有餘依地) 62
유우석(劉禹錫) 87
유장경(劉長卿) 87
유주(幽州) 77
유증귀(劉增貴) 241
유지기(劉知幾) 85
육지(陸贄) 83, 91
육행(陸行) 226
윤선초상국(輪船招商局) 165, 166, 172
윤회 59, 60, 63, 66, 67, 71
음사(淫祀) 262
음산산맥(陰山山脈) 100
의정(義淨) 47, 48
의지(意地) 14, 19, 21
이강(李絳) 88
이고(李皐) 83
이곡(李鵠) 77
이관(李觀) 90
이균(李鈞) 83
이기(李頎) 99, 101
이담(李聃) 53
이대량(李大亮) 50
이면(李勉) 90
이백(李白) 85, 98, 279
이븐 바투타(Ibn Baṭūṭah) 5, 29, 303, 304
이세참궁(伊勢參宮) 9, 26, 104~106
이세코(伊勢講) 9, 115~119
이십팔숙점(二十八宿占) 226
이악(李鍔) 83
이와쿠라(岩倉)사절단 341, 343, 359
이원빈(李元賓) 88

이위(李渭) 86, 94
이위(李禕) 76
이유연(李惟燕) 76
이적(夷狄) 44, 144
이점(里店) 78
이제현(李齊賢) 306
이토 히로부미(伊藤博文) 32, 342, 343, 346, 347, 360
이하(李賀) 90
이하론(夷夏論) 56
이화윤선공사(怡和輪船公司) 164
인과응보(因果應報) 58, 59, 66, 70
인시(人市) 333
일본 국제관광국(國際觀光局) 162
일본 벚꽃놀이 여행단(日本觀櫻團) 181, 183
일본우선공사(日本郵船公司) 165, 166
『일서』 10, 18, 223~230, 240, 241
일승(一乘) 63
일천제(一闡提) 65, 68
일체성불(一切成佛) 42
일체잡염법(一切雜染法) 61
일체중생실유불성(一切衆生悉有佛性) 66
임안(臨安) 244, 268
입산(入山) 223
입산부(入山符) 231
『입촉기(入蜀記)』 10, 22, 242, 245, 248, 249, 253, 256, 275, 276

| ㅈ |

자성심(自性心) 62
자성청정심(自性淸淨心) 61, 62
자오쥔하오(趙君豪) 185

작복작위(作福作威) 56, 57
잠(jam, ˈjam, yām) 283
잠삼(岑參) 95, 97, 99, 100
잠치(jamči. 站赤) 282, 284, 286, 288
잡염(雜染) 62
장강(長江) 10, 164, 245, 246
장뤄구(張若谷) 141
장무(張武) 79
장사(長沙) 87, 230
장생(張生) 75
장순경(蔣舜卿) 79
장신언(張愼言) 322, 323
장안(長安) 48~50, 75~77, 80, 81, 89, 90, 93, 95~97, 236, 287, 324
장안성(長安城) 236
장일(張鎰) 89
장준(張浚) 249, 269
Japan Tourist Bureau 162
저수량(褚遂良) 100
적인걸(狄仁傑) 100
적제임일(赤帝臨日) 227
전적지(戰迹地) 35, 196, 198, 199, 205, 217
전조위(錢朝瑋) 325
절름발이 왕 323
점파(占波) 48
정(亭) 20, 246, 256
정곡(鄭谷) 89
정현(鄭玄) 239, 241
제국의 시선 10, 14, 190, 192, 193, 195, 197, 199, 201, 203, 205, 207, 209, 211, 213, 215, 376
제국의식 10, 35, 191, 192, 197, 199, 211, 214, 216~218

제법무아(諸法無我) 60
제항(齊抗) 89
조광(趙匡) 88
조도(祖道) 10, 18, 229, 290, 235, 236,
　　　　238~241
조도전(祖道錢) 235
조용(曹溶) 337
조운총독(漕運總督) 330, 331
『조전축(祖餞祝)』 224
조지고(趙志皐) 324
조풍(阻風) 250, 252, 253
종자설(種子說) 63, 66
주동(朱同) 78
주룽반도(九龍半島) 48
주술 18, 121, 221, 223, 230, 234,
　　　240~242
주유(周游) 73, 74
주지석(朱之錫) 325, 326, 329~332
중관계(中觀系) 60
중국여행사 10, 158, 159, 161, 169,
　　　　171~173, 175~178
중국여행사유람단(中國旅行社遊覽團)
　　　　186
중류(中霤) 222, 247, 248, 253
중서성(中書省) 295, 310~313
중원수부(中元水府) 260
중일전쟁 179~182, 184, 190, 211
중일주유표(中日週遊票) 162
중통초(中統鈔) 285, 306, 308
지리서(地理書) 28, 169, 234, 321, 338,
　　　339
지사(支賜) 180, 182, 184, 185, 187, 269
지식순례 10, 32, 33, 341, 342
'지역화' 된 중국문화 153, 155

지실(智實) 54, 59
진명하(陳名夏) 335~336
진세영(秦世英) 54
진우(陳羽) 98
진자룡(陳子龍) 339
진장(鎭將) 79
진체(眞諦) 61
진회(秦檜) 268, 269, 275, 276

| ㅊ |

차가다이(Chagadai) 290, 306, 312,
　　　　314~316
차점(茶店) 27, 130, 133~135
채석기(采石磯) 254, 260
채옹(蔡邕) 224
책언(策彦) 328
천광푸(陳光甫) 176, 177, 179, 187
천명(天命) 61, 184, 222, 223, 239
천주교(天主敎) 28, 334,
천축(天竺) 51
천태종(天台宗) 65, 66, 69
「청명상하도(淸明上河圖)」 240
청정(淸淨) 62
초소왕(楚昭王) 233
촉인(蜀人) 264, 265
촉주(蜀舟) 250~252, 265
촉풍(蜀風) 265
촌점(村店) 78
총진(叢辰) 226
최군(崔羣) 88
최도(崔韜) 77, 78
최도기(崔道紀) 85
최부(崔溥) 328
최희일(崔希逸) 94

춘유(春游) 73, 74, 174
출가(出家) 45, 58
출유(出游) 73
출행(出行) 165, 223
충령탑(忠靈塔) 203
취식령(就食令) 50
치병(治病) 230, 234, 242
치우(蚩尤) 224, 225
침사추이(尖沙咀) 152
칭기스 칸 289, 290, 303, 308, 311, 312, 314, 316

| ㅋ |

카라코룸 300, 302, 315
카르피니(John of Plano Carpini) 301, 302
카리미(Karīmī) 306
캉유웨이(康有爲) 144
쿠덴(Koden, 闊端) 310, 311
쿠빌라이 284, 294, 296, 300, 303, 305, 308, 311, 312, 314~316
클레멘티경(Sir Cecil Clementi, 金文泰) 153

| ㅌ |

탁발달도(拓跋達闍) 54
탄(灘) 248, 252, 253
탄자(灘子) 262~264
탈탈화손(脫脫禾孫) 295
태고윤선공사(太古輪船公司) 164
태상노군(太上老君) 54
태종(太宗) 9
태평산(太平山) 142, 143
터르근(tergen, 鐵烈干) 290

토마스 쿡 앤 선스(Thomas Cook & Sons, 通濟隆世界旅行社) 172
톨루이 가문 314, 315
통정원(通政院) 294
투하(投下) 295, 308, 310

| ㅍ |

파리 344, 351, 359~361
8·13항전 145
패자(牌子) 28, 292, 294~296
편풍(便風) 250
평강부(平江府) 248
폐불(廢佛) 44, 48, 56
포마성지(鋪馬聖旨) 283, 293~296, 306
『포박자(抱朴子)』 223, 231, 281
풍백(風伯) 224, 225
『풍속통(風俗通)』 241
필첩식(筆帖式) 331

| ㅎ |

하쓰호료(初穗料) 109
하원수부(下元水府) 260, 261
하코네 마루(箱根丸) 165
하타고야(旅籠屋) 129, 130
한상(韓湘) 87
한원길(韓元吉) 272~275, 277
한유(韓愈) 85, 87~89
합강정(合江亭) 254
『해심밀경(解深密經)』 60
해제(解除) 242
행권(行卷) 89
행기(行忌) 226, 227
행사(行祀) 226
행신(行神) 17, 221, 222, 226, 227, 229,

찾아보기 · 433

231, 241, 242
행일(行日) 226, 227
허당(許棠) 99
허혼(許渾) 89
헌종(憲宗) 82, 90, 309
현장(玄奘) 9, 22, 41
현종(玄宗) 76
협(夾) 253, 264, 384
호조조례(護照條例) 167
호증(胡曾) 98
「혼일강리역대국도지도(混一疆理歷代國都之圖)」 282

홍승주(洪承疇) 331
홍콩인 140, 142, 150, 151
환유(宦游) 24, 73, 74, 83
황보염(皇甫冉) 100
황신월장지인(黃神越章之印) 231
황우묘(黃牛廟) 262
황제(黃帝) 20, 51, 54~57, 64, 69
회풍은행(匯豊銀行) 142
후스(胡適) 142, 152
후지나미 고토타다(藤波言忠) 360
혼례(昏禮) 240
「힐구(詰咎)」편 240

**동아시아 역사 속의 여행 1**
경계, 정보, 교류

지은이 김유철 외
펴낸이 윤양미
펴낸곳 도서출판 산처럼

등 록 2002년 1월 10일 제1-2979호
주 소 서울시 종로구 내수동 72번지 경희궁의 아침 3단지 오피스텔 412호
전 화 725-7414
팩 스 725-7404
E-mail sanbooks@paran.com

제1판 제1쇄 2008년 8월 30일

ⓒ 김유철 외, 2008

값 28,000원

ISBN 978-89-90062-27-7  93910
ISBN 978-89-90062-30-7  세트

*잘못된 책은 서점에서 바꾸어 드립니다.